Busche

Waffensachkunde kompakt

Die vor den waffen- und beschussrechtlichen Kapiteln abgedruckten Vorschauen bieten einen schnellen Überblick zu den Inhalten und Lernzielen der nachfolgenden Seiten. Sie fassen die wesentlichen Inhalte der behandelten Thematiken kompakt zusammen und geben Hinweise auf zusätzlichen Lernstoff zur Vertiefung.

Vor einigen Kapiteln des Buches wird die jeweils behandelte **Thematik** kompakt dargestellt. Dazu werden die Bedeutung des Themas, das jeweilige Lernziel und die wichtigsten Fakten übersichtlich zusammengefasst.

Welche **Bedeutung** ein Thema für den Umgang mit Waffen und Munition und damit für den jeweiligen Erwerber oder Besitzer hat, ist Gegenstand des zweiten Teils der Kapitelübersicht. Insbesondere erfolgt eine Verortung des Themas im Gesamtzusammenhang des Waffenrechts.

Das jeweilige **Lernziel** wird im dritten Teil der Kapitelübersicht beschrieben. So kann der Leser schon beim ersten Lesen der nachfolgenden Seiten bewusst solche Fakten als wichtig identifizieren, die für das Bestehen der Prüfung auf jeden Fall beherrscht werden müssen.

Teil vier fasst die entscheidenden **Fakten des Kapitels** übersichtlich und kompakt zusammen. So kann der Leser sich die „big points“ leichter einprägen, hat aber auch die Möglichkeit, das eigene Verstehen der jeweiligen Aussage zu hinterfragen. Etwaige Wissenslücken können dann durch ein gezieltes Nachlesen der betreffenden Stelle im Buchtext schnell geschlossen werden.

Der fünfte und letzte Teil der Kapitelübersicht verweist auf die betreffenden Textstellen im Gesetzes- oder Verordnungstext. Es handelt sich dabei um eine **Empfehlung der Lektüre** der Vorschrift im Original, die oftmals zu einem tieferen Verständnis beiträgt.

Haben Sie ein vollständig durchgearbeitet, können Sie mit einem Blick auf die Lernziele und die zu lernenden Fakten schnell erkennen, ob Sie die vermittelten Inhalte verstanden haben.

André Busche

Waffensachkunde kompakt

Waffenrecht • Waffentechnik
Munitionskunde • Beschussrecht
Seenotsignalmittel • Handhabung
Bildtafeln • Kontrollfragen
Gesetzestexte

Bibliografische Information der Deutschen Nationalbibliothek

Die Deutsche Nationalbibliothek verzeichnet diese Publikation in der Deutschen Nationalbibliografie; detaillierte bibliografische Daten sind im Internet über http://dnb.d-nb.de abrufbar.

Verlag: Juristischer Fachverlag André Busche
Gneisenaustraße 1, 24105 Kiel
Tel. 0431 5301000 e-Mail: verlag@abmc.de

Die Verwendung männlicher Substantive intendiert bei möglicher abweichender weiblicher oder diverser Form deren Inklusion.

ISBN-13: 978-3-940723-72-7 14. Auflage (aktualisiert)

www.juristischer-fachverlag.de

Inhaltsverzeichnis

Die Abbildungen erfolgen mit frdl. Genehmigung von Brenneke GmbH, Langenhagen, BRÜGGER + THOMET, Thun, C. G. HAENEL GmbH, Suhl, C. J. Herbertz GmbH, Solingen, CARL WALTHER, Arnsberg, Carl Zeiss Sports Optics GmbH, Wetzlar, Chemring Defence Germ., Bremerhaven, HECKLER & KOCH, Oberndorf, IGB Austria, Ebenthal, RUAG AMMOTEC, Fürth, SIG SAUER, Eckernförde und Technisches Büro Conrad, Jellenbek, sowie im Textverlauf genannten Unternehmen. Dank gilt der Bundesdruckerei und dem Bundesministerium des Innern für die Abdruckgenehmigung sowie der id pool GmbH, Stuttgart.

Vorwort

Die neue Auflage meines Lehrbuches zur Vorbereitung auf die Waffensachkundeprüfung liegt vor Ihnen. Viele Leserinnen und Leser haben sich vor Ihnen durch den hier aufbereiteten Stoff gearbeitet, um die anspruchsvolle Prüfung zu bestehen. Und ob Sportschütze, Bootsführer, Brauchtumsschütze, Waffensammler oder Mitarbeiter im Bewachungsgewerbe – Sie werden umfangreiches Wissen erwerben, nicht nur über die Technik von Waffen, sondern auch über gesetzliche Regelungen zum Umgang mit Schusswaffen.

Die Lektüre des Gesetzes im Original ist manchem Lernenden eine Hilfe. Sehen Sie darum die Hinweise auf einzelne Paragraphen, ob im laufenden Text oder in Endnoten (anders als bei Fußnoten finden sich die Verweise der Endnoten am Buchende), stets als ergänzenden Hinweis, nicht aber als Verpflichtung, die betreffende Textstelle im Gesetz auf jeden Fall lesen oder kennen zu müssen. Gleiches gilt für Hinweise auf Gerichtsurteile – auch diese sind kein Lernstoff.

Ich danke meinen geschätzten Kollegen EPHK **Olaf Weddern**, Waffensachverständiger PHK **Gerhard Schorner**, KHK **Olaf März** und PD **Eberhard Becker** sowie Waffensachverständiger Dipl.-Ing. **Matthias Conrad**, Munitionssachverständiger **Michael Schmidt**, **Horst Rieger**, **Peter Eggers**, **Mike Albrecht** und Oberstaatsanwalt **Bernd Winterfeldt** für ihre wertvollen Anregungen sowie den Hörerinnen und Hörer meiner Lehrveranstaltungen für ihre stets zum Nachdenken anregenden Fragen – viele Antworten finden sich auch in diesem Buch.

Und nun: Viel Erfolg!

Im ersten Kapitel des Buches werden **Aufbau und Zweck des Waffengesetzes** beschrieben. Zudem werden die grundlegenden Begriffe des Waffenrechts, nämlich Waffe, Schusswaffe, Munition und Umgang erläutert.

Die Kenntnis der **Grundlagen des Waffengesetzes** ist für jeden Besitzer einer Schusswaffe von Bedeutung – ohne ein solides Wissen um die Fachbegriffe sind die teils sehr komplizierten Regelungen des Waffengesetzes nur schwer nachvollziehbar. Da aber schon vermeintlich geringfügige Verstöße gegen waffengesetzliche Regelungen zum Entzug einer Erlaubnis führen können, sollten diese Grundlagen gelernt und auch verstanden werden.

Das **Lernziel** ist das Verstehen der grundlegenden Begriffe und die Fähigkeit, eine Waffe einer bestimmten Waffenart sicher zuzuordnen und auch die Umgangsart zu benennen.

Die **wichtigsten Fakten** in diesem Kapitel:

- **Waffen** sind **Schusswaffen** und ihnen **gleichgestellte Gegenstände** sowie **tragbare Gegenstände**, die entweder **dazu bestimmt** sind, Menschen zu verletzen, oder, wenn sie nicht dazu bestimmt sind, zumindest **dazu geeignet** sind **und** in der **Anlage 1 des Waffengesetzes genannt** sind.
- Die **Begriffe der Waffen und Munition** sind in der **Anlage 1** des Gesetzes verzeichnet. Die **Anlage 2** enthält konkrete Angaben zu **Verboten**, **Erlaubnispflichten** und **Freistellungen**.
- **Wesentliche Teile** von Schusswaffen und **Schalldämpfer** sind den Schusswaffen gleichgestellt, für die sie bestimmt sind, wenn das Gesetz nicht etwas anderes bestimmt.
- Zu den wesentlichen Teilen zählen <u>insbesondere</u> der **Lauf**, der **Verschluss** und das **Gehäuse** (bei Kurzwaffe: **Griffstück**).
- **Umgang** mit einer Waffe hat <u>insbesondere</u>, wer diese Waffe **erwirbt**, **besitzt**, **überlässt**, **führt** oder mit ihr **schießt**.
- Es **schießt** <u>insbesondere</u>, wer mit einer Schusswaffe Geschosse durch einen Lauf verschießt.
- Grundsätzlich dürfen **nur Volljährige** mit Waffen umgehen; Ausnahmen sind möglich auf genehmigten Schießstätten.
- **Langwaffen** sind in der kürzesten bestimmungsgemäß verwendbaren Gesamtlänge länger als 60 cm <u>und</u> ihr Lauf und ihr Verschluss sind in geschlossener Stellung über 30 cm lang; andere Waffen werden als **Kurzwaffen** bezeichnet.

Als erweiterter **Lernstoff** bietet sich die Lektüre der Anlage 1 des Waffengesetzes an. Hier sind die Begriffe der verschiedenen Arten von Waffen übersichtlich aufgelistet.

1 Das Waffengesetz (WaffG)

Das Waffengesetz und die **Allgemeine Waffengesetz-Verordnung** (AWaffV) regeln den Umgang mit Waffen und Munition. Ergänzt wird das Waffengesetz durch das **Beschussgesetz** nebst Verordnung. Das Waffengesetz ist nicht anzuwenden auf Kriegswaffen (diese unterliegen dem **Kriegswaffenkontrollgesetz**) und Böller (diese unterliegen dem **Beschussgesetz**).

1.1 Zielsetzung des Gesetzes

Das Waffengesetz reguliert die Nutzung von Waffen oder Munition, je nach Art oder Verwendung, durch Freistellung, Verbot oder Erlaubnisvorbehalt. Dabei spielt der Begriff „Bedürfnis" eine zentrale Rolle – wer ein besonders anzuerkennendes Interesse in wirtschaftlicher oder persönlicher Hinsicht glaubhaft machen kann, erhält in der Regel die Erlaubnis zum Umgang – die höchstrichterlich[1] regelmäßig bestätigte Absicht, „so wenig Waffen wie möglich ins Volk" gelangen zu lassen, wird damit allerdings nicht unterlaufen. Die Erteilung der Erlaubnis ist an weitere Voraussetzungen geknüpft, die sich auf körperlich-geistige Eigenschaften wie auch auf das Sozialverhalten des Erlaubnisinhabers beziehen. So soll sichergestellt werden, dass dieser (legale) Waffenbesitz keine Gefahr für die Allgemeinheit darstellt. Entfällt das Bedürfnis oder eine der weiteren Voraussetzungen, etwa die persönliche Eignung durch geistigen Verfall, ist die Erlaubnis zu entziehen.

1.2 Systematik des Gesetzes

§ 1 WaffG enthält die wesentlichen Gedanken zur Struktur des Gesetzes:

- **Zweckbestimmungen**
    - Regelung des Umgangs mit Waffen oder Munition
    - Berücksichtigung von Sicherheitsbelangen
- **Begriffsbestimmungen**
    - Waffe
    - Umgang

Anlage 1 WaffG enthält **Definitionen** zu waffengesetzlichen Begriffen.

§ 2 WaffG ergänzt die Ausführungen zur Struktur in § 1 WaffG durch Regelungen zum dort definierten Begriff des Umgangs, indem

- Mindestalter,
- Erlaubnisvorbehalte,
- Verbote sowie
- Ausnahmen von den vorgenannten Regelungen

beschrieben werden, die sich aus dem Gesetzestext (zum Mindestalter etwa §§ 3, 12, 27 WaffG), aber auch aus der **Waffenliste Anlage 2** ergeben.

Einige Waffenarten unterliegen nicht der Erlaubnispflicht – doch kann persönlich ungeeigneten Personen, in deren Hand diese Gegenstände Schaden anrichten können, jeglicher Umgang mit Waffen untersagt werden.

Das Waffengesetz ist gemäß §§ 55, 56 WaffG nicht anzuwenden auf Angehörige von Polizei, Bundespolizei, Zoll und Bundeswehr sowie Staatsgäste.

1.3 Waffenbegriff und Munitionsbegriff (§ 1 Abs. 2, 4)

Waffen sind

- **Schusswaffen** und ihnen **gleichgestellte Gegenstände** (zum Beispiel SRS-Waffe, Armbrust, Pfeilabschussgerät, Schalldämpfer, wesentliche Teile, sonstige Vorrichtungen wie etwa Magazine) sowie
- **tragbare Gegenstände**, die **geeignet** sind, die Angriffs- oder Abwehrfähigkeit von **Menschen** zu beseitigen oder herabzusetzen, und
  - die **ihrem Wesen nach dazu bestimmt** sind, eine **Waffe zu sein** (etwa Hieb- und Stoßwaffen wie Schlagstock oder Kampfmesser), oder
  - die zwar **nicht dazu bestimmt sind, Waffe zu sein**, aber durch ihre Beschaffenheit, Handhabung oder Wirkungsweise **als Waffe dienen können** und **im Waffengesetz in der Anlage 1 ausdrücklich genannt** werden (etwa das **Faustmesser**, siehe Anlage 1 WaffG).

Die **Bestimmungstafeln** ab Seite 62 vermitteln Definitionen und Verbote.

1.3.1 Schusswaffen und ihnen gleichgestellte Gegenstände

Schusswaffen sind Gegenstände, die zum Angriff oder zur **Verteidigung**, zur **Signalgebung**, zur **Jagd**, zur **Distanzinjektion**, zur **Markierung**, zum **Sport** oder zum **Spiel** bestimmt sind und bei denen **Geschosse** durch einen **Lauf** getrieben werden. Es müssen keine „heißen Gase“ das Geschoss „durch den Lauf treiben“ – auch Federdruck- oder Druckluftwaffen fallen unter den Begriff der Schusswaffe und damit unter die Regelungen des Waffengesetzes. Selbst nicht für den scharfen Schuss verwendbare **Salutwaffen** oder **unbrauchbar gemachte Schusswaffen**, sogenannte **Dekorationswaffen**, fallen rechtlich unter den Begriff der Schusswaffe im weiteren Sinne, für sie gelten aber besondere Regelungen.

Einzelne Gegenstände, die die Definition der Schusswaffe erfüllen, zum Beispiel **Blasrohre**, werden durch die Anlage 2 WaffG aus den Regelungen des WaffG fast vollständig entlassen. Blasrohre sind Schusswaffen im Sinne des Gesetzes, aber die meisten Vorschriften des Gesetzes, etwa zur sicheren Aufbewahrung oder zum Mindestalter, sind nicht auf sie anzuwenden.

Werkzeuge sind keine Schusswaffen, weil sie **nicht** zu den in der Definition der Schusswaffe in der Anlage 1 WaffG genannten Zwecken **bestimmt** sind, selbst dann nicht, wenn ein fester Körper durch ein ausreichend festes Rohr getrieben wird, etwa bei einem **Bolzensetzgerät**. Sie können aber Schusswaffen gleichgestellt und damit Waffe sein.

Mit dem Begriff „**Handfeuerwaffen**" bezeichnet man Lang- als auch Kurzwaffen. **Handfeuerwaffen** sind alle **tragbaren**[2] **Schusswaffen**, also solche Schusswaffen, die von einer Person aus der Hand bedienbar sind. Als **Faustfeuerwaffen** werden einhändig verwendbare Schusswaffen bezeichnet.

Der Begriff der **Feuerwaffe** wird durch das **Waffengesetz** definiert als Schusswaffe, bei der ein Geschoss mittels heißer Gase durch einen Lauf oder aus einem Lauf getrieben wird.[3]

Das **Beschussgesetz** (BeschG) erweitert den Begriff der Feuerwaffe um Geräte zum Abschießen von Munition oder hülsenlosen Treibladungen, bei denen kein Geschoss durch den Lauf getrieben wird.[4] Dadurch fallen beschussrechtlich auch **SRS-Waffen** (**S**chreckschuss-, **R**eizstoff-, **S**ignalwaffen) unter den Begriff der Feuerwaffe; waffenrechtlich gelten sie als der Schusswaffe gleichgestellte tragbare Gegenstände, die zwar zum Abschießen von Munition bestimmt sind, in denen aber eben kein Geschoss durch einen Lauf getrieben wird.[5]

Die Definitionen der Begriffe Langwaffe und Kurzwaffe finden sich in der Anlage 1 des WaffG. Danach sind **Langwaffen** Schusswaffen, deren **Lauf und Verschluss** in geschlossener Stellung insgesamt **länger als 30 cm** sind und deren kürzeste bestimmungsgemäß verwendbare **Gesamtlänge 60 cm überschreitet**. **Kurzwaffen** sind alle anderen Schusswaffen, somit also Waffen, die **höchstens 60 cm** lang sind oder deren **Lauf und Verschluss** eine Gesamtlänge von **höchstens 30 cm** haben. Entscheidend ist das Wort „und" in der Definition der Langwaffe – nur wenn beide Bedingungen, Gesamtlänge der Waffe über 60 cm und Gesamtlänge von Lauf und Verschluss über 30 cm, erfüllt sind, handelt es sich um eine Langwaffe. Schusswaffen mit glattem Lauf werden als **Flinten** bezeichnet, solche mit gezogenem Lauf oder Polygonlauf als **Büchsen**. **Pistolen** sind Kurzwaffen, bei denen Patronenlager und Lauf in der Regel eine Einheit bilden. Bei einem **Revolver** sind Patronenlager und Lauf dagegen einzelne, nicht direkt miteinander verbundene Teile einer Waffe. Die Trommel des Revolvers hat die Funktion des Patronenlagers, ist aber zugleich, wie ein Magazin, der Patronenvorrat.

Schusswaffen gleichgestellt ist neben **SRS-Waffen** und bestimmten tragbaren **Schussapparaten** die **Armbrust**. Sie ist keine Schusswaffe, da sie nicht über einen Lauf verfügt. Sie ist wie eine Schusswaffe zu behandeln, aber von Erlaubnispflichten weitgehend freigestellt.

Pfeilabschussgeräte unterliegen der unbedingten Gleichstellung mit Schusswaffen. **Die Erlaubnisbefreiungen für Armbrüste** (Erwerb, Besitz und Führen der Armbrust sind von der Erlaubnispflicht befreit) **gelten nicht für Pfeilabschussgeräte**. Sie unterfallen allen Vorschriften für Schusswaffen vollumfänglich. Für **Erwerb und Besitz** benötigt man eine **Waffenbesitzkarte**, zum **Führen** einen **Waffenschein.** Dabei sind alle Voraussetzungen, auch der Nachweis der **Sachkunde** und eines **Bedürfnisses**, zu erfüllen.

Ein **Bogen** ist keine Waffe und damit nicht den Vorschriften des WaffG unterworfen, da er mangels eines Laufs oder der Möglichkeit, durch Muskelkraft eingebrachte Energie zu speichern, keine der erforderlichen Definition erfüllt, es sei denn, dass er hergestellt wurde, die Angriffs- oder Abwehrfähigkeit von Menschen herabzusetzen, womit er durch seine Bestimmung zur Waffe würde (siehe § 1 Abs. 2 Nr. 2 Buchst. a WaffG).

Magazine sind Waffen im Sinne des WaffG, nicht aber wesentliche Teile. Sie unterliegen nicht der Erlaubnispflicht, so dass nur Regelungen für Waffen zu beachten sind, die grundsätzlich gelten, etwa zum Mindestalter oder zur Aufbewahrung. Bestimmte Wechselmagazine unterfallen einem Verbot, wenn sie mehr als die gesetzlich festgelegten Höchstmengen an Patronen aufnehmen können.

Den Schusswaffen gleichgestellt, für die sie bestimmt sind, sind **wesentliche Teile**, soweit das Gesetz im Einzelfall keine anderen Vorschriften enthält. Es handelt sich also um eine bedingte Gleichstellung. So gilt für den Erwerb und Besitz eines Laufes für eine erlaubnispflichtige Kurzwaffe die Erlaubnispflicht grundsätzlich in vollem Umfang – zu den **Ausnahmen** für bestimmte Austausch- und Wechselläufe beachten Sie bitte das entsprechende Kapitel 1.3.1.5 dieses Buches. Ist beispielsweise der Erwerb und Besitz einer Waffe erlaubnisfrei (zB Druckluftwaffe mit Kennzeichen „F im Fünfeck"), kann ein Lauf für diese Waffe erlaubnisfrei erworben werden.

Wesentliche Teile sind **Lauf** oder **Gaslauf**, **Verschluss, Verbrennungskammer** (bei Antrieb durch Gasgemische), fest mit der Waffe verbundene **Antriebsvorrichtungen, Patronen- bzw. Kartuschenlager** sowie **Gehäuse**

einer Waffe. Die **Trommel** ist als **Patronen- bzw. Kartuschenlager** ebenfalls **wesentliches Teil im Sinne des WaffG**.

Das **Gehäuse** ist das Bauteil, das den Lauf, die Abzugsmechanik und den Verschluss aufnimmt im Sinne einer Verbindung durch Kraft oder Form; setzt sich das Gehäuse aus einem Ober- und einem Unterteil zusammen, sind beide Teile wesentliche Teile; das Gehäuseoberteil nimmt den Lauf und den Verschluss auf, das Unterteil die Abzugsmechanik. Ist die Abzugsmechanik komplett als **Rahmen** entnehmbar, ist sie das Unterteil.

Das „**führende Teil**" der Waffe ist beispielsweise bei der Registrierung einer Waffe bedeutsam. Dabei kommt es auf die Konstruktion der Waffe an, welches wesentliche Teil das führende Teil ist. Bei Waffen, die ein Gehäuse haben, ist das Gehäuse führendes Teil; handelt es sich um ein teilbares Gehäuse mit Ober- und Unterteil, ist das Unterteil führendes Teil; bei Kurzwaffen ist das Griffstück das führende Teil. Handelt es sich um eine Waffe ohne Gehäuse, ist der Verschluss das führende Teil. Hat die Waffe weder Gehäuse noch Verschluss, ist der Lauf das führende Teil.

Ein **Schalldämpfer** ist **kein wesentliches Teil einer Schusswaffe** und auch **grundsätzlich kein verbotener Gegenstand**. Da Schalldämpfer nach Anlage 1 A1 UA1 Nr. 1.3 WaffG der **Schusswaffe**, für die sie bestimmt sind, **gleichgestellt** sind, sind die Vorschriften für diese Schusswaffe auch auf Schalldämpfer anzuwenden, sofern das Gesetz nichts anderes bestimmt. Wird also ein Bedürfnis für den Erwerb und Besitz eines Schalldämpfers nachgewiesen, kann die zuständige Behörde eine entsprechende Erlaubnis erteilen. Schalldämpfer zählen nach § 2 Abs. 2 BeschG (Beschussgesetz) nicht zu den höchstbeanspruchten Teilen einer Schusswaffe und unterliegen nicht der **Beschusspflicht** nach § 3 BeschG. Damit ist auch die Anbringung von **Prüfzeichen** nicht vorgeschrieben, ebenso wenig die **Kennzeichnung** nach § 24 WaffG mit einer Seriennummer oder Herstellerangabe. Gleichwohl sollte auf freiwilliger Basis vor Eintragung eines Schalldämpfers in eine WBK eine dauerhafte Kennzeichnung (Gravur, Laser etc.) vorgenommen werden, um die Eintragung mit einem eindeutigen Kennzeichen (Seriennummer, Besitzerkürzel o.ä.) vornehmen zu können.

Ist fraglich, wie ein Gegenstand rechtlich einzuordnen ist, entscheidet das **Bundeskriminalamt** (BKA). Dabei ist allerdings zu beachten, dass die Entscheidungen des BKA keinen Gesetzesrang haben, sondern lediglich zur **Klärung von Zweifelsfällen** dienen sollen. Eine durch das Waffengesetz bestimmte Regelung kann also nicht durch das BKA aufgehoben oder verändert werden. Ebenso ist zu beachten, dass sich solche Entscheidungen in der Regel auf einen konkreten Einzelfall beziehen müssen.

Die Entscheidungen des BKA ergehen in Form von **Feststellungsbescheiden**, die öffentlich bekannt gemacht werden. Sie sind auf der Website des BKA einsehbar.

1.3.1.1 Salutwaffe

Eine Salutwaffe ist eine veränderte Langwaffe. Sie ist nicht *unbrauchbar gemacht*, denn mit Salutwaffen kann Kartuschenmunition („Platzpatrone") abgeschossen werden. Salutwaffen dienen in erster Linie zur Darstellung echter Schusswaffen in Film und Fernsehen oder auf der Theaterbühne. Salutwaffen sind **keine Anscheinswaffen** im Sinne des § 42a WaffG.

Um als Salutwaffe zu gelten, müssen an einer Langwaffe verschiedene Änderungen vorgenommen werden, insbesondere am Patronenlager – es muss dauerhaft so verändert worden sein, dass nur Kartuschenmunition („Platzpatronen") darin geladen und gezündet werden kann. Der Lauf ist zu blockieren und mit Löchern zu versehen, so dass weder ein Geschoss durch den Lauf getrieben werden kann noch sich ein ausreichender Gasdruck im Lauf aufbauen kann. Außerdem muss der Lauf fest mit dem Gehäuse der Waffe verbunden werden, etwa durch Verschweißen.

Die Durchführung der Umbaumaßnahmen ist behördlich (Beschussamt) zu überprüfen. Die bestandene Prüfung wird durch Anbringen eines Kennzeichens auf dem **Verschluss** der Salutwaffe nachgewiesen.

Erwerb und **Besitz** wie auch das **Führen** von Salutwaffen und der **Handel** mit ihnen unterliegen der **Erlaubnispflicht**. Die Erteilung der Erlaubnis in Form einer **WBK** bedarf eines **Bedürfnisnachweises**. Nicht erforderlich sind Nachweise der Sachkunde oder der sicheren Aufbewahrung.

Ist eine Salutwaffe aus einer Schusswaffe entstanden, die nach Anlage 2 A1 WaffG verboten ist (zum Beispiel aus einer vollautomatischen Waffe oder aus einer „Pumpgun" mit einer Gesamtlänge unter 95 cm) ist auch diese Salutwaffe verbotene Waffe.

Für die **Aufbewahrung von Salutwaffen** sind lediglich Mindestanforderungen zu erfüllen; sie sind vor dem Zugriff Unbefugter in einem verschlossenen Behältnis aufzubewahren, eine besondere Konstruktion, Eigengewicht oder Qualität des Behältnisses wird nicht gefordert.

1.3.1.2 Unbrauchbar gemachte Schusswaffe

Unbrauchbar gemachte Schusswaffen sind aus Schusswaffen entstanden, haben aber nur noch die äußere Gestalt mit diesen gemeinsam. Während nach den bislang geltenden Vorschriften der Waffengesetze unbrauchbar gemachte Schusswaffen als sogenannte „**Dekorationswaffen**“ von den Vorschriften des Waffengesetzes weitestgehend ausgenommen waren, ausgenommen etwa das Führen in der Öffentlichkeit ab 2008, sind mit Inkrafttreten der Änderungen des WaffG am 1. September 2020 die unbrauchbar gemachten Schusswaffen neuen besonderen Regelungen unterworfen.

Zu unterscheiden ist dabei zwischen zwei Kategorien, die zur Vereinfachung mit den Begriffen „EU-Deko“ und „Alt-Deko“ bezeichnet werden:

EU DE 2017	Schusswaffen, die unbrauchbar gemacht wurden („EU-Deko“) ○ nach den Vorschriften der EU-Deaktivierungsrichtlinie, was ○ durch eine entsprechende Bescheinigung dokumentiert ist und durch das am Gegenstand angebrachte Deaktivierungszeichen (hier am Beispiel Beschussamt Köln)
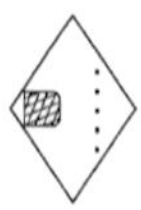	Schusswaffen, die unbrauchbar gemacht wurden („Alt-Deko“) ○ vor dem 1. April 2003 nach den Regeln der 1. Verordnung (VO) zum WaffG 1976 (kein Zulassungszeichen) **oder** ○ vor dem 8. April 2016 nach den Vorschriften des WaffG 2003 (mit Zulassungszeichen nach Beschussverordnung 2006, wie nebenstehend die *„Abbildung 11 der Anlage II der BeschussV“*, gestempelt erst ab Mitte 2006)

Der wesentliche **technische** Unterschied ist, dass „Alt-Deko“-Waffen teilweise noch bewegliche Teile besitzen, während bei „EU-Deko“ alle beweglichen Teile einschließlich des Abzugs unbeweglich gemacht wurden und auch das Magazin fest mit dem Gehäuse verbunden ist.

Rechtlich sind Vorschriften, die unbrauchbar gemachte Schusswaffen betreffen, grundsätzlich nur auf die „EU-Deko“-Waffen anzuwenden, während die „Alt-Deko“-Waffen besonderen Regeln der AWaffV unterfallen und von Freistellungen für „EU-Deko“-Waffen nicht erfasst werden.

Unbrauchbar gemachte Schusswaffen sind **Anscheinswaffen**. Sie unterfallen dem Führverbot nach § 42a WaffG.

„Alt-Deko“:

- Nur Besitz und Überlassung sind erlaubnisfrei; eine Überlassung erfordert aber eine Anzeige bei der Waffenbehörde.
- Der Erwerb einer solchen Waffe und der Handel damit sind nur mit Erlaubnis möglich.
- Die unbrauchbar gemachte Schusswaffe ist in einem verschlossenen Behältnis aufzubewahren.
- Für den Umgang mit unbrauchbar gemachten Schusswaffen ist ein Mindestalter von 18 Jahren erforderlich.

„EU-Deko“:

- Erwerb, Besitz und Überlassung sind erlaubnisfrei, ebenso das Führen und der Handel.
- Die unbrauchbar gemachte Schusswaffe ist in einem verschlossenen Behältnis aufzubewahren.
- Für den Umgang mit unbrauchbar gemachten Schusswaffen ist ein Mindestalter von 18 Jahren erforderlich.

1.3.1.3 Anscheinswaffe (Anlage 1)

Der durch die Änderung des Waffengesetzes 2008 wieder eingeführte Begriff der **Anscheinswaffe** entspricht nicht der ursprünglichen Bedeutung aus den Jahren vor 2003. Bis zum 1. April 2003 wurden als Anscheinswaffen solche Schusswaffen bezeichnet, die nach „ihrer äußeren Form ... den Anschein einer vollautomatischen Selbstladewaffe hervorrufen, die Kriegswaffe im Sinne des Gesetzes über die Kontrolle von Kriegswaffen ist“ (§ 37 Abs. 1 WaffG aF). Solche Schusswaffen unterlagen einem umfassenden Verbot. Diese in der Praxis unscharfe Regelung wurde bei der umfassenden Neuregelung des Waffenrechts 2003 ersatzlos gestrichen.

Die Diskussion über sogenannte **Softair-Waffen** im Vorfeld der Überarbeitung des Waffengesetzes 2008 führte zunächst dazu, dass der alte Begriff der Anscheinswaffe in dem Entwurf des neuen Waffengesetzes erneut verwendet wurde, aber mit abweichender Bedeutung. Zusammen mit Hieb- und Stoßwaffen sowie bestimmten Messern, die keine Waffen im Sinne des Waffengesetzes sind, unterliegen Anscheinswaffen einem Führverbot (§ 42a WaffG). Dabei beschränkt sich der Begriff der Anscheinswaffe nicht allein auf Schusswaffen, sondern erstreckt sich auch auf Gegenstände, die nicht als Schusswaffen hergestellt wurden, aber einer Schusswaffe nachgebildet sind, und auf Spielzeug. Ausdrücklich ausgenommen von der Definition „Anscheinswaffe“ sind solche Schusswaffen und gleichgestellten

Gegenstände, die mit einem Waffenschein nach § 10 Abs. 4 WaffG geführt werden dürfen, also „scharfe" Schusswaffen ebenso wie Signal-, Reizstoff- und Schreckschusswaffen. Auch erkennbar zum Spiel bestimmte Gegenstände, die deutlich kleiner oder größer sind als das Original oder grell gefärbt, deren Drohpotential also gering ist, fallen nicht unter das Verbot des § 42a WaffG. Beachten Sie zum **Verbot des Führens von Anscheinswaffen** die Hinweise in Kapitel 3.6.4 dieses Buches.

1.3.1.4 Nachbildung, Spielzeug, Softair, Gotcha

Nachbildungen sind Gegenstände, die nie schussfähig waren und die äußere Form einer Schusswaffe haben. Sie sind Anscheinswaffen, wenn sie wie Feuerwaffen aussehen. Nachbildungen sind vom Waffengesetz mit Ausnahme des Führverbots nach § 42a WaffG ausgenommen. Typische Vertreter dieser Gattung sind Modelle aus Zinkspritzguss – hier sind die Läufe meist vergossen. Nur wenn solche Nachbildungen mit allgemein gebräuchlichen Werkzeugen so verändert werden, dass aus ihnen Munition, Ladungen oder Geschosse verschossen werden können, unterliegen sie als Schusswaffen dem Waffengesetz.

Softair-Waffen unterliegen den Vorschriften des Waffengesetzes. Nur **zum Spiel bestimmte Schusswaffen**, die lediglich Geschosse mit nicht mehr als 0,5 Joule (J) Bewegungsenergie verschießen können, und **Spielzeugwaffen** sind vom Gesetz mit Ausnahme von § 42a WaffG (Verbot des Führens von Anscheinswaffen) ausgenommen. Bei Überschreitung des Grenzwertes muss eine Softair-Waffe das Zeichen „F im Fünfeck" tragen – sonst ist eine Erlaubnis erforderlich. Über 0,5 Joule gilt ein Mindestalter von 18 Jahren, das Führen ohne Waffenschein ist verboten.

Für Softair- wie Paintball-Waffen gilt das **Verbot von Vollautomaten** – das entsprechende Verbot der Anlage 2 WaffG ist nicht auf Feuerwaffen beschränkt, sondern bezieht sich auf alle Arten von Schusswaffen. Für **Spielzeugwaffen** (siehe oben) gilt das „Vollautomatenverbot" dagegen nicht, da diese Gegenstände mit Ausnahme von § 42a WaffG nicht dem Waffengesetz und damit nicht dem Vollautomatenverbot unterliegen.

Paintball-Waffen (**Gotcha-Waffen**) verschießen mit Farbstoff gefüllte Kugeln im Kaliber .68, die von Federkraft oder Gasdruck durch den Lauf getrieben werden. Für die Einordnung als Druckluft-, Federdruck- oder Kaltgaswaffe, die einen erlaubnisfreien Erwerb ermöglicht, ist es erforderlich, dass die Bewegungsenergie der Geschosse 7,5 J nicht übersteigt und die Einhaltung dieser Vorschrift bei einem geprüften Serienmodell durch das Kennzeichen „F im Fünfeck" auf der jeweiligen Waffe nachgewiesen wird.

Damit sind Erwerb und Besitz ab 18 Jahren erlaubnisfrei, das Führen aber nur mit **Waffenschein** gestattet.

Erlaubnisfreies Führen einer Paintball-Waffe mit „F im Fünfeck“ ist möglich, wenn es auf dem **befriedeten Besitztum**, in der Wohnung oder in den Geschäftsräumen eines Dritten erfolgt und es sich bei dieser Waffe nicht um eine Anscheinswaffe im Sinne des WaffG handelt. Sofern das Führen der Waffen an diesem Ort mit Einverständnis des Zustimmungsberechtigten geschieht, bedarf es keines Waffenscheins. Befriedetes Besitztum ist ein etwa durch Einzäunung vom öffentlichen Raum abgetrenntes Gelände.

Ist sichergestellt, dass die Geschosse das Gelände nicht verlassen können, darf mit einer solchen Waffe hier auch geschossen werden, **ohne** dass es einer **Schießerlaubnis** oder einer Zulassung des Bereiches als Schießstätte bedarf, wenn der Inhaber des Hausrechts zustimmt oder selbst schießt.[6] Dies gilt für Schusswaffen, deren Geschossen eine Bewegungsenergie nicht über 7,5 J erteilt wird oder deren Bauart nach § 7 BeschG zugelassen ist.

Hallen für das Ausüben von **Paintball-Spielen** fallen nicht unter den Begriff der Schießstätte, da es an Schießanlage-typischen Vorrichtungen fehlt[7]. Die Rechtsprechung sieht zudem einen **Verstoß** gegen die **Menschenwürde** durch Paintball oder Reball mittlerweile **nicht** mehr **gegeben**[8].

1.3.1.5 Wechsel- und Austauschläufe / Wechselsysteme

Anstelle des bei Auslieferung verwendeten Laufs kann ein **Austauschlauf** verwendet werden. Dies kann zum Beispiel sinnvoll sein, wenn man mit einem Revolvermodell, den man mit einem kurzen Lauf zur Selbstverteidigung trägt, mit einem langen Lauf an einem Scheibenschießen teilnehmen will. Gleiches gilt für Austauschläufe kleineren Kalibers, die das Verschießen von Munition kleinerer und damit oftmals preisgünstigerer Patronen ermöglicht.

Austauschläufe können ohne Anpassungsarbeiten in die Waffe eingesetzt werden – sie können durch den Waffenbesitzer gegen den vorhandenen Lauf ausgetauscht werden, ohne dass dafür besondere Werkzeuge oder Anpassungsarbeiten erforderlich sind. Soll dagegen ein **Wechsellauf** verwendet werden, bedarf es immer der Montage durch einen Büchsenmacher, da Wechselläufe, anders als Austauschläufe, in die Waffe eingepasst werden müssen.

Als **wesentliche Teile** unterliegen **Läufe**, **Verschlüsse** und **Trommeln** den Vorschriften, die für die Waffe gelten, für die sie bestimmt sind. Für **Inhaber einer WBK** ist der **Erwerb** eines Austausch- oder Wechsellaufes nebst notwendiger Verschlüsse (in Gesamtheit: **Wechselsystem**) für eine bereits eingetragene Waffe **erlaubnisfrei** (Anlage 2 A2 UA2 Nr. 2 WaffG). Dies gilt für Läufe und Systeme gleicher und kleinerer Kaliber sowie für **Wechseltrommeln** – bei Trommeln wird aber auf gleiches oder kleineres Kaliber und Gasdruck abgestellt. Die **Besitzberechtigung** wird **durch Eintragung** des erworbenen Waffenteils in die WBK erteilt.

Wenn Sie ein Wechselsystem bzw. einen Lauf eines größeren Kalibers verwenden möchten, ist ein Voreintrag erforderlich.

Erwerb und **Überlassung** sind binnen zwei Wochen der zuständigen Behörde unter Vorlage der WBK **anzuzeigen** (§§ 37a, 37g WaffG).

1.3.1.6 Einsteckläufe, Einstecksysteme, Einsätze

Einsteckläufe werden in den Lauf eingeführt, um Geschosse eines geringeren Kalibers ohne weitere Veränderungen an der Waffe aus dieser verschießen zu können. Sie benötigen in der Regel keinen eigenen Verschluss. Als „**Einstecksystem**" gelten Einsteckläufe einschließlich des für sie bestimmten Verschlusses.

Einsätze (Reduzierpatronen) sind an die Innenabmessungen des Patronenlagers angepasst, um daraus Munition eines kleineren Kalibers verschießen zu können.

Eine **Erlaubnispflicht** für den **Erwerb und Besitz** besteht **nicht** (beachten Sie den Unterschied der Regelung in Anlage 2 A2 UA2 Nr. 2 und Nr. 2a WaffG in Bezug auf Austausch-/Wechselläufe einerseits und Einsteckläufe und Einsätze andererseits) und **keine Pflicht zur Eintragung** in eine WBK oder zur Anzeige (auch nicht im Falle der Überlassung). Die Eintragung in die WBK ist aber in der Praxis empfehlenswert, da ansonsten der Munitionserwerb aufgrund fehlender Erlaubnis für diesen Lauf nicht möglich ist.

1.3.2 Tragbare Gegenstände

1.3.2.1 Waffe durch Herstellerbestimmung

Ist ein Gegenstand dazu bestimmt, die Angriffs- oder Abwehrfähigkeit eines Menschen herabzusetzen oder zu beseitigen, ist er Waffe im Sinne des WaffG. Die Bestimmung ergibt sich in der Regel aus der Bezeichnung oder Werbung des Herstellers, zB in Katalogen. Die offenkundig bezweckte Art der Wirkung des Gegenstandes zu Angriffs- und Verteidigungszwecken gegen Menschen, kann zu einer Einstufung als Waffe führen, wenn die behauptete Zweckbestimmung offensichtlich unzutreffend ist.

Der Gesetzgeber nennt beispielhaft **Hieb- und Stoßwaffen**. Anlage 1 A1 UA2 Nr. 1.1 WaffG definiert diese als Gegenstände, die nach ihrem Wesen dazu bestimmt sind, unter unmittelbarer Ausnutzung der Muskelkraft durch Hieb, Stoß, Stich, Schlag oder Wurf Verletzungen beizubringen, zB **Kampfmesser**, **Dolch** oder **Schlagstock**, aber auch **Schlagring** und **Wurfstern**.

Das **Nunchaku** oder **Würgeholz** wird als Gegenstand zum Erdrosseln von Menschen in der Anlage 1 A1 UA2 Nr. 1.2.6 WaffG dem Waffenbegriff unterworfen. Unbeachtet bleibt dabei die ursprüngliche Verwendung des Dreschflegel-ähnlichen Nunchaku auf Okinawa, die enorme Schlagkraft des nicht gehaltenen, stark beschleunigten Holzes zum Angriff zu nutzen.

Weitere Waffen nach § 1 Abs. 2 Nr. 2 Buchst. a WaffG sind insbesondere

- Elektroimpulsgeräte
- Reizstoffsprühgeräte (kein Lauf, somit keine Schusswaffe)
- Flammenwerfer (Flamme länger als 20 cm)
- Brandsätze („Molotow-Cocktail", Hülle mit Brennstoff und Zündvorrichtung)
- Schleudern mit Armstütze (Präzisionsschleuder); besteht die Möglichkeit einer Montage mittels einer Aufnahmevorrichtung oder Halterung an der Schleuder, greift das Verbot auch ohne montierte Armstütze
- Armstützen für vorgenannte Schleudern

Beachten Sie, dass diese **Aufzählung nicht abschließend** ist.

1.3.2.2 Waffe durch gesetzliche Einordnung

Ist ein Gegenstand ursprünglich nach dem Willen des Herstellers oder Erfinders nicht zu Angriffs- oder Verteidigungszwecken gegen Menschen bestimmt, würden zahlreiche Gegenstände nicht unter den Waffenbegriff fallen, die aus polizeilicher Sicht „beliebte" Waffen bestimmter Tätergruppen sind, insbesondere aufgrund ihrer Effektivität. Darum ist neben den zu Angriffs- oder Verteidigungszwecken bestimmten und hergestellten Gegenständen auch eine abschließende Aufzählung bestimmter Gegenstände in der Anlage 1 A1 UA2 Nr. 2 WaffG aufgeführt, die Waffen im Sinne des WaffG sind, ohne dass es eine herstellerseitige Bestimmung gibt.

Nach § 1 Abs. 4 WaffG unterfallen § 1 Abs. 2 Nr. 2 Buchst. b WaffG solche Gegenstände, die in Anlage 1 A1 UA2 Nr. 2 WaffG aufgenommen sind (trifft abschließend zu auf **Springmesser**, **Fallmesser**, **Faustmesser** und **Butterflymesser** sowie nicht-mechanisch Schmerzen-auslösende Geräte für den Einsatz am Tier, **außer für Tierhaltung und -ausbildung bestimmte** Gegenstände wie **Viehtreiber**). Nicht erfasst werden **Baseballschläger**.

Beachten Sie, dass die **Einstufung als Waffe** durch Anlage 1 A1 UA2 Nr. 1 WaffG **nicht gleichzusetzen** ist **mit einem Verbot** dieses Gegenstandes nach § 2 Abs. 3 WaffG iVm Anlage 2 A1 WaffG. Zwar sind die Aufzählungen, was eine Waffe (Anlage 1) und was verboten (Anlage 2) ist, auf den ersten Blick ähnlich, doch unterfallen nicht alle der in Anlage 1 A1 UA2 Nr. 2 WaffG bestimmten Waffen dem Verbot nach Anlage 2 A1 WaffG.

Einige sog. „milieutypische" Gegenstände wie das **Balisong**-Messer (**Butterfly**, **Faltmesser**) wurden ursprünglich als Werkzeuge entwickelt und genutzt (im Falle des Balisong nach überwiegender Meinung auf den Philippinen für Fischer als Arbeitsmesser, möglicherweise auch in Frankreich). Ein **Balisong-Trainer** (stumpfes, vorher nicht scharf geschliffenes Metallteil anstelle einer Klinge, mit der das Öffnen und Schleudern des Balisong („Flippen") gefahrlos geübt wird) ist mangels Klinge **keine Waffe** im Sinne des WaffG.

1.3.3 Munition

Der Munitionsbegriff wird durch die Anlage 1 des WaffG definiert. Danach ist **Munition** zum Verschießen aus Schusswaffen bestimmte

- **Patronenmunition** (auch Geschosse mit Eigenantrieb)
- **Kartuschenmunition** (Hülse mit Ladung, aber ohne Geschoss)
- **hülsenlose Munition**
- **pyrotechnische Munition** (siehe dazu auch Kapitel 11 des Buches)

Vertiefende Informationen zur Munitionsthematik enthält Kapitel 9. Beachten Sie auch die ergänzenden rechtlichen Informationen auf Seite 231.

Geschosse sind keine Munition im Sinne des WaffG.

1.4 Umgang (§ 1 Abs. 3, Anlage 1 Abschnitt 2)

„Umgang" mit einer Waffe oder Munition hat, wer diese erwirbt, besitzt, überlässt, führt, verbringt, mitnimmt, damit schießt, diese herstellt, bearbeitet, instand setzt oder damit Handel treibt sowie eine Waffe unbrauchbar macht. Betrachten wir die im Alltag relevanten **Umgangsarten** im Sinne des Waffengesetzes – zur Vereinfachung beschränkt auf „Waffen".

„**Tatsächliche Gewalt**" bedeutet, dass der Inhaber der tatsächlichen Gewalt nach seinem Willen über die Waffe verfügen kann.

Erwerb: Es erwirbt, wer die tatsächliche Gewalt über eine Waffe erlangt, sie also an sich nimmt oder auch findet. Der **Kauf** einer Waffe ist dagegen **kein Erwerb**, da die Zahlung des Kaufpreises nur das Eigentumsrecht überträgt, nicht aber die tatsächliche Gewalt.

Besitz: Es besitzt, wer die tatsächliche Gewalt über die Waffe ausübt, sie beispielsweise bei sich trägt oder im Safe aufbewahrt.

Überlassen: Es überlässt, wer anderen die tatsächliche Gewalt über die Waffe einräumt, sie also schlicht weitergibt.

Führen ist jedes Ausüben der tatsächlichen Gewalt über eine **Waffe** (nicht aber über **Munition**, hier ist allein ein Besitzen möglich) außerhalb der eigenen Wohnung oder Geschäftsräume, des eigenen befriedeten Besitztums oder einer Schießstätte. Zu beachten ist das **erlaubnisfreie Führen** nach § 12 Abs. 3 WaffG, auch „**Transport**" genannt – auch wenn es hier um eine Waffe geht, auf die der Besitzer nicht sofort zugreifen kann, so handelt es sich um ein Führen im Sinne des Waffengesetzes. Beachten Sie zum **Verbot des Führens von Anscheinswaffen** die Hinweise in Kapitel 3.6.4.

Eine Waffe **verbringt**, wer diese „über die Grenze zum dortigen Verbleib oder mit dem Ziel des Besitzwechsels in den, durch den oder aus dem Geltungsbereich des Gesetzes zu einer anderen Person oder zu sich selbst transportieren lässt oder selbst transportiert." Verbringen setzt immer einen Grenzübertritt voraus, bezieht sich also nicht auf den Transport im Inland.

Dagegen **nimmt** eine Waffe **mit**, wer diese Waffe ohne Aufgabe des Besitzes und zur Verwendung (zB Wettkampf) vorübergehend auf einer Reise über die Grenze einführt, ausführt oder durch Deutschland bringt.

Für das „**Bearbeiten**" und „**Instandsetzen**" ist eine besondere Erlaubnis erforderlich - nur geringfügige Änderungen, zB am Schaft oder an der Visierung, dürfen „in Heimarbeit" durchgeführt werden. Auch das **Brünieren** (Behandlung einer metallischen Oberfläche mit einer Salzlösung sauer oder basisch, um einen Rostschutz zu erzeugen) einer schadhaften Stelle an der Oberfläche gilt als „geringfügig". Andere Arbeiten, die Funktionsweise, Abmessungen oder Sicherheit der Waffe verändern, fallen unter den Begriff „Bearbeiten". Wenn für die Einpassung eines „wesentlichen Teils" Nacharbeiten notwendig sind, handelt es sich ebenfalls um ein „Bearbeiten".

Eine Schusswaffe wird **unbrauchbar gemacht**, wenn die Maßnahmen an ihr durchgeführt werden, die erforderlich sind, um die gesetzlichen Vorschriften zur Unbrauchbarmachung zu erfüllen. Nur in diesem Falle ist es keine Bearbeitung, sondern eine Unbrauchbarmachung.

Beim „**Handel**" stellt der Gesetzgeber auf eine wirtschaftliche Unternehmung ab – doch **Vorsicht**: Je nach Umfang der Tätigkeit kann auch ein Privatmann schnell als „Händler" gelten.[9] Und dann wäre der Verkauf eines erlaubnisfrei zu erwerbenden Gasrevolvers über eine Internet-Börse kein

Privatverkauf mehr, sondern Handel im Sinne des § 21 WaffG. So können auch Jäger, die Waffen regelmäßig oder in kurzen Zeitabständen erwerben und überlassen (etwa durch Ankauf von Nachlässen), rasch den **Tatbestand des unerlaubten Handelns** mit Schusswaffen erfüllen.

Es **schießt**, wer mit einer Schusswaffe Geschosse aus einem Lauf verschießt, Kartuschenmunition („Platzpatrone") abschießt, Wirkstoffe (zB Tränengas) mit Patronen- oder Kartuschenmunition verschießt oder pyrotechnische Munition verschießt. Eine **Armbrust** ist keine Schusswaffe, aber den Schusswaffen gleichgestellt[10]; darum sind alle Regelungen, die sich auf das Schießen beziehen, auch auf den Gebrauch von Armbrüsten anzuwenden (zB § 27 WaffG über Schießstätten oder die Erlaubnispflicht für das Schießen). Auch das Abschießen von Kartuschenmunition mit einem den Schusswaffen **gleichgestellten Abschussgerät**, etwa einer **SRS-Waffe**, ist Schießen im Sinne des WaffG.

Kein Schießen ist mangels ihrer Gleichstellung mit Schusswaffen die Verwendung von **Bögen**. Das Abfeuern („Abtun") von **Böllern** (pyrotechnische Munition, zB Kartusche bei Verwendung von Böllerkanonen, Pulverladung von Hand- und Standböllern) gilt ebenfalls nicht als Schießen und bedarf keiner waffenrechtlichen Erlaubnis (Böller fallen nicht unter den Begriff der Waffe und somit nicht unter die Regelungen des Waffengesetzes).

Umgang mit Waffen und Munition dürfen nach § 2 WaffG nur Personen haben, die das 18. Lebensjahr vollendet haben. Für **Kinder und Jugendliche** eröffnet § 3 WaffG Ausnahmemöglichkeiten, beispielsweise Jugendlichen für den Umgang mit Waffen oder Munition im Rahmen der beruflichen Ausbildung oder beruflichen Tätigkeit unter Aufsicht eines weisungsberechtigten Erlaubnisinhabers, nicht aber im privaten Bereich. Kindern und Jugendlichen kann der Umgang mit Waffen und Munition in Form einer behördlichen Ausnahmegenehmigung erlaubt werden. In der Regel gilt für diese Altersgruppen (Kinder: bis 14 Jahre; Jugendliche: mindestens 14, aber noch nicht 18) aber ein **absolutes Umgangsverbot mit Waffen und Munition**. Eine **Ausnahme** bildet hier das **Schießen**, insbesondere Sportschießen, **unter Aufsicht** nach § 27 Abs. 3 bis Abs. 6 WaffG in Vereinen, an „Schießbuden" auf Jahrmärkten oder in der Jagdausbildung.

Der Umgang mit **geprüften Reizstoffsprühgeräten** („CS-Gas") ist bereits **ab 14 Jahren ohne weitere Erlaubnis gestattet**. **Tierabwehrsprays** („Pfefferöl") unterliegen nicht dem Waffengesetz, da sie **nicht zum Einsatz gegen Menschen bestimmt** und nicht im Waffengesetz genannt werden, obwohl die Eignung vorhanden ist.

Im zweiten Kapitel des Buches geht es um die **Voraussetzungen für den Umgang mit Waffen und Munition**. Insbesondere geht es hier um die Zuverlässigkeit als zentrale Forderung des Gesetzgebers an Personen, die Waffen und Munition besitzen wollen.

Die Anforderungen an Personen, die eine waffenrechtliche Erlaubnis erhalten oder behalten möchten, sind aus guten Gründen hoch. Es handelt sich dabei um juristisch bewertbare Eigenschaften wie etwa begangene Straftaten oder zu erwartende Handlungen aufgrund vorangegangenen Fehlverhaltens, aber auch um persönliche Voraussetzungen wie körperliche und geistige Eignung sowie den Nachweis des Bedürfnisses als Zweck des Waffenbesitzes.

Das **Lernziel** ist das Wissen um die Anforderungen und die Bedeutung der einzelnen Kriterien, die zwingend vorausgesetzt werden.

Die **wichtigsten Fakten** in diesem Kapitel:

- Als Voraussetzungen für den Umgang werden geprüft:
  Bedürfnis (der Grund, warum die Waffe benötigt wird)
  Eignung (persönliche Eignung, körperlich wie geistig)
  Sachkunde (die Sie durch Bestehen der Prüfung nachweisen)
  18 Jahre (als Mindestalter)
  Tresor (als Behältnis zur sicheren Aufbewahrung)
  Zuverlässigkeit (Ihr Waffenbesitz ist keine Gefahr für Dritte)
  (Hinweis: Wenn Sie die fett gedruckten Buchstaben von oben nach unten lesen und in Gedanken an Stelle der 1 ein I setzen, haben Sie ein Merkwort für die Voraussetzungen: BES1TZ)
- **Zuverlässigkeit** und persönliche **Eignung** (alle drei Jahre) sowie das **Bedürfnis** (alle fünf Jahre) sind **durch** die **Behörde regelmäßig zu prüfen** (Ausnahmen gibt es zB für Sportschützen)
- Für die **Aufbewahrung von erlaubnispflichtigen Waffen** ist mindestens ein Behältnis des Widerstandsgrads 0 nach DIN EN 1143-1 erforderlich. Darin dürfen bis zu zehn Kurzwaffen (bei Schrankgewicht unter 200 kg: bis zu fünf Kurzwaffen) und eine beliebige Anzahl von Langwaffen aufbewahrt werden. Eine unbeschränkte Zahl von erlaubnispflichtigen Waffen darf in einem Behältnis des Widerstandsgrads I (römisch 1) aufbewahrt werden.
- Für die **Aufbewahrung von Munition** ist ein Stahlblechbehältnis mit Schwenkriegelschloss ausreichend.

Als erweiterter **Lernstoff** bietet sich die Lektüre des Waffengesetzes im Original an, insbesondere die Paragraphen 4 bis 9, 13, 14, 16 und 28.

2 Voraussetzungen für den Umgang mit Waffen und Munition

2.1 Mindestalter und Überprüfungen (§ 4)

Der Umgang mit Waffen oder Munition, die der Erlaubnispflicht unterliegen (Anlage 2 A2 UA1 WaffG), bedarf der Erlaubnis der zuständigen Behörde. Das ist nach § 3 VwVfG jene Behörde, in deren Bezirk der Antragsteller seinen **gewöhnlichen Aufenthaltsort** hat - in der Regel der Erstwohnsitz, in begründeten Fällen aber auch der Zweitwohnsitz, etwa bei Studierenden.

Zentrale Vorschrift für waffenrechtliche Erlaubnisse ist § 4 WaffG. Er fordert für die Erteilung einer waffenrechtlichen Erlaubnis:

- **Mindestalter**; Antragsteller hat das 18. Lebensjahr vollendet (nach § 14 Abs. 1 WaffG für Sportschützen: 21. Lebensjahr)
- **Zuverlässigkeit** (Seite 33) und **persönliche Eignung** (Seite 35)
- Nachweis von **Sachkunde** (Seite 37) und **Bedürfnis** (Seite 38)

Eine weitere, nicht in § 4 WaffG genannte **Voraussetzung** für die Erteilung einer Erwerbserlaubnis ist der in § 36 Abs. 3 WaffG geforderte **Nachweis der sicheren Aufbewahrung** für die beantragte Waffe.

Bei Beantragung eines **Waffenscheines** oder einer **Schießerlaubnis** wird zudem der Nachweis einer bestehenden **Haftpflichtversicherung** für Personen- und Sachschäden in Höhe von einer Million Euro gefordert.

Die **Prüfung der Zuverlässigkeit und der persönlichen Eignung** soll nach mindestens **drei Jahren** von der Behörde wiederholt werden, danach in regelmäßigen Abständen **(Regelüberprüfung)**. Gleiches gilt für das Bestehen der Haftpflichtversicherung für Inhaber eines Waffenscheines oder einer Schießerlaubnis. Die zuständige Behörde kann den Erlaubnisinhaber mit den **Kosten** der Regelüberprüfung belasten.[11]

Das **Fortbestehen des Bedürfnisses** ist fortlaufend **alle fünf Jahre** durch die Waffenbehörde zu **prüfen**.

Für die Prüfung des **Bedürfnisses** zum Erwerb und Besitz sowie das Führen von Schusswaffen ist § 8 WaffG eine zentrale Vorschrift und der Paragraph, auf dem die Regelung spezieller Bedürfnisse beruht. Er enthält eine **Aufzählung bestimmter Bedürfnisgruppen**, die aber **nicht abschließend** ist.

Regelt das Waffengesetz ein Bedürfnis nicht weitergehend, wie etwa bei den Jägern (§ 13) oder Sportschützen (§ 14), die in § 8 WaffG ausdrücklich genannt werden, aber speziellen Regelungen des Gesetzes unterworfen werden, ist bei der Bewertung eines vermeintlichen Bedürfnisses durch Auslegung zu erforschen, ob ein Bedürfnis im Sinne des § 8 WaffG gegeben ist (Beispiele: Tierarzt, Schießstandbetreiber, Theaterbetreiber u. ä.).

Zentrale Forderung des Gesetzes ist, dass die Belange der öffentlichen Sicherheit und Ordnung bei Erteilung einer waffenrechtlichen Erlaubnis als schützenswertes Gut berücksichtigt werden. Es erfolgt eine Abwägung zwischen dem Interesse des Einzelnen an der Erlaubnis zum Umgang mit Waffen und dem Bedürfnis der Allgemeinheit nach Schutz vor Gewalt.

2.2 Zuverlässigkeit (§ 5)

Bezüglich der **Zuverlässigkeit** des Waffenbesitzers gibt es einen ganzen Kanon von Versagungsgründen, die sich in § 5 WaffG finden – lesen Sie den Wortlaut der Vorschrift im Gesetz nach.

Absatz 1 nennt die Gründe, die **in jedem Falle** der Erteilung einer waffenrechtlichen Erlaubnis entgegenstehen oder zu einem Widerruf bereits erteilter Erlaubnisse führen. Dazu zählen sowohl rechtskräftige Verurteilungen als auch festgestellte *„Tatsachen, die die Annahme rechtfertigen“*, dass die erforderliche Zuverlässigkeit nicht vorliegt, etwa wenn Waffen nicht vorschriftsmäßig aufbewahrt oder missbräuchlich verwendet wurden. Ein abschließender Katalog von Straftaten, die in Absatz 1 aufgeführt sind und mit einer Mindeststrafe von 90 Tagessätzen geahndet werden, führt ebenfalls zur Unzuverlässigkeit.

Absatz 2 dagegen stellt auf die Formulierung „**in der Regel**“ ab – hier wäre also durch die Behörde eine zusätzliche Abwägung notwendig, wobei hier „im Zweifel gegen den Antragsteller“ zu entscheiden ist. Drei Arten von Handlungen sind zu unterscheiden:

- Vorsätzliche Straftaten (Deliktart unerheblich)
- Fahrlässige Straftaten (mit Waffen, Munition oder explosionsgefährlichen Stoffen, gemeingefährliche Delikte)
- Straftaten nach dem Waffengesetz, Kriegswaffenkontrollgesetz, Sprengstoffgesetz oder Bundesjagdgesetz

Entscheidend ist hier, dass eine Freiheitsstrafe, Jugendstrafe, Geldstrafe von mindestens 60 Tagessätzen oder mindestens zweimal eine Geldstrafe rechtskräftig verhängt worden ist.

Ebenso ist in der Regel unzuverlässig, wer in bestimmten Zeiträumen

- Mitglied eines verbotenen Vereins oder als verfassungswidrig eingestuften Partei gewesen ist,
- staatsfeindliche Bestrebungen verfolgt hat,
- mehr als einmal wegen Gewalttätigkeit in Vorbeugegewahrsam genommen wurde,
- wiederholt oder gröblich gegen Vorschriften des KrWaffKontrG oder des Waffen-, Sprengstoff- oder Bundesjagdgesetzes verstoßen hat oder
- bei dem Tatsachen die Annahme rechtfertigen, dass er einzeln oder als Mitglied einer Vereinigung Bestrebungen verfolgt oder unterstützt oder in den letzten fünf Jahren verfolgt oder unterstützt hat, die
    - gegen die verfassungsmäßige Ordnung oder
    - gegen den Gedanken der Völkerverständigung, insbesondere gegen das friedliche Zusammenleben der Völker, gerichtet sind, oder
    - durch Anwendung von Gewalt oder darauf gerichtete Vorbereitungshandlungen auswärtige Belange der Bundesrepublik Deutschland gefährden.

Zur Prüfung der Zuverlässigkeit holt die Waffenbehörde neben der unbeschränkten Auskunft aus dem Bundeszentralregister auch Informationen bei der Staatsanwaltschaft sowie zahlreichen weiteren Behörden ein, darunter die Polizei und der Zoll.

(Hinweis: der nachfolgend **kursiv** gedruckte Text ist kein Lernstoff, sondern dient nur der Verdeutlichung, welche Folgen derartige Verstöße für den Waffenbesitzer haben können.)

*Der **Verlust einer Schusswaffe**[12] kann ausreichend für die Annahme der Unzuverlässigkeit durch die zuständige Waffenbehörde sein – bereits ein einmaliges Fehlverhalten dieser Art führt zu einer negativen Prognose und rechtfertigt den Widerruf einer waffenrechtlichen Erlaubnis, da von Waffen und Munition eine große Gefahr für Leib und Leben Dritter und damit für höherrangige Rechtsgüter ausgeht, wenn diese in die Hände Unbefugter kommen.[13] [14] Gleiches gilt für **missbräuchlichen oder leichtfertigen Umgang mit Schusswaffen** oder Munition, etwa durch einen Schuss mit dem Schrotgewehr in die Luft, um damit auf den Lärm einer Party in der Nachbarschaft „zu antworten“,[15] oder durch **Befestigen einer Lampe** an einer Jagdwaffe.[16] Insbesondere Delikte, die Dritte gefährden, sind bei einer Überprüfung zu beachten – so kann eine Verurteilung wegen **Trunkenheit***

***im Straßenverkehr** ein Anhaltspunkt für eine Regelunzuverlässigkeit im Umgang mit Waffen sein.*

2.3 Persönliche Eignung (§ 6)

Die erforderliche **persönliche Eignung** besitzen nach § 6 WaffG Personen nicht, die geschäftsunfähig sind oder abhängig von Alkohol oder anderen Rauschmitteln, die psychisch krank oder debil sind. Auch Zweifel an der Fähigkeit, sorgfältig mit Waffen und Munition umzugehen, stehen der Erteilung einer Erlaubnis entgegen bzw. begründen den Widerruf der Erlaubnis und auch die Sicherstellung von Waffen.[17] Um diesbezüglich den Antragsteller zu überprüfen, befragt die Waffenbehörde verschiedene Behörden über Erkenntnisse zum Antragsteller, wobei der Kreis der Befragten weitestgehend der Zuverlässigkeitsüberprüfung entspricht. Auch der subjektive Eindruck beim Kontakt mit dem Antragsteller kann Zweifel an dessen persönlicher Eignung aufkommen lassen.

Die persönliche Eignung bezieht sich nicht nur auf geistige, sondern auch auf körperliche Eigenschaften des Antragstellers.

Die körperliche Gesundheit bezieht sich auf die Fähigkeit, eine Schusswaffe sicher zu beherrschen. Im Falle einer chronischen Erkrankung, die diese Fähigkeit vorübergehend einschränken kann (zB Epilepsie, Diabetes Mellitus), ist sicherzustellen, dass eventuelle Symptomatiken wie etwa Ausfallerscheinungen, Bewusstlosigkeit, Krämpfe o. ä. durch Einnahme geeigneter Medikamente unterdrückt werden können. Es ist in diesem Falle durch ein amts- oder fachärztliches Gutachten (§ 4 AWaffV) nachzuweisen, dass sich der Antragsteller in ärztlicher Behandlung befindet und aus fachkundiger Sicht keine Bedenken bestehen, die gegen einen Umgang mit Schusswaffen sprechen, bei dem jederzeit eine vollständige Kontrolle des Körpers gewährleistet sein muss.

Die in § 6 Abs. 1 WaffG festgelegten Versagungsgründe, speziell die „Abhängigkeit", müssen nicht durch rechtskräftiges Gerichtsurteil festgestellt worden sein. Wenn Tatsachen die Annahme rechtfertigen, dass der Antragsteller beispielsweise alkoholabhängig ist, hat die Behörde die Möglichkeit, den Antragsteller zur Vorlage eines amts- oder fachärztlichen oder fachpsychologischen Gutachtens nach § 4 AWaffV zu verpflichten. Diese Forderung kann nicht angefochten werden und ist durch den Antragsteller zu erfüllen. Weigert sich der Antragsteller, darf die Behörde nach § 4 Abs. 6 AWaffV auf **Nichteignung** schließen.

Der Antragsteller hat die **Kosten** des Gutachtens zu tragen (§ 6 Abs. 2 WaffG). Er hat die Behörde darüber zu **informieren**, wen er mit der Erstellung des Gutachtens beauftragt hat (§ 4 Abs. 3 AWaffV) – damit soll verhindert werden, dass im Falle eines negativen Gutachtens ein weiterer Gutachter beauftragt wird („Gutachter-Hopping").

Antragsteller unter 25 Jahren haben vor Erteilung ihrer ersten waffenrechtlichen Erlaubnis ein Gutachten über ihre geistige Eignung vorzulegen. Dies gilt nicht für Anträge von **Sportschützen** für den Erwerb und Besitz von Kleinkaliberwaffen bis 200 Joule oder Einzellader-Flinten Kaliber 12 oder kleiner. **Jäger** sind nach § 13 Abs. 2 WaffG von der generellen Pflicht zur Begutachtung für Antragsteller unter 25 Jahren ausgenommen. Hier geht der Gesetzgeber davon aus, dass die Zeit der Ausbildung zum Jäger den Ausbildern und Prüfern ausreichend Gelegenheit gibt, geistig oder körperlich ungeeignete Personen zu erkennen und durch deren Ausschluss aus der Ausbildung zu verhindern, dass diese Personen als Jäger Waffen erwerben können.

Ist der Antragsteller **Dienstwaffenträger**, etwa Polizeivollzugs- oder Zollbeamter mit Laufbahnprüfung, **entfällt** bei Personen unter 25 Jahren die **Begutachtung**. Voraussetzung dafür ist eine Bescheinigung des Dienstherrn des Antragstellers, dass eine Begutachtung der geistigen Eignung bereits stattgefunden hat, etwa im Rahmen der Ausbildung. Aus der Bescheinigung muss hervorgehen, dass der Antragsteller ohne Einschränkung zum Umgang mit Dienstwaffen berechtigt ist.

Als **Gutachter** kommen nach § 4 Abs. 2 AWaffV in Betracht Amtsärzte, Psychiater, approbierte Psychotherapeuten, Fachärzte für psychotherapeutische Medizin und Fachpsychologen. **Zwischen** dem **Gutachter** und dem **Antragsteller** darf in den fünf Jahren vor Begutachtung **kein Behandlungsverhältnis** bestanden haben. Dies hat der Gutachter zu bestätigen. Er darf allerdings Kontakt mit dem behandelnden Arzt (also Hausarzt oder Facharzt) des Antragstellers aufnehmen, um sich ein umfassendes Bild zu verschaffen.

Zentrale Frage des Gutachtens ist, ob der Antragsteller die **nötige geistige und emotionale Reife** besitzt, um **verantwortungsvoll** mit Schusswaffen umzugehen. Sieht der Gutachter diese Anforderung nicht vollständig erfüllt, ist es möglich, dass die Waffenbehörde weitergehende Untersuchungen des Antragstellers anordnet.

2.4 Sachkunde (§ 7)

Umfang und Inhalt der **Sachkundeprüfung** sind in § 1 der Allgemeinen Waffengesetz-Verordnung (AWaffV) geregelt. Die in der Prüfung nachzuweisende Sachkunde umfasst danach **ausreichende Kenntnisse**

- **über** die beim Umgang mit Waffen und Munition zu beachtenden **Rechtsvorschriften** des Waffenrechts, des Beschussrechts sowie der Notwehr und des Notstands,
- **auf waffentechnischem Gebiet** über Schusswaffen (Langwaffen, Kurzwaffen und Munition) hinsichtlich Funktionsweise, sowie Innen- und Außenballistik, Reichweite und Wirkungsweise des Geschosses, bei verbotenen Gegenständen, die keine Schusswaffen sind, über die Funktions- und Wirkungsweise sowie die Reichweite,
- über die **sichere Handhabung** von Waffen oder Munition einschließlich ausreichender Fertigkeiten im Schießen mit Schusswaffen.

Anstelle einer **Sachkundeprüfung** kann der Nachweis der Sachkunde auch durch **Ausbildung** oder **Tätigkeit** geführt werden, zum Beispiel als Waffen-Ingenieur oder Büchsenmacher. Die Tätigkeit als Polizist oder Soldat allein ersetzt dagegen nicht die Sachkundeprüfung, es sei denn, es wird seitens der Dienststelle bestätigt, dass eine Ausbildung stattgefunden hat, die eine entsprechende Sachkunde vermittelt hat. Der Nachweis der Sachkunde muss sich auf den **aktuellen Stand** des Umfanges und Inhalts einer Sachkundeprüfung beziehen. Insofern kann bei Antragstellern, deren Prüfung der Sachkunde vor Inkrafttreten des geltenden Waffengesetzes erfolgte, durch den Sachbearbeiter eine erneute Überprüfung der Sachkunde verlangt werden.

Beachten Sie, dass einzelne Sachkundenachweise nur **für bestimmte Waffen- oder Munitionsarten** ausgestellt werden. Insofern ist bei Beantragung einer Schusswaffe zu prüfen, ob die Sachkunde für die beantragte Waffen- bzw. Munitionsart nachgewiesen werden kann.

Die Anforderungen an die Sachkunde unterscheiden sich auch nach dem Profil des Antragstellers. So ist eine von einem Sportschützen erworbene Sachkunde nicht ausreichend, um als Nachweis der Sachkunde für Mitarbeiter im Bewachungsgewerbe durch die zuständige Behörde anerkannt zu werden. Entsprechende Auflagen werden schon mit der Erteilung der Erlaubnis für Ausbildungsträger erteilt, um etwa eine Mindeststundenzahl für die Ausbildung festzulegen.

2.5 Bedürfnis (§ 8)

In waffenrechtlicher Hinsicht handelt es sich bei dem Bedürfnis um den **Nachweis** des Antragstellers, dass er die beantragte Waffe oder Munition **benötigt**, um etwa seinem Sport oder Hobby, seinem Beruf oder der Jagd nachzugehen. § 8 WaffG stellt Gruppen heraus, deren Bedürfnis besonders anzuerkennen ist, vor allem Jäger, Sportschützen, Brauchtumsschützen, Sammler, Sachverständige, gefährdete Personen, Hersteller, Händler oder Bewachungsunternehmer.

Die Erlaubnisbehörde muss abwägen, ob dem Interesse des Antragstellers das Interesse der Bevölkerung entgegensteht, die Zahl der Waffen in privater Hand gering zu halten. Das Bedürfnis kann sowohl privater, also persönlicher, als auch wirtschaftlicher Art sein.

Zudem muss die beantragte Waffe oder Munition **geeignet** und **erforderlich** sein, den **Bedürfniszweck** zu **erfüllen**. So muss eine **gefährdete Person** eine **konkrete und erhebliche Gefahr** benennen, die durch Schusswaffe **verringert** werden kann. Ein **Sportschütze** muss eine Bescheinigung beibringen, dass er die Waffe zur Ausübung seines Sports benötigt.

Das **Fortbestehen des Bedürfnisses** ist **alle fünf Jahre** behördlich zu überprüfen. Entfällt das Bedürfnis, ist in der Regel die Erlaubnis zu widerrufen. So kann ein **Sportschütze**, der den Schießsport nicht mehr regelmäßig betreibt, kein Bedürfnis mehr geltend machen. Wie schon bei Erteilung der waffenrechtlichen Erlaubnis ist der Nachweis der regelmäßigen Ausübung des Schießsports auch danach der zuständigen Behörde auf Verlangen zu erbringen.

Gleiches gilt für den **Jäger**, dessen Bedürfnis bei Aufgabe der Jagd entfällt.

2.6 Aufbewahrung von Waffen und Munition (§ 36)

Erlaubnisfreie Waffen, etwa Schlagstöcke oder Reizstoffsprühgeräte, müssen gegen unbefugte Wegnahme gesichert werden.

Waffen, die von der Erlaubnispflicht freigestellt sind, etwa **SRS-Waffen** mit entsprechender Kennzeichnung (zum Beispiel „PTB im Kreis"), oder **Druckluftwaffen** mit „F im Fünfeck", sind in einem verschlossenen Behältnis aufzubewahren. Eine besondere Sicherheitsstufe ist nicht vorgeschrieben. Gleiches gilt für **Salutwaffen** und **unbrauchbar gemachte Schusswaffen**.

Für **erlaubnispflichtige** Waffen und verbotene Waffen (etwa in der Hand von Gutachtern, aber auch von Altbesitzern im Falle von Magazinen hoher

Kapazität) sieht § 13 AWaffV die Aufbewahrung in besonders klassifizierten Behältnissen, sogenannten **Waffenschränken**, oder in **Waffenräumen** vor.

Zur **sicheren Aufbewahrung von erlaubnispflichtigen und verbotenen Waffen** dürfen grundsätzlich Behälter folgender Qualitäten unter Berücksichtigung einschränkender Eigenschaften verwendet werden:

- DIN EN 1143-1 **Widerstandsgrad 0 (Null)**, mit einem Eigengewicht **unter 200 kg**: Bis zu fünf Kurzwaffen und bestimmte verbotene Waffen, Langwaffen ohne zahlenmäßige Begrenzung; Munition darf gemeinsam mit den Waffen aufbewahrt werden;

- DIN EN 1143-1 **Widerstandsgrad 0 (Null)**, mit einem Eigengewicht **von mindestens 200 kg**: Bis zu zehn Kurzwaffen und bestimmte verbotene Waffen, Langwaffen ohne zahlenmäßige Begrenzung; Munition darf gemeinsam mit den Waffen aufbewahrt werden;

- DIN EN 1143-1 **Widerstandsgrad I (römisch 1)**, Eigengewicht gesetzlich nicht festgelegt: Aufbewahrung einer unbegrenzten Zahl von Lang- und Kurzwaffen sowie verbotener Waffen und Munition.

Für die **sichere Aufbewahrung von Munition** ist keine Sicherheitsstufe vorgeschrieben. Sie muss in der Wohnung gegen unbefugten Zugriff qualifiziert aufbewahrt werden, mindestens in einem **Stahlblechbehältnis** mit **Schwenkriegelschloss**, zB in einer Geldkassette oder einem gleichwertigen Behältnis. Ein **Schwenkriegelschloss** ist ein Metallriegel oder Haken, der am Schließzylinder befestigt ist und um dessen Achse gedreht wird.

Inhaber einer waffenrechtlichen Erlaubnis, die vor Inkrafttreten der Waffengesetzänderung 2017 erteilt wurde, dürfen Waffenschränke älterer Bauart auch weiterhin nutzen, wenn diese bereits vor dem Zeitpunkt des Inkrafttretens des Gesetzes am 6. Juli 2017 von ihnen genutzt wurden. Es handelt sich dabei vornehmlich um Behältnisse der Stufen A und B nach VDMA 24992 Stand Mai 1995; beachten Sie: Nur Altbesitzer dürfen Schränke dieser Sicherheitsstufen verwenden.

Der **„A-Schrank"** – Behältnis der Sicherheitsstufe A nach VDMA 24992 – darf zur Aufbewahrung von **bis zu zehn Langwaffen** eingesetzt werden. Der **„B-Schrank"** – Behältnis der Sicherheitsstufe B nach VDMA 24992 – darf zur Aufbewahrung einer **unbegrenzten Zahl von Langwaffen** und **bis zu zehn Kurzwaffen** (Schrank-Eigengewicht oder Abrisslast durch Verankerung unter 200 kg: bis zu fünf **Kurzwaffen**) eingesetzt werden.

In einem A-Schrank mit Innen**schrank** der Sicherheitsstufe B (sog. „**Jägerschrank"**) ist die Lagerung von bis zu zehn Langwaffen sowie von **bis zu fünf Kurzwaffen im Innenschrank** gestattet sowie passender Munition für die Lang- und Kurzwaffen im Innenschrank.

Für A- und B-Schrank gilt, dass Munition, die aus den aufbewahrten Waffen verschossen werden kann, **nicht mit den Waffen** in einem Schrank aufbewahrt werden darf, wenn Waffen und Munition nicht durch eine verschließbare Tür voneinander getrennt werden. Auch ein zur Aufbewahrung von Munition zugelassenes Behältnis darf im Schrank aufgestellt sein.

Fortsetzung oder Beginn einer **gemeinschaftlichen Aufbewahrung** von Altbesitzern mit anderen Erlaubnisinhabern, die selbst einen solchen Behälter nicht verwenden dürften, **ist zulässig**, aber der zuständigen Behörde auf Verlangen nachzuweisen.[18]

In „**nicht dauernd bewohnten Gebäuden**", unter diesen Begriff fallen beispielsweise **Jagdhütten**, dürfen **höchstens drei Langwaffen** aufbewahrt werden, aber **keine Kurzwaffen oder Munition**. Dabei ist zwingend ein Behältnis des Widerstandsgrades I nach DIN EN 1143-1 zu verwenden. Durch die ausdrückliche Beschränkung auf Langwaffen ist eine Aufbewahrung von **Schalldämpfern** in einem nicht dauernd bewohnten Gebäude nicht gestattet. Während des Aufenthalts, also im **Zeitraum zwischen An- und Abreise** des Hüttennutzers, ist die Jagdhütte für diesen Zeitraum als **dauernd bewohntes Gebäude** anzusehen. Damit würden während der Dauer des gesamten Aufenthalts die allgemeinen Vorschriften zur Aufbewahrung von Schusswaffen und Munition gelten, selbst wenn der Jäger die Hütte zur Jagdausübung oder zu einer Besorgung verlässt.

Die **Aufbewahrung geladener Schusswaffen** ist unzulässig. Das gilt auch für die Aufbewahrung von **SRS-Waffen** und **Druckluftwaffen**.

Die **gemeinsame Aufbewahrung von Waffen und Munition** ist **nur dann unzulässig**, wenn erlaubnispflichtige Schusswaffen mit Munition in einem A- oder B-Schrank aufgrund der Altbesitzregelung aufbewahrt werden.

In einem Schrank dürfen die Schlüssel anderer Behältnisse aufbewahrt werden. Das ist zulässig, solange die Zahl der Waffen in jenen Behältnissen zusammen nicht größer ist als die Anzahl von Waffen, die in diesem einen Behältnis aufbewahrt werden darf. Zahlenschlösser sind Schlüsselschlössern unter praktischen Gesichtspunkten immer vorzuziehen.

Wesentliche Teile von Schusswaffen und Schalldämpfer sind aufzubewahren wie die Schusswaffen, für die sie bestimmt sind. Dabei werden sie nicht angerechnet auf die Anzahl der aufbewahrten Waffen im Behältnis.

Bestimmte **verbotene Waffen** (Anlage 2 A1 Nr. 1.1 bis 1.2.3 und 1.2.5 WaffG) sind wie Kurzwaffen zu lagern und werden auf die Zahl der maximal aufzubewahrenden Kurzwaffen angerechnet. Das **Faustmesser** im Besitz eines Jägers ist beispielsweise nicht auf die Anzahl der aufbewahrten Waffen anzurechnen, sondern lediglich in einem B- oder WG-0-Schrank aufzubewahren; gleiches gilt für **verbotene Nachtsichttechnik**.

Werden Waffen und Munition im **Bewachungsgewerbe** aufbewahrt, sind diesbezügliche Regelungen in **Unfallverhütungsvorschriften** zu beachten.

Eine ausdrückliche **Pflicht zur Verankerung** eines Behältnisses zur Aufbewahrung von Waffen oder Munition ergibt sich nicht aus den speziellen Vorschriften des § 13 AWaffV. Allerdings ist die generelle Vorgabe in § 36 Abs. 1 WaffG zu beachten, wonach die **erforderlichen Vorkehrungen** zu treffen sind, um **zu verhindern**, dass diese Gegenstände **abhanden**kommen.

Im Falle eines Behälters, dessen Gewicht einschließlich Füllung unter 30 kg liegt, kann dieser ohne größeren Aufwand aus der Wohnung getragen werden. Darum ist bei der **behördlichen Überprüfung der sicheren Aufbewahrung** zu beachten, dass Behältnisse, deren Gesamtgewicht (Behältnis plus Inhalt) unter 100 kg (Richtwert) liegt, gegen Wegnahme zu sichern sind, etwa durch Verankerung in der Wand oder im Boden, um die Wegnahme zu verhindern. In einem solchen Falle ist unter Würdigung der Gesamtsituation die Erteilung eine **Anordnung** nach § 36 Abs. 6 WaffG zu prüfen, die den Waffenbesitzer zur Verankerung des Behälters mit einer ausreichenden und festzusetzenden Abrisslast verpflichtet.

Möbeltresore, in der Norm VDMA 24992 Stand Mai 1995 bezeichnet als „**Einsatzschrank**, nicht zur freien Aufstellung“, sind **in Möbel oder hinter Wandverkleidungen einzubauen**, ansonsten gelten sie nicht als A- oder B-Behältnis. Die Vorgaben des Herstellers zur Verankerung, die in den meisten Fällen dem gelieferten Behältnis beiliegen, sind einzuhalten.

Einmauertresore sind nach den Vorgaben des Herstellers und den einschlägigen Richtlinien der VdS in ein Mauerwerk oder eine Betonwand einzulassen und mit Beton von mindestens 100 mm Stärke zu umgeben.

Bei der Einstufung wird das **Eigengewicht** des einzelnen Schrankes gewertet, nicht ein Verbund mehrerer miteinander verschraubter Schränke.

Kapitel 3 behandelt die **Erlaubnispflichten und Verbote** für den Umgang mit Waffen und Munition. Besonderes Augenmerk gilt dabei den gesetzlichen Ausnahmen von Erlaubnispflichten, etwa für die Leihe oder die Verwahrung und den Transport von Waffen.

Das Waffengesetz regelt den Zugang zu Waffen insbesondere durch Erlaubnisvorbehalte. Dazu kommen einige Waffen- und Munitionstypen, die durch den Gesetzgeber als derart gefährlich angesehen werden, dass jeglicher Umgang mit ihnen grundsätzlich verboten wird. Andererseits entfällt die Erlaubnispflicht für einige Arten von Schusswaffen. Die *tragbaren Gegenstände* unterfallen grundsätzlich nicht der Erlaubnispflicht.

Das **Lernziel** in diesem Kapitel ist insbesondere das Wissen um die Ausnahmen von den Erlaubnispflichten aus § 12 WaffG und der Anlage 2 WaffG sowie die Voraussetzungen dieser Ausnahmen.

Die **wichtigsten Fakten** in diesem Kapitel:

- WBK-Inhaber dürfen sich für bis zu einem Monat eine Waffe **leihen** und während dieser Zeit diese Waffe auch benutzen, wenn sie diese Waffe auch regulär im Rahmen ihres Bedürfnisses (zB ein Sportschütze solche Waffen, die schießsportlich verwendet werden dürfen) erwerben könnten.
- Soll eine Waffe durch einen Dritten nur **verwahrt** oder privat **transportiert** werden, darf dies ohne zeitliche Begrenzung erfolgen durch einen WBK-Inhaber, und zwar unabhängig vom Bedürfnis – eine Verwendung der Waffe ist dabei nicht gestattet.
- Ebenso wie eine Waffe darf auch Munition geliehen, verwahrt oder transportiert durch einen WBK-Inhaber werden.
- Ohne Waffenschein darf eine Waffe geführt werden (**Transport**), wenn sie **nicht zugriffsbereit** (zB verschlossener Waffenkoffer) und **nicht schussbereit** (keine Munition in der Waffe) ist und der **Zweck des Bedürfnisses** diesen Transport umfasst, zB bei einem Sportschützen auf dem direkten Weg von zuhause zum Schießstand und zurück.
- **Munition** darf **zum sofortigen Verbrauch ohne eigene waffenrechtliche Erlaubnis auf dem Schießstand** erworben werden.
- Erwerb und Besitz von **Druckluftgewehren** mit „F im Fünfeck" und **SRS-Waffen** mit „PTB im Kreis ist **erlaubnisfrei.**
- Beim **Waffentransport** muss man **WBK und Ausweis** mitführen.
- Auf genehmigten **Schießstätten** ist das **Schießen erlaubnisfrei**.

Als erweiterter **Lernstoff** dienen § 12 WaffG und die Anlage 2 des Waffengesetzes – keine Sorge, die Anlage ist „relativ lesbar" formuliert.

3 Erlaubnispflichten, Freistellungen, Verbote

3.1 Erlaubnispflichtige Waffen und Munition

Nach Anlage 2 A2 **UA1** WaffG **bedarf** der **Umgang** (Erwerb, Besitz, Führen, Verbringen, Mitnehmen, Schießen, Herstellung, Bearbeitung, Instandsetzung, Handel, Unbrauchbarmachung) mit Waffen nach Anlage 1 A1 UA1 Nrn. 1 – 4.3 WaffG oder Munition grundsätzlich einer **Erlaubnis**, **ausgenommen** das **Überlassen**. Betroffen sind Schusswaffen und ihnen gleichgestellte Gegenstände, die aber teilweise durch Regelungen der Anlage 2 A2 UA2 und 3 WaffG wieder von der Erlaubnispflicht oder fast vollständig von den Regelungen des Waffengesetzes befreit werden. Die folgenden Kapitel geben einen Überblick über die Regelungen für verschiedene Waffen und Umgangsarten.

Beachten Sie beim Lesen der Anlage 2 im Original die Unterschiede, die bezüglich der unterschiedlichen Arten des Umgangs gemacht werden. Ist eine Waffe nach Anlage 1 A1 UA1 Nrn. 1 bis 4.3 WaffG oder Munition weder in Unterabschnitt 2 noch im Abschnitt 3 („Vom Gesetz ganz oder teilweise ausgenommene Waffen“) der Anlage 2 WaffG geführt, bedarf es zum Umgang einer Erlaubnis.

Erlaubnispflichtig ist auch der Umgang mit Kartuschenmunition, die aus scharfen Waffen verschossen werden kann (**Manöverpatronen**).

Auf **funktionsfähige** Schusswaffen, die durch **Umbau** einer erlaubnispflichtigen Schusswaffe hergestellt wurden (4 mm M20, LEP), sind die Vorschriften für Erwerb und Besitz der Ursprungswaffe anzuwenden (Anlage 2 A2 UA1 Satz 3 WaffG).

3.2 Erteilung der Erlaubnis

Die **Erlaubnis zum Erwerb und Besitz** von **Waffen** wird durch eine **Waffenbesitzkarte** (WBK) erteilt. Neben der grünen (Standard-) WBK existiert eine gelbe „WBK für Sportschützen“ und eine rote „WBK für Sammler und Sachverständige“. Neben dem Inhaber der WBK können **weitere Personen** als Berechtigte eingetragen werden, wenn sie ebenfalls alle Voraussetzungen erfüllen, die tatsächliche Gewalt über die eingetragenen Waffen ausüben können und das gleiche Bedürfnis nachgewiesen haben.

Die Erlaubnis zum Erwerb und Besitz von **Munition** kann entweder durch eine **WBK** oder durch **Eintragung in die WBK** erteilt werden. Auch die Ausstellung eines **Munitionserwerbscheins** (Farbe hellbraun) ist möglich.

Die **Erlaubnis zum Führen** einer **Waffe** wird durch den blauen **Waffenschein** erteilt.

Eintragungen in diese Dokumente dürfen nur durch die zuständige Behörde vorgenommen werden.

Waffenbesitzkarten sind **binnen zwei Wochen nach Erwerb oder Überlassung** einer Schusswaffe der Behörde zur Berichtigung vorzulegen.

Eine weitergehende Erläuterung der unterschiedlichen Arten und Erteilungsvoraussetzungen von Erlaubnissen, insbesondere von Waffenbesitzkarte und Waffenschein, finden Sie ab Seite 109.

3.3 Ausnahmen von Erlaubnispflichten

Ausnahmen von den gesetzlichen Erlaubnispflichten sind hauptsächlich in drei Bereichen des Waffengesetzes zu finden:

- § 12 WaffG
    - Ausnahmen für bestimmte Situationen und Umgangsarten
    - Ohne Berücksichtigung der Art der Waffe oder Munition
- Anlage 2 Abschnitt 2
    - Ausnahmen für bestimmte Umgangsarten
    - Mit Beschränkung auf bestimmte Arten von Waffen
- Anlage 2 Abschnitt 3
    - Fast vollständige Freistellung von den Regeln des WaffG
    - Mit Beschränkung auf bestimmte Arten von Waffen

Nachfolgend werden die wesentlichen Ausnahmen der vorgenannten Regelungen dargestellt. Aus Gründen der Übersichtlichkeit beschränkt sich die Darstellung auf die im Alltag wesentlichen Freistellungen; das Nachlesen der Normen im Gesetzestext wird ausdrücklich empfohlen.

3.3.1 Die Ausnahmen nach § 12 WaffG

Die Ausnahmeregelungen nach § 12 WaffG können als „Anpassung an die Erfordernisse der Lebenswirklichkeit" angesehen werden, da sie solche Situationen von Erlaubnispflichten ausnehmen, in denen der Umgang mit Waffen entweder aus organisatorischen Gründen kaum gesondert erlaubt werden könnte oder aus Gründen der Praktikabilität Ausnahmen der eng gefassten waffenrechtlichen Tatbestände erforderlich sind. Beispiele dafür wären der Paketzusteller, der ohne waffenrechtliche Erlaubnis im Besitz einer Schusswaffe ist, die sich in einem Paket befindet, oder der Sportschütze, der mangels eines Waffenscheins seine Waffe nicht zum Schießstand transportieren dürfte, weil auch dieser Transport in einem verschlossenen Koffer ein Führen im Sinne des Waffengesetzes darstellt. In solchen Fällen leisten die Regelungen des § 12 WaffG recht umfassend Abhilfe.

Zu beachten ist, dass gemäß § 12 Abs. 5 WaffG die zuständige Behörde, in der Regel die örtlich zuständige Waffenbehörde, über die in der Norm genannten Tatbestände hinaus für den konkreten Einzelfall weitere Ausnahmen von den Erlaubnispflichten genehmigen kann, wenn besondere Gründe vorliegen und die Belange der öffentlichen Sicherheit und Ordnung dem nicht entgegenstehen, was bedeutet, dass sich durch die konkrete Ausnahme keine negativen Folgen für die Sicherheit der Bevölkerung ergeben.

Die in der Praxis wichtigsten Ausnahmen nach § 12 WaffG sind:

- **Leihe**: Bis zu einem Monat, nur Inhaber einer WBK
- **Verwahrung** und **Transport**: Vorübergehend, privat nur durch Inhaber einer WBK, gewerblich ohne WBK möglich
- **Gewerblicher Erwerb und vorübergehender Besitz**: Keine Vorgabe
- **Erwerb und vorübergehender Besitz im Auftrag** eines Vereins: Umgang nur im Rahmen erteilter Weisungen
- **Führen** (Transport): Bedürfniszweckbindung, nicht zugriffsbereit, nicht schussbereit
- **Erwerb Munition**: Zum sofortigen Verbrauch auf der **Schießstätte**

3.3.1.1 Erlaubnisfreier Erwerb und Besitz (§ 12 Abs. 1, 2)

Der Regelungsumfang umfasst insbesondere Fragen des Erwerbs und des vorübergehenden Besitzes von Waffen im Zuge der privaten Leihe oder Verwahrung, aber auch den gewerblichen Umgang mit Waffen im Zuge des Transports durch Logistikunternehmen oder den Umgang durch Beschäftigte von Erlaubnisinhabern.

Zu beachten ist bei der Anwendung der Norm, dass nicht die Überlassung, sondern der Erwerb und der Besitz erlaubnisfrei gestellt werden. Der Grund dafür ist, dass die Überlassung von Waffen oder Munition grundsätzlich keiner Erlaubnis bedarf, sondern vollumfänglich in der Verantwortung des Überlassenden liegt, der seinerseits prüfen muss, ob der Erwerber die erforderliche Erlaubnis zum Erwerb besitzt, bevor die Überlassung erfolgt.[19]

3.3.1.1.1 Verwahrung, Leihe (§ 12 Abs. 1 Nr. 1)

Der Inhaber einer waffenrechtlichen Erlaubnis kann seine Waffe zur sicheren **Verwahrung**, etwa bei längerer Abwesenheit oder während eines Umzuges, einem Berechtigten zur sicheren Verwahrung vorübergehend überlassen, ihm also die tatsächliche Gewalt über seine Waffen einräumen. Der Verwahrende muss im Besitz einer waffenrechtlichen Erlaubnis sein, wodurch gewährleistet ist, dass er sachkundig, zuverlässig und persönlich geeignet ist. Eine Frist für die Dauer der Verwahrung ist nicht vorgesehen. Gleiches gilt für den **nicht gewerblichen Transport** von Waffen und Munition, also im privaten Bereich. Eine **Überlassung von Schlüsseln** für einen Behälter, in dem Waffen aufbewahrt werden, an einen anderen WBK-Inhaber ist davon **nicht gedeckt** und bedeutet eine Überlassung an einen Unberechtigten, was zur **Unzuverlässigkeit** des Überlassenden führt.

Anders die **Leihe** einer Waffe von einer anderen Person – da die Waffe *zum Zwecke der Benutzung* verliehen wird, muss der Entleiher (Erwerber und vorübergehender Besitzer) im Besitz einer WBK aufgrund eines Bedürfnisses sein, das den Umgang mit einer Waffe der geliehenen Art umfasst. Der Begriff „Leihe" wird im Gesetz nicht verwendet – in § 12 Abs. 1 Nr. 1 Buchstabe a WaffG ist nur von einem Erwerben und einem lediglich vorübergehenden, aber auf höchstens einen Monat begrenzten Besitzen die Rede.

Zwar darf der Inhaber einer „WBK für Sportschützen", die den Erwerb und Besitz von Halbautomaten nicht vorsieht, einen Halbautomaten mit dieser WBK nicht erwerben und dauerhaft besitzen, doch ist die Leihe möglich, wenn die genehmigte Sportordnung seines Verbandes eine Disziplin enthält, die mit einem Halbautomaten geschossen werden kann. Andere beschränkende Voraussetzungen (Mindestalter für Großkaliber, Bedürfnisbindung etc.) dürfen nicht durch Leihe umgangen werden. Die **Leihe** ist auf **einen Monat** befristet.[20] Keine Auswirkung haben Kontingentierung und Erwerbsstreckungsgebot auf die Zulässigkeit einer Leihe oder Verwahrung.

Leihe, Verwahrung und Transport sollten durch einen **datierten Beleg** mit **Namen** der Beteiligten, also überlassender Besitzer und derzeitiger Besitzer, dokumentiert werden. Dieser Beleg ist beim **Transport** mitzuführen und dient mit der WBK als Nachweis des erlaubten Besitzes.[21] Zudem ist damit bei einer Kontrolle der sicheren Aufbewahrung der Nachweis über Herkunft oder Verbleib der darin aufgeführten Schusswaffen zu führen. Dies ist aus praktischen Erwägungen nicht erforderlich bei der „Leihe in sich selbst", wenn eine Person sowohl Jäger als auch Sportschütze ist, da zB die Waffe eines Jägers, die dieser zum Zwecke des Trainings an sich selbst als Sportschütze verleiht, in einer seiner Waffenbesitzkarten eingetragen ist.

3.3.1.1.2 Gewerblicher Umgang (§ 12 Abs. 1 Nr. 2)

Freigestellt von der Erlaubnispflicht sind der Erwerb und vorübergehende Besitz von Waffen im Rahmen gewerbsmäßiger Tätigkeiten zum Zweck der

- Beförderung (Kurier, Postbote, Paketfahrer u.a.),
- Lagerung (Speditionsbetrieb, Lagereibetrieb u.a.) und
- Verschönerungen oder ähnlicher Arbeiten (Gravuren, Brünierungen etc.; auch Schäftereien fallen unter diese Regelung).

Auch wenn der vorübergehende Umgang mit der Waffe erlaubnisfrei gestellt ist, hat der betroffene Betrieb die waffenrechtlichen Regelungen, insbesondere zum sicheren Transport und zur sicheren Aufbewahrung, vollumfänglich einzuhalten. Aus diesem Grunde sollten betroffene Betriebe den Umfang erforderlicher Maßnahmen durch eine sachkundige Person regelmäßig prüfen lassen.

3.3.1.1.3 Umgang auf Weisung (§ 12 Abs. 1 Nr. 3)

Eine besonders umfassende Freistellung stellt die Regelung nach Nr. 3 dar, die allein unter Beachtung des Mindestalters nach § 2 WaffG bzw. möglicher Ausnahmen nach § 3 WaffG für Kinder und Jugendliche, aber ohne die Notwendigkeit eines persönlichen Bedürfnisses oder nachgewiesener Sachkunde Personen den Erwerb und vorübergehenden Besitz erlaubt, die auf Weisung eines Berechtigten oder im Rahmen erteilter Weisungen tätig werden. Hier ist zu beachten, dass etwaige Verstöße des vorübergehenden Besitzers immer auf den eigentlichen Berechtigten zurückfallen, weshalb eine besondere Sorgfalt bei der Auswahl beauftragter Personen empfohlen wird. Der Beauftragte ist weisungsgebunden und darf nicht nach eigenem Ermessen über die Waffe verfügen, weshalb in diesem Zusammenhang auch von einem „willenlosen Muskel" gesprochen wird, der lediglich eine klar umrissene Weisung auszuführen hat.

Die Ausnahme gilt dabei sowohl für den Erwerb von einem Berechtigten wie auch für einen Berechtigten, etwa bei Abholung einer Waffe nach einer Reparatur.

Die Ausnahme bezieht sich auf Personen, die tätig werden

- aufgrund eines **Arbeits- oder Ausbildungsverhältnisses** (zB Fahrt zu Schießstand mit Waffen einer Sicherheitsfirma, Auslieferung durch Angestellte eines Waffenhändlers etc.)

- als **Beauftragter einer schießsportlichen oder jagdlichen Vereinigung** (zB volljähriger Bruder eines jugendlichen Sportschützen, der die Vereinswaffe für den Schützen zu einem Wettkampf transportieren soll, oder Vereinsmitglied ohne eigene Waffe für Teilnahme an einem Wettkampf außerhalb des Vereins)

- als **Charterer von seegehenden Schiffen** zur Abgabe von Seenotsignalen (damit darf eine erlaubnispflichtige Signalpistole als Ausrüstung für die Dauer der Fahrt durch den Schiffsvermieter überlassen werden)

Der Besitz von Waffen ist dabei auf den tatsächlich erforderlichen Zeitraum zu beschränken. Nicht zulässig ist es, andere gesetzliche Regelungen zu umgehen, etwa die Erlaubnispflicht für den längerfristigen Besitz einer Feuerwaffe durch einen Sportschützen, indem diesem eine Vereinswaffe nicht für den Besuch einer einzelnen Veranstaltung überlassen wird, sondern etwa für das erste Jahr seiner Vereinsmitgliedschaft.

3.3.1.1.4 Erwerb auf der Schießstätte (§ 12 Abs. 1 Nr. 5)

Diese Regelung bildet in beispielhafter Form die Funktion des § 12 WaffG ab, indem sie als Ausnahme von der Erlaubnispflicht, in der Regel in Form einer Waffenbesitzkarte mit Voreintrag für die betreffende Waffe, die Möglichkeit schafft, auf der Schießstätte mit der Schusswaffe eines Dritten oder einer Vereinswaffe Schießübungen zu absolvieren, ohne während dieser Zeit durch den eigentlichen Besitzberechtigten in Eingriffsnähe begleitet zu werden. Der Übende hat vorübergehend die tatsächliche Gewalt über die Waffe, besitzt sie also - ohne diese Ausnahmeregelung könnte ein Heranführen von Anfängern im Schießsport oder auch ein Ausprobieren anderer Waffenmodelle nicht im sinnvollen Umfang erfolgen.

Zu beachten ist die Einschränkung, dass der Besitz nur vorübergehend und nur zum Schießen auf der Schießstätte gestattet ist, auf der die Waffe erworben wurde; ein Ausleihen der Waffe und nachfolgendes Ausprobieren auf einer anderen Schießstätte ist somit nicht zulässig, dies wäre nur im Zuge der Leihe und damit nur durch den Inhaber einer WBK statthaft.

3.3.1.1.5 Munition (§ 12 Abs. 2)

Die Freistellungen von der Erlaubnispflicht für Erwerb und Besitz gelten auch für die für diese Waffen erforderliche Munition, wobei die in § 12 Abs. 1 WaffG genannten Voraussetzungen umfassend vorliegen müssen.

Darüber hinaus erlaubt die Norm ohne Erlaubnis den **Erwerb** und Besitz von Munition auf einer nach § 27 WaffG zugelassenen Schießstätte für dort erworbene Munition, wenn diese Munition **zum sofortigen Verbrauch auf**

dieser Schießstätte bestimmt ist. Eventuell am Ende eines Schießtrainings noch vorhandene Munition ist einem Berechtigten zu überlassen, da durch diese Ausnahmeregelung die Besitzberechtigung nur bis zum Verlassen der Schießstätte besteht. Auch ist zu beachten, dass sich die Menge der Munition, die im Rahmen dieser Regelung auf dem Schießstand erlaubnisfrei erworben werden darf, immer an dem realistisch zu erwartenden Bedarf im Rahmen dieser aktuellen Trainingseinheit orientieren muss. Der Überlassende ist diesbezüglich verantwortlich, da er den Bedarf einschätzen muss.

3.3.1.2 Erlaubnisfreies Führen / Transport (§ 12 Abs. 3)

Auch der Transport einer Waffe von der eigenen Wohnung zum Schießstand ist Führen im Sinne des WaffG. Allerdings besagt § 12 Abs. 3 Nr. 2 WaffG, dass einer Erlaubnis zum Führen von Waffen, also eines Waffenscheins, nicht bedarf, wer die Waffe **nicht schussbereit** und **nicht zugriffsbereit** von einem Ort zu einem anderen Ort befördert, **wenn** dieser Transport **vom Bedürfnis gedeckt** ist oder **im Zusammenhang damit** erfolgt. Dabei ist die Waffe insbesondere in einem **verschlossenen Behältnis nicht zugriffsbereit. Munition** kann per Definition nicht geführt, sondern lediglich besessen werden und ist **gegen Wegnahme durch Dritte zu sichern**.

Die Rechtsprechung definiert das „**verschlossene Behältnis**" im Zusammenhang mit Delikten nach §§ 202, 243 StGB[22] als ein verschließbares Behältnis, das über eine **besondere Vorrichtung** verfügt, die **geeignet und bestimmt** ist, die **Wegnahme** einer Sache zu **erschweren**. Bedingung ist die Sicherung durch ein **Schloss**, eine sonstige **technische Schließeinrichtung** oder auf andere Weise. So wird auch das **feste Verschnüren eines Rucksacks** als „gegen einen ordnungswidrigen Zugriff von außen besonders gesichert" angesehen[23] - diese niedrigschwellige Auslegung des Begriffs „verschlossen" sollte angesichts der generellen Pflicht zur besonderen Absicherung von Schusswaffen allerdings nicht auf Transportbehältnisse für erlaubnispflichtige Schusswaffen angewandt werden. Schon die Konkretisierung der Anforderungen an den Zustand des Behältnisses durch die Änderung des WaffG 2008 zeigt, dass als Verschluss nur ein solch festes Zugriffshindernis angesehen werden darf, dessen Überwindung erst durch Einsatz eines zerstörenden Werkzeuges (etwa Messer gegen Kabelbinder), eines Schlüssels oder eines Codes (Zahlenschloss) möglich wird. Auch eine feste Verklebung kann als Verschluss eines Behälters anerkannt werden.

In der Regel werden diese Anforderungen durch den Transport in einem Waffenkoffer mit Zahlen- oder Vorhängeschloss erfüllt, womit die Waffe „nicht zugriffsbereit" ist. Nach Anlage 1 A2 Nr. 13 WaffG ist eine Waffe in einem unverschlossenen Behältnis nur dann **nicht zugriffsbereit**, wenn sie nicht **innerhalb drei Sekunden mit weniger als drei Handgriffen** unmittelbar in Anschlag gebracht werden kann; nicht zugriffsbereit ist sie insbesondere dann, wenn sie in einem verschlossenen Behältnis mitgeführt wird.

Bei Transport eines Waffenkoffers in einem PKW sollte der Koffer möglichst so gelagert werden, dass er von außen nicht erkennbar ist, um bei potentiellen Dieben keine Begehrlichkeiten zu wecken. Insbesondere bei einer notwendigen Fahrtunterbrechung, etwa einer Pause an einer Raststätte und Verlassen des Fahrzeuges, sollte durch geeignete Maßnahmen einer schnellen Wegnahme des Koffers vorgebeugt werden – zB durch eine feste Laderaumabdeckung oder Anschließen des Waffenkoffers im Laderaum.

Bei Transport von Munition muss diese getrennt von der Schusswaffe, aus der sie verschossen werden kann, transportiert werden, um die Forderung „**nicht schussbereit**" zu erfüllen. Anlage 1 A2 Nr. 12 WaffG definiert „schussbereit" als „geladen"; das befüllte und in die Waffe eingeschobene Magazin sowie eine Patrone oder ein Geschoss im Patronen– oder Geschosslager oder in der Trommel des Revolvers bedeuten „geladen". Ist die **Munition** also außerhalb der Waffe, etwa in einer Munitionsschachtel im gleichen Transportbehältnis, ist die Forderung des Gesetzes erfüllt.

Die „**Beförderung** von einem Ort zum anderen" meint hier den direkten Weg von der eigenen Wohnung zum Schießstand, da das Schießen mit der Waffe im Zusammenhang mit dem Bedürfnis des Schützen erfolgt. Es ist also nicht erlaubt, die Waffe morgens im Waffenkoffer einzupacken und erst einmal ins Büro zu fahren, um sich dann nach Dienstschluss zum Schießstand zu begeben. Allerdings stellt eine kurze Unterbrechung der Fahrt zum Schießstand, beispielsweise der Halt an einem Gasthof oder ein Tankstop, keinen Verstoß gegen das Waffengesetz dar, solange die Waffen beaufsichtigt werden oder die erforderlichen Maßnahmen zum Schutz gegen eine unbefugte Wegnahme ergriffen werden. **Grundsätzlich** gilt, dass auch dieses Führen der Waffe **im Zusammenhang mit dem Bedürfnis** stehen muss.

Von gesetzlichen Führverboten nach § 42 oder § 42b WaffG, die unter anderem ein **Führen von Schusswaffen im Nah- und Fernverkehr von Bus oder Bahn** verbieten und damit auch den Transport in einem Behältnis erfassen, sind **Personen befreit, die eine Waffe nicht zugriffsbereit von einem Ort zu einem anderen befördern**. Dies gilt nach § 42b WaffG im öffentlichen Personenfernverkehr, durch die auf Länderebene erlassenen Verordnungen nach § 42 Abs. 5 WaffG aber auch im öffentlichen Personennahverkehr.

Eine Besonderheit stellt das **Führen der Waffe auf dem befriedeten Besitztum, in der Wohnung oder in den Geschäftsräumen eines Dritten** dar. Sofern das Führen der Waffen an diesem Ort mit Einverständnis des Zustimmungsberechtigten zu einem von dem Bedürfnis umfassten Zweck geschieht, bedarf es zum Führen keiner waffenrechtlichen Erlaubnis. Auf einer **Schießstätte** wird eine Schusswaffe nicht geführt, sondern besessen.

Ebenfalls keiner Erlaubnis bedarf das Führen eines wesentlichen Teils einer Schusswaffe, wenn etwa **auf Reisen im Zusammenhang mit dem Sport oder der Jagd** eine Schusswaffe außerhalb der Wohnung aufbewahrt werden muss, beispielsweise in einem **Hotel**. Um bei einem Diebstahl der Waffe aus dem Hotelzimmer die Gefahr eines Missbrauchs zu verringern, erlaubt § 12 Abs. 3 Nr. 6 WaffG das Führen eines wesentlichen Waffenteiles, etwa des Laufes, wenn man es aus der Waffe ausgebaut hat und nun zum Beispiel im Restaurant bei sich trägt, Allerdings muss auch die „Restwaffe" im Zimmer so gut wie möglich gegen eine Wegnahme geschützt werden.

Das **Führen** der Waffe **ohne Waffenschein** muss grundsätzlich **im Zusammenhang mit dem Bedürfnis** stehen. So wird ein Sportschütze seine Waffen auch mit Zustimmung des Hausrechtsinhabers nicht im fremden befriedeten Besitztum zu Wachaufgaben führen oder zum Töten von Tieren im Rahmen einer genehmigten Tätigkeit nach der Tierschutz-Schlachtverordnung verwenden dürfen.[24] Ebenso darf ein Sammler eine Waffe seiner Sammlung nicht zum Sportschießen verwenden, wenn die Sammlung aus künstlerischem oder wissenschaftlichem Interesse oder aus Liebhaberei zusammengetragen wurde.[25] Ein **Probeschießen** mit Waffen der eigenen Sammlung ist dagegen begründbar, da eine Funktionsfähigkeit geprüft werden darf.

Auf einer Schießstätte bedarf es keiner gesonderten Erlaubnis, wenn der Schütze hier eine Waffe (im Holster) trägt, da auf einer Schießstätte per Definition Waffen nicht geführt werden. Allerdings sollte sich jeder Schütze, um Unstimmigkeiten auszuschließen, über die örtlichen Gepflogenheiten informieren, am besten beim Schießleiter oder der Aufsicht.

Wird der Waffenbesitzer durch eine befugte Person angehalten (etwa Zoll- oder **Polizeikontrolle**), können die Beamten verlangen, dass die WBK als Nachweis zum befugten Umgang mit der mitgeführten Waffe vorgelegt wird.[26] Da ein bedürfnisgedecktes Führen nur dann erlaubnisfrei ist, wenn die Waffe nicht schussbereit und nicht zugriffsbereit[27] befördert wird, darf der Transportbehälter, etwa ein Waffenkoffer, **erst auf ausdrückliche Aufforderung geöffnet werden**, da die Waffe nach Öffnung des Behälters zugriffsbereit ist. Von der Waffenscheinpflicht ist der Waffenbesitzer in diesem Falle allerdings befreit, wenn er erst auf Weisung des kontrollierenden Beamten das Transportbehältnis öffnet, um die Waffe vorzuzeigen.

3.3.1.3 Erlaubnisfreies Schießen (§ 12 Abs. 4)

Da selbst von erlaubnisfrei erwerbbaren Druckluftwaffen eine große Gefahr ausgeht, ist Schießen grundsätzlich nur auf genehmigten Schießstätten erlaubnisfrei, da hier durch spezielle Kugelfangeinrichtungen eine Gefährdung des Schützen und Dritter bei Einhaltung der Sicherheitsvorschriften weitgehend ausgeschlossen ist. Doch auch außerhalb genehmigter Schießstätten ist es in gewissen Situationen erlaubt, mit bestimmten Waffen zu schießen.

So darf außerhalb des öffentlichen Raumes („auf befriedetem Besitztum", also ein für Außenstehende erkennbar privates Grundstück oder Bauwerk) durch den Hausrechtsinhaber oder mit seiner Zustimmung geschossen werden mit Schusswaffen, aus denen nur Kartuschenmunition verschossen werden kann (zB Salutwaffen oder SRS-Waffen). Gleiches gilt außerdem für

- Schusswaffen mit einer Geschossenergie bis 7,5 Joule oder
- nach § 7 BeschG bauartzugelassenen Schusswaffen,

wenn die angetriebenen Geschosse das befriedete Besitztum nicht verlassen können. Es ist also nicht ausreichend, dass die Geschosse nicht tatsächlich das befriedete Besitztum verlassen, sondern es muss durch Aufbauten oder die schlichte Größe des Grundstücks ausgeschlossen sein, dass das Geschoss das Besitztum verlassen kann.

Biathleten, die den Regeln entsprechend an genehmigten Sportwettkämpfen teilnehmen, dürfen in diesem Rahmen ebenfalls erlaubnisfrei schießen.

Das Schießen mit Schusswaffen, aus denen nur Kartuschenmunition verschossen werden kann (zB Salutwaffen oder SRS-Waffen), ist darüber hinaus erlaubnisfrei für **Mitwirkende an Theateraufführungen, Filmaufnahmen** u.ä. sowie zum Vertreiben von Vögeln in landwirtschaftlichen Betrieben. Bei Not- und Rettungsübungen, etwa auf See oder in den Bergen, darf mit Signalwaffen geschossen werden.

Außerdem darf mit Schreckschuss- oder Signalwaffen bei Sportveranstaltungen geschossen werden, wenn dies im Auftrag der Veranstalter erfolgt und erforderlich ist, beispielsweise als Start- oder Beendigungszeichen bei einer Regatta.

3.3.2 Erlaubnisfreie Arten des Umgangs nach Anlage 2 A2 UA2

Abschnitt 2 Unterabschnitt 2 der Anlage 2 WaffG entbindet einzelne Formen des Umgangs für bestimmte Waffenarten von der Erlaubnispflicht. Diese Waffen verlieren nicht ihre Waffeneigenschaft, womit zB gesetzliche Verbote in anderen Vorschriften des WaffG trotzdem gelten, etwa das Führverbot von Waffen nach § 42 WaffG – das Verbot besteht auch bei Wegfall der Erlaubnispflicht für das Führen, etwa von Armbrüsten, oder bei einem berechtigten Führen von SRS-Waffen mit dem „Kleinen Waffenschein".

Die aufgelisteten Freistellungen gelten nur für die jeweilige Umgangsart.

Erlaubnisfrei ab 18 Jahren sind **Erwerb und Besitz** von

- Druckluft-, Federdruck-, Kaltgas-Waffen
  - mit Kennzeichen „F im Fünfeck", ausgenommen mehrschüssige Waffen, die Geschosse über 30 mm Länge verschießen können und deren Kennzeichnung nach dem 23.07.2025 erfolgte,

  oder
  - im Falle von Herstellung und Inverkehrbringen vor 1970 oder im Gebiet der ehemaligen DDR,
- Schreckschuss-, Reizstoff- oder Signalwaffen mit Kennzeichen „PTB im Kreis" oder anerkanntem Zeichen eines anderen Mitgliedsstaats,
- historischen Vorderladerwaffen (Modell entwickelt vor 1871, umfasst Schusswaffen mit Lunten-, Funken und Zündnadelzündung sowie einläufige Einzellader mit Zündhütchenzündung) und
- Armbrüsten
- sowie Kartuschenmunition für Schussapparate, Salutwaffen und SRS-Waffen und
- pyrotechnischer Munition der Klasse „PM I".

Erlaubnisfrei ist der Erwerb von **Wechsel- und Austauschläufen** (sowie der im Einzelfall notwendigen Verschlüsse, falls der Verschluss der Waffe nicht mit diesem Austauschlauf verwendet werden kann und somit ein **Wechselsystem**, bestehend aus Austauschlauf und einem für diesen Austauschlauf bestimmten Verschluss, erworben werden muss) sowie Wechseltrommeln für solche Waffen, die bereits in der WBK des Erwerbers eingetragen sind; hier ist aber der Besitz durch Eintragung des erworbenen Waffenteils in eine WBK durch die Waffenbehörde genehmigen zu lassen.

Für **Einsteckläufe und -systeme sowie Einsätze** bedarf es einer in die WBK eingetragenen Waffe, allerdings sind Erwerb und Besitz erlaubnisfrei, eine Eintragung des erworbenen Teils in die WBK also nicht vorgeschrieben.

Erlaubnisfrei ist der **Handel** mit

- Schusswaffen, die nach aktuell geltenden EU-Deaktivierungsvorschriften unbrauchbar gemacht worden sind,
- auf historischen Waffen basierenden (Modell entwickelt vor 1871)
    - o Schusswaffen mit Zündnadelzündung und
    - o einläufigen Einzelladerwaffen mit Zündhütchenzündung.

Erlaubnisfrei sind **Führen** und **Herstellung** von sowie **Handel** mit

- Vorderladern (Modell entwickelt vor 1871) mit Lunten- oder Funkenzündung sowie
- Armbrüsten.

3.3.3 Vom Gesetz ausgenommene Waffen nach Anlage 2 A3

Vom Waffengesetz ausgenommen (zu beachten sind nur das Mindestalter von 18 Jahren und ein mögliches Waffenverbot nach § 41 WaffG) sind **Harpunen**, die nicht mit Munition angetrieben werden.

Lediglich dem Führverbot nach § 42a WaffG unterliegen **Nachbildungen**, **Blasrohre** und **Spielzeugwaffen sowie zum Spiel bestimmte Schusswaffen**, deren Geschosse max. 0,5 Joule Bewegungsenergie erhalten – zum Beispiel die „Erbsenpistolen" – und bei denen bauseitig verhindert wird, dass sich diese Schusswaffe mit einfachem Werkzeug so verändern lässt, dass höhere Energiemengen erzeugt werden (zB durch Federwechsel).

3.4 Schießerlaubnis (§ 10) und Schießstätte (§ 27)

Schießstätten sind nach § 27 WaffG ortsfeste oder ortsveränderliche Anlagen. die ausschließlich oder neben anderen Zwecken dem Schießsport oder sonstigen Schießsportübungen mit Schusswaffen, der Erprobung von Schusswaffen oder dem Schießen mit Schusswaffen zur Belustigung dienen. Neben dem eigentlichen **Schießstand**, auf dem die Schützen die Schüsse auf die Zielscheibe abgeben, umfasst der Begriff auch zusammenhängende Räumlichkeiten wie WC-Anlage oder Aufenthaltsraum. Eine Schießstätte bedarf in der Regel einer behördlichen Genehmigung. Die Genehmigung, bis zu welcher Bewegungsenergie des Geschosses auf der betreffenden Schießstätte geschossen werden darf, zum anderen hängt die **Erteilung des waffenrechtlichen Bedürfnisses** davon ab, ob die vom Verein des Schützen benutzte Schießstätte auch für die Durchführung der angegebenen Schießübungen zugelassen ist. So wird zB ein Bedürfnis für einen Revolver im Kaliber .44 Magnum (Geschossenergie >1000 Joule) versagt werden, wenn die verfügbare Schießstätte nur für Geschossenergien unter 200 Joule zugelassen ist. Durch Trainingszeiten in einer anderen Schießstätte, wo sich der Verein stundenweise einmietet, kann dieses Problem allerdings gelöst werden. Übliche **Grenzwerte** für Schießstätten sind:

Schießstätte für Druckluft-Waffen:	7,5 Joule
Schießstätte für Kleinkaliber-Waffen:	200 Joule
Schießstätte für Großkaliber-Kurzwaffen:	bis 1.500 Joule (idR)
Schießstätte für Großkaliber-Langwaffen:	bis 7.000 Joule (idR)

Für das Schießen selbst bedarf es für den einzelnen Schützen keiner Genehmigung. Somit darf auch jeder Besucher der Schießstätte hier schießen, sogar Munition erwerben, allerdings nur zum sofortigen Verbrauch auf dieser Schießstätte und unter Beachtung der Alterserfordernisse.

Einer **Schießerlaubnis** bedarf es grundsätzlich, wenn **außerhalb einer genehmigten Schießstätte** geschossen werden soll. Diese Schießerlaubnis setzt den Nachweis eines konkreten Bedürfnisses voraus und wird in der Regel anlassbezogen erteilt. Neben dem Bedürfnis sind die nach § 4 WaffG geforderten Nachweise zu erbringen, insbesondere der Nachweis einer bestehenden Haftpflichtversicherung, die die Risiken eines Schießens außerhalb einer genehmigten Schießstätte abdeckt. **Ausnahmen** von der Erlaubnispflicht gelten beispielsweise für Sportwettkämpfe oder Signalschüsse.[28]

3.4.1 Aufsicht auf Schießstätten (§§ 10, 11 AWaffV)

Grundsätzlich darf kein Schießen ohne die erforderliche Aufsicht erfolgen. Nur das Schießen einer zur Aufsicht befähigten Person, die sich allein auf dem Schießstand aufhält, darf ohne weitere Aufsicht erfolgen.

Aufsicht beim Schießen auf einer Schießstätte kann

- der Betreiber einer Schießstätte,
- eine vom Betreiber bestellte Aufsichtsperson oder
- die Aufsicht einer schießsportlichen Vereinigung sein.

Die Aufsichtsperson muss volljährig, zuverlässig und persönlich geeignet sein. Sie muss darüber hinaus die erforderliche **Sachkunde** und im Bedarfsfall die **Eignung zur Kinder- und Jugendarbeit** besitzen. Im Sinne des Waffengesetzes sind **Kinder**[29] Personen, die noch nicht 14 Jahre alt sind, **Jugendliche** Personen, die mindestens 14, aber noch nicht 18 Jahre alt sind.

Der Begriff der Sachkunde in § 10 AWaffV ist **nicht gleichbedeutend** mit der Sachkunde nach § 7 WaffG, womit auch eine erfolgreich abgelegte Jägerprüfung nicht zur Aufsichtsführung befähigt. Die Aufsichtsperson muss in der Lage sein, die Benutzungsordnung der Schießanlage, die allgemeinen und besonderen Sicherheitsbestimmungen für den Umgang mit Waffen und Munition sowie die Einhaltung der Sport- oder Schießordnung durchzusetzen. Dies setzt zwingend den Nachweis des Erwerbs dieser Kenntnisse im Rahmen einer geeigneten Aus- und Fortbildung voraus.

Der Erlaubnisinhaber hat die Personalien der Aufsicht zwei Wochen vor dem Beginn der Tätigkeit der Behörde schriftlich anzuzeigen. Das Ausscheiden einer Aufsichtsperson und die Bestellung einer neuen Aufsichtsperson hat er unverzüglich anzuzeigen.

Wird die Aufsichtsperson durch einen schießsportlichen Verein beauftragt, hat der Verein die Aufsichtsperson zu registrieren, die vorgeschriebene Sachkunde und ggf. die Eignung zur Jugendarbeit zu prüfen. Diese Aufsicht mit der Befähigung zur Kinder- und Jugendarbeit beinhaltet eine besondere Obhutspflicht, die auch besondere Rechten und Pflichten mit sich bringt. Dazu gehört beispielsweise, dass diese Aufsicht gegenüber anderen Aufsichten weisungsberechtigt ist, wenn die besonderen Belange der Kinder und Jugendlichen berührt werden.

Der Verein hat der von ihm beauftragten Aufsichtsperson ein Nachweisdokument auszustellen, dass die Aufsichtsperson während der Wahrnehmung der Aufsicht mitzuführen und zur Kontrolle befugten Personen auf Verlangen zur Prüfung auszuhändigen hat.

3.4.2 Pflichten der Aufsichtsperson

Die verantwortliche Aufsichtsperson hat vermeidbare Gefahren durch das Verhalten der Anwesenden zu unterbinden und das Schießen ständig zu beaufsichtigen. Benutzer der Schießstätte haben die Anordnungen der Aufsicht zu befolgen. Das gilt vor allen Dingen für die unzulässige Verwendung von Schusswaffen, die vom Schießsport ausgeschlossen[30] sind.

Die Aufsichtsperson muss das Schießen mit Waffen, die vom Schießsport ausgeschlossen sind, unterbinden, es sei denn, der Schießstandbenutzer ist Sportschütze, Jäger, schießt zur Waffensachkundeausbildung, zur Jagdausbildung oder zur Ausbildung oder Übung im Verteidigungsschießen. Inhaber einer WBK dürfen im Rahmen des zugrundeliegenden Bedürfnisses schießen. Handelt es sich um einen Schützen, der ohne eigenes waffenrechtliches Bedürfnis an einem Schießen teilnimmt, etwa als Gastschütze oder bei einem *Schießen zur Belustigung*, gelten für diesen die Einschränkungen zu Waffen und Schießübungen nach §§ 6, 7 AWaffV.[31]

3.5 Ausweispflichten (§ 38 Abs. 1)

Wird eine Waffe geführt, hat der Besitzer einen Personalausweis oder Reisepass bei sich zu tragen, um sich gegenüber Kontrollberechtigten ausweisen zu können. Zudem muss er, wenn für den Erwerb der Waffe eine Erlaubnis erforderlich ist, die WBK mitführen oder ein Dokument, aus dem hervorgeht, dass er zum Umgang mit dieser Waffe berechtigt ist. Ist das Führen der Waffe im Moment der Kontrolle erlaubnispflichtig (also kein erlaubnisfreies Führen wie beim Transport im Behältnis zum Schießstand), ist an Stelle der WBK ein Waffenschein vorzulegen. **Jäger** haben, wenn sie eine Schusswaffe führen, neben der WBK ihren Jagdschein mitzuführen.

Im Falle der Leihe, Verwahrung oder des Führens der Waffe durch **Mitarbeiter eines Bewachungsunternehmens** ist neben den vorgenannten Dokumenten ein Beleg mit dem Namen des Überlassers, seiner Besitzberechtigung und des Datums der Überlassung mitzuführen.

Wurde eine Waffe ohne Eintragung in die WBK erworben (Erwerb durch Inhaber eines Jahresjagdscheins oder einer WBK für Sportschützen, aber auch zur Leihe, Verwahrung oder Beförderung), ist ersatzweise ein datierter schriftlicher Nachweis vorzulegen, aus dem sich ergibt, dass die zweiwöchige Frist zur Anmeldung des Erwerbs noch nicht verstrichen ist oder sich die Waffe nur vorübergehend im Besitz befindet.

Ein praktisches Formular mit Abfrage aller erforderlichen Angaben für Leihe, Verwahrung, Transport oder beauftragtes Mitführen finden Sie als Download auf der Website www.sv-busche.de, Suchwort „Vordruck"

Mitgeführte Waffen sind auf Verlangen dazu berechtigter Personen, beispielsweise Zoll- oder Polizeibeamten, im Rahmen dieser Kontrolle vorzulegen, um einen Abgleich mit den Erlaubnisdokumenten zu ermöglichen.

3.6 Waffenrechtliche Verbote

Das Waffenrecht kennt neben Erlaubnissen eine große Zahl von Verboten. Sie umfassen bestimmte Waffen, Munitionstypen und Gegenstände sowie bestimmte Arten des Umgangs. Die Verbote finden sich in den §§ 40 bis 42a WaffG sowie Anlage 2 A1 WaffG (Waffenliste).

3.6.1 Verbotene Waffen

Das Verbot einer Waffe, die in der Anlage 2 A1 WaffG genannt wird, ist umfassend und bezieht sich auf jegliche Art des Umgangs mit Ausnahme der Unbrauchbarmachung. Verboten sind zB nicht nur das Führen, sondern auch Erwerb, Besitz oder Herstellung dieser Waffen. Ausnahmen sind möglich, etwa bei behördlichen oder gerichtlichen Aufträgen. Verboten sind:

- Waffen (Ausnahme: halbautomatische tragbare Schusswaffen) nach **Verlust der Kriegswaffeneigenschaft**[32]
- **voll**automatische Schusswaffen
- Vorderschaftrepetierflinten („Pump-Action/Pumpgun") mit
  - einem **Kurzwaffengriff anstelle eines Hinterschafts** oder
  - einer **Gesamtlänge unter 95 cm** oder
  - einer **Lauflänge unter 45 cm**
- getarnte Schusswaffen wie **Schießkugelschreiber** oder **Stockgewehr** (Gehstock mit Lauf, Patronenlager und Abzug)
- mehr als üblich verkürzbare oder schnell zerlegbare Waffen („Wilderergewehr")
- Lichtquellen, die das Ziel beleuchten oder markieren, die an der Waffe **montiert** werden können (Laser, Lampen, Projektoren etc.)
- **Nachtsichtgeräte, Nachtzielgeräte, Nachtsichtvorsätze und Nachtsichtaufsätze für Zielhilfsmittel**, die **zur Montage** an einer Schusswaffe **bestimmt sind**[33]
- mehrschüssige Kurzwaffen Baujahr 1970 oder jünger für Zentralfeuermunition in Kalibern unter 6,3 mm, wenn der Antrieb der Geschosse nicht ausschließlich durch den Zündsatz erfolgt
- getarnte Hieb- und Stoßwaffe (zB Stockdegen)
- Stahlrute (nicht: Teleskopschlagstöcke)
- Totschläger, Schlagring, Wurfstern
- Molotow-Cocktail
- Schleuder mit Aufnahme für Armstütze sowie Armstütze selbst
- Nunchaku (auch aus Schaumstoff), Würgehölzer
- Springmesser[34] (Ausnahmen vom Verbot sind möglich bezüglich der Klingenart und -mechanik sowie der Verwendung)
- Faustmesser (Ausnahme: Jäger und Pelz- / Leder-Handwerk)

- Butterfly-Messer
- Fallmesser
- Elektro-Impulsgerät ohne Zulassung
- Distanz-Elektroimpulsgerät (Taser), bei dem mittels Flüssigkeitsstrahl oder Leitungsdraht elektrische Ladungen übertragen werden
- **Wechselmagazine**[35] **für Zentralfeuer-Munition**, die als
  - Langwaffenmagazine mehr als 10 Patronen aufnehmen oder
  - Kurzwaffenmagazine mehr als 20 Patronen aufnehmen und
  - Magazingehäuse dieser Magazine

  (Hinweis: Maßgeblich ist die Herstellerangabe zur Kapazität)
- **Halbautomatische Waffen für Zentralfeuermunition** mit **fest eingebautem Magazin**,
  - die als Langwaffe mehr als 10 Patronen aufnehmen oder
  - die als Kurzwaffe mehr als 20 Patronen aufnehmen
- **Salutwaffen**, hergestellt aus verbotenen Schusswaffen nach Anlage 2

3.6.2 Verbotene Munition

- **Reizstoffmunition** ohne amtliche Zulassung (PTB-Zeichen)
- **panzerbrechende Munition**
- Munition mit **Leuchtspursätzen, Spreng- und Brandsätzen**
- Munition mit **Hartkerngeschoss** oder **Treibspiegelgeschoss,** insbesondere mit **Nadelgeschoss** (Pfeilmunition, „Flechettes")
- Knallpatronen oder Reizstoffmunition, die durch feste Bestandteile bis 1,5 m vor der Laufmündung Verletzungen hervorrufen können
- Bestimmte **Kleinschrotmunition** (Kartuschenmunition für das Verschießen von Schrot aus **SRS-Waffen**, sogenannte **„Grenaille"**)
- Munition, die ausschließlich in **Kriegswaffen** Verwendung findet oder zur ausschließlichen Verwendung durch staatliche Stellen nach § 55 Abs. 1 S. 1 WaffG bestimmt ist („**Behördenmunition**")

Ausnahme: pyrotechnische Munition, zur **Gefahrenabwehr** bestimmt.

3.6.3 Verbotene Geschosse

- Geschosse mit **Betäubungsstoffen** für Angriff oder Verteidigung

- **Hartkerngeschosse**
- Geschosse aus **panzerbrechender Munition**, Munition mit **Spreng- und Brandsätzen** sowie aus Munition mit **Leuchtspursätzen**

Nicht verboten sind spezielle Geschossarten wie beispielsweise **Hohlspitz-** oder **Dum-Dum**-Geschosse.

3.6.4 Führverbote Waffen und Messer (§§ 42, 42a, 42b WaffG)

Für **öffentliche Veranstaltungen** wie Messen, Volksfeste, Märkte, kurz, für Orte, an denen sich anlässlich einer Veranstaltung viele Menschen aufhalten, gilt nach § 42 WaffG ein allgemeines **Verbot für Teilnehmer an diesen Veranstaltungen, Waffen oder Messer zu führen**. Dies gilt unabhängig von erhobenem Eintrittsgeld und auch für Theater-, Kino- und Diskothekenbesuche sowie Tanzveranstaltungen.[36] Der Betrieb einer Gaststätte, sofern dort zum betrachteten Zeitpunkt ein üblicher **Gaststättenbetrieb** stattfindet, ist **keine Veranstaltung** in diesem Sinne. Gleiches gilt für Restaurants.

Teilnehmer sind Veranstalter oder deren Mitarbeiter, zB aber auch als Gast oder Messebesucher anwesende Personen. Der Wille zur und das Wissen um die Beteiligung (*innere Zweckbindung*) sind die Abgrenzungsmerkmale zwischen schlichtem Anwesendsein, das zufällig oder notgedrungen geschieht, und der nach § 42 Abs. 1, 4a WaffG tatbestandlichen Teilnahme. Nach dem **gefahrenabwehrenden Zweck des WaffG** ist der **Teilnehmerbegriff** des § 42 Abs. 1 WaffG aber **weiter zu fassen**, um die bloße Anwesenheit bewaffneter Personen an einem Veranstaltungsort unterbinden zu können, unabhängig von deren innerer Verbundenheit zur Veranstaltung.

Das Führverbot nach § 42b WaffG erstreckt sich auf den **Öffentlichen Personenfernverkehr**, im Schwerpunkt Züge und Gleisanlagen der Deutschen Bahn. Das Verbot gilt auch in Einrichtungen des öffentlichen Personenfernverkehrs mit Kraftfahrzeugen oder Schiffen, die seitlich umschlossen sind, das heißt insbesondere in Gebäuden und Haltepunkten einschließlich der Bahnsteige sowie Unterführungen. Offene Haltestellen fallen hingegen nicht unter das Verbot, da die örtliche Reichweite des Verbots in diesen Fällen nicht rechtssicher für jedermann erkennbar ist.[37] Verbote im **Öffentlichen Personennahverkehr** werden durch Verordnungen auf Länderebene geregelt, wobei zB Verbote des Führens von Waffen oder Messern inklusive Ausnahmen für deren Transport grundsätzlich ähnlich festgelegt werden.

Zu beachten sind nach Landesrecht gemäß § 42 Abs. 5 WaffG eingerichtete **Verbotszonen**, in denen **besondere Verbote und Ausnahmen** gelten.

Grundsätzlich verboten ist nach § 42a WaffG das **Führen** von **Anscheinswaffen, Hieb- und Stoßwaffen, Einhandmessern und Messern mit einer Klingenlänge über 12 cm**, also der Besitz außerhalb der eigenen Wohnung oder Geschäftsräume, des eigenen befriedeten Besitztums oder einer Schießstätte. Damit ist auch das **Führen** dieser Objekte im fremden Wohnraum, Geschäft oder befriedeten Besitztum, zB der Wohnung eines Freundes, **verboten**. Zu beachten sind weitreichende Ausnahmen von diesem Verbot, die allerdings für Anscheinswaffen nur beschränkt gelten.

Ausnahmen von den Führverboten finden sich §§ 42 Abs. 2, 4, 4a, 5, 42a Abs. 2 und 3 WaffG. Das Verbot des Führens von Waffen im Sinne des § 1 Abs. 2 WaffG ist zB für Teilnehmer an **Theateraufführungen** aufgehoben, wenn es sich um ungeladene oder nur mit Kartuschenmunition geladene Schusswaffen oder Waffen im Sinne von § 1 Abs. 2 Nr. 2 WaffG handelt.

3.6.5 Vom Schießsport ausgeschlossene Schusswaffe (§ 6 AWaffV)

Nach § 6 AWaffV sind **Kurzwaffen** mit einer Lauflänge unter 7,62 cm (drei Zoll) und **halbautomatische Langwaffen** mit einem Magazin, das eine Kapazität von **mehr als zehn Patronen** hat, vom Schießsport ausgeschlossen

Ebenfalls vom Schießsport ausgeschlossen sind **halbautomatische Schusswaffen**, die ihrer äußeren Form nach den **Anschein** einer **vollautomatischen Kriegswaffe** hervorrufen, die Kriegswaffe im Sinne des Gesetzes über die Kontrolle von Kriegswaffen ist, wenn die **Lauflänge**[38] **weniger als 40 cm** beträgt, das **Magazin** sich **hinter der Abzugseinheit** befindet (sogenannte „Bullpup-Waffen", wobei im Verordnungstext die **fehlerhafte Schreibweise** „Bul-Pup" verwendet wird) **oder** die **Hülsenlänge** der verwendeten Munition **bei Langwaffen** **weniger als 40 mm** beträgt. Ist mindestens eine dieser drei Bedingungen erfüllt, ist die Schusswaffe nicht eintragungsfähig.

3.6.6 Verbotene Schießübung (§ 27 WaffG, § 7 AWaffV)

Nur die Teilnehmer eines **Lehrgangs im Verteidigungsschießen** dürfen auf **menschenähnliche Ziele** schießen – die Verwendung von „**Mannscheiben**" **außerhalb einer solchen Ausbildung** ist somit **verboten**. Das gilt für jegliche Schießübung, auch solche von Jägern oder Inhabern eines Waffenscheines, durch das **Verbot des kampfmäßigen Schießens** nach § 27 Abs. 7 WaffG.

Zu beachten ist § 7 AWaffV, der im Rahmen des Schießsports die **Durchführung bestimmter Übungen** ausdrücklich untersagt. Dazu zählen unter anderem **Deutschüsse**, also Schüsse ohne genaues Anvisieren des Zieles, es sei denn, es handelt sich um das Schießen auf Wurfscheiben.

4 Bestimmungstafeln

Bezeichnung	**Automatische Waffe: Halbautomat**
Kategorie	Schusswaffe
Definition	Schusswaffen, die nach Abgabe eines Schusses selbsttätig erneut schussbereit werden und bei denen aus demselben Lauf durch einmalige Betätigung des Abzuges oder einer anderen Schussauslösevorrichtung jeweils nur ein Schuss abgegeben werden kann (Halbautomaten); als automatische Schusswaffen gelten auch Schusswaffen, die mit allgemein gebräuchlichen Werkzeugen in automatische Schusswaffen geändert werden können.
Synonym	Pistole, Selbstladeflinte (SLF), Selbstladebüchse (SLB)
Waffe nach ...	§ 1 Abs. 2 Nr. 1 WaffG
Norm Begriff	Anlage 1 A1 UA1 Nr. 2.2 WaffG
Möglicher Verstoß	§§ 42, 42b WaffG (**Führverbote**)

Bei halbautomatischen Schusswaffen sorgen in der Regel der Rückstoß oder der am Lauf abgenommene und zum Verschluss geführte Gasdruck nach Schussabgabe für die Repetierbewegung des Verschlusses (siehe Ausführungen ab Seite 196). Halbautomatische Büchsen und Flinten sind vorwiegend im militärischen und sportlichen Bereich anzutreffen.

Double-Action-Revolver sind keine halbautomatischen Waffen.

Jäger dürfen halbautomatische Langwaffen erwerben und besitzen, wenn die Jagd mit ihnen nach § 19 Abs. 1 BJagdG nicht verboten ist. Das geltende Bundesjagdgesetz untersagt lediglich den **Schuss aufs Wild** mit solchen halbautomatischen Langwaffen, die mit mehr als drei Schuss **geladen sind**. Das Einführen eines Magazins mit mehr als zwei Schuss Kapazität stellt somit keinen Verstoß gegen das WaffG dar, da der Besitz der entstehenden Waffe von der zugrundeliegenden Erwerbserlaubnis (Jagdschein) des § 13 Abs. 3 WaffG umfasst wird.

Vom **sportlichen Schießen** sind halbautomatische Langwaffen mit einer Magazinkapazität von mehr als zehn Patronen ausgeschlossen.

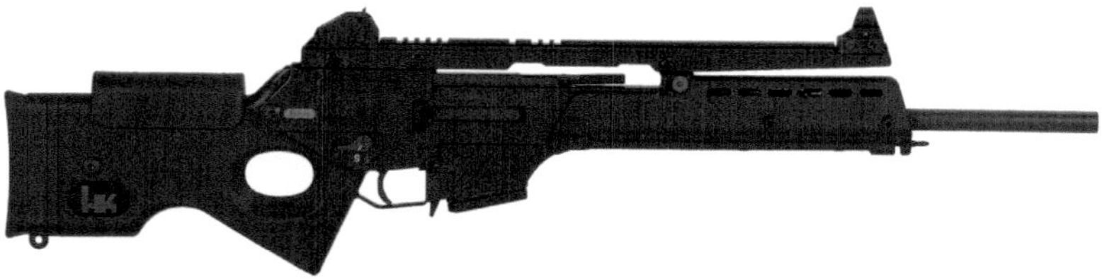

SLB 2000 LIGHT

Bezeichnung	**Repetierwaffe**
Kategorie	Schusswaffe
Definition	Schusswaffen, bei denen das Zuführen der Patrone aus einem Magazin, das Abfeuern und das Entfernen der Patrone oder Patronenhülse mit Hilfe eines nur von Hand zu betätigenden Mechanismus erfolgt
Synonym	Repetierbüchse, Unterhebelrepetierer (UHR, engl. „lever action"), Winchester, Vorderschaftrepetierer (VSR), Vorderschaftrepetierflinte (VSRF), Vorderschaftrepetierbüchse (VSRB), Repetierpistole
Waffe nach ...	§ 1 Abs. 2 Nr. 1 WaffG
Norm Begriff	Anlage 1 A1 UA1 Nr. 2.3
Möglicher Verstoß	§§ 42, 42b WaffG (**Führverbote**)

Repetierwaffen führen Munition in einem Magazin. Das Magazin ist fest in die Waffe eingebaut (auch als Trommel) oder als Wechselmagazin vorgesehen. Der Begriff „Mehrlader" für Repetierwaffen ist in der Praxis untauglich, da auch automatische Waffen Mehrlader sind.

Repetierbüchsen gelten im Vergleich zu Automaten als präziser. Zudem sind automatische Büchsen im Bereich der Jagd vielerorts nicht gern gesehen. Auch hinsichtlich der Sicherheit bieten Repetierer einen Vorteil – der Schütze entscheidet selbst, wann die Waffe wieder schussbereit ist. Beim Automaten übernimmt das die Waffe.

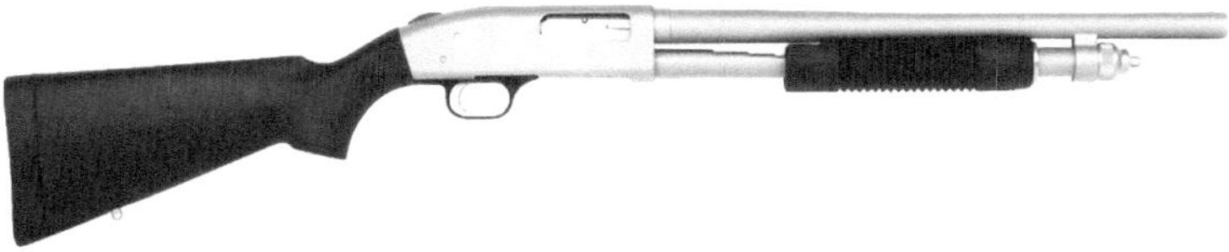

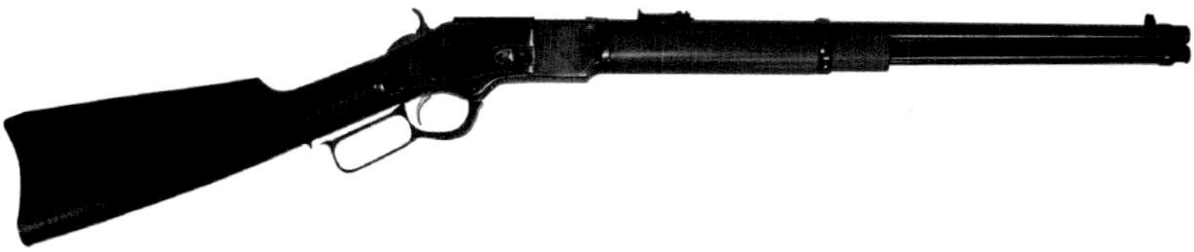

Bezeichnung	**Einzellader**
Kategorie	Schusswaffe
Definition	Schusswaffen ohne Magazin mit einem oder mehreren Läufen, die vor jedem Schuss aus demselben Lauf von Hand geladen werden
Synonym	Flinte, Büchse, Drilling, Bockbüchse, Bockflinte, siehe auch „Kombinierte Waffen", Tingle, Terzerol, Derringer, Duellpistole, Vorderlader, Perkussionspistole
Waffe nach ...	§ 1 Abs. 2 Nr. 1 WaffG
Norm Begriff	Anlage 1 A1 UA1 Nr. 2.4 WaffG
Möglicher Verstoß	§§ 42, 42b WaffG (**Führverbote**)

Einzellader verfügen nicht über eine Vorrichtung, die eine automatische Zuführung von Munition aus einem Magazin, einer Trommel oder einem Gurt in das Patronenlager ermöglicht. Der Verschluss muss händisch geöffnet werden, die Patrone eingelegt und der Verschluss wieder geschlossen werden.

Auch eine Doppelflinte oder ein Drilling sind Einzellader im Sinne des Waffengesetzes, da aus jedem Rohr nur ein einziger Schuss abgegeben werden kann und dann per Hand nachgeladen werden muss. Gleiches gilt für **Vorderladerwaffen**.

Im Bereich der Langwaffen findet man Einzellader hauptsächlich im Bereich der Jagdwaffen und der Kleinkaliber-Matchbüchsen, bei den Kurzwaffen vereinzelt im Bereich der Matchpistolen zum Silhouettenschießen. Ein klassischer Einzel-, weil Vorderlader, ist der ein- oder zweiläufige **Terzerol**, eine besonders kleine Pistole.

Zur Abgrenzung gegenüber einer automatischen Waffe oder Repetierwaffe bedarf es immer der Überprüfung. Hat die Waffe einen Magazineinschub oder ein eingebautes (funktionsfähiges) Kasten- oder Röhrenmagazin, handelt es sich nicht um einen Einzellader.

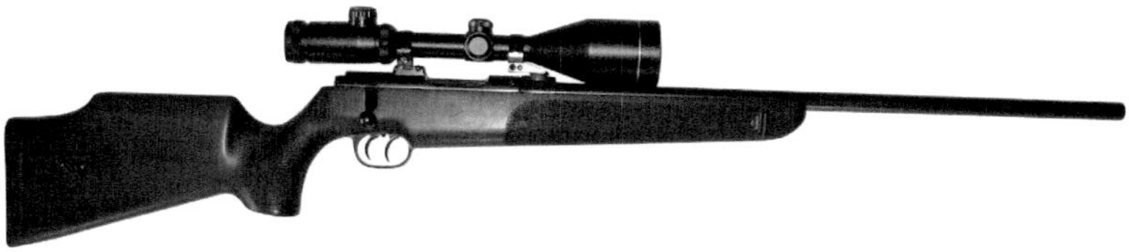

Bezeichnung	**Revolver**
Kategorie	Schusswaffe
Definition	Keine gesetzliche Definition vorhanden; hilfsweise: Waffe, die den Patronenvorrat in einer drehbaren Trommel (Walze) enthält, die das jeweilige Kartuschen-, Geschoss- oder Patronenlager (Kammer) bei Spannung des Schlagstücks vor dem Lauf positioniert
Synonym	Revolverbüchse, Revolvergewehr, Revolverflinte, Drehling (mehrschüssiger Vorläufer des Revolvers im 15. Jhdt.)
Waffe nach ...	§ 1 Abs. 2 Nr. 1 WaffG
Norm Begriff	keine gesetzliche Definition (siehe oben)
Möglicher Verstoß	§§ 42, 42b WaffG (**Führverbote**)

Der Revolver stellt keine gesonderte Art einer Schusswaffe im Sinne der Anlage 1 A1 UA1 Nr. 2 WaffG dar. Er ist, da die zugrundeliegenden Definitionen nicht erfüllt werden, weder Einzelladerwaffe noch Repetierwaffe. Die Einordnung als Automat wird, allerdings nur für Double-Action-Revolver, gesetzlich ausdrücklich verneint.

Bezüglich der mechanischen Abläufe wäre, müsste eine Zuordnung zu einer der drei vorgenannten Arten von Schusswaffen erfolgen, die Einordnung als Repetierwaffe naheliegend.

Auch wenn es sich bei Revolvern nicht um Repetierwaffen handelt, wäre diese klare Abgrenzung nur im Falle von Langwaffen relevant, da im Falle von Kurzwaffen eine Einordnung als Repetierwaffe den Revolver bezüglich der gesetzlichen Folgen weder besser noch schlechter stellt als eine Kurzwaffe ohne derartige Kategorisierung.

Moderne **Revolver** sind in der Regel **mehrschüssige Kurzwaffen für Patronenmunition**, die über einen Double-Action-Abzug verfügen. Klassische (Western-) Revolver verfügen meist über einen Single-Action-Abzug, oft handelt es sich um Modelle mit Perkussionszündung.

Smith & Wesson
357 Magnum

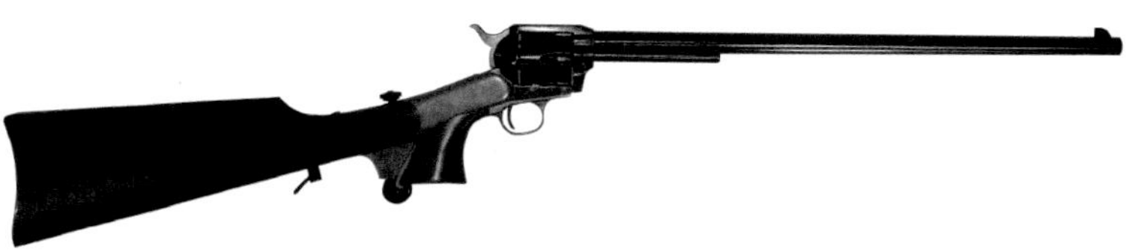

Bezeichnung	**Gotcha (Halbautomat)**
Kategorie	Schusswaffe
Definition	Druckluftwaffen, die nach Abgabe eines Schusses selbsttätig erneut schussbereit werden und bei denen aus demselben Lauf durch einmalige Betätigung des Abzuges oder einer anderen Schussauslösevorrichtung jeweils nur ein Schuss abgegeben werden kann (Halbautomaten)
Synonym	Markierer, Farbmarkierer, Paintballwaffe
Waffe nach ...	§ 1 Abs. 2 Nr. 1 WaffG
Norm Begriff	Anlage 1 A1 UA1 Nr. 2.9 WaffG
Möglicher Verstoß	§§ 42, 42b WaffG (**Führverbote**)

Gotcha-Waffen verschießen meist Farbkugeln im Kaliber .68. Es handelt sich hier um Schusswaffen, die Vorschriften des WaffG sind vollumfänglich anzuwenden. Das Führen dieser Waffe bedarf der Erlaubnis (Waffenschein). Erwerb und Besitz sind erlaubnisfrei, wenn die Waffe das Zeichen „F im Fünfeck" trägt (Anlage 2 A2 UA2 1.1, 1.2 WaffG); in diesem Falle ist der Umgang ab 18 Jahren erlaubt und die einfache Aufbewahrung zum Schutz vor unbefugter Wegnahme in einem verschlossenen Behältnis ausreichend.

Vollautomatische Gotcha-Waffen sind verbotene Waffen (§ 2 Abs. 3 WaffG in Verbindung mit Anlage 2 A1 1.2.1.1 WaffG).

Bezeichnung	**Magazin**
Kategorie	Waffe
Definition	Für die Verwendung in Schusswaffen bestimmte Munitionsbehältnisse, die der Aufbewahrung und Zuführung von Patronen im Rahmen des Ladevorgangs dienen.
Synonym	Ladevorrichtung
Waffe nach ...	§ 1 Abs. 2, 4 WaffG iVm Anlage 1 A1 UA1 Nr. 4.4, Anlage 2 A1 Nr. 1.2.4.1 WaffG
Norm Begriff	Anlage 1 A1 UA1 Nr. 4.4 WaffG
Möglicher Verstoß	§ 2 Abs. 3 WaffG iVm Anlage 2 A1 Nr. 1.2.4.3 ff. (Umgangsverbot): Magazine mit hoher Kapazität („high capacity", „Hi-Cap-Magazine")

Bezeichnung	**Signalwaffe**
Kategorie	Schusswaffe oder Waffe durch Gleichstellung
Definition	Schusswaffen nach Anlage 1 A1 UA1 Nr. 1.1 WaffG oder tragbare Gegenstände mit einem Patronen- oder Kartuschenlager nach Anlage 1 A1 UA1 Nr. 1.2.1 WaffG, die zum Verschießen pyrotechnischer Munition bestimmt sind
Synonym	Leuchtpistole, SigPi, Signalpistole
Waffe nach ...	§ 1 Abs. 2 Nr. 1 WaffG
Norm Begriff	Anlage 1 A1 UA1 Nr. 2.8 WaffG
Möglicher Verstoß	§§ 42, 42b WaffG (**Führverbote**)
Signalwaffen im Kaliber 4 sind in der Regel Einzellader. Signalwaffen unterliegen der WBK-Pflicht, sofern sie nicht als bauartgeprüft (etwa SRS-Waffe mit Zeichen „PTB im Kreis“) gekennzeichnet sind.	

Bezeichnung	**Getarnte Schusswaffe**
Kategorie	Schusswaffe, (meist) Einzellader
Definition	Ihrer Form nach geeignet, einen anderen Gegenstand vorzutäuschen oder die mit Gegenständen des täglichen Gebrauchs verkleidet sind
Synonym	Schießkugelschreiber, Stockgewehr, Koppelschlosspistole, Taschenlampenpistole
Waffe nach ...	§ 1 Abs. 2 Nr. 1 WaffG
Norm Begriff	Anlage 1 A1 UA1 Nr. 1.1 WaffG in Verbindung mit Anlage 2 A1 Nr. 1.2.2 WaffG
Möglicher Verstoß	§ 2 Abs. 3 WaffG in Verbindung mit Anlage 2 A1 Nr. 1.2.2 WaffG **(Verbotene Schusswaffe)**
Die besondere Gefährlichkeit einer getarnten Schusswaffe liegt einerseits in der Möglichkeit, eine Waffe unbemerkt für eine Straftat zu verwenden, andererseits in der Gefahr der Verwendung durch andere Personen, die nicht um die Gefährlichkeit des Gegenstandes wissen.	

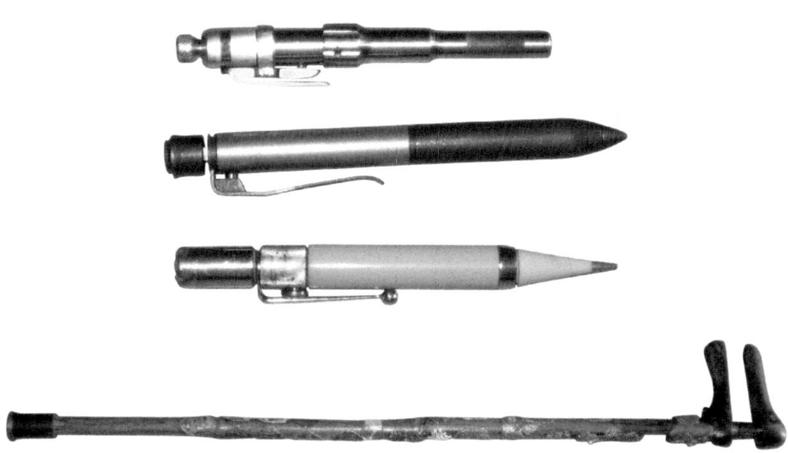

Bezeichnung	**Verbotene Vorderschaftrepetierflinte (VSRF)**
Kategorie	Schusswaffe, Repetierwaffe
Definition	... bei denen anstelle des Hinterschafts ein Kurzwaffengriff vorhanden ist **oder** die Waffengesamtlänge in der kürzest möglichen Verwendungsform weniger als 95 cm **oder** die Lauflänge weniger als 45 cm beträgt
Synonym	Pumpe, Pumpgun, Pump-Action, Riotgun, VSRF
Waffe nach ...	§ 1 Abs. 2 Nr. 1 WaffG
Norm Begriff	Anlage 1 A1 UA1 Nr. 2.3 WaffG in Verbindung mit Anlage 2 A1 Nr. 1.2.1.2 WaffG
Möglicher Verstoß	§ 2 Abs. 3 WaffG in Verbindung mit Anlage 2 A1 Nr. 1.2.1.2 WaffG (**Verbotene Schusswaffe**)

Verbotsmerkmale sind bei Vorhandensein eines **Kurzwaffengriffs** (der Begriff „Pistolengriff" wäre einschränkend) ein **Klappschaft** oder das Fehlen eines Schaftes; zudem darf die Gesamtlänge der Waffe 95 cm nicht unterschreiten, die Lauflänge (Lauf einschließlich Patronenlager) nicht unter 45 cm sein. Auch bei VSR-Waffen mit gezogenen Läufen in einem „typischen Flintenkaliber" gilt das Verbot, obwohl es sich dabei per definitionem nicht um eine Flinte handelt.

VSRF mit zu- oder umschaltbarem, halbautomatischem Nachladesystem sind als Repetierwaffe und Halbautomat anzusehen. Hier ist jeweils die im Einzelfall gefahrenmindernde Einordnung vorzunehmen – so wäre in diesem Beispiel davon auszugehen, dass der Zustand „Halbautomat" als Art der Waffe bei der Beantragung einer Erwerbserlaubnis anzusetzen wäre, bei dem Verbot der „Vorderschaftrepetierflinte mit Kurzwaffengriff" dagegen der Zustand „Repetierwaffe", da in beiden Fällen der Einordnung Gefahren durch einen nicht bedürfnisbegründeten Umgang vermindert werden (so auch BKA-Feststellungsbescheid SO11-5164.01-Z-180 vom 11. Februar 2009)

Bezeichnung	**Wilderergewehr**
Kategorie	Schusswaffe, (meist) Einzellader
Definition	Kann über den für Jagd- und Sportzwecke allgemein üblichen Umfang hinaus zusammengeklappt, zusammengeschoben, verkürzt oder schnell zerlegt werden
Synonym	-
Waffe nach ...	§ 1 Abs. 2 Nr. 1 WaffG
Norm Begriff	Anlage 1 A1 UA1 Nr. 1.1 WaffG in Verbindung mit Anlage 2 A1 Nr. 1.2.3 WaffG
Möglicher Verstoß	§ 2 Abs. 3 WaffG in Verbindung mit Anlage 2 A1 Nr. 1.2.3 WaffG (**Verbotene Schusswaffe**)

Die Abgrenzung zwischen erlaubter schneller Demontage-Möglichkeit (**Take-down-Waffe**) und der verbotenen Wildererwaffe, die ebenfalls schnell in kurze, leicht zu versteckende Teile zerlegbar sein muss, ist in der Praxis äußerst mühselig. Es müssen daher im Einzelfall durch die Fachabteilung des LKA oder das BKA Ermittlungen geführt werden, um eine rechtlich einwandfreie Einordnung zu erreichen.

Ein Hinweis auf die Zuordnung als Wildererwaffe ist beispielsweise die Möglichkeit, die demontierten Bestandteile im Schaft unterzubringen, ebenso die schnelle Demontage mit Hilfe einer händisch lösbaren Überwurfmutter mit Rändelung als Laufbefestigung wie im Fall der nebenstehend abgebildeten Waffe. Außengewinde an der Laufmündung sind angesichts der Möglichkeit zum Erwerb von Schalldämpfern für Jäger allerdings kein Hinweis mehr auf die Bestimmung der Waffe zur Wilderei.

Die Abbildung zeigt oben das Gewehr im fast verpackten Zustand (die rechts daneben liegend Schaftkappe wird als Deckel aufgesteckt). Unten sind die drei Bestandteile der demontierten Waffe (Schaft mit aufgesteckter Kappe, Lauf mit Mutter, Verschlussgehäuse mit Abzugsgruppe und eingestecktem Magazin, von oben nach unten) dargestellt.

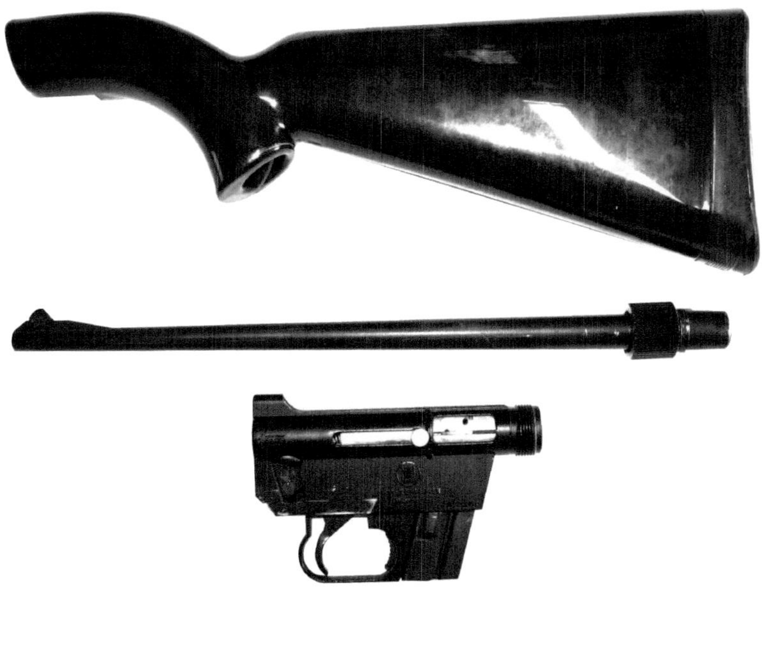

Bezeichnung	**SRS-Waffe**
Kategorie	Waffe, den Schusswaffen gleichgestellt
Definition	Tragbare Gegenstände, die zum Abschießen von Munition zum Angriff oder zur Verteidigung, zur Signalgebung, zur Jagd, zur Distanzinjektion, zur Markierung, zum Sport oder zum Spiel bestimmt sind
Synonym	Schreckschusswaffe, Gasrevolver, Gaser, Gaspistole
Waffe nach ...	§ 1 Abs. 2 Nr. 1 WaffG
Norm Begriff	Anlage 1 A1 UA1 Nr. 1.2.1 WaffG
Möglicher Verstoß	§§ 42, 42b WaffG (**Führverbote**)

Das Kürzel SRS steht für die Anfangsbuchstaben der ausführlichen Bezeichnung Schreckschuss-, Reizstoff- und Signalwaffe. Anders als bei Schusswaffen kommt in SRS-Waffen anstelle eines Laufes ein Gaslauf zum Einsatz, der Verbrennungsgase und Reizstoffe ableitet. Er verhindert durch seine Gestaltung oder durch Sperren (siehe nebenstehende Abbildung, Mündungsbereich einer GECO P35), dass aus diesem Lauf Geschosse verschossen werden. Laufsperren sind meist sichtbar, bei Revolvern entsprechende laufseitige Einengungen der Trommelkammern.

Neben einem gültigen Beschusszeichen (auch SRS-Waffen unterliegen der Pflicht zum Einzelbeschuss) müssen SRS-Waffen das Zeichen „PTB im Kreis" (siehe Foto) oder ein anerkanntes Zeichen eines anderen EU-Mitgliedsstaates tragen, um erlaubnisfrei erworben und besessen werden zu dürfen. Zum Führen ist der „Kleine Waffenschein" erforderlich.

SRS-Waffen sind keine Anscheinswaffen.

Die einfache **Aufbewahrung** zum Schutz vor unbefugter Wegnahme in einem **verschlossenen Behältnis** ist ausreichend, es ist kein qualifiziertes Behältnis erforderlich. Die Waffe darf dabei nicht geladen sein.

Die Erfolgsaussichten, durch Drohung mit einer anscheinend „scharfen" Schusswaffe einen Angriff abzuwehren, sind zumindest fraglich. Gleichwohl sind SRS-Waffen in der Regel sehr vorbildgetreu gestaltet und für den unkundigen Beobachter kaum von ihren Vorbildern zu unterscheiden.

P35
PTB
456
MADE IN WEST GERMANY

Bezeichnung	**Tierabwehrspray**
Kategorie	Keine Waffe im Sinne des WaffG
Definition	-
Synonym	Pfefferspray, Hundeabwehrspray, Pfeffergas, Pepper Fog (auch Foam, Gel, Powder), Abwehrspray, Gas, Nebel
Waffe nach ...	-
Norm Begriff	-
Norm Verbot	-

Mangels Bestimmung zum Einsatz gegen Menschen und fehlende Nennung im Gesetz unterliegen Tierabwehrsprays nicht dem Waffengesetz.

Bekanntmachungen von **Verbotszonen**, in denen der Besitz solcher Gegenstände untersagt wird, müssen somit ausdrücklich diese zur Tierabwehr bestimmten Geräte erfassen - die bloße Eignung zur Abwehr menschlicher Angriffe allein ist nicht ausreichend, um diese Geräte als Waffen im Sinne des WaffG einzuordnen.

Anders als ein Reizstoffsprühgerät zur Abwehr menschlicher Angriffe muss ein Tierabwehrspray zuhause auch nicht verschlossen aufbewahrt werden, da es keine Waffe im Sinne des WaffG ist.

Die nebenstehende Abbildung zeigt neben einem komplett montierten Tierabwehrspray das zur Wartung zerlegte Gerät (ohne Kopf). Der nachfolgende Hinweistext, durch den die Bestimmung ausgedrückt wird, ist auf dem Gehäuse sichtbar angebracht (mit freundlicher Genehmigung von DEF-TEC Defense Technology GmbH, Frankfurt am Main).

FIRST DEFENSE®

RED PEPPER SPRAY MK-6

Spray auf Augen oder Schleimhäute richten. Reichweite bis 6 Meter. Nicht unter einem Meter Entfernung anwenden. Wirkt unmittelbar und stoppt praktisch sofort jeden Angriff. Unerwünschte Nebenwirkungen sind nicht bekannt. Erste-Hilfe-Maßnahmen: Betroffene Stelle mit viel Wasser spülen und Frischluft zuführen, ggf. Arzt aufsuchen. Pepperspray ist nicht brennbar. Verfall: siehe Dosenboden. Dieses Reizstoffsprühgerät enthält den natürlichen Wirkstoff OC (Oleoresin Capsicum). Es darf in der BRD von Privatpersonen nur zur Tierabwehr eingesetzt werden (**Tierabwehrspray**). Bei diesem Verwendungszweck unterliegt es nicht dem deutschen Waffengesetz und dessen Prüfvorschriften.

RED PEPPER SPRAY MK-6
FIRST DEFENSE
RED
PEPPER
SPRAY
MK-6
NACHFÜLLPATRONE

Bezeichnung	**Reizstoffsprühgerät (RSG)**
Kategorie	Waffe
Definition	Tragbare Gegenstände, aus denen Reizstoffe versprüht oder ausgestoßen werden, die eine Reichweite bis zu 2 m haben
Synonym	CS-Gas, CN-Gas, Tränengas, Abwehrspray
Waffe nach ...	§ 1 Abs. 2 Nr. 2 Buchstabe a WaffG
Norm Begriff	Anlage 1 A1 UA2 Nr. 1.2.2 WaffG
Möglicher Verstoß	§§ 42, 42b WaffG (**Führverbote**); **ohne Prüfzeichen: Verbotene Waffe** nach § 2 Abs. 3 WaffG iVm Anlage 2 A1 Nr. 1.3.5

Anders als Tierabwehrspray, das mangels Bestimmung zur Abwehr menschlicher Angriffe nicht unter das Waffengesetz fällt, ist ein Reizstoffsprühgerät eine Waffe nach § 1 Abs. 2 Nr. 2 Buchstabe a WaffG, da es dazu bestimmt ist, die Angriffs- oder Abwehrfähigkeit von Menschen zu beseitigen oder herabzusetzen.

Der Begriff „Reizstoffsprühgerät" wird durch Anlage 1 A1 UA2 Nr. 1.2.2 WaffG auf solche Geräte beschränkt, die eine Reichweite bis zu 2 m haben. Bei größerer Reichweite unterfällt der Gegenstand der Definition nach Anlage 1 A1 UA2 Nr. 1.2.3 Buchst. a WaffG. Trotz dieser Unterscheidung werden beide Gegenstandsarten durch die Nennung in der Anlage 1 Waffen im Sinne des WaffG.

Das **Mindestalter** für den Umgang mit geprüften Reizstoffsprühgeräten ist durch § 3 Abs. 2 WaffG auf **14 Jahre** herabgesetzt.

Nach Anlage 2 A1 Nr. 1.3.5 WaffG ist der Umgang mit Reizstoffsprühgeräten verboten, es sei denn, sie sind in ihrer Reichweite und Sprühdauer begrenzt und der Reizstoff als gesundheitlich unbedenklich eingestuft worden.

Ein amtliches Zulassungszeichen nach Bauartprüfung nach § 9 Abs. 2 Nr. 3 BeschG (siehe Abbildung rechts), das Nachweis der beiden genannten Voraussetzungen für eine Ausnahme von dem Umgangsverbot ist, muss auf dem Reizstoffsprühgerät angebracht sein.

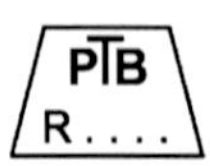

Hinweis: Zulassungen nach §§ 7 bis 11 BeschG, die vor Inkrafttreten des Gesetzes erteilt wurden, sind weiterhin gültig, diesbezüglich anerkannte oder erteilte Prüfzeichen (siehe Detailaufnahme „BKA-Raute" auf folgender Seite) gelten als Prüfzeichen im Sinne des geltenden Rechts (§ 22 Abs. 1, 2 BeschG).

(Produktbilder TW 1000 mit freundlicher Genehmigung der CARL HOERNECKE CHEM. FABRIK GMBH & CO. KG, Oberstenfeld)

Auf **Kombinationen** aus RSG und Schlagstock (siehe rechts) sind sowohl Vorschriften für Hieb- und Stoßwaffen als auch für Reizstoff-Sprühgeräte anzuwenden.

Nebenstehende Abbildung mit freundlicher Genehmigung (Copyright) „Soldier of Fortune GmbH"

Bezeichnung	**Kombinierte Waffe (Drilling etc.)**
Kategorie	Schusswaffe, Einzellader
Definition	Mehrläufige Schusswaffen, bei denen ein Lauf ein gezogener oder glatter Lauf ist und mindestens ein weiterer Lauf nicht dieser Laufart entspricht
Synonym	*siehe nachfolgende Übersicht*
Waffe nach ...	§ 1 Abs. 2 Nr. 1 WaffG
Norm Begriff	-
Möglicher Verstoß	§§ 42, 42b WaffG (**Führverbote**)

Kombinierte Waffen sind in der Regel **Jagdwaffen**. Sie verfügen meist über mindestens zwei verschiedene Laufarten und mindestens zwei Kaliber. Sie sind im Jagdbereich anzutreffen, zum Beispiel als Kombination aus glattem Flintenlauf und gezogenem Büchsenlauf übereinander, was als **Bockbüchsflinte** bezeichnet wird. Die Bezeichnung „Bock" leitet sich vom Aufbocken der Läufe ab, im Gegensatz zur früher üblichen Anordnung nebeneinander.

Kombinierte Waffen werden als Kipplaufsysteme angeboten und sind **Einzellader**. Neben der beschriebenen Bockbüchsflinte gibt es die verschiedensten Kombinationen von Flinten- und Büchsenläufen, darunter der **Doppelbüchsdrilling** (ein Flintenlauf, zwei Büchsenläufe) und der klassische **Drilling** (zwei Flintenläufe mit einem zusätzlichen Büchsenlauf). Ein Flintenlauf kann mit einem Einstecklauf ohne großen Aufwand in einen Kugellauf umgewandelt werden, was insbesondere Besitzer eines klassischen Drillings im Bedarfsfall schätzen.

Die nachfolgenden Ansichten zeigen den Lauf von der „unfreundlichen Seite", sprich aus der Perspektive des Zieles. Dabei steht ein vollständiger Kreis für einen glatten Flintenlauf, ein Kreis „mit Kerben" stellt den gezogenen Büchsenlauf dar. Die Bezeichnung der jeweiligen Kombination (es sind mehrere Synonyme möglich) befindet sich links daneben.

Laufbündel mit ausschließlich glatten Läufen

Doppelflinte
Querflinte

Bockflinte
Bockdoppelflinte
BDF

Flintendrilling
Schrotdrilling

Laufbündel mit ausschließlich gezogenen Läufen

Doppelbüchse

Bockbüchse
Bockdoppelbüchse
BDB

Büchsdrilling

Kombinierte Laufbündel

Bergstutzen links

Bergstutzendrilling rechts

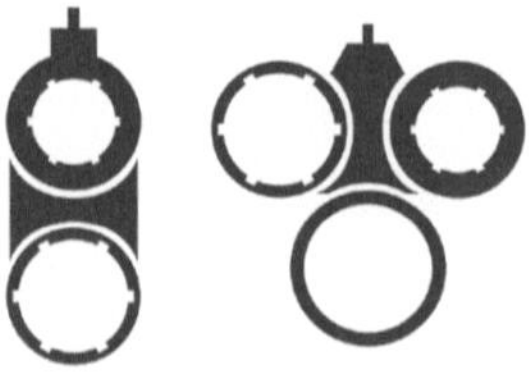

Büchsflinte

Bockbüchsflinte
BBF

Drilling

(„Schienendrilling" o. „Waldläufer" bei Lage des Kugellaufes <u>über</u> den glatten Rohren)

Doppelbüchsdrilling

Bockdrilling

Bezeichnung	**Griffstück**
Kategorie	Waffe
Definition	Bei Kurzwaffen Bezeichnung für das Gehäuseunterteil; wesentliches Teil einer Schusswaffe, wenn es zur Aufnahme des Auslösemechanismus bestimmt ist und dieser nicht als vollständige Baugruppe (Rahmen) entnommen werden kann.[39]
Synonym	Griff
Waffe nach ...	§ 1 Abs. 2 Nr. 1, Anl. 1 A1 UA1 Nr. 1.3 WaffG
Norm Begriff	Anlage 1 A1 UA1 Nr. 1.3.1.6 WaffG
Erlaubnispflichtig	Ja; Voreintrag in WBK erforderlich
Bemerkungen	Griffstücke können nicht als „Wechselgriffstück" erworben werden.

Bezeichnung	**Verschluss**
Kategorie	Waffe
Definition	Das Patronen- oder Kartuschenlager oder den Lauf abschließendes Teil einer Schusswaffe; bei teilbaren Verschlüssen sind Verschlusskopf und Verschlussträger jeweils wesentliche Teile; der Verschlusskopf ist das unmittelbar das Patronen- oder Kartuschenlager oder den Lauf abschließende Teil; der Verschlussträger ist das Bauteil, welches das Ver- und Entriegeln des Verschlusskopfs steuert.[40]
Synonym	Schlitten, Kammer
Waffe nach ...	§ 1 Abs. 2 Nr. 1, Anl. 1 A1 UA1 Nr. 1.3 WaffG
Norm Begriff	Anlage 1 A1 UA1 Nr. 1.3.1.2 WaffG
Erlaubnispflichtig	Ja; Voreintrag in WBK erforderlich
Bemerkungen	Erwerb ohne Voreintrag möglich nach Anlage 2 A2 UA2 Nr. 2.1 WaffG, wenn der Verschluss erforderlich (siehe ebenda) ist, um die Waffe mit einem Austausch- oder Wechsellauf eines gleichen oder geringeren Kalibers zu nutzen

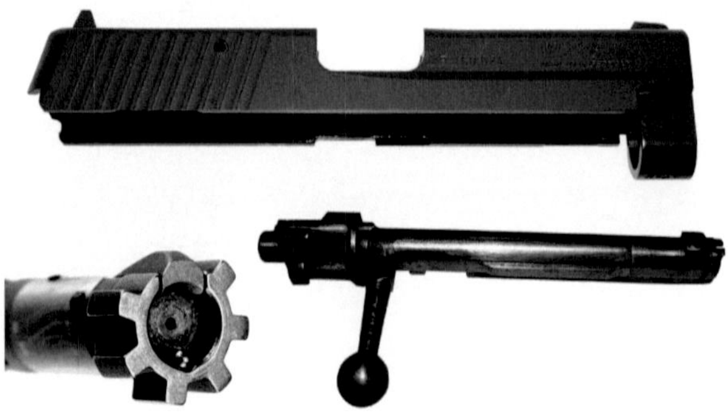

Bezeichnung	**Lauf**
Kategorie	Waffe
Definition	Ein aus einem ausreichend festen Werkstoff bestehender rohrförmiger Gegenstand, der Geschossen, die hindurchgetrieben werden, ein gewisses Maß an Führung gibt, wobei dies in der Regel als gegeben anzusehen ist, wenn die Länge des Laufteils, der die Führung des Geschosses bestimmt, mindestens das Zweifache des Kalibers beträgt.
Synonym	Rohr
Waffe nach ...	§ 1 Abs. 2 Nr. 1, Anl. 1 A1 UA1 Nr. 1.3 WaffG
Norm Begriff	Anlage 1 A1 UA1 Nr. 1.3.1.1 WaffG
Erlaubnispflichtig	Ja; Voreintrag in WBK erforderlich
Bemerkungen	Erwerb <u>ohne Voreintrag</u> möglich nach Anlage 2 A2 UA2 Nr. 2.1 WaffG, wenn die Waffe, für die dieser Austausch- oder Wechsellauf bestimmt ist, bereits in der WBK eingetragen ist und das Kaliber ihres Laufes größer oder gleich ist; ist das **Patronenlager** Teil des Laufes, ist es nicht als gesondertes wesentliches Teil zu betrachten. Ein **Gaslauf**[41] leitet ausschließlich Verbrennungsgase ab. Er ist durch seine Gestaltung oder durch Sperren nicht geeignet, um Geschosse hindurchzuführen. Ein Gaslauf kommt in SRS-Waffen zum Einsatz.

Bezeichnung	**Schalldämpfer**
Kategorie	Waffe
Definition	Vorrichtungen, die der wesentlichen Dämpfung des Mündungsknalls dienen und für Schusswaffen bestimmt sind.
Synonym	Silencer, Schallschlucker, Dämpfer
Waffe nach ...	§ 1 Abs. 2 Nr. 1, Anl. 1 A1 UA1 Nr. 1.3 WaffG
Norm Begriff	Anlage 1 A1 UA1 nach Nr. 1.3.3 WaffG
Erlaubnispflicht	Ja, wenn Schusswaffe erlaubnispflichtig; Voreintrag nicht erforderlich für Jäger bei Bestimmung für Langwaffe mit Zentralfeuerkaliber
Bemerkungen	Die Erlaubnispflicht richtet sich nach der Waffe, für die der Schalldämpfer bestimmt ist. Eine wesentliche Dämpfung des Mündungsknalls liegt dann vor, wenn für einen Ohrenzeugen eine wahrnehmbare Verminderung des Mündungsknalls erfolgt; dies ist bereits ab 3 dB (A) der Fall. Zur Dämpfung des Gesamtknalls einer Schusswaffe, der sich aus dem Knall des Gases und dem Knall des Geschosses zusammensetzt, ist neben dem Schalldämpfer die Verwendung von Munition erforderlich, deren Geschosse lediglich Unterschallgeschwindigkeit erreichen. Kriminaltaktisch stellen Schalldämpfer, anders als lange Zeit vermutet, keine besondere Gefährdung dar. Insbesondere Schalldämpfer von Sportschützen und Jägern sind statistisch unauffällig (so BKA-Bericht zu Schalldämpfern SO 11 101 – 2013-0014079990).

Bezeichnung	**Zielscheinwerfer**
Kategorie	Waffe
Definition	Für Schusswaffen bestimmte Vorrichtungen, die das Ziel beleuchten. Ein Ziel wird dann beleuchtet, wenn es mittels Lichtstrahlen bei ungünstigen Lichtverhältnissen oder Dunkelheit für den Schützen erkennbar dargestellt wird. Dabei ist es unerheblich, ob das Licht sichtbar oder unsichtbar (zB infrarot) ist und ob der Schütze weitere Hilfsmittel für die Zielerkennung benötigt.
Synonym	Lampe
Waffe nach ...	§ 1 Abs. 2, 4 WaffG iVm Anlage 1 A1 UA1 Nr. 4.1, Anlage 2 A1 Nr. 1.2.4.1 WaffG
Norm Begriff	Anlage 1 A1 UA1 Nr. 4.1 WaffG
Möglicher Verstoß	§ 2 Abs. 3 WaffG in Verbindung mit Anlage 2 A1 Nr. 1.2.4.1 WaffG (**Umgangsverbot**)
Bemerkungen	Maßgebliche Verbotseigenschaft ist die Montage oder Montage<u>bestimmung</u> an einer Schusswaffe.

Bezeichnung	**Zielpunktprojektor**
Kategorie	Waffe
Definition	Für Schusswaffen bestimmte Vorrichtungen, die das Ziel markieren. Ein Ziel wird markiert, wenn auf diesem für den Schützen erkennbar ein Zielpunkt projiziert wird.
Synonym	Laser
Waffe nach ...	§ 1 Abs. 2, 4 WaffG iVm Anlage 1 A1 UA1 Nr. 4.2, Anlage 2 A1 Nr. 1.2.4.1 WaffG
Norm Begriff	Anlage 1 A1 UA1 Nr. 4.2 WaffG
Möglicher Verstoß	§ 2 Abs. 3 WaffG in Verbindung mit Anlage 2 A1 Nr. 1.2.4.1 WaffG (**Umgangsverbot**)
Bemerkungen	**Leuchtpunktzielgeräte** fallen dann nicht unter den Begriff des Zielpunktprojektors, wenn sie keine Strahlung in Richtung des Zieles abgeben. Maßgebliche Verbotseigenschaft ist die Montage oder Montagebestimmung an einer Schusswaffe.

Bezeichnung	**Nachtsichtgerät / Nachtzielgerät / Nachtsichtvorsätze und Nachtsichtaufsätze für Zielhilfsmittel**
Kategorie	Waffe
Definition	Für Schusswaffen bestimmte Vorrichtung, die elektronische Verstärkung oder Bildwandler und eine Montageeinrichtung für Schusswaffen besitzt. Erfasst sind Nachtsichtvorsätze und -aufsätze für Zielhilfsmittel (Zielfernrohre), sie gelten als Nachtzielgerät.
Synonym	Restlichtverstärker, Wärmebildgerät
Waffe nach ...	§ 1 Abs. 2, 4 WaffG iVm Anlage 1 A1 UA1 Nr. 4.3, Anlage 2 A1 Nr. 1.2.4.2 WaffG
Norm Begriff	Anlage 1 A1 UA1 Nr. 4.3 WaffG
Möglicher Verstoß	§ 2 Abs. 3 WaffG in Verbindung mit Anlage 2 A1 Nr. 1.2.4.2 (Umgangsverbot); für **Jäger** gilt eine Ausnahme vom Umgangsverbot nach § 40 Abs. 3 WaffG, aber **nur für Vorsatz- und Aufsatzgeräte**.
Bemerkungen	Maßgebliche Verbotseigenschaft ist die Montage oder **Montagemöglichkeit** an einer Schusswaffe, wenn die Vorrichtung für diesen Zweck bestimmt ist.[42] **Wärmebildwandler** fallen ebenfalls unter den Begriff und damit unter das Verbot[43] wie auch unter die Freistellung für Jäger.

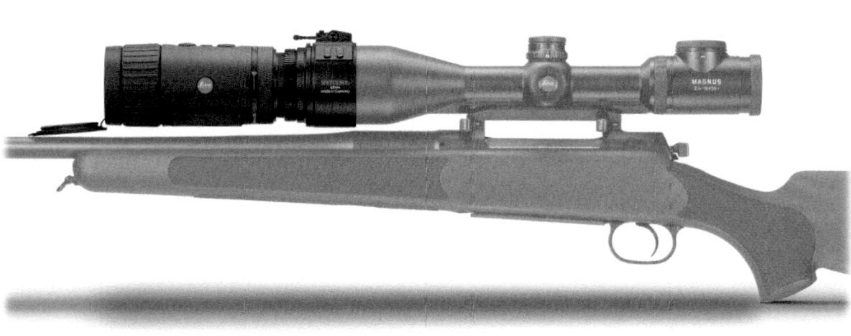

Beispielbild: Wärmebildvorsatzgerät (Dual-Use) „Leica CALONOX Sight"

Bezeichnung	**Bolzensetzgerät**
Kategorie	Werkzeug, **nur dann** Waffe, wenn vorgeschriebene Kennzeichnung nicht vorhanden sind
Synonym	Bolzenschussgerät
Bemerkungen	Auch Modelle mit Lauf unterfallen mangels einer Bestimmung zu den in Anlage 1 A1 UA1 1.1 WaffG genannten Zwecken nicht dem Schusswaffenbegriff. Bolzensetzgeräte sind nicht den Schusswaffen gleichgestellt, wenn sie über die vorgeschriebene Kennzeichnung nach Anlage 1 A1 UA1 1.2.2 WaffG verfügen. Beachten Sie: **Kartuschen** für Bolzensetzgeräte mit Kartuschenantrieb sind keine Munition im Sinne von Anlage 1 A1 UA3 WaffG, da sie nicht zum Verschießen aus Schusswaffen bestimmt sind.[44] Der Handel mit ihnen ist somit kein Munitionshandel im Sinne von Anlage 1 A2 Nr. 9 WaffG.

Bezeichnung	**Stahlrute**
Kategorie	Hieb- und Stoßwaffe
Definition	Gegenstände, die ihrem Wesen nach dazu bestimmt sind, unter unmittelbarer Ausnutzung der Muskelkraft durch Hieb, Stoß, Stich, **Schlag** oder Wurf Verletzungen beizubringen
Synonym	-
Waffe nach ...	§ 1 Abs. 2 Nr. 2 Buchst. a WaffG
Norm Begriff	Anlage 1 A1 UA2 Nr. 1.1 WaffG
Möglicher Verstoß	§ 2 Abs. 3 WaffG in Verbindung mit Anlage 2 A1 Nr. 1.3.2 WaffG (**Verbotene Waffe**)
Bemerkungen	Häufig verwechselt mit Teleskopschlagstock, der nur eine Hieb- und Stoßwaffe im Sinne des Waffengesetzes ist, aber keine verbotene Waffe

unten: Vergrößerte Darstellung des vorderen Teiles

Bezeichnung	**Totschläger**
Kategorie	Hieb- und Stoßwaffe
Definition	Gegenstände, die ihrem Wesen nach dazu bestimmt sind, unter unmittelbarer Ausnutzung der Muskelkraft durch Hieb, Stoß, Stich, **Schlag** oder Wurf Verletzungen beizubringen
Synonym	-
Waffe nach ...	§ 1 Abs. 2 Nr. 2 Buchst. a WaffG
Norm Begriff	Anlage 1 A1 UA2 Nr. 1.1 WaffG
Möglicher Verstoß	§ 2 Abs. 3 WaffG in Verbindung mit Anlage 2 A1 Nr. 1.3.2 WaffG (**Verbotene Waffe**)
Bemerkungen	Meist aus Leder angefertigt, um ein Durchschwingen (Peitscheneffekt) zu ermöglichen; in der Spitze mit einer Kugel aus Eisen oder Blei beschwert

Bezeichnung	**Wurfstern**
Kategorie	Hieb- und Stoßwaffe
Definition	Gegenstände, die ihrem Wesen nach dazu bestimmt sind, unter unmittelbarer Ausnutzung der Muskelkraft durch Hieb, Stoß, Stich, Schlag oder **Wurf** Verletzungen beizubringen
Synonym	Shuriken, Shaken
Waffe nach ...	§ 1 Abs. 2 Nr. 2 Buchst. a WaffG
Norm Begriff	Anlage 1 A1 UA2 Nr. 1.1 WaffG
Möglicher Verstoß	§ 2 Abs. 3 WaffG in Verbindung mit Anlage 2 A1 Nr. 1.3.3 WaffG (**Verbotene Waffe**)
Bemerkungen	Auch im nicht angeschliffenen Zustand kann diese Waffe tödliche Verletzungen beibringen. Es ist daher keine Voraussetzung für ein Verbot, dass der Gegenstand angeschliffen ist.

Bezeichnung	**Nunchaku**
Kategorie	a) Hieb- und Stoßwaffe b) Gegenstand, der nach seiner Beschaffenheit und Handhabung dazu bestimmt ist, durch Drosseln die Gesundheit zu schädigen
Definition	a) Gegenstände, die ihrem Wesen nach dazu bestimmt sind, unter unmittelbarer Ausnutzung der Muskelkraft durch Hieb, Stoß, Stich, **Schlag** oder Wurf Verletzungen beizubringen b) siehe oben (Kategorie)
Synonym	Tschaku, Würgeholz
Waffe nach ...	§ 1 Abs. 2 Nr. 2 Buchst. a WaffG
Norm Begriff	a) Anlage 1 A1 UA2 Nr. 1.1 WaffG b) Anlage 1 A1 UA2 Nr. 1.2.6 WaffG
Möglicher Verstoß	§ 2 Abs. 3 WaffG in Verbindung mit Anlage 2 A1 Nr. 1.3.8 WaffG (**Verbotene Waffe**)
Bemerkungen	Die Nutzung des Nunchaku als Würgeholz tritt in der Praxis hinter die enorme Schlagwirkung zurück; das Verbot von Soft-Nunchakus aus Schaumstoff (Feststellungsbescheid BKA KT 21/ZV 25 – 5164.01 – Z – 23/2004 vom 05. 05. Februar 2004) ist nicht nachvollziehbar, aber dadurch wird klargestellt, dass die Kombination aus zwei Elementen, die flexibel verbunden sind, unabhängig vom Material immer verboten ist; offen bleibt, ob traditionelle Nunchakus aus drei Hölzern erfasst werden.

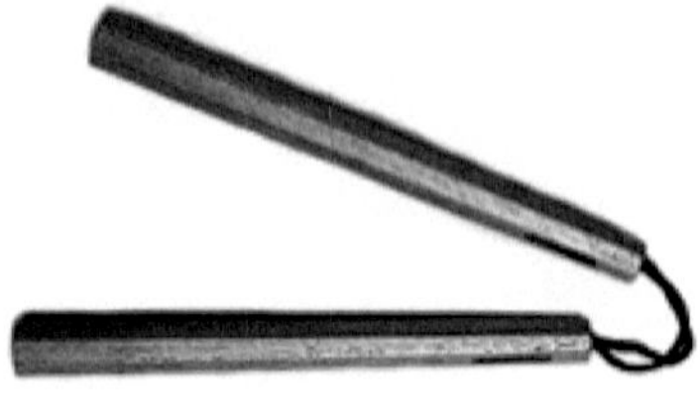

Bezeichnung	**Präzisionsschleuder**
Kategorie	Schleuder
Definition	Schleudern, die zur Erreichung einer höchstmöglichen Bewegungsenergie eine **Armstütze oder eine vergleichbare Vorrichtung** besitzen oder für eine solche Vorrichtung eingerichtet sind (Präzisionsschleudern) **sowie Armstützen und vergleichbare Vorrichtungen** für die vorbezeichneten Gegenstände
Synonym	Zwille
Waffe nach ...	§ 1 Abs. 2 Nr. 2 Buchst. a WaffG
Norm Begriff	Anlage 1 A1 UA2 Nr. 1.3 WaffG
Möglicher Verstoß	§ 2 Abs. 3 WaffG in Verbindung mit Anlage 2 A1 Nr. 1.3.7 WaffG (**Verbotene Waffe**)
Bemerkungen	Begriff und Verbot beziehen sich nicht allein auf die Schleuder, sondern auch auf die **Armstütze** als separates Teil; schon das Vorhandensein einer Aufnahmevorrichtung (Öse) für die Armstütze erfüllt das Verbotsmerkmal. *Hinweis: Abbildung zeigt fast zusammengelegte Waffe, die Armstütze wird zur Benutzung der Waffe auf die andere Seite geschwenkt (Schussrichtung wird durch die Fingermulden des Griffs vorgegeben).*

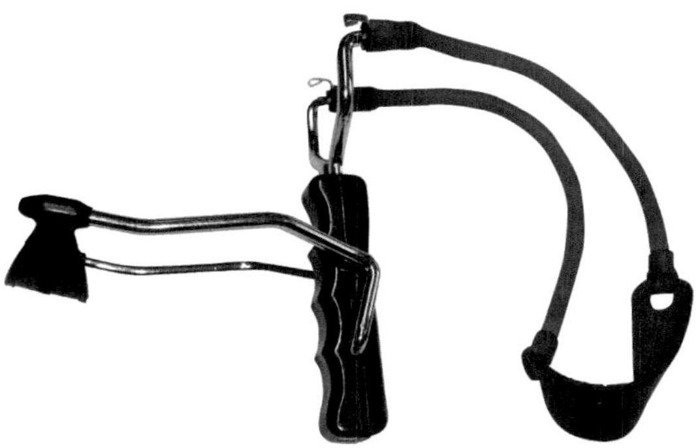

Bezeichnung	**Springmesser**
Kategorie	Messer
Definition	Messer, deren Klingen auf Knopf- oder Hebeldruck hervorschnellen und hierdurch oder beim Loslassen der Sperrvorrichtung festgestellt werden können
Synonym	Stellmesser, Springer
Waffe nach ...	§ 1 Abs. 2 Nr. 2 Buchst. b WaffG
Norm Begriff	Anlage 1 A1 UA2 Nr. 2.1.1 WaffG
Möglicher Verstoß	§ 2 Abs. 3 WaffG in Verbindung mit Anlage 2 A1 Nr. 1.4.1 WaffG (**Verbotene Waffe**); im Falle der Freistellung von dem Verbot **Führverbote** nach §§ 42, 42a, 42b WaffG beachten.
Bemerkungen	**Nicht verboten (Ausnahme** vom Umgangsverbot), wenn a) die Klinge seitlich aus dem Griff springt und der Klingenteil außerhalb des Griffs höchstens 85 mm lang ist und die Klinge nicht zweiseitig geschliffen ist sowie b) eine einhändige Nutzung für ein berechtigtes Interesse erforderlich ist oder der Umgang im Zusammenhang mit der Berufsausübung erfolgt. **Keine Waffe** gemäß § 1 Abs. 2 Nr. 2 Buchst. b WaffG (BKA-Feststellungsbescheid KT21/SO 11-5164.01-Z-76), wenn die Klinge bis 41 mm lang und bis 10 mm breit ist („Kleinstmesser"); gleichwohl unterfallen Kleinstmesser den Vorschriften der §§ 42, 42b. Bei **defekter Feder** entfällt die verbotsbegründende Eigenschaft und damit die Einordnung als verbotener Gegenstand, denkbar wäre aber die Einstufung als (ebenso) verbotenes Fallmesser (BGH 1 StR 35/17).

Bezeichnung	**Fallmesser**
Kategorie	Messer
Definition	Messer, deren Klingen beim Lösen einer Sperrvorrichtung durch ihre Schwerkraft oder durch eine Schleuderbewegung aus dem Griff hervorschnellen und selbsttätig oder beim Loslassen der Sperrvorrichtung festgestellt werden
Synonym	Fallschirmjägermesser
Waffe nach ...	§ 1 Abs. 2 Nr. 2 Buchst. b WaffG
Norm Begriff	Anlage 1 A1 UA2 Nr. 2.1.2 WaffG
Möglicher Verstoß	§ 2 Abs. 3 WaffG in Verbindung mit Anlage 2 A1 Nr. 1.4.1 WaffG (**Verbotene Waffe**)
Bemerkungen **(gelten auch für das o. g. Springmesser)**	**Freistellung** sog. „Rettungsmesser" oder „Rescue-Tools" durch BKA-Feststellungsbescheid KT21/ZV25-5164.01-Z-20/2003; **Berechtigte nach dem Bundesversorgungsgesetz** (Kriegsopfer etc.), die ein solches Messer vor dem 30. Juni 2003 durch die Versorgungsbehörden der Länder erhalten haben, dürfen nach BKA-Ausnahmegenehmigung, ZV 25-2-5166.00-489/03 vom 10. November 2003, dürfen es sowohl **besitzen** als auch **führen**.

Bezeichnung	**Faustmesser**
Kategorie	Messer
Definition	Messer, mit einem quer zur feststehenden oder feststellbaren Klinge verlaufenden Griff, die bestimmungsgemäß in der geschlossenen Faust geführt oder eingesetzt werden
Synonym	Skinner, Stoßdolch, Kürschnermesser
Waffe nach ...	§ 1 Abs. 2 Nr. 2 Buchst. b WaffG
Norm Begriff	Anlage 1 A1 UA2 Nr. 2.1.3 WaffG
Möglicher Verstoß	§ 2 Abs. 3 WaffG in Verbindung mit Anlage 2 A1 Nr. 1.4.2 WaffG (**Verbotene Waffe**)
Bemerkungen	Beachten Sie die **Ausnahme** vom Umgangsverbot nach § 40 Abs. 3 WaffG, wonach auf Inhaber einer jagdrechtlichen Erlaubnis und Angehörige Leder-und Pelz-verarbeitender Berufe, soweit das Messer zur Ausübung der Tätigkeit erforderlich ist, das Verbot nicht anzuwenden ist.

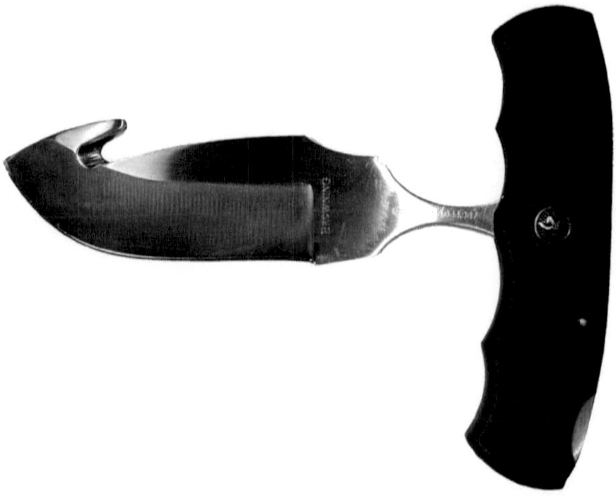

Bezeichnung	**Butterflymesser**
Kategorie	Messer
Definition	Faltmesser mit zweigeteilten, schwenkbaren Griffen
Synonym	Balisong, Butterfly, Faltmesser
Waffe nach ...	§ 1 Abs. 2 Nr. 2 Buchst. b WaffG
Norm Begriff	Anlage 1 A1 UA2 Nr. 2.1.4 WaffG
Möglicher Verstoß	§ 2 Abs. 3 WaffG in Verbindung mit Anlage 2 A1 Nr. 1.4.3 WaffG (**Verbotene Waffe**)
Bemerkungen	Gemäß § 1 Abs. 2 Nr. 2 Buchst. b WaffG nach BKA-Feststellungsbescheid KT21/SO 11-5164.01-Z-76 handelt es sich nicht um eine Waffe, wenn die Klinge bis zu 41 mm lang und bis zu 10 mm breit ist („Kleinstmesser"); somit würde auch das Verbot nicht greifen. Gleichwohl unterfallen Kleinstmesser den Vorschriften der §§ 42, 42b.

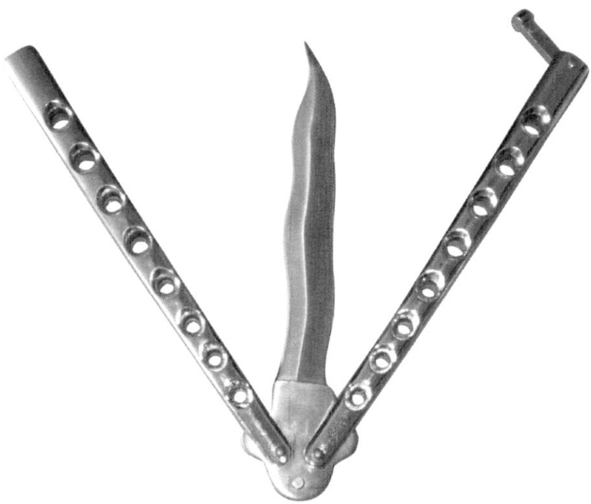

Bezeichnung	**Einhandmesser**
Kategorie	Messer
Definition	Messer mit einhändig feststellbarer Klinge
Synonym	Teppichmesser
Waffe nach ...	-
Norm Begriff	§ 42a Abs. 1 Nr. 3 WaffG
Möglicher Verstoß	§§ 42, 42a, 42b WaffG (**Führ-**, kein **Besitz**verbot)
Bemerkungen	Das Öffnen des Messers kann über einen Pin (Knopf) an der Klinge, eine Bohrung oder Vertiefung in der Klinge oder eine Nase (Flipper) auf dem Klingenrücken erfolgen; zur Einordnung kann das „Neumünsteraner Modell“ dienen: „Ich setze mich auf eine Hand – kann ich die Klinge mit der anderen Hand feststellen, handelt es sich um ein Einhandmesser.“ Üblicherweise als „Einhandmesser“ bezeichnete Modelle sind in der Regel **keine Waffen**, sie unterliegen mit Ausnahme des Führverbots nicht dem WaffG. Beachten Sie aber, dass die waffenrechtliche Kategorisierung auch Spring- und Fallmesser erfasst und damit Waffen im Sinne des WaffG.

Bezeichnung	**Schlagring**
Kategorie	Hieb- und Stoßwaffe
Definition	Gegenstände, die ihrem Wesen nach dazu bestimmt sind, unter unmittelbarer Ausnutzung der Muskelkraft durch Hieb, **Stoß**, Stich, **Schlag** oder Wurf Verletzungen beizubringen
Synonym	-
Waffe nach ...	§ 1 Abs. 2 Nr. 2 Buchst. a WaffG
Norm Begriff	Anlage 1 A1 UA2 Nr. 1.1 WaffG
Möglicher Verstoß	§ 2 Abs. 3 WaffG in Verbindung mit Anlage 2 A1 Nr. 1.3.2 WaffG (**Verbotene Waffe**)
Bemerkungen	-

Waffenbesitzkarte

Nr. ______________

Herr/Frau ______________________________

geboren am ______________________________

in ______________________________

wird hiermit die Erlaubnis erteilt, die von der Behörde auf Seite 2 bezeichneten Schusswaffen zu erwerben und zu besitzen. Die Erlaubnis gilt auch für die auf Seite 6 genannten Personen.

____

(Ort) (Datum)

Dienstsiegel

____

(Behörde)

____

(Unterschrift)

Artikel Nr. 3101404

Bundesdruckerei 2011

Lfd. Nr.	Art	Munitions-bezeichnung/ Kaliber	Berechtigt zum Erwerb bis zum (Dienstsiegel)	Hersteller Modellbezeichnung	Seriennummer	Berechtigt zum Erwerb und Besitz von für die Waffe bestimmter oder zugelassener Munition (Dienstsiegel)	erworben oder angemeldet		
							am	von	Behörde (Dienstsiegel)
1	2	3	4	5	6	7	8	9	10
1	<- - - - - - - - - - - - VOREINTRAG - - - - - - - - ->								
2									
3									
4									
5									
6									
7									
8									

2 3 4

Kapitel 5 gibt einen Überblick über die **Waffenbesitzkarten und Waffenscheine**. Insbesondere die ausführliche Darstellung der unterschiedlichen Bedürfnisarten vertieft die in den ersten Kapiteln vermittelten Grundkenntnisse.

Die Erteilung einer waffenrechtlichen Erlaubnis ist grundsätzlich an den Nachweis eines Bedürfnisses geknüpft. Gleiches gilt für die Aufrechterhaltung einer Erlaubnis – entfällt das Bedürfnis, ist in der Regel die darauf erteilte Erlaubnis zu widerrufen. Die waffenrechtlichen Erlaubnisse sind für Waffenbesitzer darum von besonderer Bedeutung. Ergänzend werden auch der Jagdschein und der Europäische Feuerwaffenpass grundlegend dargestellt.

Das **Lernziel** in diesem Kapitel ist das Wissen um die unterschiedlichen Erlaubnisarten. Insbesondere Sportschützen müssen den Unterschied zwischen der grünen und der gelben WBK kennen.

Die **wichtigsten Fakten** in diesem Kapitel:

- Eine **grüne WBK** erlaubt den Erwerb einer Waffe durch einen **Voreintrag**. Dieser Voreintrag besteht aus den Angaben zu „Art der Waffe" und „Kaliber der Waffe", dem Ablaufdatum dieses Voreintrages (in der Regel ein Jahr nach Ausstellungsdatum) und dem behördlichen Dienstsiegel. Der **Munitionserwerb** wird für eine eingetragene Waffe **durch ein Siegel** der Behörde erlaubt.
- Die **gelbe WBK für Sportschützen** erlaubt den **Erwerb von bis zu zehn Schusswaffen bestimmter Arten** (die Schusswaffenarten müssen aufgezählt werden können) **und der Munition** für die in ihr **eingetragenen Waffen**.
- Eine Waffe ist in der WBK eingetragen, wenn die Behörde in der letzten Spalte durch ein Siegel die Erwerbsanzeige gesiegelt hat.
- **Sammlern und Sachverständigen** wird eine **rote WBK** ausgestellt. Sie erlaubt nicht den Erwerb und Besitz von Munition.
- Der **Munitionserwerbsschein** erlaubt den Erwerb und den Besitz der darin eingetragenen Arten von Munition.
- Der **Jagdschein** ist **keine waffenrechtliche Erlaubnis**. Inhaber eines gültigen Jahresjagdscheins dürfen **auch ohne Voreintrag** in einer WBK **Langwaffen** erwerben. **Kurzwaffen** darf dagegen auch ein Jäger **nur mit Voreintrag** in einer WBK erwerben.
- Das **Nationale Waffenregister** enthält **Identifikationsnummern** zu Personen, Firmen, Erlaubnissen, Waffen und Waffenteilen.

Treten bei der Lektüre dieses Kapitels Unsicherheiten bezüglich eines Fachbegriffs aus den vorangehenden Kapiteln dieses Buches auf, schlagen Sie die entsprechenden Begriffe bitte im Stichwortverzeichnis nach und frischen Sie Ihr Wissen gleich auf.

5 Waffenrechtliche Erlaubnisse

5.1 Das Nationale Waffenregister (NWR)

Während bis zum Inkrafttreten der Änderungen des Waffengesetzes am 1. September 2020 allein die Angaben zu einer Waffenart und einem Kaliber nebst Verfalldatum der Erwerbserlaubnis ausreichten, um eine Waffe zu erwerben (Voreintrag), sind nun zusätzlich verschiedene **Ordnungsnummern** erforderlich, um im gewerblichen Bereich einen Überlassungsvorgang durchführen zu können. Das Nationale Waffenregister, das seit mehreren Jahren im behördlichen Bereich genutzt wird, bekommt auch für den einzelnen Waffenbesitzer eine besondere Bedeutung. Denn auch schlichte Reparaturarbeiten an Schusswaffen zwingen etwa den Büchsenmacher, von seinem Kunden die Angabe der verschiedenen Ordnungsnummern zu fordern, die im NWR für Personen und Waffen hinterlegt sind.

Das Waffenregistergesetz (WaffRG) dient wie das WaffG dem Schutz der öffentlichen Sicherheit und Ordnung. Insbesondere dient es der leichteren Nachverfolgbarkeit von Waffen und deren wesentlichen Teilen. Darüber hinaus ermöglicht das Gesetz einen erleichterten Datenaustausch zwischen den Sicherheitsbehörden. Dazu verwendet es Ordnungsnummern, „ID" genannt. Diese Ordnungsnummern werden für die unterschiedlichen Daten im Zusammenhang mit dem Besitz von Schusswaffen vergeben, nämlich für die Grunddaten

- der Person eine Personen-Ordnungsnummer („P..."),
- der Erlaubnis (in der Regel WBK) eine Erlaubnis-ID („E..."),
- der Waffe eine Waffen-Ordnungsnummer („W...") und
- des wesentlichen Teils eine Waffenteil-Ordnungsnummer („T...").

5.2 Waffenbesitzkarte (WBK, § 10 Abs. 1)

Zu unterscheiden sind ***grüne WBK*** *(Kapitel 5.2),* ***gelbe WBK für Sportschützen*** *(5.3) und* ***rote WBK für Sammler und Sachverständige*** *(5.4/5.5). Diese Erlaubnisse werden in den angegebenen Kapiteln ausführlich behandelt.*

5.2.1 Überblick

Die **Berechtigung zum Besitz** von Schusswaffen und Munition wird durch die WBK dokumentiert. Nach Erwerb oder Überlassung einer Waffe muss die WBK binnen zwei Wochen der Waffenbehörde vorgelegt werden. Eine **Erwerbsberechtigung** wird durch einen **Voreintrag** dokumentiert.

Der **Voreintrag** ist ein Jahr gültig und berechtigt **zum Erwerb und Besitz einer Waffe** der Art und des Kalibers, die in dem betreffenden Voreintrag eindeutig benannt sind. Der Voreintrag und damit die Erwerbserlaubnis verfällt nach einem Jahr. Der Erwerb einer Waffe ist **binnen zwei Wochen** in der WBK behördlich dokumentieren zu lassen. **Der Voreintrag besteht somit aus den Angaben „Art der Waffe", „Kaliber" und dem Datum, bis zu dem der Erwerb erlaubt ist, sowie dem Siegel** in Spalte 4 der WBK.

Besteht eine **Erwerbsberechtigung ohne Voreintrag** (zB Erwerb von Langwaffen mit gültigem Jahresjagdschein), erteilt die Behörde die **Berechtigung zum dauerhaften Besitz** dieser Waffe durch **Eintragung** in die WBK.

Der **Verlust** der Waffenbesitzkarte (Diebstahl, Feuer etc.) ist umgehend der zuständigen Behörde anzuzeigen. Gleiches gilt bei **Verlust der Waffe**.

Die Erlaubnis zum **Munitionserwerb und -besitz** für die in derselben Zeile eingetragene Schusswaffe ist gesondert zu beantragen und wird **durch Siegelung** des Feldes in Spalte 7 erteilt.[45] Auch die durch den **Voreintrag** für eine dadurch definierte Schusswaffe eines bestimmten Kalibers erteilte Erlaubnis **gilt im Falle der Munitionserwerbserlaubnis als eingetragene Waffe**. Sie gilt für jegliche Munition, die aus dieser Waffe im eingetragenen Kaliber verschossen werden kann. Das Bedürfnis für den Umgang mit Munition ist durch die Erlaubnis für diese Schusswaffe bei Sportschützen, gefährdeten Personen, Bewachungsunternehmen und Jägern sowie Brauchtumsschützen als gegeben anzusehen. Mit **Austragung** der **Waffe verfällt** die **Erlaubnis zum Munitionserwerb und -besitz**, ohne dass das Siegel für den Munitionserwerb gesondert entwertet werden muss.

5.2.2 Allgemeine Voraussetzungen für die Antragstellung

Grundsätzlich muss der Antragsteller das 18. Lebensjahr vollendet haben.

Ist der Antragsteller bei Beantragung seiner ersten[46] waffenrechtlichen Erlaubnis jünger als 25, ist der Waffenbehörde nach § 6 Abs. 4 WaffG ein Gutachten (**MPU**) über die geistige Eignung vorzulegen. Beachten Sie dazu auch die Ausführungen ab Seite 35. Ausgenommen von dieser Regelung sind Jäger sowie Personen, die eine Schusswaffe (Lang- oder Kurzwaffe) im Kaliber 22 lfB. oder kleiner für Munition mit Randfeuerzündung und einer Mündungsenergie von höchstens 200 Joule oder eine Einzellader-Flinte im Kaliber 12 oder kleiner erwerben wollen. Ist der Antragsteller **Dienstwaffenträger**, etwa Polizeivollzugs- oder Zollbeamter, **entfällt** bei Personen unter 25 Jahren die **Begutachtung**. Voraussetzung dafür ist eine Bescheinigung des Dienstherrn des Antragstellers, dass eine Begutachtung der geistigen Eignung bereits stattgefunden hat, etwa im Rahmen der Ausbildung. Zudem muss aus der Bescheinigung hervorgehen, dass der Antragsteller ohne Einschränkung zum Umgang mit Dienstwaffen berechtigt ist.

5.2.3 Spezielle Voraussetzungen nach Bedürfnisgruppen

5.2.3.1 Sportschützen (§ 14)

Um ein **Bedürfnis** glaubhaft zu machen, muss der Antragsteller eine Bescheinigung seines Schießsportverbandes[47] vorlegen. Der Schießsportverband muss durch das Bundesverwaltungsamt (BVA) anerkannt sein (§ 15 Abs. 3 WaffG). Die Bescheinigung muss sich nicht allein auf Termine in Vereinen des bescheinigenden Verbandes beziehen, sondern darf auch die Teilnahme an Schießübungen bei Vereinen anderer anerkannter Schießsportverbände bestätigen. Untergliederung eines Schießsport**verbandes** sind schießsportliche **Vereine**.

Nachweis des Bedürfnisses zum Erwerb:

- **Mitgliedschaft in Verein**: Ununterbrochen seit mindestens 12 Monaten vor Antragstellung
- **Ausübung des Schießsports** in diesem Verein mit erlaubnispflichtigen Schusswaffen: Innerhalb von 12 Monaten vor Antragstellung monatlich einmal oder an 18 Tagen
- **Disziplinbestätigung**: Die vom Antragsteller beantragte Waffe muss für eine Disziplin nach der Sportordnung des bestätigenden Schießsportverbandes zugelassen und erforderlich sein.

Nachweis des Bedürfnisses zum Besitz:

- **Ausübung des Schießsports** mit eigenen erlaubnispflichtigen Schusswaffen in einem Verein: Einmal pro Quartal oder sechsmal innerhalb von 12 Monaten, nachzuweisen für einen Zeitraum von 24 Monaten vor Prüfung des Bedürfnisfortbestandes.
- **Waffenarten**: Bei Besitz von Lang- und Kurzwaffen müssen die geforderten Schießtermine pro Waffenart nachgewiesen werden; das Schießen mit jeder Waffe im Bestand ist nicht erforderlich.
- Zehn Jahre nach erster Erlaubnis genügt zum Nachweis des Bedürfnisses zum Besitz der Nachweis der **Vereinsmitgliedschaft**

Als Übungsschießen gelten nur sportliche Schießveranstaltungen und nicht etwaige dienstlich absolvierte Schießübungen, ebenso nicht die Schießübungen in einem Sachkundelehrgang.

Ist eine Verbandsbescheinigung erforderlich, wird in der Regel eine Kopie des Schießbuches des Antragstellers und eine Bestätigung des Vereines an den Verband gegeben, der die Bedürfnisbescheinigung ausstellt. Der Antragsteller muss im gesetzlich geforderten Zeitraum durchgehend Mitglied des bestätigenden Vereins (**Vereinsmitgliedschaft)** gewesen sein, nicht aber des Verbandes (**Verbandsmitgliedschaft**).

Neben der grünen Standard-WBK sieht das Gesetz für Sportschützen auch die gelbe „WBK für Sportschützen" als Erlaubnis vor. Der Unterschied: Die Waffenarten, die mit der grünen *Standard-WBK* und dem jeweiligen Voreintrag erworben und besessen werden dürfen, sind grundsätzlich nicht eingeschränkt, während mit der gelben *WBK für Sportschützen* nur bestimmte Arten von Schusswaffen erworben werden können, dafür aber ohne Voreintrag. **Nur mit der grünen Standard-WBK** und einem Voreintrag kann der Sportschütze

- **mehrschüssige** Pistolen und Revolver für Patronenmunition,
- **halbautomatische** Langwaffen (Büchsen oder Flinten) und
- **Repetier**flinten (nicht Repetier**büchsen**)

erwerben, aber **auch alle anderen Waffenarten**.

Dagegen erlaubt die **gelbe WBK für Sportschützen** ohne Voreintrag **nur den Erwerb** von

- **Einzellader**-Langwaffen,
- **einschüssigen** Kurzwaffen für Patronenmunition,
- mehrschüssigen **Perkussionswaffen** und
- **Repetierbüchsen**.

Ein Sportschütze kann also sowohl eine gelbe als auch eine grüne WBK besitzen, je nachdem, welche Art von Waffe er erwerben will. Mehr zur Erwerbsfunktion der „**WBK für Sportschützen**" lesen Sie ab Seite 120.

Sportschützen werden bezüglich des Erwerbs und Besitzes bestimmter Waffenarten eingeschränkt. Sie dürfen in der Regel **nicht mehr als zwei mehrschüssige Kurzwaffen für Patronenmunition und drei halbautomatische Langwaffen** erwerben und besitzen, andere Waffenarten dagegen ohne Begrenzung. Um dieses **Kontingent** zu **überschreiten**, bedarf es seitens des Schießsportverbandes einer **Befürwortung**. Danach muss die zusätzliche erworbene Waffe zur Ausübung **weiterer Sportdisziplinen** des Verbandes geeignet oder zur Ausübung des **Wettkampfsports** erforderlich sein. Zudem ist es erforderlich, dass der Antragsteller seine **regelmäßige Teilnahme an Wettkämpfen** nachweist. Bereits ein nach den Regeln des Verbandes organisierter **Vereinswettkampf** gilt als **ausreichend**. Der Begriff der Regelmäßigkeit ist hier anders auszulegen als bei der Trainingsteilnahme – der Antragsteller muss erkennbar und nachvollziehbar aktiv am Schießsport in Form von Wettkämpfen teilnehmen und nicht lediglich trainieren.

In der Regel wird der Schießsportverband vom Antragsteller ein Verzeichnis der bisher erworbenen Waffen fordern, um die entsprechende **Bedürfnisbescheinigung** ausstellen zu können (Unterscheidung Kontingent als Grundausstattung oder zusätzliche Waffe). Zudem wird es in jedem Falle erforderlich sein, die Notwendigkeit der Überschreitung des Kontingents durch Wettkampfteilnahmen oder –erfolge zu belegen. Von der Kontingentierung sind mehrschüssige Kurzwaffen für Patronenmunition und halbautomatische Langwaffen betroffen, aber nicht Repetierflinten und solche Waffen, die mit der „WBK für Sportschützen“ erworben werden können.

Verfügt der Antragsteller bereits über eine Waffenbesitzkarte und will eine weitere Waffe erwerben, ist neben der Kontingentierung das **Erwerbsstreckungsgebot** nach § 14 Abs. 3 WaffG zu beachten. Danach dürfen innerhalb eines halben Jahres in der Regel höchstens zwei erlaubnispflichtige Schusswaffen erworben werden – dies schließt den Erwerb mit der Waffenbesitzkarte für Sportschützen ein, wenn der Betroffene auch dieses Dokument besitzt. Der Zeitraum von sechs Monaten beginnt mit dem Erwerb der ersten von zwei Waffen. Eine weitere Waffe wäre somit erst sechs Monate nach diesem Datum erwerbbar, wobei Ausnahmen möglich sind (Erbe etc.).

Sportschützen müssen bei Beantragung einer Erlaubnis das 21. Lebensjahr vollendet haben. Abweichend gilt ein Mindestalter von 18 Jahren für den Erwerb von Schusswaffen (Lang- und Kurzwaffen) im Kaliber 22 lfB. oder kleiner für Munition mit Randfeuerzündung und einer Mündungsenergie von höchstens 200 Joule und Einzellader-Flinten im Kaliber 12 oder kleiner (gemeint sind die Kaliber 16, 20 usw.).

Als **Gutachter** kommen nach § 4 Abs. 2 AWaffV Amtsärzte, Psychiater, Fachpsychologen, approbierte Psychotherapeuten und Fachärzte für psychotherapeutische Medizin in Betracht. Die **Kosten** des Gutachtens muss der Antragsteller tragen.

Zwischen dem **Gutachter** und dem **Antragsteller** darf in den fünf Jahren vor Begutachtung **kein Behandlungsverhältnis** bestanden haben. Dies hat der Gutachter in seinem Gutachten zu bestätigen. Der Gutachter darf aber

Kontakt mit dem behandelnden Arzt (also Hausarzt oder Facharzt) des Antragstellers aufnehmen, um sich ein umfassendes Bild zu verschaffen.

Zentrale Frage des Gutachtens ist, ob der Antragsteller die **nötige geistige Reife** besitzt, um verantwortungsvoll mit Schusswaffen umzugehen. Sieht der Gutachter diese Anforderung nicht vollständig erfüllt, kann die Waffenbehörde weitergehende Untersuchungen des Antragstellers anordnen.

5.2.3.2 Jäger (§ 13)

Der **Jäger**[48] ist vom Nachweis des Bedürfnisses durch Vorlage des gültigen Jahresjagdscheines befreit.[49] Jahresjagdscheine gelten für ein, zwei oder drei Jahre. Der Jahresjagdschein ersetzt zwar nicht das Recht zur Jagdausübung (Jagderlaubnis oder Jagdausübungsrecht), begründet in waffenrechtlicher Hinsicht allerdings das Bedürfnis zum Erwerb und Besitz von Schusswaffen und Munition.

Der Jagdschein wird nur erteilt, wenn keine Versagungsgründe nach § 17 Bundesjagdgesetz (BJagdG) vorliegen. Inhaltlich ähneln die dort genannten Gründe den Vorschriften in den §§ 5, 6 WaffG.

§ 13 Abs. 3 WaffG erleichtert den Erwerb von Jagdwaffen und Jagdmunition. **Jagdwaffen** und **Jagdmunition** sind solche Schusswaffen und Munition, die nicht nach § 19 Abs. 1 BJagdG verboten sind. Durch diese negative Formulierung beschränkt der Gesetzgeber den Erwerb nicht auf die zur Jagd geeigneten Waffen, sondern verbietet den Erwerb und Besitz solcher Waffen, die nach § 19 Abs. 1 BJagdG verboten sind – er schafft eine Art „Negativliste".

Langwaffen, die nicht nach § 19 Abs. 1 BJagdG verboten sind, sowie **Schalldämpfer für Langwaffen mit Zentralfeuerkaliber** können ohne vorheriges Einholen einer Erwerbserlaubnis lediglich durch Vorlage des **gültigen Jahresjagdscheins** erworben werden; hier tritt der gültige Jahresjagdschein an die Stelle einer WBK, die sowohl den dauerhaften Erwerb[50] (mit Voreintrag) als auch den Erwerb und vorübergehenden Besitz[51] (im Sinne der Leihe) erlauben würde.

Der Erwerb nach § 13 Abs. 3 WaffG ist binnen zwei Wochen der Behörde anzuzeigen und die Befugnis zum dauerhaften Besitz durch Eintrag in der WBK dokumentieren zu lassen. Eine Kontingentierung für Langwaffen oder ein Erwerbsstreckungsgebot gilt für Jäger nicht.

Bei den **zur Jagd verbotenen Schusswaffen** ist insbesondere zu unterscheiden zwischen

- Waffen, die grundsätzlich bei der Jagd nicht verwendet werden dürfen (etwa vollautomatische Waffen), und
- Waffen, die in einem bestimmten Zustand nicht zu einem bestimmten Zweck verwendet werden dürfen.

So ist etwa das **Schießen auf Wild** mit einer **halbautomatischen Langwaffe, die mit mehr als drei Patronen** geladen ist, ein Verstoß gegen das BJagdG. Somit darf der Jäger im letzten Moment vor der Schussabgabe nur eine solche halbautomatische Langwaffe in Anschlag gebracht haben, die mit höchstens drei Patronen geladen war (eine Patrone im Patronenlager, zwei im Magazin; alternativ Patronenlager frei, Magazin mit drei Patronen gefüllt). Der sonstige Umgang mit einer solchen halbautomatischen Langwaffe ist dem Jäger unabhängig von der Magazinkapazität erlaubt.[52] Somit ist der Erwerb und Besitz von halbautomatischen Waffen, die mehr als zwei Schuss Magazinkapazität aufweisen, dem Jäger nicht verboten. Auch das Schießen auf einer Schießstätte mit einer halbautomatischen Waffe, die mit mehr als drei Patronen geladen ist, stellt keinen Verstoß gegen das WaffG dar, ebenso wenig das Ein- oder Anschießen im Revier mit einer derartig geladenen Schusswaffe.[53]

Der Erwerb von **Kurzwaffen** ist nur nach Voreintrag einer entsprechenden Erwerbserlaubnis in der WBK möglich. Der Grund dafür liegt in der **Kontingentierung von Kurzwaffen** für Jäger – das grundsätzlich durch das Gesetz anerkannte Bedürfnis nach § 13 Abs. 2 WaffG gilt zwar für eine unbegrenzte Zahl von Langwaffen, aber für höchstens zwei Kurzwaffen.

Bei der Zahl von zwei Kurzwaffen handelt es sich somit um eine Art „Standardausstattung“. Eine Überschreitung dieses Kontingents setzt voraus, dass der Jäger der Waffenbehörde glaubhaft macht, dass der Erwerb der beantragten zusätzlichen Kurzwaffe für den vorgetragenen Zweck geeignet und erforderlich ist – so ist für die Fallenjagd als Begründung für die Überschreitung des Kontingents die Erteilung einer Erwerbserlaubnis für eine großkalibrige Kurzwaffe mangels Erforderlichkeit regelmäßig abzulehnen.[54] Es ist auch zu prüfen, ob nicht der Waidmann eine der vorhandenen Kurzwaffen veräußern kann, um eine Überschreitung des Kontingents zu vermeiden. Insofern bedarf es einer überzeugenden Begründung, warum drei oder mehr Kurzwaffen zur Jagdausübung erforderlich sind. In Betracht käme eine Argumentation, nach der zum Zwecke des Übungsschießens oder zur Teilnahme an jagdlichen Schießwettkämpfen mit einer weiteren Waffe geübt werden solle und die beantragte Waffe dafür erforderlich sei. Eine diesbezügliche Auslegung des WaffG wird seitens der Erlaubnisbehörden in der Regel aber eher restriktiv gehandhabt. Eine **Stellungnahme** des zuständigen

Jagdverbandes zur Bestätigung des weitergehenden Bedürfnisses ist sachdienlich, aber **nicht zwingend erforderlich**.

Der **Erwerb und Besitz von Munition, die für Langwaffen geeignet ist**, ist nach § 13 Abs. 5 WaffG Jägern mit gültigem Tages- oder Jahresjagdschein ohne zusätzliche Erlaubnis gestattet. Für **Kurzwaffenmunition** gilt, da das Gesetz keine spezielle Regelung für Jäger vorsieht, dass sie nur nach Erteilung der entsprechenden Erwerbs- und Besitzerlaubnis in der WBK oder mit einem Munitionserwerbsschein erworben und besessen werden darf.

Nach § 38 WaffG hat der Jäger neben seinem Personalausweis oder Pass seinen Jagdschein und die WBK mitzuführen, wenn er zum Zwecke der Jagd seine Waffe führt. Im Falle des Führens oder Transports **einer geliehenen Waffe** ist ein entsprechender Leihe-Nachweis mitzuführen.

5.2.3.3 Brauchtumsschützen (§ 16)

Wie die Sportschützen und Jäger finden auch die Brauchtumsschützen die waffenrechtlichen Vorschriften für ihr Bedürfnis in einem Paragraphen zusammengefasst, der darüber hinaus auch Vorschriften für das Führen der Waffen umfasst, die zur Pflege des Brauchtums erworben werden sollen.

Auf eben diese Pflege des Brauchtums stellt der Gesetzgeber das erforderliche Bedürfnis des Antragstellers ab. Nach § 16 WaffG ist das **Bedürfnis** nachzuweisen durch eine **Bescheinigung der Brauchtumsschützenvereinigung**, also des Vereines des Antragstellers. Die Angehörigkeit des Vereines zu einem übergeordneten Verband oder eine staatliche Anerkennung der Vereinigung wird nicht gefordert. Allerdings ist seitens des Vereines schlüssig darzulegen, warum Waffen für die Pflege des Brauchtums erforderlich sind („glaubhaft zu machen“).

Für Brauchtumsschützen sind ein **Kontingent** von höchstens drei Repetier-Langwaffen sowie eine unbegrenzte Zahl von Einzellader-Langwaffen zulässig. Der Munitionserwerb für diese Waffen kann auf Antrag genehmigt werden, wenn ein Bedürfnis nachgewiesen wurde.

5.2.3.4 Gefährdete Personen (§ 19)

Gefährdete Personen im Sinne des Waffengesetzes sind jene, die wesentlich mehr als die Allgemeinheit durch **Angriffe auf Leib oder Leben** gefährdet sind. Es geht in diesem Zusammenhang **nicht um schützenswertes Eigentum**, einzig die persönliche Unversehrtheit soll durch die Erlaubnis, eine Schusswaffe nebst Munition zu erwerben und zu besitzen, geschützt werden. Zudem muss der Antragsteller wesentlich mehr als die

Allgemeinheit gefährdet sein – dafür sind objektive Gründe anzuführen, ein bloßes Angstgefühl reicht nicht aus, ebenso wenig diffuse Gefährdungsszenarien – die Gefahr muss konkret vorliegen oder nachgewiesen werden. Jeder Antrag ist also als Einzelfall zu betrachten und zu bewerten.

Beantragt etwa ein Diamantenhändler eine WBK, so ist in diesem Falle zu prüfen, ob die Person des Händlers selbst durch einen Überfall gefährdet ist – die Diamanten sind kein schützenswertes Gut im Sinne von § 19 Abs. 1 WaffG. Außerdem ist zu ermitteln, ob die Gefährdung nicht durch andere Maßnahmen, zum Beispiel baulicher Art, beseitigt werden kann.

Der Erwerb und Besitz von Schusswaffe und Munition muss geeignet und erforderlich sein, die Gefahr für Leib und Leben zu mindern. Kann aus fachlicher Sicht die drohende Gefahr nicht durch eine Waffe abgewendet werden, etwa weil ein Bombenattentat oder ein Giftanschlag auf den Antragsteller geplant ist, scheidet eine Erlaubnis nach § 19 Abs. 1 WaffG aus.

Soll die Waffe geführt werden (schussbereites Tragen außerhalb der eigenen Wohnung oder Geschäftsräume), ist die Ausstellung eines Waffenscheines erforderlich. Beachten Sie dazu die Ausführungen ab Seite 109.

5.2.3.5 Bewachungsunternehmen (§ 28)

Neben dem Waffengesetz enthalten die Gewerbeordnung (GewO) und die „Verordnung über das Bewachungsgewerbe" (BewachV) Vorschriften für die Ausstattung von Bewachungsunternehmen mit Waffen und Munition.

Bewachungsunternehmen im Sinne von § 34a GewO können Inhaber einer WBK oder eines Waffenscheines sein. Bewachungsunternehmen gleichgestellt sind Fachabteilungen von Unternehmungen wie Banken oder Konzernen, die eigene Sicherheitskräfte beschäftigen.

§ 28 Abs. 1 WaffG regelt grundsätzlich sowohl die Erlaubnis für den Erwerb und Besitz (WBK) als auch für das Führen (Waffenschein) von Waffen und Munition. Im Gegensatz zu § 19 Abs. 1 WaffG, der Schusswaffen lediglich zum Schutz von Leib oder Leben des Antragstellers erlaubt, kann Bewachungsunternehmen auch zum Schutz besonders gefährdeter Objekte eine waffenrechtliche Erlaubnis erteilt werden.

Nach § 28 Abs. 2 WaffG darf eine **Schusswaffe nur im Rahmen eines Auftrages geführt** werden, der aus Gründen der Sicherung Schusswaffen erforderlich macht. Seitens des Unternehmens ist sicherzustellen, beispielsweise durch entsprechende Gestaltung des Dienstplanes und Sicherheitsprotokolle innerhalb des Unternehmens, dass Schusswaffen nicht über diesen engen Rahmen hinaus geführt werden. Bewacht etwa ein Unternehmen eine kerntechnische Anlage, zu deren Schutz regelmäßig eine Bewaffnung des Sicherheitspersonals zu befürworten ist, darf der Wachmann nicht etwa einen nahegelegenen Supermarkt kontrollieren, während er seine Dienstwaffe führt (fehlendes Bedürfnis).

Beschäftigt der Unternehmer, der Inhaber der waffenrechtlichen Erlaubnis ist, Mitarbeiter, so gelten die Voraussetzungen des § 4 Abs. 1 WaffG mit Ausnahme des erforderlichen Versicherungsumfanges auch für diese Mitarbeiter und sind seitens der Behörde zu prüfen. Insofern muss der Unternehmer zunächst den betroffenen Mitarbeiter, der zum Führen einer Schusswaffe ermächtigt werden soll, der Waffenbehörde melden, die ihrerseits dessen Ermächtigung genehmigen muss. Der eben angesprochene Versicherungsschutz ist in diesem Zusammenhang durch den Unternehmer nachzuweisen, genauer, es ist nachzuweisen, dass die abgeschlossene Versicherung auch das Führen von Waffen durch Mitarbeiter des Unternehmers einschließt (siehe dazu auch Kapitel „Waffenschein" ab Seite 109).

Voraussetzung für die Erteilung der Erlaubnis ist der Nachweis eines Auftrages zur Bewachung solcher Personen oder Objekte, die eines bewaffneten Schutzes bedürfen. Die Prüfung des Schutzbedürfnisses orientiert sich hier an den Maßstäben, die bei der Prüfung von Anträgen gefährdeter Personen nach § 19 Abs. 1 WaffG angelegt werden.

Die Erlaubnis zum Führen wird in Form eines Waffenscheines erteilt, wenn die beantragten Schusswaffen in der Öffentlichkeit geführt werden sollen, etwa im Umfeld eines Schutzobjektes oder zum Schutz einer Person. Beachten Sie dazu die Ausführungen im entsprechenden Kapitel ab Seite 109.

5.2.3.6 Erben (§ 20)

Erbt eine Person eine **Schusswaffe** (**Munition** fällt <u>nicht</u> unter die Regelung des § 20, Ausnahme: Munitions<u>sammlung</u>), ist **innerhalb eines Monats** nach Annahme des Erbes bei der zuständigen Behörde eine WBK zu beantragen. Die Anzeige der Inbesitznahme muss nach § 37c dagegen unverzüglich erfolgen. Wird das Erbe nicht innerhalb der gesetzlichen Frist von sechs Wochen ausgeschlagen, beginnt die Frist für die Anzeige nach Ablauf dieser Ausschlagungsfrist.

Der § 20 stellt innerhalb der Bedürfnisgruppen eine Besonderheit dar. Anders als bei Sportschützen, Jägern oder Bewachern begründet sich das Bedürfnis zum Besitz aus der Erbschaft. Somit wird dem Erben auch nicht mehr als eben die Ausübung des Besitzes gestattet, nicht aber das Schießen mit den geerbten Waffen[55] oder der Erwerb von Munition. Eventuell vererbte **Munition**, die der Erblasser zum Schießen besessen hat, kann nicht rechtmäßig in Besitz genommen werden, sie ist umgehend einem Berechtigten zu überlassen, es sei denn, der Erbe ist im Besitz einer Munitionserwerbserlaubnis. Ausnahmen bestehen, wenn es sich um die Vererbung einer **Munitionssammlung** handelt.[56]

Die Beschränkung auf den bloßen Besitz der Schusswaffe verdeutlicht sich auch durch die im Gesetz dokumentierte Absicht des Gesetzgebers, Erbwaffen vorübergehend die Schussfähigkeit zu nehmen, solange nicht ein Bedürfnis des Erben vorliegt, etwa als Sportschütze oder Jäger.

Hat der Erblasser die Waffe legal besessen, kann der Erbe die Ausstellung einer WBK verlangen. Es ist lediglich die **Zuverlässigkeit** und die **persönliche Eignung** des Antragstellers zu überprüfen.[57] Das **Bedürfnis** ergibt sich aus dem **Erbfall** selbst und ist somit nicht über diesen hinaus nachzuweisen, eine **Sachkunde** ist **nicht Voraussetzung** für den Erwerb und Besitz. Hatte der Erblasser dagegen **keine waffenrechtliche Erlaubnis** zum Besitz der Waffe, ist diese nach Weisung der Waffenbehörde abzugeben.

Der Erbe hat die geerbten Waffen unverzüglich mit einem anerkannten **Blockiersystem** auszurüsten. Dies gilt nicht, wenn der Erbe selbst über eine waffenrechtliche Erlaubnis verfügt und dadurch die Gewähr bietet, dass die Waffe entsprechend den gesetzlichen Vorgaben aufbewahrt wird. Die Eintragung erfolgt in die WBK, allerdings ist eine Nutzung der Erbwaffe, etwa durch Mitnahme auf den Schießstand, nicht zulässig – das Bedürfnis für diese Waffe bezieht sich nur auf die Erbschaft als solche, nicht auf eine Benutzung. Die Eintragung der Erbwaffe in eine **gesonderte WBK** ist daher ratsam. Zur **Vererbung von Waffensammlungen** beachten Sie auch die Informationen im Kapitel „Waffensammler“ ab Seite 123.

5.2.3.7 Schießsportverein / Jagdliche Vereinigung

Seit Inkrafttreten der Änderung des Waffengesetzes im Jahre 2003 besteht die Möglichkeit, **Schießsportvereinen**, die Mitglied eines anerkannten Schießsportverbandes sind, eine WBK auszustellen. Der Verein muss die Rechtsform einer juristischen Person besitzen, etwa als „eingetragener Verein“ – die Organisation als nicht rechtsfähiger Verein oder als Schießleistungsgruppe ohne Rechtspersönlichkeit ist nicht ausreichend.

Die Änderung des Waffengesetzes im Jahre 2008 erweiterte diese Vorschrift auch auf **jagdliche Vereinigungen**. Hiermit wurde die Eigenschaft der WBK, höchstpersönliche Erlaubnis für eine natürliche Person zu sein, erweitert, da es sich beim Verein um eine juristische Person handelt. Gleichwohl ist ein waffenrechtlich Verantwortlicher zu benennen. Diese Person muss die Voraussetzungen des § 4 WaffG bezüglich des Mindestalters, der Zuverlässigkeit und der persönlichen Eignung sowie der Sachkunde erfüllen.

Zwar sind die Vorschriften zum Mindestalter und der MPU auch auf den Antragsteller nach § 10 Abs. 2 WaffG anzuwenden und der Antragsteller ist entsprechend fachkundig zu untersuchen, wenn er jünger als 25 ist. Allerdings spricht die verantwortungsvolle Funktion des Erlaubnisinhabers, insbesondere die Kontroll- und Vorbildfunktion für andere Schützen, für ein „reiferes Semester". Zudem sollte der waffenrechtlich Verantwortliche persönlich damit betraut sein, den Umgang mit den Vereinswaffen unmittelbar zu überwachen – für die Waffenbehörde ist er „Ansprechpartner", etwa im Falle von unsachgemäßem Umgang oder mangelhafter Aufbewahrung.

Das **Bedürfnis des Vereines** ergibt sich aus dem Vereinszweck und muss nicht durch einen Verband bestätigt werden. Hier wird der Sachbearbeiter die **Erforderlichkeit des Erwerbs und Besitzes** und die **Eignung** der Waffen gemäß § 8 WaffG **prüfen** – zu berücksichtigen sind die Zahl der Mitglieder ohne eigene waffenrechtliche Erlaubnis oder Anhaltspunkte, dass eine Waffe des beantragten Kalibers für den Ausbildungsbetrieb notwendig ist.

5.3 Waffenbesitzkarte für Sportschützen (§ 14 Abs. 6)

5.3.1 Überblick

Mit der Waffenbesitzkarte für Sportschützen vereinfacht der Gesetzgeber den Erwerb bestimmter Waffenarten durch **Sportschützen**. Der Besitz wird durch Eintragung durch die Waffenbehörde unbefristet erlaubt.

Die „WBK für Sportschützen" wird zwar nur Sportschützen erteilt, für Erwerb und Besitz von Waffen und Munition können Sportschützen aber auch die normale WBK beantragen – insofern besitzen Sportschützen nicht selten sowohl die eine wie die andere Art der Waffenbesitzkarte. Denn: Die sogenannte „**Gelbe WBK**" erlaubt, unbefristet und ohne Voreintrag, nur den Erwerb von

- **einläufigen Einzellader**-Kurzwaffen für Patronenmunition,
- mehrschüssigen Kurz- und Langwaffen mit **Zündhütchenzündung** (Perkussionswaffen),
- **Einzellader**-Langwaffen mit glatten oder gezogenen Läufen
- **Repetier**-Langwaffen **mit gezogenen Läufen**

- und der mit den eingetragenen Waffen verwendbaren **Munition**.

Erlaubnispflichtige **Druckluftwaffen** können **als Einzellader oder als Repetier-Langwaffe mit gezogenem Lauf** mit dieser WBK erworben werden.

Andere Waffen, etwa Halbautomaten oder mehrschüssige Kurzwaffen für Patronenmunition, können nicht mit der „WBK für Sportschützen" erworben werden, hier ist der Voreintrag in einer Standard-WBK erforderlich.

Die **Erwerbs- und Besitzerlaubnis für Munition** gilt nur für jene Waffen, die auf der WBK für Sportschützen eingetragen sind. Ist etwa eine Schrotflinte im Kaliber 12/70 im Besitz des Schützen, gilt die Erlaubnis nur für Munition im Kaliber 12/70 und nicht etwa für Patronen im Kaliber 16/70. Auch ein Erwerb von Munition im Kaliber 12/76 wäre damit nicht erlaubt. Aus einer Magnum-Flinte (12/76) könnte 12/70-Munition dagegen gefahrlos verschossen werden, womit Erwerb und Besitz erlaubt wären.

Die Zahl der Waffen, die mit der „WBK für Sportschützen" erworben werden dürfen, ist **auf zehn Waffen beschränkt**.[58] Die WBK ist binnen zwei Wochen nach Erwerb der Waffe der zuständigen Behörde vorzulegen.

Bezüglich der **Eintragungsfähigkeit** gilt das **Erwerbsstreckungsgebot**. Danach dürfen innerhalb eines halben Jahres höchstens zwei erlaubnispflichtige Schusswaffen erworben werden – dies schließt den Erwerb anderer Waffen, zB von Halbautomaten auf einer „grünen WBK", ein. Der Zeitraum von sechs Monaten beginnt mit dem Erwerb der ersten von zwei Waffen. Eine dritte Waffe wäre erst sechs Monate nach diesem Datum erwerbbar.

5.3.2 Allgemeine Voraussetzungen

Der Antragsteller muss das 21. Lebensjahr vollendet haben. Abweichend gilt ein Mindestalter von 18 Jahren für den Erwerb von Schusswaffen (Lang- und Kurzwaffen) im Kaliber 22 lfB. oder kleiner für Munition mit Randfeuerzündung und einer Mündungsenergie von höchstens 200 Joule und Einzellader-Flinten im Kaliber 12 oder kleiner (d.h. Kaliber 16, 20 usw.).

5.3.3 Bedürfnis

Um das für die Erteilung der Erlaubnis (Ausstellung der WBK) erforderliche **Bedürfnis** glaubhaft zu machen, muss der Antragsteller eine Bescheinigung seines Schießsportverbandes vorlegen. Der Schießsportverband muss durch das Bundesverwaltungsamt (BVA) anerkannt sein (§ 15 Abs. 3 WaffG). Untergliederung eines Schießsport**verbandes** sind schießsportliche

Vereine. Die Bescheinigung darf auch die Teilnahme an Schießübungen bei Vereinen anderer anerkannter Verbände bestätigen.

Nachweis des Bedürfnisses zum Erwerb (Ausstellung der WBK):

- **Mitgliedschaft in Verein**: Ununterbrochen seit mindestens 12 Monaten vor Antragstellung
- **Ausübung des Schießsports** in diesem Verein mit erlaubnispflichtigen Schusswaffen: Innerhalb von 12 Monaten vor Antragstellung monatlich einmal oder an 18 Tagen

Nachweis des Bedürfnisses zum Besitz (der eingetragenen Waffen):

- **Ausübung des Schießsports** mit eigenen erlaubnispflichtigen Schusswaffen in einem Verein: Einmal pro Quartal oder sechsmal innerhalb von 12 Monaten, nachzuweisen für einen Zeitraum von 24 Monaten vor Prüfung des Bedürfnisfortbestandes.
- **Waffenarten**: Bei Besitz von Lang- und Kurzwaffen müssen die Schießtermine pro Waffenart nachgewiesen werden; das Schießen mit jeder Waffe im Bestand ist nicht erforderlich.
- Zehn Jahre nach erster Erlaubnis genügt zum Nachweis des Bedürfnisses zum Besitz der Nachweis der **Vereinsmitgliedschaft**

Ist eine Verbandsbescheinigung erforderlich, wird in der Regel eine Kopie des Schießbuches des Antragstellers und eine Bestätigung des Schießsportvereines an den Verband gegeben, der nach Prüfung der Unterlagen die Bedürfnisbescheinigung ausstellt. Der Antragsteller muss im gesetzlich geforderten Zeitraum durchgehend Mitglied des bestätigenden Vereins (**Vereinsmitgliedschaft)** gewesen sein, nicht aber des Verbandes (**Verbandsmitgliedschaft**).

Verfügt der Antragsteller über eine Waffenbesitzkarte und will den Erwerb einer weiteren Waffe beantragen, ist das **Erwerbsstreckungsgebot** nach § 14 Abs. 3 WaffG zu beachten. Danach dürfen innerhalb eines halben Jahres höchstens zwei erlaubnispflichtige Schusswaffen erworben werden.

Die Schießsportordnung des Verbandes, dem der WBK-Inhaber angehört, ist bei einem Erwerb mit der WBK für Sportschützen bei fehlender Schießsportdisziplin kein Ausschlusskriterium. Die zu erwerbende Waffe muss nur nach einer genehmigten Schießsportordnung zum sportlichen Schießen verwendet werden können, ohne dass der WBK-Inhaber in dem betreffenden Verband organisiert sein muss. So soll es ermöglicht werden, auch als verbandsfremder Gastschütze mit eigenen Waffen sportlich zu schießen.

5.4 Waffenbesitzkarte für Sammler (§ 17)

5.4.1 Überblick

Der waffenrechtliche Begriff des **Sammlers** ist eng gefasst. Die Anforderungen an die Erlaubnis, eine Waffen- oder Munitionssammlung anzulegen, sind hoch. Schon die Festlegung des Sammelgebietes stellt manchen zukünftigen Sammler vor große Schwierigkeiten. So wird regelmäßig verlangt, dass die Sammlung aus kulturhistorisch bedeutsamen Stücken bestehen muss. Das Sammeln muss dabei systematisch geschehen, also nicht bloß ein Anhäufen von Waffen sein. Die zuständige Behörde wird die Qualifikation des Antragstellers selbst überprüfen, um sicherzustellen, dass der Zweck dieser besonderen Erlaubnis auch erfüllt werden kann.

Auf der roten WBK des Sammlers wird das Sammelgebiet ausdrücklich genannt. Will der Sammler eine Waffe aus seinem Sammelgebiet erwerben, ist kein Voreintrag der Behörde erforderlich. Allerdings muss der Erwerb innerhalb von zwei Wochen unter Vorlage der roten WBK der Ordnungsbehörde angezeigt werden, die durch Siegelung die Anmeldung bestätigt und damit zugleich die unbefristete Erlaubnis zum Besitz der Waffe erteilt.

§ 17 Abs. 3 WaffG eröffnet **Erben**, Vermächtnisnehmern und anderen Erwerbern infolge des Erbfalles die Möglichkeit, eine bestehende Sammlung zu übernehmen und fortzuführen. Voraussetzung dafür ist die glaubhaft gemachte Absicht, dass die bestehende Sammlung fortgeführt werden soll. Fortführen bedeutet in diesem Sinne allerdings nicht, dass die Sammlung erweitert werden muss oder soll. Das Erhalten des Bestandes ist Fortführen im Sinne des § 17 Abs. 3 WaffG. Die Qualifikation des Antragstellers ist entsprechend nachzuweisen.

Da der Erbe nicht bloßer Empfänger eines Wertes ist, sondern vielmehr Nachfolger des Sammlers in dessen Funktion als Bewahrer kulturhistorisch bedeutsamen Gutes, sind die Regelungen des § 20 WaffG bezüglich der Blockierung von Erbwaffen auf Waffensammlungen nicht anzuwenden.

5.4.2 Allgemeine Voraussetzungen

Für die Erteilung der waffenrechtlichen Erlaubnis nach § 17 WaffG gelten die allgemeinen Voraussetzungen nach § 4 WaffG.

Eine MPU ist nach § 6 Abs. 3 WaffG bei Antragstellern unter 25 Jahren zu fordern, es sei denn, die Sammlung beschränkt sich auf kleinkalibrige Waffen und Flinten im Sinne von § 14 Abs. 1 S. 2 WaffG.

5.4.3 Sachkunde

Eine besondere Sachkunde im Sinne von § 7 WaffG wird von einem Sammler nicht erwartet. Auch gilt eine bestandene Jägerprüfung als Nachweis der Sachkunde,[59] ebenso die bestandene Fachkundeprüfung für den Waffenhandel.

5.4.4 Befähigung

Die Waffenbesitzkarte ist zu versagen, wenn der Antragsteller nicht glaubhaft machen kann, dass er in der Lage ist, das kulturhistorische Anliegen der angestrebten Sammlung zu verwirklichen, und dieses Ziel ernsthaft zu verfolgen. Dabei sind die Anforderungen an den Nachweis der Kenntnisse desjenigen, der eine kulturhistorisch bedeutsame Sammlung anlegen will, grundsätzlich nicht geringer als die, die an den Nachweis einer wissenschaftlichen oder technischen Tätigkeit zu stellen sind. Allerdings hängt es von den konkreten Umständen ab, über welche Kenntnisse der Antragsteller verfügen muss.[60] Es obliegt der zuständigen Behörde und im Zweifel dem Gericht zu entscheiden, ob der Antragsteller die erforderlichen Fähigkeiten und Kenntnisse besitzt. Ein wesentlicher Anhaltspunkt ist die vorzulegende Ausarbeitung zum Sammelgebiet - das Thema und die Darlegung eigener Kenntnisse dürfen keinen Zweifel an der Befähigung des Sammlers lassen, über genau dieses Sammelgebiet überdurchschnittliche Kenntnisse zu besitzen. Grundsätzlich sollte die Entscheidung der Behörde nicht ohne eine zusätzliche Einschätzung von fachkundiger Seite erfolgen – neben den Fachabteilungen der Landeskriminalämter sind hier öffentlich bestellte und vereidigte Sachverständige sowie andere, ähnlich fachkundige und qualifizierte Personen zu nennen.

5.4.5 Bedürfnis

Grundsätzlich reicht es nicht aus, eine bloße „Sammlung", also eine Anhäufung von Schusswaffen oder Munition einer bestimmten Epoche oder Gattung anzulegen. Auch ist bloße Liebhaberei keine Begründung für eine Erlaubnis nach § 17 WaffG. Vielmehr wird schon durch den Wortlaut des Gesetzes deutlich, dass eine kulturhistorische Bedeutsamkeit nachgewiesen werden muss. Dies bezieht sich einerseits auf die **Antragsbegründung**, andererseits aber auch auf die **Ernsthaftigkeit** und **Systematik** der Sammlung. Am Ende muss eine geordnete, wissenschaftlich fundierte Sammlung geschaffen worden sein, die einen Überblick über das beantragte Sammelgebiet gibt. Um dies schon vor Beginn der Sammlung sicherzustellen, sollten Sie schriftlich darlegen, in welcher Art Sie diese Aspekte durch die gewünschte Sammlung ausfüllen wollen.

Behördlicherseits wird es möglicherweise auch die Auflage geben, mit dem Antrag nicht nur eine umfassende Darstellung des Sammelgebietes selbst, sondern auch eine Liste der dazu gehörenden Schusswaffen oder Munition einzureichen (**Sammelplan**). Dies erleichtert Ihnen nach Ausstellung der waffenrechtlichen Erlaubnis auch den sammlerischen Alltag – Sie werden kaum erleben, dass die Waffenbehörde die Eintragung einer bereits erworbenen Waffe verweigert, wenn diese Waffe bereits mit dem Antrag benannt worden war.

5.5 Waffenbesitzkarte für Sachverständige (§ 18)

5.5.1 Überblick

Ein **Sachverständiger** im Sinne des § 18 WaffG erwirbt Schusswaffen oder Munition für wissenschaftliche oder technische Zwecke, zur Erprobung, Begutachtung, Untersuchung oder, wie es das Gesetz formuliert, „zu einem ähnlichen Zweck". Wie bei Sammlern wird auch die waffenrechtliche Erwerbserlaubnis für Sachverständige unbefristet erteilt, allerdings in der Regel, und das ist das Besondere, für **Schusswaffen jeder Art**. Die Berechtigung zum Erwerb und Besitz von Munition ist dagegen durch einen **Munitionserwerbschein** zu erteilen.

Für Schusswaffen, die bis zu drei Monate im Besitz des Sachverständigen sind, entfällt die Anmeldepflicht nach § 37a WaffG aufgrund der Sonderregelung in § 37e Abs. 4 Nr. 2 WaffG. Ein Sachverständiger wird zahlreiche Waffen zur Begutachtung erwerben, die er danach aber wieder dem ehemaligen Besitzer überlässt. Die vorgesehene Frist von zwei Wochen nach Erwerb für die Anzeige gilt erst nach Ablauf des Drei-Monats-Zeitraumes[61].

5.5.2 Allgemeine Voraussetzungen

Die Voraussetzungen für die Erteilung der waffenrechtlichen Erlaubnis nach § 18 WaffG sind die allgemeinen Voraussetzungen nach § 4 WaffG.

Zudem ist gemäß § 36 Abs. 2 WaffG die sichere Aufbewahrung für die beantragte Art und Anzahl von Schusswaffen nachzuweisen.

Eine MPU ist nach § 6 Abs. 3 WaffG bei Antragstellern unter 25 Jahren zu fordern, da die Erwerbserlaubnis nach § 18 Abs. 2 Nr. 1 WaffG in der Regel für *Schusswaffen jeder Art* erteilt wird.

5.5.3 Sachkunde

Eine besondere Sachkunde im Sinne von § 7 WaffG wird von einem Waffensachverständigen nicht erwartet. Auch hier gilt eine bestandene Jägerprüfung als Nachweis der Sachkunde.[62]

5.5.4 Bedürfnis

Der Antragsteller muss glaubhaft machen, Schusswaffen oder Munition für Zwecke der Erprobung, Untersuchung oder Begutachtung zu benötigen. Somit beschränkt sich das Bedürfnis nicht auf die wissenschaftliche oder technische Auseinandersetzung mit Waffen oder Munition, sondern gilt auch für Versuche im Bereich der Akustik, der Ballistik oder der Sicherheit von Schießstätten.

5.6 Waffenschein (§ 10 Abs. 4)

5.6.1 Überblick

Die Erlaubnis zum Führen von Schusswaffen wird durch einen Waffenschein erteilt.[63] Anders als eine Erlaubnis zum Besitz (WBK) wird der Zeitraum der Gültigkeit eines Waffenscheines auf drei Jahre begrenzt, nach deren Ablauf die Erlaubnis erneut zu beantragen ist. Auf diese Weise soll die höhere Gefahr, die durch die Erlaubnis des Führens einer Schusswaffe in der Öffentlichkeit entsteht, verringert werden – es ist in kurzen Zeitabständen das Fortbestehen eines besonderen Schutzbedürfnisses nachzuweisen, das nicht durch andere Maßnahmen erfüllbar ist.

Die Erteilung der Erlaubnis ist an bestimmte **Voraussetzungen** geknüpft, die sich in der Regel auf eine **besondere Gefährdung** des Antragstellers reduzieren lassen, zum Beispiel exponierte Wirtschaftsführer und ihre Begleiter oder Diamantenhändler. Diese Personengruppen erfüllen zunächst die gesetzlichen Forderungen aus §§ 19 Abs. 1, § 28 WaffG für die Genehmigung des Erwerbs und des Besitzes von Schusswaffen und Munition durch Erteilung einer **Waffenbesitzkarte**, da sie wesentlich mehr als die Allgemeinheit durch Angriffe auf Leib und Leben gefährdet sind und Erwerb und Besitz von Schusswaffe und Munition geeignet und erforderlich sind, diese Gefahr zu mindern.

Ist die Erteilung der Waffenbesitzkarte nicht ausreichend, weil der abzuwehrende Angriff im öffentlichen Raum zu erwarten ist, ist ein Waffenschein auszustellen, der das Führen der Waffe in schussbereitem und zugriffsbereitem Zustand erlaubt. Die beschränkenden Vorschriften nach § 42

WaffG sind ebenso zu beachten wie die Möglichkeit, bezüglich des Führens Auflagen zu erteilen.

Es wird grundsätzlich zu prüfen sein, ob die Erteilung der WBK tatsächlich die Gefährdung mindern könnte – eine Ermessensfrage, die üblicherweise sehr eng ausgelegt wird. Die Waffenbesitzkarte berechtigt ihren Inhaber nur zum Erwerb und zum Besitz der darin vermerkten Waffen. Auch hat der Erlaubnisinhaber das Recht, die Waffe in seinen Wohn- und Geschäftsräumen, auf seinem befriedeten Besitztum oder auf einer Schießstätte ohne eine weitere Erlaubnis bei sich zu tragen – dabei handelt es sich nicht um ein Führen im Sinne des WaffG. Unter „**Führen**" versteht der Gesetzgeber, dass eine Person die tatsächliche Gewalt über eine Waffe außerhalb seiner Wohn- und Geschäftsräume oder seines befriedeten Besitztums sowie außerhalb einer Schießstätte ausübt.[64] Es ist zwischen erlaubnisfreiem[65] und erlaubnispflichtigem Führen zu unterscheiden.

Nach § 4 Abs. 1 Nr. 5 WaffG ist für die Erteilung des Waffenscheins das Bestehen einer sachlich geeigneten Haftpflichtversicherung mit einer Deckungssumme in Höhe von einer Million Euro pauschal für Sach- und Personenschäden nachzuweisen. Die Erlaubnis wird für einen Zeitraum von höchstens drei Jahren erteilt, eine zweimalige Verlängerung um höchstens je drei Jahre ist möglich. Danach ist es notwendig, einen neuen Waffenschein zu beantragen.

Bewachungsunternehmer müssen bei Beantragung eines Waffenscheines glaubhaft machen, dass **Bewachungsaufträge wahrgenommen werden** oder werden sollen, die aus Gründen der Sicherung einer gefährdeten Person im Sinne des § 19 WaffG oder eines gefährdeten Objektes **Schusswaffen erfordern**.[66] Das gilt entsprechend für Wachdienste als Teil wirtschaftlicher Unternehmungen.

Der Waffenschein wird auf den Erlaubnisinhaber ausgestellt und berechtigt zum Führen von Schusswaffe und Munition. Bei Bewachungsunternehmen werden in der Regel nicht jedem einzelnen Mitarbeiter ein Waffenschein und eine WBK ausgestellt – hier ist es ausreichend, eine beglaubigte Kopie mitzuführen. Beachten Sie die Ausführungen zur WBK für Bewachungsunternehmen ab Seite 117.

5.6.2 Allgemeine Voraussetzungen für die Antragstellung

Die Voraussetzungen für die Erteilung der waffenrechtlichen Erlaubnis sind die allgemeinen Voraussetzungen nach § 4 WaffG.

Bei Antragstellern unter 25 Jahren ist nach § 6 Abs. 3 WaffG eine medizinisch-psychologische Untersuchung (MPU) nicht erforderlich, da eine Erlaubnis zum Führen, nicht aber zum Erwerb und Besitz einer Schusswaffe beantragt wird.

5.6.3 Spezielle Voraussetzungen

5.6.3.1 Bedürfnisgruppe gefährdete Personen

Die zentrale Frage bei der Prüfung der Erteilung der waffenrechtlichen Erlaubnis „Waffenschein" ist, ob die Voraussetzungen des § 19 Abs. 2 WaffG vorliegen, der Antragsteller also wesentlich mehr als die Allgemeinheit durch Angriffe auf Leib und Leben gefährdet ist und die Schusswaffe diese Gefährdung mindern kann. Dies wurde beispielsweise bei einem Arzt angenommen, der bei nächtlichen Krankenbesuchen mehrfach mit Waffen bedroht worden war,[67] nicht aber bei einem Waffenhändler, der sich auf eine besondere Gefahr beim Transport von Waffen in großer Stückzahl berief.[68]

Die beantragte Schusswaffe muss geeignet und erforderlich sein, um den Bedürfniszweck zu erfüllen. Sie ist **geeignet**[69], wenn durch sie in einer für die Verhältnisse des Antragstellers typischen Verteidigungssituation eine erfolgreiche Abwehr der Gefahr zu erwarten ist. **Erforderlich**[70] ist die Waffe dann, wenn die Gefährdung nicht auf andere zumutbare Weise verhindert werden kann.

Zu beachten ist hier, dass bei **Änderung der Gefährdungslage** auch die Notwendigkeit des Waffenscheins erneut zu prüfen ist. Ergibt diese Prüfung, dass keine Gefährdung besteht, die das Führen einer Waffe erforderlich macht, ist der Waffenschein zu widerrufen oder nicht erneut zu erteilen. Dabei ist immer zu prüfen, ob die Gefährdung auch auf andere zumutbare Weise verringert werden kann, etwa durch Beauftragung eines Wachdienstes. Einen **Bestandsschutz** für Waffenscheine gibt es nicht. [71]

5.6.3.2 Bedürfnisgruppe Bewachungsunternehmen

Neben dem Waffengesetz enthalten die Gewerbeordnung (GewO) und die „Verordnung über das Bewachungsgewerbe" (BewachV) maßgebliche Vorschriften für die Ausstattung von Bewachungsunternehmen mit Waffen und Munition sowie für den Umgang.

Bewachungsunternehmen im Sinne von § 34a GewO können Inhaber einer WBK oder eines Waffenscheines sein. Bewachungsunternehmen gleichgestellt sind Fachabteilungen von Unternehmungen wie Banken oder Konzernen, die eigene Sicherheitskräfte beschäftigen.

§ 28 Abs. 1 WaffG regelt grundsätzlich sowohl die Erlaubnis für den Erwerb und Besitz (WBK) als auch für das Führen (Waffenschein) von Waffen und Munition. Im Gegensatz zu § 19 Abs. 1 WaffG, der Schusswaffen lediglich zum Schutz von Leib oder Leben des Antragstellers erlaubt, kann Bewachungsunternehmen auch zum Schutz besonders gefährdeter Objekte eine waffenrechtliche Erlaubnis erteilt werden.

Nach § 28 Abs. 2 WaffG darf eine **Schusswaffe nur im Rahmen eines Auftrages geführt** werden, der aus Gründen der Sicherung Schusswaffen erforderlich macht. Seitens des Unternehmens ist sicherzustellen, beispielsweise durch entsprechende Gestaltung des Dienstplanes und Sicherheitsprotokolle innerhalb des Unternehmens, dass Schusswaffen nicht über diesen engen Rahmen hinaus geführt werden. Bewacht etwa ein Unternehmen eine kerntechnische Anlage, zu deren Schutz regelmäßig eine Bewaffnung des Sicherheitspersonals zu befürworten ist, darf der Wachmann nicht etwa einen nahegelegenen Supermarkt kontrollieren, während er seine Dienstwaffe führt (fehlendes Bedürfnis).

Nach § 13 BewachV ist der Unternehmer oder die von ihm verantwortlich beauftragte Person für die sichere Aufbewahrung der Waffen und der Munition verantwortlich. Zudem ist die ordnungsgemäße Rückgabe der Schusswaffen und der Munition nach Beendigung des Wachdienstes sicherzustellen. Die Vorgaben des Waffengesetzes bezüglich der zu verwendenden Sicherheitsbehältnisse sind einzuhalten und nachzuweisen.

Beschäftigt der Unternehmer, der Inhaber der waffenrechtlichen Erlaubnis ist, Mitarbeiter, so gelten die Voraussetzungen des § 4 Abs. 1 WaffG auch für diese Mitarbeiter und sind seitens der Behörde zu prüfen. Insofern muss der Unternehmer zunächst den betroffenen Mitarbeiter, der zum Führen einer Schusswaffe ermächtigt werden soll, der Waffenbehörde melden, die ihrerseits dessen Ermächtigung genehmigen muss. Der Versicherungsschutz ist durch den Unternehmer nachzuweisen, genauer, es ist nachzuweisen, dass die abgeschlossene Versicherung auch das Führen von Waffen durch Mitarbeiter des Unternehmers einschließt.

Voraussetzung für die Erteilung der Erlaubnis ist der Nachweis eines Auftrages zur Bewachung solcher Personen oder Objekte, die eines bewaffneten Schutzes bedürfen. Die behördliche Prüfung des Schutzbedürfnisses orientiert sich hier an den Maßstäben, die bei der Prüfung von Anträgen gefährdeter Personen nach § 19 Abs. 1 WaffG angelegt werden.

5.7 „Kleiner Waffenschein“ (§ 10 Abs. 4)

Der „Kleine Waffenschein“ (KWS) berechtigt zum Führen von bauartgeprüften SRS-Waffen mit dem Kennzeichen „PTB im Kreis“ oder einem anderen anerkannten Zeichen anderer EU-Mitgliedsstaaten, deren Erwerb und Besitz von der Erlaubnispflicht freigestellt ist. **SRS** steht für **S**chreckschuss-, **R**eizstoff- und **S**ignalwaffen. Die Gefahr, die von einer solchen Waffe ausgeht, darf nicht unterschätzt werden – so kann schon ein aufgesetzter Schuss mit einer Knallpatrone zu schwersten Verletzungen führen.

Es entfallen bei der Prüfung des Antrages der Nachweis eines Bedürfnisses, der Sachkunde oder der Haftpflichtversicherung. Insofern sind durch den Sachbearbeiter lediglich das Vorliegen des **Mindestalters** von 18 Jahren, die **Zuverlässigkeit** (§ 5 WaffG, siehe Seite 33) und die **persönliche Eignung** (§ 6 WaffG, siehe Seite 35) zu prüfen.

Der „Kleine Waffenschein“ wird **unbefristet** erteilt. Zudem wird nicht eine einzelne Waffe darin vermerkt, sondern die Berechtigung zum Führen jeglicher SRS-Waffen als **Waffenart**.

Der „Kleine Waffenschein“ berechtigt nicht zum uneingeschränkten Führen von SRS-Waffen. Es gilt das Verbot des Führens bei öffentlichen Veranstaltungen nach § 42 WaffG einschließlich der möglichen Genehmigung von Ausnahmen der Sonderregelungen. Der „Kleine Waffenschein“ kann von der Waffenbehörde mit **Auflagen**, etwa zum verdeckten Führen der SRS-Waffe unter der Oberbekleidung, verbunden werden.

5.8 Munitionserwerbschein (MES)

Die Erlaubnis zum Erwerb und Besitz von Munition wird nach § 10 Abs. 3 Satz 1 WaffG durch Eintragung in eine Waffenbesitzkarte für die darin eingetragenen Schusswaffen erteilt. Diese Regelung bezieht sich zunächst auf die Waffenbesitzkarte (Farbe grün), in der die Erlaubnis zum Erwerb und Besitz von Munition durch Siegelung hinter der betreffenden Waffe erteilt wird.

Die „Waffenbesitzkarte für Sportschützen“ (Farbe gelb) nach § 14 Abs. 6 WaffG enthält in ihrem Erlaubnistext bereits die Aussage, dass dieses Dokument die Erlaubnis zum Erwerb und Besitz von Munition für die in ihr eingetragenen Schusswaffen darstellt.

Wenn die entsprechende Erlaubnis nicht durch eine WBK oder durch Eintragung der Erwerbserlaubnis in eine WBK erteilt werden kann, wird ein **Munitionserwerbschein** (MES) ausgestellt, etwa für Inhaber einer WBK nach § 17 WaffG (Sammler) oder § 18 WaffG (Sachverständiger). Die §§ 17, 18 WaffG sprechen ausdrücklich von „Waffen oder Munition", so dass eine Erlaubnis zum Erwerb und Besitz nur durch das jeweilige Erlaubnisdokument, entweder mit einer Waffenbesitzkarte oder einem Munitionserwerbschein, erteilt werden kann.

Die Erlaubnis zum Erwerb ist in der Regel auf sechs Jahre befristet, der Besitz wird dagegen unbefristet gestattet. Somit ist, wenn der MES nicht widerrufen wird, auch nach Ablauf von sechs Jahren der Besitz der Munition weiterhin möglich.

Diese Erlaubnis wird grundsätzlich auf bestimmte Munition beschränkt. Im Falle eines Waffensammlers kann beispielsweise eine Beschränkung auf die Kaliber der im Sammelplan angegebenen Waffen erfolgen. Bei einem **Munitionssammler** wird der MES dagegen auf ein Sammelgebiet ausgestellt.

Neben dem Munitionserwerbschein ist auch die Erlaubnis zum nicht gewerblichen Laden von Munition im Sinne des **Sprengstoffgesetzes** eine mögliche Erlaubnis zum Erwerb und Besitz von Munition. Dabei bezieht sich der Begriff „Erwerb" allerdings nur auf den Vorgang der Inbesitznahme aus dem eigenen Herstellungsvorgang – der Erwerb von Munition von Dritten, etwa im Handel, durch Vorlage eines „**Wiederladerscheins**" wird dadurch nicht möglich und ist durch den Gesetzgeber nicht vorgesehen.

Auf den ersten Blick schwer verständlich ist aufgrund der redaktionellen Gestaltung der Norm die in § 10 Abs. 3 Satz 4 WaffG verwendete Formulierung, dass nach Ablauf der Gültigkeit des Erlaubnisdokuments die Erlaubnis zum Besitz „dieser Munition" für weitere sechs Monate gültig ist. Dieser Passus steht nicht im Widerspruch zur zeitlich unbeschränkten Besitzerlaubnis durch den MES nach § 10 Abs. 3 Satz 2 WaffG, sondern besagt, dass nach Ablauf der Gültigkeit des zugrundeliegenden Erlaubnisdokuments nach dem Sprengstoffgesetz der Besitz über selbst hergestellte Munition für sechs Monate befugt ausgeübt werden kann.

5.9 Schießerlaubnis

Die Erteilung einer Schießerlaubnis erfolgt durch eine Erlaubnis der zuständigen Behörde. Sie erlaubt das Schießen mit der Waffe außerhalb genehmigter Schießstätten. Innerhalb einer genehmigten Schießstätte bedarf es für den Schützen keiner gesonderten Schießerlaubnis.

Die Schießerlaubnis wird beispielsweise **Brauchtumsschützen** erteilt, um im Rahmen einer Feierlichkeit einen Salut zu schießen. Wie für den Waffenschein gilt auch für die Erteilung der Schießerlaubnis, dass das Bestehen einer sachlich geeigneten Haftpflichtversicherung mit einer Deckungssumme in Höhe von einer Million Euro pauschal für Sach- und Personenschäden nachzuweisen ist.[72]

Wird einer Brauchtumsschützenvereinigung eine Schießerlaubnis nach § 16 Abs. 3 WaffG erteilt, ist der Waffenbehörde zur Prüfung von Alterserfordernis, Zuverlässigkeit, persönlicher Eignung, Sachkunde und Bedürfnis ein verantwortlicher Leiter des Vereins zu benennen. Die Erlaubnis kann bis zur Dauer von fünf Jahren erteilt werden. Bei der Prüfung des Antrags ist auch zu prüfen, inwieweit die Allgemeinheit durch das Schießen gefährdet oder belästigt wird. In diesem Falle sind dem Antragsteller entsprechende Auflagen zu erteilen.

5.10 Jagdschein

Der Jagdschein gilt im gesamten Bundesgebiet. Für die erstmalige Erteilung muss die Prüfung zur Erlangung des ersten Jagdscheines erfolgreich abgelegt worden sein. Der Jagdschein wird für ein, zwei oder drei Jahre (**Jahresjagdschein**) oder als **Tagesjagdschein** für einen 14tägigen ununterbrochenen Zeitraum ausgestellt. Zu beachten ist, dass der Jahresjagdschein nicht für Kalenderjahre, sondern ab Ausstellung bis zum 31. März ausgestellt wird.

Jäger ist, wer Inhaber eines gültigen Jagdscheines im Sinne von § 15 Abs. 1 Satz 1 BJagdG ist.[73] Dies setzt voraus, dass er entweder über einen gültigen Tagesjagdschein oder einen gültigen Jahresjagdschein verfügt.

Der **Jagdschein** (somit **Tages- <u>oder</u> Jahresjagdschein**, <u>nicht</u> aber der **Jugendjagdschein**)

- erlaubt den Erwerb und <u>vorübergehenden</u> Besitz nach § 12 Abs. 1 Nr. 1 a) WaffG (im Sinne der **Leihe oder Verwahrung**) in Verbindung mit § 13 Abs. 4 WaffG von **<u>Langwaffen</u>** im Sinne von § 13 Abs. 1 Nr. 2 WaffG und **Schalldämpfern**, die für Langwaffen mit Zentralfeuerkaliber bestimmt sind, für den Gültigkeitszeitraum des Jagdscheins, aber nicht länger als einen Monat,[74]
- erlaubt den Erwerb und Besitz von **Munition,** die <u>geeignet</u> ist für **Langwaffen**, sofern sie nach dem Bundesjagdgesetz nicht verboten ist, unabhängig davon, ob der Betroffene eine Waffe dieses Kalibers besitzt,
- erlaubt das **Führen von und Schießen mit Jagdwaffen** nach § 13 Abs. 6 WaffG und

- ist **Nachweis für das Bedürfnis** im Sinne von § 4 Abs. 1 Nr. 4 und § 8 WaffG, wenn glaubhaft gemacht wird, dass Schusswaffen und Munition zur Jagdausübung oder zum Training im jagdlichen Schießen einschließlich jagdlicher Schießwettkämpfe benötigt werden.

Außerdem **befreit** ein Jagdschein **vom Verbot des Umgangs mit Nachtsichtvorsatz- und -aufsatzgeräten**.

Der **Jahresjagdschein** erlaubt darüber hinaus

- den **Erwerb von Langwaffen** im Sinne von § 13 Abs. 1 Nr. 2 WaffG und **Schalldämpfern**, die für Langwaffen mit Zentralfeuerkaliber bestimmt sind; der befugte dauerhafte **Besitz ist durch Eintragung in einer WBK** zu dokumentieren und
- lässt den gesonderten Nachweis eines **Bedürfnisses** im Sinne von § 4 Abs. 1 Nr. 4 WaffG entfallen für den Erwerb
    - von Langwaffen im Sinne von § 13 Abs. 1 Nr. 2 WaffG
    - Schalldämpfer für Langwaffen mit Zentralfeuerkaliber
    - der ersten oder zweiten Kurzwaffe für die Jagd.

Für den **Erwerb von Kurzwaffen** ist ein Voreintrag in einer WBK erforderlich. Für den Erwerb und Besitz von **Kurzwaffenmunition** gilt, dass das entsprechende Feld der WBK gesiegelt sein muss.

Inhaber eines **Jugendjagdscheins** im Sinne von § 16 BJagdG dürfen ohne Erlaubnis bei der Ausübung der Jagd, zum Training oder zum jagdlichen Schießwettkampf Schusswaffen und für diese bestimmte Munition erwerben und besitzen sowie Schusswaffen führen und mit ihnen schießen. Eine WBK wird ihnen nicht erteilt. Nicht schussbereite Schusswaffen dürfen von ihnen im Zusammenhang mit der Jagd, etwa auf der Fahrt in das Revier, erlaubnisfrei geführt werden. Zu beachten ist das Erfordernis einer **jagdlich erfahrenen Begleitperson** nach § 16 Abs. 2 BJagdG bei der Jagdausübung.

Das **Führen** einer Schusswaffe ist dem Inhaber eines gültigen Jagdscheins ohne Waffenschein erlaubt, wenn die Voraussetzungen von § 13 Abs. 6 WaffG erfüllt werden. Danach darf die Waffe **zur befugten Jagdausübung** einschließlich des Ein- und Anschießens der Waffe im Revier, der Ausbildung von Jagdhunden im Revier sowie zum Jagd- oder Fortschutz geführt werden, und zwar sowohl **schussbereit als auch zugriffsbereit**. Auch das **Schießen** mit der Waffe im Revier ist nach dieser Regelung erlaubnisfrei. **Im Zusammenhang mit der Jagd**, etwa auf der Fahrt ins Revier oder zurück, darf die Jagdwaffe **zugriffsbereit** geführt werden, dabei **aber nicht schussbereit**, also nicht geladen sein.

Einschießen ist das Überprüfen der Treffpunktlage nach Veränderungen an der Waffe, während es sich bei einem **Anschießen** lediglich um zwei bis drei Kontrollschüsse handelt, die der Jäger quasi vor Beginn der Jagd abgibt, um sich von der Zielgenauigkeit seiner Waffe, genauer von der korrekten Justierung der Visiereinrichtung, zu überzeugen.

5.11 Erwerb und Überlassung von Schusswaffen oder Munition

Der Erwerb erlaubnispflichtiger **Schusswaffen** ist in der Regel nur aufgrund einer Erlaubnis der zuständigen Behörde gestattet. Der Antragsteller hat die in Kapitel 2 genannten Voraussetzungen zu erfüllen. Die Erlaubnis wird durch **Voreintrag** in der WBK dokumentiert, der für den Zeitraum von einem Jahr den Erwerb einer Waffe erlaubt, die lediglich nach Art der Waffe und Kaliber bestimmt ist.

Die Erwerbserlaubnis ist durch den Überlasser zu prüfen. Diese Regel nimmt den Überlasser in die Pflicht – denn anders als für den Erwerb ist für das Überlassen keine Erlaubnis erforderlich, es entfällt also die Prüfung durch die Behörde. Macht der Überlasser einen Fehler, indem er etwa einem WBK-Inhaber eine Waffe überlässt, ohne dass dieser eine Erwerbserlaubnis (Voreintrag) hat und es sich nicht um eine vorübergehende Überlassung (Leihe) handeln soll, verstößt er gegen das Waffengesetz. Insbesondere der **dauerhafte Tausch** von Waffen ist **nicht zulässig** – es handelt sich dabei um zwei erlaubnispflichtige Erwerbsvorgänge, somit ist die Erlaubniserteilung zum Erwerb durch Voreintrag in den WBKn beider Erwerber vor dem Tauschvorgang erforderlich.

Für den Erwerb von **Munition** ist es in der Regel notwendig, dem Überlasser eine gültige Erwerbsberechtigung vorzulegen. Mögliche Formen sind:

- WBK mit gesiegeltem Feld „Munitionserwerbsberechtigung“ für die betreffende Waffe (gilt für alle mit ihr verwendbaren Kaliber)
- WBK für Sportschützen für darin eingetragene Waffen
- Jagdschein (Tages- / Jahresjagdschein) für Langwaffenmunition
- Munitionserwerbsschein für darin eingetragene Munitionsarten
- ohne Erlaubnis zum sofortigen Verbrauch auf der Schießstätte

Die Erlaubnis sollte grundsätzlich im Original vorgelegt werden. Kopien, auch wenn sie beglaubigt sind, können zum Zeitpunkt der Überprüfung nicht die Beweiskraft einer im Original vorhandenen Urkunde entwickeln. Da der Überlasser einer Waffe aber eine intensive Prüfung der

Erwerbsberechtigung durchführen muss, sollten insbesondere Privatpersonen, die einem Dritten eine Waffe überlassen, immer auf Vorlage einer Erwerbsberechtigung im Original bestehen und diese genau prüfen.

Ablauf aus Sicht des Erwerbers

- Beantragung der Erwerbserlaubnis
- Behörde prüft Vorliegen der Erteilungsvoraussetzungen
  - durch behördliche Anfragen
    - Mindestalter
    - Zuverlässigkeit
    - Persönliche Eignung
  - durch Nachweise des Antragstellers
    - Sachkunde
    - Bedürfnis
    - Nachweis der sicheren Aufbewahrung
- Ausstellung einer WBK (oder Voreintrag) durch Behörde
- Vorlage der Erwerbserlaubnis bei Überlasser
- Vorlage der WBK bei Behörde binnen 14 Tagen nach Erwerb
- Eintragung des Erwerbs in WBK durch die Waffenbehörde

Ablauf der Überlassung

- Prüfung der Erwerbserlaubnis durch den Überlasser
  - Voreintrag in Waffenbesitzkarte
  - Gleichwertige Erwerbserlaubnis
    - Jahresjagdschein (nur Langwaffen)
    - WBK für Sportschützen (Waffenarten beachten)
  - Waffenhandelserlaubnis
- Ausstellung eines Lieferscheines (zB Kaufvertrag mit Zeitangabe der Überlassung, bei Versand: Übergabebeleg an Paketdienst)
- Vorlage der WBK zur Austragung der Waffe bei der eigenen Waffenbehörde binnen 14 Tagen nach Überlassung

5.12 Europäischer Feuerwaffenpass (EFP)

Für die **Mitnahme** von Waffen und Munition aus, in und durch **Mitgliedsstaaten**, zum Beispiel zur Teilnahme an Sport- und Brauchtumsveranstaltungen oder zum Zweck der Jagd, kann nach § 32 Abs. 6 WaffG auf Antrag ein „Europäischer Feuerwaffenpass" (EFP) ausgestellt werden, wenn der Antragsteller zum Besitz der Waffen berechtigt ist, zB als WBK-Inhaber.

(Ist in diesem Kapitel von EU-Staaten, Mitgliedsstaaten oder der EU die Rede, umfasst der Begriff EU-Mitgliedsländern und die ***Schengenstaaten*** *Schweiz, Liechtenstein, Norwegen und Island.)*

Der **EFP** ist gemäß § 33 Abs. 1 AWaffV grundsätzlich **fünf Jahre gültig** und dient zum **Nachweis des berechtigten Umgangs mit den darin eingetragenen Waffen und Munition** bei **Mitnahme**innerhalb der EU. Ein gewöhnlicher Aufenthalt des Antragstellers in Deutschland ist nicht erforderlich, nur die zugrundeliegende Berechtigung zum Besitz von Waffen oder Munition nach Anlage 1 A3 WaffG muss von einer deutschen Waffenbehörde ausgestellt und die Mitnahme in einen Mitgliedsstaat beabsichtigt sein. Der in einem anderen Mitgliedsstaat ausgestellte EFP kann von der Behörde als Nachweis der Voraussetzungen nach § 4 Abs. 1 Nr. 1 bis 3 WaffG herangezogen werden, wenn durch den Inhaber eine Erlaubnis nach § 32 Abs. 1 WaffG für die Mitnahme beantragt worden ist.

Der EFP ist **keine Mitnahmeerlaubnis** nach § 32 WaffG und **keine waffenrechtliche Erlaubnis** im Sinne von § 10 WaffG, somit einer WBK nicht gleichgestellt. Er soll kontrollierenden Kräften anderer Mitgliedsländer die Prüfung erleichtern, ob die kontrollierte Person im Besitz einer Erlaubnis ihres Heimatlandes zum Umgang mit Waffen ist, was durch eine länderübergreifende Legitimation geprüft werden soll. Im Falle von Widerruf oder Rücknahme waffenrechtlicher Erlaubnisse ist er gleichwohl behördlich wie eine waffenrechtliche Erlaubnis zu behandeln.

In einigen EU-Staaten ist vor Einreise die Eintragung der Zustimmung zur Waffeneinfuhr einzuholen, die als Sichtvermerk im EFP einzutragen ist. Der **Europäische Feuerwaffenpass ersetzt** im Bundesgebiet nicht die Waffenbesitzkarte und **die Erwerbserlaubnis**, sondern gestattet lediglich die **Mitnahme einer Waffe**, etwa den Grenzübertritt aus Deutschland in einen anderen Mitgliedsstaat mit der Absicht, diese Waffe nach Ende der Reise wieder nach Deutschland zurückzubringen.

Der EFP ermöglicht es **Jägern** sowie **Sport- und Brauchtumsschützen**, *bestimmte Arten von Waffen*[75] in begrenzter Zahl sowie die für den angegebenen Zweck benötigte Munition innerhalb der EU **ohne Mitnahmeerlaubnis** mitzunehmen, sofern sie den Grund der Mitnahme im Sinne des Zwecks der Reise nachweisen können. Dabei sind die gesetzlich festgelegten **Arten von Schusswaffen** (Kategorien nach Anlage 1 A3 WaffG) sowie **die Höchstzahl**, die nach § 32 Abs. 3 WaffG ohne Erlaubnis nach den Absätzen 1 (Mitnahme in oder durch den Geltungsbereich des WaffG) oder 1a (Mitnahme aus dem Geltungsbereich) mitgenommen werden darf, zu beachten, ebenso der jeweilige **Zweck** – so ist die Mitnahme

- **Jägern** von bis zu drei Langwaffen der Kategorie C **zum Zweck der Jagd**,
- **Sportschützen** von bis zu sechs Lang- und Kurzwaffen der Kategorien B und C **zum Zweck des Schießsports** sowie
- **Brauchtumsschützen** von bis zu drei Einzellader-Langwaffen und Repetier-Langwaffen der Kategorie C **zur Teilnahme an Brauchtumsveranstaltungen**

sowie **für diese Waffen bestimmter Munition** ohne Erlaubnis nach § 32 Abs. 1 oder 1a WaffG gestattet, wenn die Waffen und die dafür bestimmte Munition **im EFP eingetragen** sind und **der Besitz im Zuge der Mitnahme nicht** (auch nicht nur vorübergehend) **aufgegeben** wird. Die Mitnahme anderer Waffen, zB Kurzwaffen, oder größerer als der genannten Mengen setzt eine Mitnahmeerlaubnis nach § 32 Abs. 1 oder 1a WaffG voraus.

Der **Besitz in Deutschland** ist für **Inhaber eines nicht in Deutschland ausgestellten EFP** aus einem anderen Mitgliedsstaat für die in den EFP eingetragenen Waffen nach § 12 Abs. 1 Nr. 6 WaffG **von der Erlaubnispflicht freigestellt**, wenn die Voraussetzungen nach § 32 WaffG vorliegen, der Betroffene die Waffe also nach oder durch Deutschland berechtigt mitnimmt. Die Berechtigung kann sowohl durch eine erteilte Erlaubnis als auch durch Wegfall der Erlaubnispflicht durch gesetzliche Ausnahme gegeben sein.

Es empfiehlt sich, den Nachweis über den Mitnahmezweck, zB eine Einladung zu einem Wettkampf oder eine Jagdeinladung, rechtzeitig vor Beginn der Reise von dem Gastgeber oder Veranstalter anzufordern.

Nach § 32 Abs. 5 Nr. 1 WaffG ist die **Mitnahme in den Geltungsbereich des WaffG von der Erlaubnispflicht freigestellt**, wenn die betroffene Person hier eine **waffenrechtliche Erlaubnis für Erwerb und Besitz** der jeweiligen Waffe oder Munition hat. Anders als Abs. 1a stellt die Regelung nicht bloß auf eine Berechtigung zum Umgang im Inland ab, sondern auf eine bestehende Erlaubnis; von der Erlaubnispflicht freigestellte Vorgänge wie Erwerb und Besitz zur Leihe stellen keine Erlaubnis nach Abs. 5 dar. Fehlt eine solche Erlaubnis, ist nach Abs. 1 eine Mitnahmeerlaubnis zu beantragen.

Nach § 32 Abs. 5 Satz 2 WaffG ist der **Jagdschein** als jagdrechtliche Erlaubnis bezüglich der Vorschriften für die Mitnahme nicht einer WBK gleichgestellt und stellt **keine waffenrechtliche Erlaubnis** im Sinne von § 32 Abs. 5 Nr. 1 WaffG dar. Somit ist insbesondere bei **Einfuhr von Munition** für den Ausnahmefall des § 32 Abs. 5 Nr. 1 WaffG eine Erlaubnis erforderlich, die in Form eines Munitionserwerbsscheins oder einer in die WBK eingetragenen Erlaubnis (Siegel zum Munitionserwerb und -besitz) nachzuweisen ist. Da der EFP im Geltungsbereich des WaffG nicht die WBK ersetzt, unterfällt der Transport einer nicht schussbereiten und nicht zugriffsbereiten Waffe nicht der Erlaubnisfreistellung nach § 12 Abs. 3 Nr. 2 WaffG, wenn eine Person aus einem anderen Mitgliedsstaat eine Waffe im Geltungsbereich des WaffG erworben hat und diese in eigener Obhut verbringen will.[76]

Kapitel 6 behandelt das **Beschussrecht**. Anders als das Waffenrecht regelt das Beschussgesetz in Verbindung mit der Beschussverordnung die Prüfung und Zulassung von Waffen und Munition sowie anderen Gegenständen wie zum Beispiel Böllern (Handkanonen).

Waffengesetz und Beschussgesetz sind aus dem vor 2003 geltenden Waffengesetz und dessen Verordnungen hervorgegangen. Die Geltungsbereiche beider Normen werden durch einen Vergleich mit dem Verkehrsrecht verständlicher: Die StVO (Straßenverkehrsordnung) legt fest, dass beim Abbiegen geblinkt werden muss, und die StVZO (Straßenverkehrszulassungsordnung) besagt, dass ein Blinker vorhanden sein muss und wie er zu blinken hat. Waffengesetz und Beschussgesetz stehen gleichberechtigt nebeneinander.

Das **Lernziel** in diesem Kapitel ist das Wissen um die Durchführung der Beschussprüfung, die Pflicht zum Neubeschuss nach Arbeiten an höchstbeanspruchten Teilen und die Kennzeichnung von Waffen und Munition, die die Prüfung bestanden haben.

Die **wichtigsten Fakten** in diesem Kapitel:

- Anders als das Waffengesetz spricht das Beschussgesetz nicht von den wesentlichen, sondern den **höchstbeanspruchten** („dem Gasdruck ausgesetzten") **Teilen** einer Waffe – die von den Begriffen erfassten Bestandteile von Schusswaffen sind dabei annährend deckungsgleich.
- Waffen und Munition, die die Beschussprüfung bestanden haben, werden durch **Prüfzeichen** gekennzeichnet. Dabei wird **jedes höchstbeanspruchte Teil** einer Schusswaffe mit einem **Beschusszeichen** gekennzeichnet, bei **Munition** erfolgt die **Kennzeichnung auf der kleinsten Verpackungseinheit**.
- Wird ein höchstbeanspruchtes Teil **bearbeitet**, muss es **erneut** der **Beschussprüfung** unterzogen werden.
- Nur Schusswaffen mit **gültigem Beschusszeichen** dürfen zum **Schießen** verwendet oder anderen **überlassen** werden.
- **Jede Schusswaffe** muss vor dem Inverkehrbringen **beschossen** werden; **Munition** wird **stichprobenartig** überprüft.
- Die Beschussprüfung erfolgt grundsätzlich mit zwei Beschusspatronen aus jedem Lauf der Waffe. Bei einem Revolver wird jede Kammer der Trommel geladen und abgeschossen.
- Der **Gasdruck** einer **Beschusspatrone**, die durch einen geriffelten Hülsenboden erkennbar ist, ist **25 bis 30 Prozent höher** als höchste zulässige Gasdruck einer Patrone dieses Kalibers.

Lesen Sie ergänzend auch die Regelungen des Waffengesetzes zur Kennzeichnung von Waffen im Gesetzestext, die Sie in § 24 WaffG und § 21 AWaffV finden.

6 Das Beschussgesetz (BeschG)

6.1 Geltungsbereich und Zweck

Die Beschusspflicht, der die Hersteller und Importeure von Schusswaffen unterliegen, **soll** den Benutzer und Dritte **vor Gefahren schützen**. Geregelt wird der Beschuss im Waffengesetz sowie im **Beschussgesetz** (BeschG) nebst den dazugehörigen Verordnungen. Das BeschG regelt die Prüfung und Zulassung von Feuerwaffen, Böllern, Munition und sonstigen Waffen sowie Geräten, bei denen zum Antrieb Munition oder hülsenlose Treibladungen verwendet werden. **Beschusszeichen** finden sich in der **Beschussverordnung** (BeschussV) – die nachfolgend genannten **Kennzeichnungen** sind keine Beschusszeichen im Sinne des Beschussgesetzes.

Waffen, die nach dem 31.12.1890 hergestellt wurden (ab dem Baujahr 1891), unterliegen grundsätzlich der Beschusspflicht. Sofern sie kein Beschusszeichen nach dem aktuellen Beschussgesetz oder ein anerkanntes Beschusszeichen eines anderen Staates tragen[77], müssen sie zumindest eine andere anerkannte Kennzeichnung aufweisen, wie etwa die Prüfzeichen deutscher Behörden.[78] Waffen der Bundeswehr oder anderer Bundes- und Landesbehörden (Polizei, Zoll o. ä.), die **nach dem 1. Dezember 1968** beschossen wurden, müssen nicht erneut (zivil) nachbeschossen werden, wenn diese Waffen den Vorschriften des Beschussgesetzes entsprechen. Für alle anderen Dienstwaffen (Reichswehr, Wehrmacht, aber eben auch Polizei o. ä. bis zum 14.6.1968) gilt: Das Beschusszeichen hat keine Gültigkeit. Beachten Sie: Entsprechende Kennzeichen des **Deutschen Reiches** oder der **DDR** für zivile Waffen haben uneingeschränkte Gültigkeit. Zu beachten ist, dass die behördlichen Prüfzeichen BMI/BWB zwar national, aber nicht im Bereich der CIP anerkannt sind.[79]

Der Beschuss selbst erfolgt in der Regel mit zwei **Beschusspatronen** pro Lauf, bei Revolvern mit <u>einer</u> Beschusspatrone pro Patronenlager (Kammer). Der Gasdruck, der von den Beschusspatronen (erkennbar am **gerändelten Patronenboden**) erzeugt wird, ist je nach Waffenart 25 bis 30 Prozent höher als der gesetzlich vorgeschriebene Höchstgebrauchsgasdruck. Übersteht die Waffe diesen Beschuss, der die Waffe außergewöhnlich belastet, ist in der Regel sichergestellt, dass bei der Verwendung von normaler Munition in dieser Waffe keine Unglücksfälle durch Laufsprengungen oder ähnliches passieren können. Darum ist es sinnvoll, **alte Waffen**, mit denen nach längerer Zeit wieder einmal geschossen werden soll, vor der Benutzung einem **erneuten Beschuss** zu unterziehen. Geprüft werden durch den Beschuss die zu prüfenden Stücke auf

- Haltbarkeit,
- Funktionssicherheit,
- Maßhaltigkeit und
- Erfüllung der Vorschriften zur Kennzeichnung.

Der Beschusspflicht unterliegt nicht erst die vollständig hergestellte und zum Verkauf vorbereitete Waffe, sondern auch schon die weißfertige. **Weißfertig** im Sinne des Beschussgesetzes sind Gegenstände, wenn alle materialschwächenden (im Sinne von Bohren, Abdrehen o. ä.) oder materialverändernden (wie etwa das Schweißen oder Härten) Arbeiten beendet sind – ausdrücklich ausgenommen von dieser Regelung sind Gravurarbeiten, da es sich bei dieser Behandlung des Gegenstandes nur um minimale Eingriffe in die Oberflächenstruktur handelt.[80] Auch das Brünieren oder Polieren der Läufe ist keine Tätigkeit, die vor dem Zustand der „Weißfertigkeit" erfolgt sein muss. Voraussetzung für die Beschussprüfung ist, dass der Prüfling mindestens weißfertig ist.[81] Der Begriff „weißfertig" leitet sich von der hellen Farbe des Metalls vor dem Brünieren („Schwärzen") ab.

Ausnahmen von der generellen Beschusspflicht des einzelnen Stückes bestehen für bestimmte Feuerwaffen und Gegenstände, deren Gefährlichkeit für den Bediener und Dritte derart gering ist, dass eine **Bauartzulassung** ausreicht, um Gefahren zu erkennen. Bauartgeprüfte Feuerwaffen und Gegenstände tragen anstelle eines Beschusszeichens ein **Zulassungszeichen** („CIP T", bis 2014: PTB im Viereck).

Die Bauartzulassung anstelle des Einzelbeschusses ist zulässig für[82]

- pyrotechnische Munition
- Gasböller[83]
- bestimmte Einsteckläufe und Reduzierhülsen / -stücke
- Feuerwaffen im Kaliber 4 mm und 6 mm Flobert
- Schussapparate und ihre Zusatzgeräte

Als **Schussapparate** gelten tragbare Geräte, die für gewerbliche oder technische Zwecke bestimmt sind und bei denen zum Antrieb Munition verwendet wird.

Böller sind Geräte, die ausschließlich zur Erzeugung eines Schussknalls bestimmt und keine Feuerwaffen oder Geräte zum Abschießen von Munition sind. Unter den Begriff fallen sowohl tragbare (Handböller) wie nicht tragbare (Standböller) Modelle.

Ausgenommen von der Beschusspflicht sind **Feuerwaffen**, die **vor dem 1. Januar 1891** **hergestellt** wurden und **nicht verändert** worden sind[84] sowie Schusswaffen mit einem Patronen- oder Kartuschenlager unter 6 mm Durchmesser und unter 7 mm Länge[85].

Nicht anzuwenden ist das BeschG auf bereits **unbrauchbar gemachte Schusswaffen** sowie Feuerwaffen, die zum Verschießen von Munition mit einer **Ladung von höchstens 15 mg** bestimmt sind. Sonstige beschusspflichtige Gegenstände unterliegen nicht dem BeschG, wenn sie in **verschlossenen Zoll-Lagern** oder **in Freizonen** lagern. [86]

Druckluft-, Federdruck- und Druckgaswaffen unterliegen nicht der Erwerbserlaubnispflicht, wenn die Bewegungsenergie der Geschosse 7,5 J nicht übersteigt. Der auf der Waffe sichtbare Nachweis ist das Prüfzeichen „**F im Fünfeck**". Es darf durch den Hersteller auf den Waffen einer Serie dauerhaft angebracht werden, wenn er der Physikalisch-Technischen Bundesanstalt (**PTB**) fünf Messprotokolle und ein Hinterlegungsmuster überlassen hat. Die Protokolle sind durch ein Beschussamt oder bei dem Hersteller durch ein kalibriertes Geschwindigkeitsmessgerät zu erstellen.[87] Ältere Schusswaffen können bei Einhaltung des Bewegungsenergie-Grenzwertes durch Prüfung bei einem Beschussamt ein „F im Fünfeck" erlangen. Daneben ist das Ortszeichen des Beschussamtes anzubringen, bei **Feuerwaffen** mit „F im Fünfeck" (bis 7,5 J) zusätzlich als Zeichen der Bauartzulassung das Zeichen „CIP T" (bis 2014: PTB im Viereck).

6.2 Begriffsbestimmungen

Beschusszeichen bestehen aus dem Kürzel „CIP" (bis 2014: Bundesadler) und einem Kennbuchstaben. Sie geben die Art des Beschusses an.

Ortszeichen erlauben den Rückschluss auf das Beschussamt, das den Beschuss durchgeführt hat. Das Ortszeichen ist auch wichtig für die Wiedervorlage der Waffe, sofern beim zuvor beantragten Beschuss ein Mangel festgestellt wurde. Die Wiedervorlage soll nur bei dem Beschussamt erfolgen, dessen **Rückgabezeichen** auf der Waffe angebracht wurde.

Prüfzeichen ist die Bezeichnung für **Beschuss-** und **Ortszeichen sowie andere Zeichen**, die im Rahmen der Beschussprüfung an der Waffe angebracht werden, zum Beispiel **Jahreszahlen**.

Von den Beschusszeichen zu unterscheiden ist die waffengesetzlich[88] geforderte **Kennzeichnung von Waffen** nach § 24 WaffG. Der Hersteller oder Importeur hat auf dem **führenden wesentlichen Teil** der Schusswaffe seinen Namen, Firmennamen oder Markennamen anzubringen, das

Herstellungsland in Form eines normierten Landeskürzels, darüber hinaus die Bezeichnung der Munition oder der zu verwendenden Geschosse, bei Importwaffen das Einfuhrland in Form eines normierten Landeskürzels sowie eine fortlaufende Nummer (**Seriennummer**). Auf **Lauf** und **Patronenlager** sind Munition oder Laufkaliber anzugeben. Alle anderen wesentlichen Teile, die nicht das führende wesentliche Teil sind, sind nur mit Herstellerangabe (Name, Firma oder Markenzeichen) und Seriennummer zu kennzeichnen.

Kann die Trommel eines Revolvers ohne Anwendung von Hilfsmitteln ausgetauscht werden (Wechseltrommel), ist auch auf ihr die Munitions- oder Geschossbezeichnung anzubringen.

Von dieser Kennzeichnungspflicht ausgenommen sind unter anderem solche **erlaubnispflichtigen Schusswaffen**, die Aufnahme in einer **kulturhistorisch bedeutsamen Sammlung** finden sollen. Auch für **Munition**, die Teil einer Sammlung ist oder werden soll, gilt diese Ausnahme.

Zudem gilt, dass **wesentliche Teile** erlaubnispflichtiger Schusswaffen **gesondert** mit einer Seriennummer gekennzeichnet und im Waffenbuch des Händlers festzuhalten sind, wenn sie **einzeln gehandelt** werden, etwa bei der Verwertung einzelner wesentlicher Teile einer Grundwaffe.

Tragen die wesentlichen Teile einer Waffe unterschiedliche Seriennummern, etwa durch Verwendung eines Ersatzteiles oder aufgrund ihrer modularen Bauweise, ist bei der **Dokumentation** (WBK, Handelsbuch) die Seriennummer **des führenden wesentlichen Teiles**[89] zu verwenden.

Waffenhändler sind **verpflichtet** zu überprüfen, ob Schusswaffen oder Munition die vorgeschriebene Kennzeichnung tragen, bevor sie gewerbsmäßig einem anderen überlassen werden.[90] Dabei ist **jede Waffe einzeln** zu kontrollieren; für die Prüfung der Kennzeichnung von **Munition** reichen dagegen **Stichproben** aus. Trägt eine ältere Waffe **keine Seriennummer**, ist bei der zuständigen **Behörde** eine solche zu **beantragen** (Zuteilung aus Nummernkontingent).

Schusswaffen dürfen nur überlassen oder zum Schießen verwendet werden, wenn sie ein **gültiges Beschusszeichen** tragen.[91] Das gilt nicht, wenn die zuständige Behörde (idR Beschussamt) bescheinigt, dass die amtliche Prüfung nicht durchgeführt werden kann – eine Verwendung ist dann nicht mehr zulässig.[92] Diese Regelung gilt auch für **historische Waffen**, bei denen die Anbringung der Prüfzeichen auf Wunsch des Sammlers unterbleiben soll.

Die erweiterte Kennzeichnungspflicht ist Teil der Änderungen des Waffengesetzes zum 1. April 2008 gewesen. Sie gilt auch für solche Waffen, die bereits zu diesem Zeitpunkt im Warenbestand eines Waffenhändlers lagerten, aber bislang nicht überlassen wurden. Hier gilt die Pflicht zur **nachträglichen** Kennzeichnung.

Grundsätzlich werden beim **Beschuss** nicht nur Stichproben durchgeführt – **jede einzelne Waffe** wird beschossen (beachten Sie Ausnahmen wie Bauartzulassungen etc.). Dies gilt auch für **SRS-Waffen**, die zwar keine Schusswaffe im Sinne des WaffG sind, aber **Munitionsabschussgeräte**, womit sie unter den Begriff der **Feuerwaffe** im Sinne des Beschussgesetzes fallen.[93] Ausgenommen sind SRS-Waffen Kaliber 6 mm Flobert Platz.[94]

Durch die Einzelprüfung gelangen nur Waffen in den Handel, die auf Verwendungssicherheit geprüft wurden. Gleiches gilt nach Arbeiten an der Waffe, bei denen materialschwächende Arbeiten an wesentlichen Teilen vorgenommen wurden oder eine Anpassung eines bereits beschossenen wesentlichen Teiles notwendig war.

6.3 Anbringung der Prüfzeichen

Prüfzeichen sind **an jedem höchstbeanspruchten Teil** der Waffe **dauerhaft sichtbar** anzubringen[95], in der Regel durch Einschlag an den **wesentlichen Teilen** der Waffe.

Wesentliche Teile einer Waffe sind alle Bestandteile, die **notwendig** sind, **um einen Schuss abgeben zu können**. Bei einer **Kurzwaffe** reicht es beispielsweise nicht aus, nur Lauf und Verschluss zu haben – auch das Griffstück ist wesentliche Voraussetzung für die Abgabe des Schusses. Anders verhält es sich mit dem **Magazin** – schließlich ließe sich die Patrone von Hand in das Patronenlager einführen.

Die **höchstbeanspruchten Teile einer Schusswaffe** sind diejenigen, die dem **Gasdruck** ausgesetzt sind, also:

- **Lauf** (auch Austauschlauf, Wechsellauf)
- **Verschluss** („Schlitten")
- **Patronen**- oder **Kartuschenlager**, **Trommeln**, Wechseltrommeln
- **Griffstück** (bei Kurzwaffen)

- **Jedes dieser Teile** erhält ein **Beschusszeichen**. Außerdem muss **auf einem höchstbeanspruchten Teil** der Waffe (nicht auf jedem) das

Ortszeichen aufgebracht werden sowie die codierte oder uncodierte Jahreszahl.

- Die **Jahreszahl** ist zweistellig, uncodiert mit den Ziffern 0 bis 9, codiert mit den entsprechenden Buchstaben A bis K (ohne J). Beispiel: 2005 wäre „05" oder „AF", 2043 wäre „43" oder „ED".

0	1	2	3	4	5	6	7	8	9
A	B	C	D	E	F	G	H	I	K

- Bei einer **Einzelprüfung**, zum Beispiel eines einzelnen Laufes, sind **alle Prüfzeichen** auf diesem einzelgeprüften Stück anzubringen.

Nach Arbeiten an den höchstbeanspruchten Teilen (zum Beispiel nach Verkürzen des Laufes) ist ein **erneuter Beschuss** gesetzlich vorgeschrieben,[96] wenn durch die Arbeiten das **Material geschwächt oder verändert** wurde. Gleiches gilt für Schusswaffen, bei denen ein höchstbeanspruchtes Teil **eingepasst** werden musste oder nicht mit dem für diese Waffe vorgeschriebenen Beschussgasdruck beschossen wurde.

Wird bei der Prüfung ein Mangel an der Waffe festgestellt, wird die Waffe an den Antragsteller zurückgegeben. Diese Rückgabe wird auf der Waffe festgehalten, und zwar in Form des **Rückgabezeichens**. Da es sich beim Rückgabezeichen um einen Teil der Kennzeichnung handelt, die bei bestandener Beschussprüfung auf der Waffe angebracht wird, ist es möglich, den Mangel noch zu beheben. Das **Rückgabezeichen** besteht aus dem **Ortszeichen** des Beschussamtes sowie dem **Jahrescode** – es fehlt nur das **Prüfzeichen**, zum Beispiel „CIP N".

Vorhandene Prüfzeichen sind durch **Einschlagen eines „X"** auf oder neben dem Prüfzeichen zu **entwerten** – das gilt für jedes höchstbeanspruchte Teil der Waffe.[97]

Auf unbrauchbar gemachten Schusswaffen muss ab dem 8. April 2016 nach Maßgabe der „Durchführungsverordnung (EU) 2015/2403 der Kommission" (Deaktivierungsverordnung zur EU-Feuerwaffenrichtlinie) nach Feststellung der Unbrauchbarmachung das Prüfzeichen deutlich sichtbar und nicht entfernbar angebracht werden. Die ursprüngliche Seriennummer der Feuerwaffe ist dabei beizubehalten, bei verschiedenen Teilenummern gilt das für alle Teilenummern. Das vollständige Zeichen wird dabei nur auf dem Rahmen (Griffstück) der Feuerwaffe angebracht, das **Deaktivierungszeichen** („EU") und der **Ländercode** des Landes, in dem die Deaktivierung geprüft wurde (etwa „DE“ für Deutschland) auf allen anderen wesentlichen Teilen angebracht.[98]

Bei einem **Import** von **Softair- oder Paintballwaffen** ist zu beachten, dass der Importeur eine Genehmigung der zuständigen Behörde für die Einfuhr dieser Waffe benötigt - ohne das Prüfzeichen „F im Fünfeck“ handelt es sich um eine erlaubnispflichtige Waffe. Die Einfuhrgenehmigung ist kostenpflichtig. Die Waffe ist einem Beschussamt zur Prüfung vorzulegen.

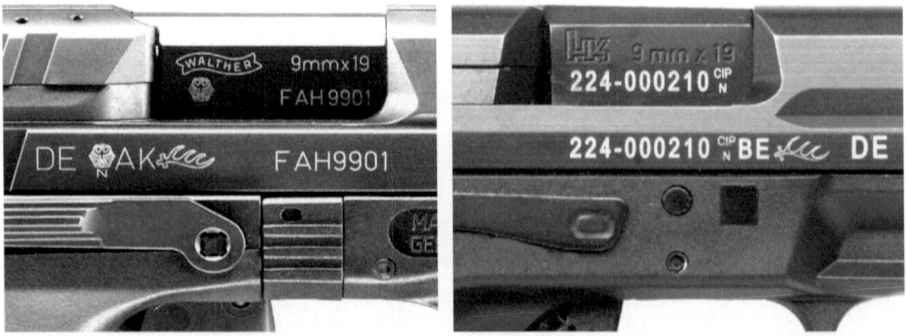

Beispiele für Kennzeichen und Beschusszeichen: Links Pistole Walther P99, Herstellungsland Deutschland, Beschussamt Ulm, „Normaler Beschuss“ (Adler N) im Jahr 2009 (AK), Seriennummer FAH9901, Kaliber 9 mm x 19; rechts Pistole Heckler & Koch SFP 9, Herstellungsland Deutschland (DE), Beschussamt Ulm, „Normaler Beschuss“ (CIP N) im Jahr 2014 (BE), Seriennummer 224-000210, Kaliber 9 mm x 19.

6.4 Kennzeichnung von Munition

Munition muss über einen **Prüfnachweis** verfügen, wenn sie Dritten gewerblich überlassen werden soll – allerdings wird nicht die **einzelne Patrone** gekennzeichnet, sondern **nur die Außenfläche der kleinsten Verpackungseinheit**. Aus diesem Grunde darf Munition gewerbsmäßig nur in der Originalverpackung überlassen werden, in der sie vom Hersteller ausgeliefert worden ist, denn so kann der Erwerber im Handel problemlos erkennen, ob diese Munition geprüft wurde.

Auf der Verpackung müssen neben dem Prüfzeichen („CIP M" mit daneben gesetztem Ortszeichen, vormals Patronensymbol mit Ortszeichen darin) der Hersteller, die Fertigungsserie, die Bezeichnung der Munition sowie die Zahl der enthaltenen Patronen oder Kartuschen angegeben sein. Oftmals sind auch Angaben zur Bewegungsenergie und Mündungsgeschwindigkeit der Geschosse auf der Verpackung zu finden.

Jede **Patronenhülse** muss so gekennzeichnet sein, dass sowohl der **Hersteller** als auch die **Bezeichnung der Munition** abgelesen werden können. Die Kennzeichnung erfolgt auf dem Hülsenboden. Die Kaliberangabe muss CIP-konform sein, militärische Codierungen reichen nicht aus. „**Surplus-Munition**" aus Militärbeständen ist auf dem Hülsenboden mit nicht CIP-konformen Angaben gekennzeichnet und muss daher durch einen nachträglich angebrachten Aufdruck auf der Hülse nachgekennzeichnet werden, bevor sie im Zivilbereich gewerblich überlassen werden darf.

Kennzeichnung auf dem Hülsenboden einer Büchsenpatrone

Die **abweichende Kennzeichnung** einiger Munitionsarten wie Randfeuermunition, Kartuschen- oder pyrotechnischer Munition regelt § 17 BeschussV. Im Falle dieser Munitionsarten kann die Kennzeichnung auf dem Hülsenboden oder durch die Farbe der Kartuschenabdeckung erfolgen. So tragen **Kleinkaliberpatronen** als **Randfeuermunition** auf dem Hülsenboden **nur das Herstellerkennzeichen**.[99] Die Zusätze bei der Kaliberbezeichnung sind von enormer Bedeutung – denn jede Waffe darf nur mit der für sie vorgesehenen Munition geladen werden. Zusätze wie Magnum, Special, Luger oder IS müssen unbedingt beachtet werden.

Anders als bei Schusswaffen erfolgt die **Prüfung von Munition** nur **stichprobenartig** nach Maßgabe der Anlage III der BeschussV. Alle **Lose** eines Herstellers unterliegen dabei einer Fabrikationskontrolle. Der Begriff des Loses ist in der BeschussV für inländische Produktion bestimmt als Gesamtheit einer Munition desselben Typs, der von demselben Hersteller in einer Serie gefertigt wird, ohne Änderung wesentlicher Komponenten.[100]

Munition, die Teil einer **Munitionssammlung** ist oder werden soll, muss keine Zeichen tragen.[101]

Ausgenommen[102] von Zulassungspflicht, Fabrikationskontrolle und regelmäßiger behördlicher Kontrolle sind

- **Treibladungen** nach § 11 Abs. 1 BeschG und
- nicht gewerbsmäßig **wiedergeladene Munition**.

Gleiches gilt für **Beschussmunition** und **Munition für Sammlungen**, sofern grundlegende Sicherheitsforderungen[103] erfüllt werden.

6.5 Ältere Kaliberangaben auf Flinten

Eine abweichende Form der Kaliberangabe findet sich auf älteren Flinten.[104] Die Kaliberangabe wird hier lediglich in Form der nachstehenden Zeichen (Zahl im Kreis) in den Lauf eingeschlagen. Die Zahl steht für die Abmessungen des Lagers und damit der Munition, die verschossen werden darf, sowie des in die WBK einzutragenden Kalibers – die Länge des Patronenlagers kann daneben angegeben sein. Ohne diese Angabe gilt:

Angabe mit Kreis	**Patronen bis Kaliber**
(12)	12/65
(16)	16/65

6.6 Zeichen

Bis 12/2013	Ab 01/2014	
N	CIP N	Normaler Beschuss, Verschießen von Munition mit normalem Gebrauchsdruck
L	CIP N	Normalbeschuss bei Antrieb mit flüssigem (Liquid) oder gasförmigem entzündliches Gemisch oder Treibladung*
J	CIP N	Instandsetzungsbeschuss*
F	CIP N	Freiwilliger Beschuss*
V	CIP S	Verstärkter Beschuss, Verschießen von Munition mit überhöhtem Gasdruck (zB Magnum-Schrot)
SP	CIP PN	Normalbeschuss, Verschießen von Schwarzpulver (SP) (frz. „poudre noir", als Kürzel „PN" gestempelt 1991 bis 2006 unter dem Bundesadler, ab 2014 unter CIP)
B	B	Böllerbeschuss
	CIP	Stahlschrotbeschuss
PTB	CIP T PTB	Zulassungszeichen nach § 7 BeschG (Einsteckläufe, Schussapparate, bestimmte Handfeuerwaffen) mit Nummer der Bauartprüfung (ab 2014 mit Ortszeichen „PTB")
	CIP M	Prüfzeichen für Munition (alt hier: Beschussamt München); Systematik: Prüfzeichen mit Ortszeichen nebenstehend

* Diese Art des Beschusses wird ab 2014 als Normaler Beschuss (CIP N) gekennzeichnet

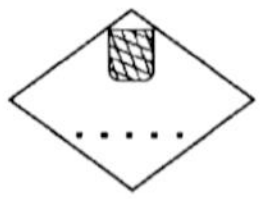	Zulassungszeichen „Bauartgeprüft nach § 9 Abs. 1 BeschG“, zB auf älteren unbrauchbar gemachten Waffen (Systematik: Raute mit Ortszeichen innen und Nummer)
 	Zulassungszeichen „Bauartgeprüft nach § 9 Abs. 2 Nr. 2 - 4 BeschG“ E: Elektroimpulsgerät R: Reizstoffe
	Kennzeichen für Waffen, deren Geschosse nicht mehr als 7,5 Joule Bewegungsenergie erhalten (zB Druckluftwaffe)
 	Prüfzeichen Beschussstelle der Bundespolizeidirektion nach § 1 Abs. 7 BPolZV am Standort St. Augustin, ehemals Grenzschutzpräsidium West Buchstabe B: Erstbeschuss Buchstabe J: Instandsetzungsbeschuss
	Prüfzeichen des Bundesamtes für Wehrtechnik und Beschaffung (BWB) für Beschuss; die Nachfolgedienststelle Bundesamt für Ausrüstung, Informationstechnik und Nutzung der Bundeswehr (BAAINBw) stempelt mit gleichem Symbol und Prüfernummer, aber ohne Schriftzug
	Zulassungszeichen der PTB (Physikalisch-Technische Bundesanstalt) nach § 8 BeschG für bauartgeprüfte Schreckschuss-, Reizstoff-, Signalwaffen
EU DE 2017	Deaktivierungszeichen (EU) am Beispiel einer unbrauchbar gemachten Schusswaffe, in Deutschland (Ländercode DE) im Beschussamt Köln (Ortszeichen) im Jahre 2017 geprüft
	Zulassungszeichen der BAM (Bundesanstalt für Materialforschung und -prüfung) für pyrotechnische Munition nach § 10 Abs. 1 BeschG

6.7 Ortszeichen

Kiel, Schleswig-Holstein
(Nesselblatt des Landeswappens von Schleswig-Holstein)

Köln, Nordrhein-Westfalen
(Die Drei Kronen des Kölner Stadtwappens)

Mellrichstadt, Bayern
(Halbrundschild mit Rautenmuster)

München, Bayern
(Halbrundschild mit erweiterten Spitzen, „Bierschürze")

Suhl, Thüringen
(Sohle mit Hacke aus dem Wappen der Bergbaustadt)

Ulm, Baden-Württemberg
(Geweihstange, Zeichen des Ulm-Vorläufers Oberndorf a.N.)

Hannover, Niedersachsen
(Sachsenross des niedersächsischen Landeswappens)

Physikalisch-Technische Bundesanstalt, Braunschweig

6.8 Beschusszeichen anderer Staaten

Die Beschusspflicht gilt nicht, wenn die Waffe ein gültiges Beschusszeichen eines CIP-Staates trägt. Die **CIP-Staaten** (Commission Internationale Permanente pour l'Epreuve des Armes à Feu Portatives) haben die gegenseitige **Anerkennung der Beschusszeichen** vereinbart. CIP-Staaten sind:

Belgien

Chile

Finnland

Frankreich

Großbritannien

Italien

Österreich

Russland

Slowak. Rep.

Spanien

Tschech. Rep.

Ungarn

Vereinigte Arabische Emirate

Deutschland

> Die abgebildeten Zeichen stehen für Beschussstellen der jeweiligen Staaten; national können verschiedene Beschussstellen tätig werden.

Dies ist insbesondere für Erwerber von Waffen aus den USA oder der Schweiz wichtig – Schusswaffen von Smith & Wesson, Ruger oder Colt, die in Deutschland gehandelt oder verwendet werden, müssen ein deutsches Beschusszeichen oder das eines anderen CIP-Staates tragen.

Die **Beschusszeichen untergegangener Staaten** sind **weiterhin gültig**, wenn der betreffende Staat CIP-Staat war und die Prüfung während jener Zeit erfolgte, in der der Beschuss dieses Staates in der CIP anerkannt war.

7 Das Notwehrrecht

Ein Waffenbesitzer kann in die Situation kommen, dass er sich oder einen anderen Menschen mit seiner Waffe verteidigen muss - ein Beispiel.

Es ist ein heißer Sommertag. Sportschütze Max befindet sich auf der Fahrt zum Schießtraining. Als er an einer Ampel verkehrsbedingt anhalten muss, bemerkt er Schreie. Als er nach rechts blickt, erkennt Max, dass auf einem Spielplatz ein großgewachsener Mann in Armeekleidung eine Axt schwingt. Soeben hat er mit der massiven Waffe einen Stuhl zertrümmert – mehrere Kinder laufen schreiend vor dem Mann davon. Der Mann versucht, die fliehenden Kinder mit der Axt zu treffen – bislang vergebens. Aber es ist nur eine Frage von Sekunden, bis ein Hieb treffen wird.

Max zögert nicht lange und steigt aus seinem Wagen. Er öffnet seinen Kofferraum, den darin liegenden Waffenkoffer, entnimmt seinen Revolver und füllt die Trommel mit sechs Patronen Kaliber .357 Magnum. Max tritt an den Spielplatz heran und ruft den Axtmann an. Der Mann reagiert und wendet sich nun Max zu, geht mit erhobener Axt auf Max los.

In diesem Moment gibt Max einen Warnschuss ab und legt daraufhin auf den Mann an. Beeindruckt von dem Warnschuss lässt der die Axt fallen und flieht.

Wie ist diese erfundene Geschichte rechtlich zu bewerten? Um es kurz zu machen: Max handelt in diesem Falle in Notwehr. Zwar hat er keinen Waffenschein und darf somit in der Öffentlichkeit seine Waffe nicht führen; auch eine Schießerlaubnis liegt nicht vor. Allerdings ist der „wilde Mann“ im Begriff, mit einer Axt andere Menschen tödlich zu verletzen – aus diesem Grunde kann sich Max auf Notwehr (in diesem Falle: Nothilfe) berufen.

7.1 Notwehr

Die **Notwehr** ist, wie der Notstand, im Strafgesetzbuch (StGB) geregelt. So heißt es in § 32 StGB:

(1) Wer eine Tat begeht, die durch Notwehr geboten ist, handelt nicht rechtswidrig.

(2) Notwehr ist die Verteidigung, die erforderlich ist, um einen gegenwärtigen rechtswidrigen Angriff von sich oder einem anderen abzuwenden.

Prüfen wir die Geschehnisse Punkt für Punkt:

Verteidigung: Max hat den Warnschuss abgegeben, um den Axtmann von sich abzuwehren.

Erforderlich: Der Axtmann griff die Kinder an, und nach dem Anrufen Max selbst. Ein Polizist war nicht in der Nähe, und nach Würdigung aller Umstände konnte Max nicht davon ausgehen, den Axtmann anders abwehren zu können.

Gegenwärtig: Der Axtmann bewegte sich auf Max zu, und alle Umstände deuteten darauf hin, dass ein Hieb mit der Axt kurz bevorstand.

Rechtswidrig: Der Axtmann durfte nicht mit der Axt angreifen.

Angriff: Ein Angriff ist jede von einem Menschen ausgehende Gefährdung rechtlich geschützter Interessen. Der bevorstehende Axthieb, der von dem Mann geführt werden würde, gefährdete die Gesundheit, unter Umständen sogar das Leben von Max. Somit lag ein Angriff vor.

Von sich oder einem anderen: Max handelte, um sowohl sich als auch die Kinder zu schützen.

Gerade der letzte Punkt ist für die strafrechtliche Bewertung entscheidend – denn Max ist nicht von vornherein bedroht gewesen. Er hat durch sein Rufen den Axtmann auf sich aufmerksam gemacht und so die Kinder beschützt. Eine Notwehrhandlung, die den *auf andere* gerichteten Angriff abwehrt, wird als **Nothilfe** bezeichnet – inhaltlich entspricht die Nothilfe der Notwehr.

Die Voraussetzungen von Absatz 2 sind also gegeben – fraglich ist jetzt, ob die **Handlung** auch **geboten** war. In diesem Zusammenhang ist auch immer wieder von der „Verhältnismäßigkeit der Mittel" die Rede. Im vorliegenden Fall begeht Max eindeutig eine Straftat - er verletzt also die Rechtsordnung. Stellen Sie sich eine Balkenwaage vor – legen Sie in die eine Schale die Straftat des Max, in die andere die Straftat des Axtmanns. Entscheidend ist jetzt, wessen Tat schwerer wiegt. Im vorliegenden Fall steht der Schuss des Max in die Luft gegen eine mögliche Tötung, in jedem Falle aber eine gefährliche Körperverletzung.

Die Waage wird deutlich zugunsten von Max ausschlagen. Sein Warnschuss war „**unter gleich sicheren Mitteln das mildeste**".

Würde Max nicht handeln, würde er sich im vorliegenden Fall einer **unterlassenen Hilfeleistung** strafbar machen – schließlich verfügt er über die geeigneten Mittel, die bestehende Gefahr für die Kinder abzuwehren. Der Waffenbesitzer wie auch der Waffenträger ist also auch in einer verstärkten

Pflicht zur Hilfeleistung, soweit es ihm zumutbar ist. Verschärftes Beispiel: Wenn der Axtmann mit einer Maschinenpistole um sich schießen würde, wäre es Max nicht zumutbar, sich mit seinem Revolver dem Täter entgegenzustellen.

Nun ein paar Abwandlungen der Geschichte.

Fall 1: Der Axtmann geht auch nach dem Warnschuss weiter auf Max zu und schreit: „Ich bring' dich um!". Er hat die Axt zum Hieb erhoben und ist nur noch zwei Schritte von Max entfernt.

Fall 2: Der Axtmann greift weiterhin die Kinder an und wird mit Sicherheit bald mit einem Axthieb ein Kind schwer verletzen.

Fall 3: Der Axtmann ist kein Axtmann, sondern ein betrunkener, älterer Mann, der nackt ist und eine Bierdose in der Hand hält.

Im Fall 1 kann Max davon ausgehen, dass nur ein gezielter Schuss den Axtmann stoppen kann. Allerdings muss er versuchen, den Angreifer so geringfügig wie möglich zu verletzen, zum Beispiel durch einen Schuss in den Oberschenkel.

Im Fall 2 kann Nothilfe geltend gemacht werden, wenn andere Menschen angegriffen werden. Es gilt die Begründung zu Fall 1.

Fall 3 ist für die Praxis wahrscheinlicher als die beiden anderen – die Notwehr darf hier nicht über einfache körperliche Gewalt hinausgehen. Zwar sind die Voraussetzungen der Notwehr aus § 32 Abs. 2 StGB gegeben, aber mehr als ein Festhalten des trunkenen Nackten (Freiheitsberaubung, Nötigung) wird kaum nötig sein, um die Gefahr von den Kindern abzuwehren.

7.2 Rechtfertigender Notstand

Der **Rechtfertigende Notstand** (§ 34 StGB) entspricht äußerlich dem Notwehrparagraphen. Sein Wortlaut ist sogar noch etwas deutlicher:

„Wer in einer gegenwärtigen, nicht anders abwendbaren Gefahr für Leben, Leib, Freiheit, Ehre, Eigentum oder ein anderes Rechtsgut eine Tat begeht, um die Gefahr von sich oder einem anderen abzuwenden, handelt nicht rechtswidrig, wenn bei Abwägung der widerstreitenden Interessen, namentlich der betroffenen Rechtsgüter und des Grades der ihnen drohenden Gefahren, das geschützte Interesse das beeinträchtigte wesentlich überwiegt. Dies gilt jedoch nur, soweit die Tat ein angemessenes Mittel ist, die Gefahr abzuwenden."

Ob man sich auf Notwehr oder Notstand beruft, ist abhängig von der Gefährdungslage. Nur wenn die **Gefahr von einem Menschen** ausgeht, kann **Notwehr** geltend gemacht werden. Eine **Notstandshandlung** ist dagegen **auch gegen Tiere oder Sachen** gerechtfertigt.

7.3 Entschuldigender Notstand

Neben den Rechtfertigungsgründen Notwehr und Notstand (§§ 32, 34 StGB) gibt es den Entschuldigungsgrund „**Entschuldigender Notstand**", geregelt in § 35 StGB. Der Hintergrund ist die juristische Art und Weise, zu einem Urteil über die Handlung eines Täters zu kommen. Kurzgefasst:

- Es wird geprüft, ob die Tat an sich strafbar ist (Strafbarkeit).
- Es wird geprüft, ob ein Rechtfertigungsgrund vorgelegen hat (meist Notwehr oder Notstand).
- Wenn kein Rechtfertigungsgrund vorgelegen hat, wird die Vorwerfbarkeit der Handlung geprüft.

Der Entschuldigende Notstand nach § 35 StGB ähnelt in seinen Voraussetzungen dem Rechtfertigenden Notstand, lesen Sie selbst den Satz 1:

„Wer in einer gegenwärtigen, nicht anders abwendbaren Gefahr für Leben, Leib oder Freiheit eine rechtswidrige Tat begeht, um die Gefahr von sich, einem Angehörigen oder einer anderen ihm nahestehenden Person abzuwenden, handelt ohne Schuld."

Vergleichen Sie beide Vorschriften – es fehlt offenbar bei § 35 StGB die Einschränkung, dass der Handelnde eine Güterabwägung vornehmen muss. Allerdings, zweiter Unterschied, darf sich die Gefahr nur gegen ihn selbst, einen Angehörigen oder eine ihm nahestehende Person gerichtet haben.

Der § 35 StGB ist also in einem Falle zu prüfen, in dem die „**Verhältnismäßigkeit der Mittel**" offenkundig nicht gewahrt wurde, die Tat dem Handelnden aber eigentlich nicht vorgeworfen werden kann.

7.4 Überschreitung der Notwehr

Damit sind wir auch schon bei der **Überschreitung der Notwehr** (§ 33 StGB) – Verwirrung, Furcht oder Schrecken können den sogenannten „Notwehr-Exzess" auslösen. Darum ist in diesen Fällen eine Überschreitung der Notwehr nicht strafbar. Die **Beweislast** liegt allerdings im Falle der Überschreitung der Notwehrgrenzen beim Handelnden.

7.5 Putativ-Notwehr

Erwähnenswert ist noch die sogenannte „**Putativ-Notwehr**", zu deutsch die „vermeintliche Notwehr". Hier geht man davon aus, dass der Handelnde sich im Recht glaubte, als er den Angriff von sich abwehrte. Nehmen Sie einen Polizisten, der sich plötzlich einem Jugendlichen gegenübersieht, der mit einer Waffe auf ihn anlegt und schreit „Ich knall dich ab, Bulle!". Der Polizist schießt und verletzt den Angreifer. Als die Waffe des Jugendlichen untersucht wird, stellt sich heraus, dass es sich nur um eine täuschend echt aussehende Spielzeugpistole handelt – bedenken Sie in diesem Zusammenhang die Problematik „Anscheinswaffe". Objektiv lag keine wirkliche Bedrohung des Polizisten vor – subjektiv musste er aber davon ausgehen, mit einem tödlichen Angriff konfrontiert zu werden. Darum ist hier nur zu prüfen, ob der Irrtum **vermeidbar** gewesen ist. Gleiches gilt für den **Putativ-Notstand**.

7.6 Grenzen der Notwehr

Grundsätzlich muss der Angriff rechtswidrig sein, und damit scheiden Handlungen von Polizeibeamten oder anderen Berechtigten als abwehrbare Handlung aus. Ebenso muss man **Angriffe von Kindern, Geisteskranken oder Betrunkenen** hinnehmen – bis zu dem Punkt, an dem die eigene Gesundheit gefährdet wird. Hier würde der Entschuldigende Notstand greifen, nicht aber die Notwehr.

7.7 Festnahmerecht

Das **Recht der vorläufigen Festnahme** wird geregelt in § 127 Abs. 1 der Strafprozessordnung (StPO), dem sogenannten „Jedermann-Paragraphen". Er besagt, dass ein auf frischer Tat betroffener Täter festgehalten werden darf, bis obrigkeitliche Hilfe erreichbar ist oder die Identität des Täters zweifelsfrei festgestellt werden kann, etwa indem sich der Täter ausweist.

8 Waffenkunde

8.1 Waffenarten

Die Definition der Begriffe Langwaffe und Kurzwaffe findet sich in der Anlage 1 WaffG. Danach sind **Langwaffen** Schusswaffen, deren Lauf und Verschluss in geschlossener Stellung insgesamt länger als 30 cm sind und deren kürzeste bestimmungsgemäß verwendbare **Gesamtlänge 60 cm überschreitet**. **Kurzwaffen** sind alle anderen Schusswaffen, somit also Waffen, die **höchstens 60 cm** lang sind, oder deren Lauf und Verschluss eine Gesamtlänge von höchstens 30 cm haben. Entscheidend ist das Wort „und" in der Definition der Langwaffe – nur wenn beide Bedingungen, Gesamtlänge der Waffe über 60 cm und Gesamtlänge von Lauf und Verschluss über 30 cm, erfüllt sind, handelt es sich um eine Langwaffe.

Wichtig ist die Unterscheidung in juristischer Hinsicht, da insbesondere beim Erwerb einer Schusswaffe die Einordnung der Schusswaffe entscheidend ist. Während zum Beispiel die Zahl der zu erwerbenden Repetier-Langwaffen für den Sportschützen praktisch nicht beschränkt ist, sieht der Gesetzgeber zunächst zwei mehrschüssige Kurzwaffen für Patronenmunition als angemessene Höchstmenge für den Sportschützen an – will der Sportschütze dieses Kontingent überschreiten, muss er sein Bedürfnis besonders begründen.

Die Langwaffen werden in **Flinten** und **Büchsen** unterteilt, diese Gruppen wieder in **Einzellader**, **Repetierwaffen** und **Automaten**. Zu beachten sind die zur Jagd gebräuchlichen **Kombinierten Waffen** mit glatten und gezogenen Läufen im Laufbündel. Bei einer Unterteilung nach Verschlussarten wird zwischen Systemen mit starren Läufen und mit Kippläufen unterschieden. Fast alle Langwaffen verfügen über einen Single-Action-Abzug, weshalb eine Unterscheidung nach Abzugsarten hier nicht notwendig ist. Ist ein Waffentyp nicht einem bestimmten Begriff nach Anlage 1 WaffG zuzuordnen, etwa ein **Revolvergewehr**, sind **Analogien** zu bilden – im Falle des Revolvergewehrs die sinnvolle Einordnung als Repetierlangwaffe. Die **Kurzwaffen** teilen sich auf in **Pistolen** und **Revolver**, die wiederum nach den **Abzugsarten** unterschieden werden.

Beachten Sie zu den unterschiedlichen Arten von Schusswaffen auch die ausführlichen Darstellungen in den **Bestimmungstafeln** ab Seite 62.

8.1.1 Einzellader

Einzellader verfügen nicht über eine Vorrichtung, die eine automatische oder manuelle Zuführung von Munition in das Patronenlager ermöglicht. Dazu muss in der Regel der Verschluss händisch geöffnet werden, die Patrone eingelegt und der Verschluss wieder verriegelt werden.

Auch eine Doppelflinte oder ein Drilling sind Einzellader im Sinne des Waffengesetzes, da aus jedem Rohr nur ein einziger Schuss abgegeben werden kann und dann per Hand nachgeladen werden muss. Gleiches gilt für **Vorderladerwaffen**.

Im Bereich der Langwaffen findet man Einzellader hauptsächlich im Bereich der Jagdwaffen und der Kleinkaliber-Matchbüchsen, bei den Kurzwaffen vereinzelt im Bereich der Matchpistolen zum Silhouettenschießen. Ein klassischer Einzel-, weil Vorderlader, ist der ein- oder zweiläufige **Terzerol**, eine besonders kleine Pistole.

8.1.2 Repetierwaffen

Repetierwaffen führen einen Vorrat an Munition in einem Magazin mit. Das Magazin ist entweder fest in die Waffe eingebaut, beispielsweise als Röhrenmagazin unter dem Lauf, oder kann von außen zugeführt werden.

Der Verschluss wird durch manuelle Betätigung eines Kammerstengels, Vorderschaftes oder Unterhebels entriegelt und geöffnet. Die leere Hülse wird ausgezogen und abgeworfen, und beim Verschließen wird die nächste Patrone mitgenommen und in das Patronenlager geführt.

Repetierbüchsen gelten im Vergleich zu Halbautomaten als präziser. Zudem sind automatische Waffen im Bereich der Jagd nicht immer gern gesehen. Auch hinsichtlich der Sicherheit bieten Repetierer einen Vorteil – der Schütze entscheidet durch seine Handbewegung selbst, wann die Waffe wieder schussbereit ist, bei einem Automaten übernimmt das die Waffe.

8.1.3 Automatische Waffen

Bei automatischen Waffen sorgen der Rückstoß des Geschosses oder der am Lauf abgenommene und zurückgeführte Gasdruck nach Schussabgabe für die Repetierbewegung des Verschlusses (siehe Ausführungen ab Seite 189). Die ursprünglich als „Selbstlader" bezeichneten Waffen sind vorwiegend im militärischen und sportlichen Bereich anzutreffen. Unterschieden werden Vollautomaten (bei einmaliger Betätigung des Abzugs mehrere

Schüsse) und Halbautomaten (bei jeder Betätigung des Abzugs wird nur ein einziger Schuss abgegeben).

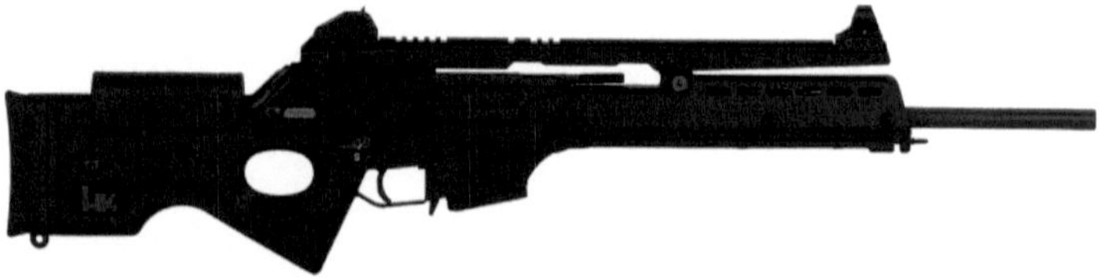

Jäger dürfen Halbautomaten verwenden, aber im Moment des Schusses auf das Wild darf die Waffe mit höchstens drei Patronen geladen sein. Bei sonstigem Schießen mit der Waffe, etwa auf dem Schießstand oder beim Ein- und Anschießen im Revier, gilt die Beschränkung auf drei Patronen nicht.

Für **Sportschützen** gilt beim sportlichen Schießen mit halbautomatischen Langwaffen eine Magazinbeschränkung auf zehn Patronen. Zudem ist § 6 AWaffV zu beachten, der bestimmte halbautomatische „**Klone**" aktueller Militärwaffen vom sportlichen Schießen ausschließt, wenn sie nicht bestimmte Anforderungen erfüllen, etwa eine Mindestlauflänge von 40 cm.[105]

8.1.4 Langwaffen

8.1.4.1 Flinte

Flinten sind **Langwaffen mit glattem Lauf**. Die Patrone wird in das Rohr eingeführt und die **Vorlage** („Schrotladung") beim Schuss ohne die Einwirkung von Zug und Feld, also ohne Drall, durch das Rohr getrieben.

Die Entwicklung der **Würgebohrung** („Choke") sorgte für kleinere Streukreise. Schon eine gleichmäßige geringe Verkleinerung des Rohrdurchmessers vom Patronenlager bis zur Mündung („konzentrische" oder „verbesserte Zylinderbohrung") verbessert die Trefferleistung um 25 Prozent.

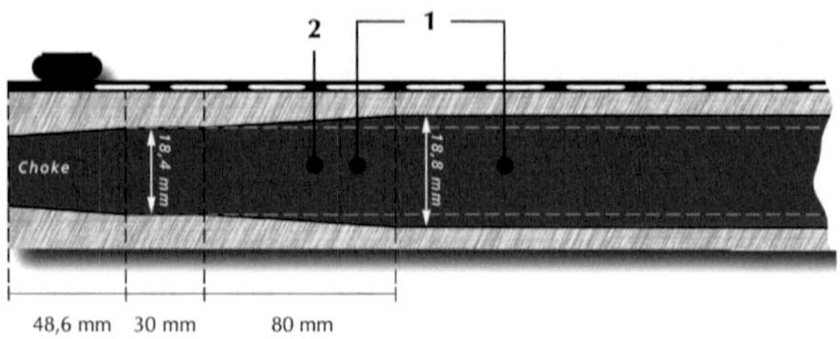

Die heute gebräuchliche Choke-Würgebohrung verengt den Lauf erst auf den letzten Zentimetern, indem meist Choke-Einsätze in die Mündung eingeführt werden. Der Choke verengt zunächst den Lauf und läuft dann zylinderförmig zur Mündung aus. Der Streukreis wird deutlich verkleinert.

Die zuvor im schematischen Querschnitt dargestellte **Tribore-Choke-Flinte** der Firma Rottweil verfügt über eine Choke-Kaskade mit zwei Verengungen vor der Laufmündung – der Lauf verengt sich bei diesem Modell zwischen Patronenlager und erstem Choke nicht. Zwischen erstem und zweitem Choke liegt ein weiterer zylinderförmiger Abschnitt. Der sanfte Übergang (Punkte zu 1) sorgt für höhere Geschwindigkeit der Schrote, die Verengung an Punkt 2 für eine verbesserte Deckung der Garbe, weil die Schrote weniger stark verformt werden.

Allerdings gibt es auch Anwendungen der Flinte, die einen größeren Streukreis erfordern, als er von einem zylindrischen Flintenlauf erzeugt werden kann, zum Beispiel das Skeet- oder Wurftaubenschießen. Bei einer Skeet-Bohrung wird der Lauf direkt nach der Verengung wieder erweitert. Durch dieses „erst enger, dann weiter" ergeben sich auf geringe Entfernung große, gleichmäßige Streukreise.

Selbst **Flintenlaufgeschosse** erzielen bei Verwendung eines Normal-Chokes (s. u.) bessere Trefferbilder – beachten Sie dazu auch die Ausführungen auf Seite 229.

Flinten mit **Wechselchokes** geben Sportschützen die Möglichkeit, die Läufe der jeweils gestellten Aufgabe anzupassen. Sie werden im Mündungsbereich eingeschraubt und ersetzen die Würgebohrung des Laufes.

Neben der schon dargestellten verbesserten Zylinderbohrung mit ihrer schwachen Verengung sind folgende Bohrungsarten üblich:

- Normal-Choke (kegelförmige Verengung kurz vor Laufmündung, auf den letzten Zentimetern dann wieder zylinderförmiger Lauf)
- Spitzbogen-Choke (bogenförmiger Verengung vor der Laufmündung ohne zylindrische Fortsetzung)
- Skeet-Choke 2 (wie Normal-Choke mit verlängertem, also weniger steil verlaufendem Kegel)

Wenn sich der Lauf vor der Mündung nicht verengt, sondern erweitert, spricht man von einer **Lauferweiterung**. Auch sie hat Einfluss auf die Garbenstreuung und wird als „verkehrter Choke“ oder Glocken-Choke bezeichnet, die zu einer größeren Streuung führt. Auch der Skeet Choke 1 zählt zu Lauferweiterungen – hier verengt sich der Lauf zunächst, wird dann aber auf den letzten Zentimetern erweitert und sorgt für eine größere Streuung, die beim Wurftaubenschießen auf kurze Distanzen hilfreich ist.

Neben der schon angesprochenen Form der Bohrung ist auch die **Stärke der Bohrung** entscheidend für die Streuung der **Schrotgarbe**. Man spricht in diesem Zusammenhang auch von **Trefferleistung** und beschreibt damit einen **prozentualen Wert**, der sich aus der Zahl der Schrote, die nach dem Schuss ein definiertes Ziel (75 cm Durchmesser auf 35 m Entfernung) treffen, im Verhältnis zu den Schroten, die insgesamt in der Garbe enthalten waren, ergibt.

Die Einteilung und Trefferleistungen der Chokes (Mittelwerte):

Vollchoke	*	Laufverengung 0,875 mm	70 %
¾-Choke	**	Laufverengung 0,76 mm	65 %
½-Choke	***	Laufverengung 0,45 mm	60 %
¼-Choke	****	Laufverengung 0,25 mm	55 %
Verbesserte Zylinderbohrung	*****	bis 0,1 mm auf Lauflänge	50 %
Zylinderbohrung		keine Verengung	40 %

Ein Schrotschuss auf Kleintiere bewirkt einen Nervenschock beim getroffenen Stück. Es tötet also nicht das Eindringen eines Geschosses und das Verletzen wichtiger Organe, sondern das mehrfache Aufschlagen kleiner Geschosse, die das Nervensystem der Kreatur überlasten und zum Tode führen.

Bei Kipplaufflinten erfolgt das Spannen des Abzugs durch ein Abkippen des Laufes. Bei einigen Modellen sorgen **Ejektoren** für schnellen Auswurf der abgeschossenen Patronenhülsen. Ejektoren sind durch ihre geteilte Bauform von sogenannten **Ausziehern** zu unterscheiden, die die Hülsen bei dem Öffnen der Waffe etwas vorschieben, um die abgeschossenen Hülsen leichter entnehmen zu können.

Ein **Polychoke** wird an der Mündung einläufiger Flinten montiert, nicht im Lauf, sondern über den Lauf gezogen. Er kann mehrstufig in seiner inneren Form verändert werden und bietet so eine variable Choke-Einrichtung, die ohne großen Aufwand zu montieren ist.

8.1.4.2 Büchse

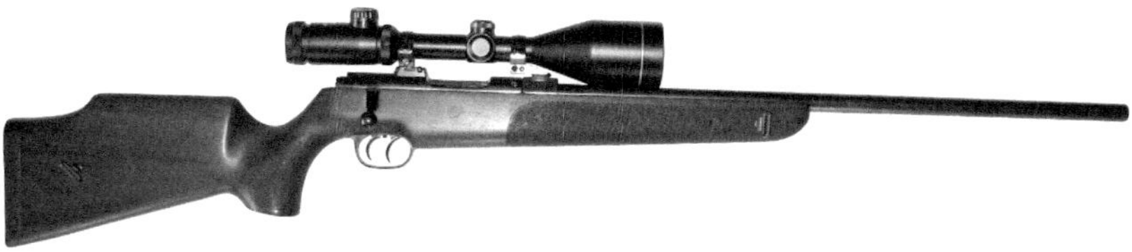

Eine Büchse verfügt im Gegensatz zur Flinte über einen gezogenen Lauf. Auch Langwaffen mit Polygonlauf werden Büchsen genannt.

Beachten Sie bei der abgebildeten Waffe die doppelte Ausführung der Züngel, den **Stecher** („Stechschloss“). Er ermöglicht es, den Abzugswiderstand auf ein Minimum zu reduzieren. Beim „Deutschen Stecher“ wird dazu zunächst der hintere Abzug bis zum Einrasten zurückgezogen, die Schussabgabe erfolgt dann nach Betätigung des vorderen Abzugs. Mehr zum Stecher lesen Sie im Kapitel 8.2.1.

8.1.4.3 Kombinierte und mehrläufige Waffen

Kombinierte Waffen sind **Jagdwaffen**. Sie verfügen in der Regel über mindestens zwei verschiedene Laufarten und mindestens zwei Kaliber. Sie sind im Jagdbereich anzutreffen, zum Beispiel als Kombination aus glattem Flintenlauf und gezogenem Büchsenlauf übereinander, der **Bockbüchsflinte**. Die Bezeichnung „Bock" leitet sich vom Aufbocken der Läufe ab, im Gegensatz zur früher üblichen Anordnung nebeneinander.

Ein Phänomen dieser Waffen ist das **Klettern**. Es entsteht, wenn sich ein Lauf aufgrund von Wärme ausdehnt, der mit ihm verbundene zweite Lauf aber unverändert bleibt und so das Laufbündel „verbogen" wird. Durch die feste (gelötete) Verbindung der Läufe wird sich der benutzte (erhitzte) Lauf zumindest an der Seite, die der Laufschiene gegenüberliegt, ausdehnen. Das Schussbild ändert sich – wird bei einer Bockbüchsflinte nur der untere (erste) Lauf verwendet, „klettert" die Treffpunktlage. Insbesondere beim Einschießen von Büchsen mit Optik muss das Klettern durch längere Abkühlphasen der Waffe geringgehalten werden – schließlich wird auf der Jagd auch nicht mit dem heißen Lauf angesessen.

Die Auswahl des Laufes, aus dem der Schuss abgegeben werden soll, erfolgt mittels eines Schiebers oder durch den Einsatz zweier Abzüge (siehe nachfolgende Abbildungen, Gesamtansicht und Ausschnitt Abzug). Beachten Sie auch die Ausführungen zum Stecherabzug im Kapitel 8.2.1.

Kombinierte Waffen werden ausschließlich als Kipplaufsysteme angeboten. Neben der beschriebenen Bockbüchsflinte gibt es die verschiedensten Kombinationen von Flinten- und Büchsenläufen, darunter der **Doppelbüchsdrilling** (ein Flintenlauf, zwei Büchsenläufe) und der klassische **Drilling** (zwei Flintenläufe mit einem zusätzlichen Büchsenlauf).

Die Kombinationen von gleichen und verschiedenen Läufen, sogenannte **Laufbündel**, finden Sie in diesem Buch ab Seite 85.

Das Gehäuse von Kipplaufgewehren, in dem das Abzugssystem und die Verriegelung untergebracht sind und an dem der Kolben befestigt ist, wird **Basküle** genannt, auch Kasten oder **Verschlusskasten**.

Bei einem Drilling muss der Schütze in der Lage sein, schnell die Läufe auszuwählen, auf die der Doppelabzug wirken soll. Die hier abgebildete Waffe (Merkel Drilling mit System 96) nutzt einen **Dreistellungsschieber**, der auf dem **Kolbenhals** der Waffe positioniert ist.

In der **hinteren Position** (Bild 1) ist die Waffe sicher – die oberen Läufe sind gesichert, das Schloss für den unteren Lauf ist entspannt. Befindet sich der Schieber in der **mittleren Position** (Bild 2), sind die (vorgespannten) Schlosse der oberen Läufe entsichert und könnten durch Betätigung der Abzüge Patronen im rechten (vorderer Abzug) und linken Lauf abfeuern. Wird der Schieber in die **vordere Rast** (Bild 3) geführt, wird das Schloss des unteren Laufes gespannt (**Handspanner**) und zugleich das Schloss des rechten oberen Laufes gesichert – nun löst der vordere Abzug den unteren Lauf aus, der hintere Abzug den Lauf oben links.

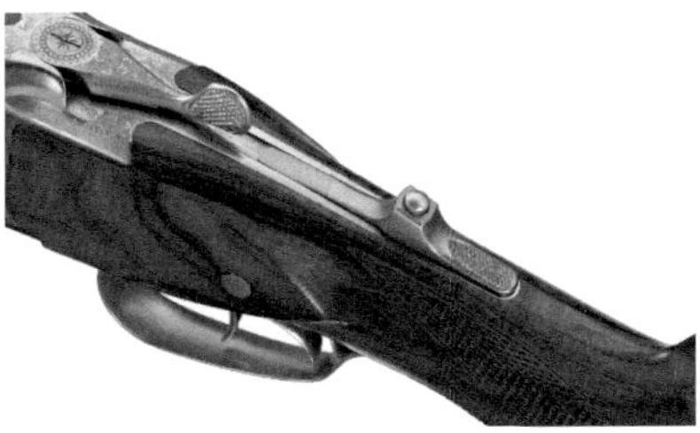

Bild 1

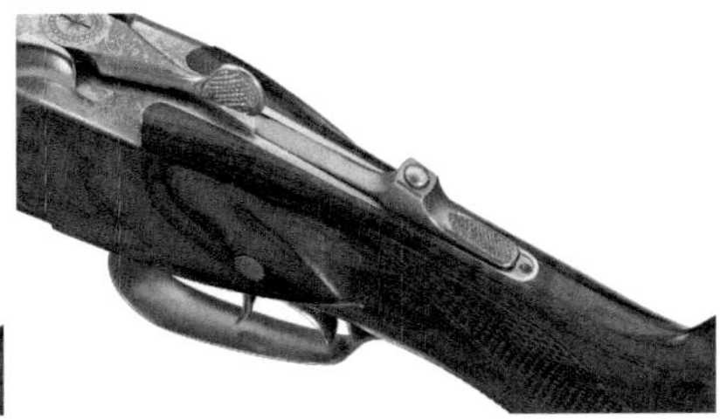

Bild 2

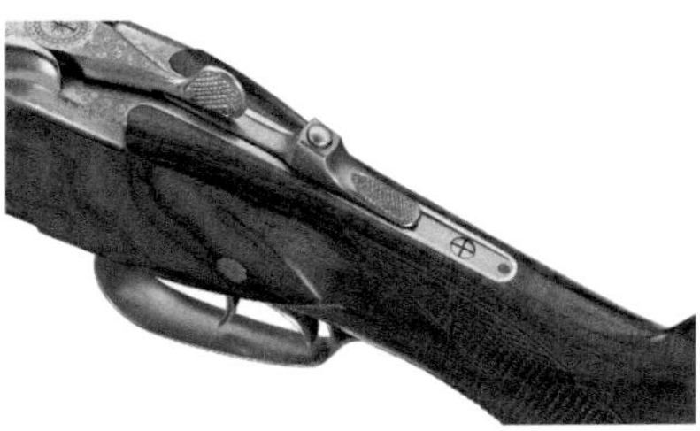

Bild 3

Beachten Sie: Bei anderen Drillingen kann der Schieber in zwei Positionen einrasten. Dann handelt es sich meist um **Selbstspanner** – die Läufe sind gesichert (hintere Stellung) oder im entsicherten Zustand mittels des vorderen Abzugs (Einabzug, der auf die Schrotläufe wirkt) und hinterem Abzug (für Kugellauf unten) abzufeuern.

8.1.5 Kurzwaffen

Weder Pistole noch Revolver sind im WaffG als Waffenart definiert, auch verwendet das Gesetz beide Begriffe nicht. Stattdessen werden zB in § 14 Abs. 5 WaffG mehrschüssige Revolver und halbautomatische Pistolen, die zum Verschießen von Patronenmunition bestimmt sind, als *mehrschüssige Kurzwaffen für Patronenmunition* in dieser Bestimmung beschrieben.

8.1.5.1 Pistole

Pistolen sind in der Regel **halbautomatische Waffen**. Aufbau und Funktion sowie die verschiedenen Abzugsarten werden im Kapitel „Waffentechnik" ab Seite 169 am Beispiel der SIG-SAUER P 220 ausführlich dargestellt. Diese Abbildung zeigt eine SIG-SAUER P 228.

Bei der Auswahl der für Sie geeigneten Pistole sollten Sie die in Frage kommenden Modelle bezüglich Ihres Griffs und der Visierung überprüfen. Je nach Handgröße und Fingerlänge scheiden einige Pistolenmodelle schon aufgrund persönlicher Merkmale des Schützen aus. Hier kann das Austauschen der Griffschalen helfen.

Zentrales Auswahlkriterium ist das Einsatzgebiet. Pistolen für das **sportliche Schießen** sollten über einen für diesen Verwendungszweck geeigneten Abzug verfügen sowie über eine gute Visierung nebst entsprechender Visierlänge. **Gebrauchspistolen** zur Verteidigung sollten dagegen kompaktere Maße aufweisen, über eine hohe Magazinkapazität verfügen und möglichst mit einem DAO-Abzug (siehe Seite 182) ausgestattet sein.

8.1.5.2 Revolver

Vor Einführung der Pistole waren Revolver für Patronenmunition die Waffe der Wahl, wenn der Schütze in der Lage sein wollte, ohne nachzuladen mehrmals nacheinander zu feuern und danach schnell wieder zu laden.

Aufbauend auf den Modellen von Smith & Wesson entwickelten deutsche Ingenieure den sogenannten **Reichsrevolver**, der die zuvor genutzten Perkussionswaffen ersetzte und in der Folge durch die Pistole 08 abgelöst wurde.

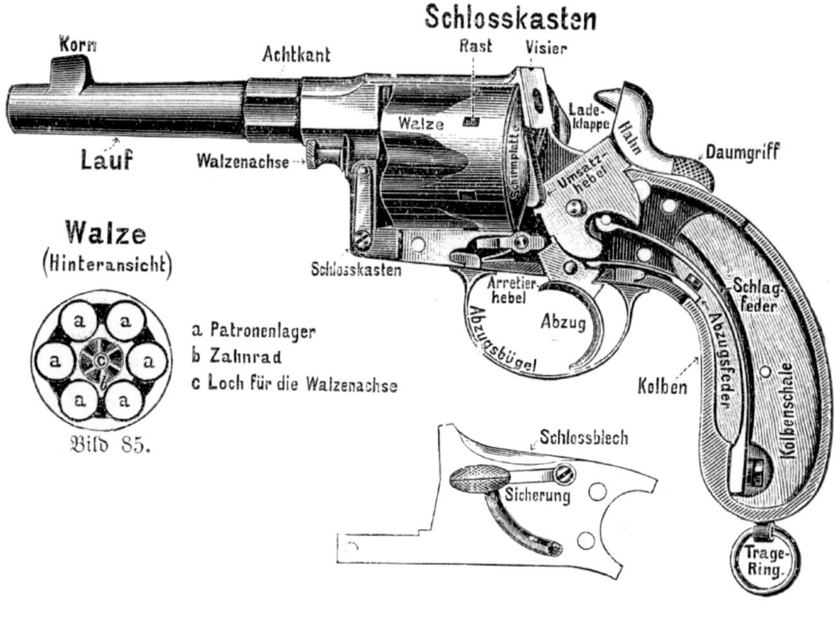

Bild 85.

Bei den Revolvern kommen heute meist Modelle mit **ausschwenkbarer Trommel** zum Einsatz, die nach Betätigung eines meist seitlich angebrachten Daumenschiebers ausgeschwenkt werden kann. Das Bauteil, an dem die Trommel durch die Trommelachse drehbar befestigt ist und nach Freigabe ausgeschwenkt werden kann, wird als **Kran** bezeichnet. Bei Modellen mit **fest montierter Trommel** können die Patronen durch eine **Ladekammer** (schwenkbare Klappe der Schirmplatte hinter der Trommel) oder durch **Kippen** von Lauf und Trommel zugeführt und entnommen werden.

Grundsätzliches Problem aller Revolver ist der **Trommelspalt**, der Abstand zwischen der Trommel und dem **Übergangskonus** des Laufes – ein Problem, das man bei Waffen mit einem Patronenlager als Teil des Laufes nicht kennt. Durch den Trommelspalt können die Gase entweichen, der Gasdruck also stark abfallen - der Spalt sollte darum möglichst klein sein.

Die Entwicklung **gasdichter Revolver** mit einer beweglichen Trommel, die sich durch eine Bewegung auf der Laufachse über das Laufende schob, um eine gasdichte Verbindung zu ermöglichen, war nicht zielführend.

Neben dem Trommelspalt haben Revolver ein weiteres konstruktives Problem: Es muss gewährleistet sein, dass die Trommel im Moment des Schusses exakt so gestellt ist, dass die **Seelenachsen** des gerade genutzten Patronenlagers (als Teil der Trommel) und des Laufes eine gemeinsame Flucht haben, also eine Linie bilden. Hinsichtlich der Höhe der Seelenachsen ist das weniger ein Problem als bei der Frage, ob die Trommel in ihrer Drehbewegung Spiel hat und dadurch aus dieser gemeinsamen Flucht der Seelenachsen läuft. Je größer das Trommelspiel ist, desto größer ist die Gefahr, dass bei Abgabe des Schusses Teile des Geschossmantels beim Eintritt in den Konus förmlich abgehobelt werden, was die Schussleistung der Waffe deutlich verschlechtert. Im Umkehrschluss ist eine geringe Abweichung der Seelenachsen ein qualitatives Merkmal eines Revolvers – man spricht hier auch von Bewegungsbestimmung oder Timing.

Die Trommelbewegung wird durch das Zurückziehen des Hahnes oder durch den Spannabzug erzeugt, indem zunächst der **Mitnehmer** schräg in einen kleinen **Zahnkranz** auf der Ausstoßerseite der Trommel hineinstößt und die Trommel dadurch zu einer Drehung zwingt.

Die **Hohlkehlen** auf der Außenseite der Trommel zeigen deren **Drehrichtung** an - die Trommel dreht sich immer in Richtung dieser Hohlkehlen, weil über diese Schrägung die **Sperrklinke** der Trommelsperre an der Trommelwandung besser entlanggleiten und am Ende in die **Sperrnut** (in der Skizze als „Rast“ bezeichnet) fallen kann. Ein sechsschüssiger Revolver hat eine Trommel mit sechs Sperrnuten mit jeweils einer Hohlkehle, die das Hineingleiten der Sperrklinke in die Nut erleichtert.

Sobald die im unteren Bereich des Rahmens federnd gelagerte Sperrklinke in die Sperrnut gestoßen ist, wird die Trommel fixiert, im Idealfall liegen die Seelenachse (theoretische Mittelachse) von Lauf und der davor liegenden Kammer der Trommel in einer gemeinsamen Flucht. Die Sperrklinke ist verantwortlich für eine gute Bewegungsabstimmung – ist sie schlecht konstruiert oder abgenutzt, können die beschriebenen Probleme auftreten.

Informationen zu den **Abzugsarten** der Revolver lesen Sie ab Seite 183.

8.2 Waffentechnik

8.2.1 Abzug

8.2.1.1 Grundlagen

Der Abzug ist ein kleiner, aber sehr wichtiger Bestandteil jeder modernen Schusswaffe. Hier findet der entscheidende Kontakt von Schütze und Waffe statt, überträgt sich der Wille zum Schuss und die Kraft des Abzugsfingers auf die Mechanik im Innern der Waffe, die den Schuss auslöst. Die vom Abzug aktivierte Baugruppe wird **Schloss** genannt. Befindet sich die komplette Abzugsmechanik einer Waffe in einer Baugruppe, die vollständig aus dem Griffstück einer Waffe entnommen werden kann, so dass nur der Griff als solcher übrigbleibt, wird die Baugruppe als **Rahmen** bezeichnet.

Ob man sich für einen Stecherabzug entscheidet, der bereits bei leichtester Berührung den Schuss brechen lässt, oder einen Double-Action-Only-Abzug wählt, um die Waffe im Personenschutz erst im Moment der Schussabgabe zu spannen und so das Risiko einer ungewollten Schussabgabe zu verringern, ist immer eine Frage des Einsatzgebietes.

Betrachten wir zunächst moderne Pistolen und Revolver. Die technisch ältere Methode ist der **Single-Action- oder SA-Abzug**. Indem man den Abzug durch Zurückziehen des **Züngels** betätigt, löst sich der Schlaghebel, der zuvor per Hand gespannt werden muss, und der Schuss wird abgegeben. Western-Revolver sind typische SA-Waffen.

Anders beim **Double-Action-** oder **DA-Abzug**, auch **Spannabzug** genannt – hier wird der Abzug dazu genutzt, um die noch nicht gespannte Schlagfeder des Schlaghebels erst zu spannen und dann freizugeben, so dass bei geladener Waffe der Schlagbolzen in die Zündkapsel vorstoßen und die Patrone zünden kann. Der DA-Abzug wirkt bei bereits vorgespanntem Schlaghebel wie ein SA-Abzug.

Der Vorteil eines DA-Abzuges ist die hohe Sicherheit des Waffenträgers bei gleichzeitig schneller Schussmöglichkeit. So kann bei der im nachfolgenden Kapitel dargestellten **DA-Pistole** SIG Sauer P 220 nach dem ersten Repetieren des Verschlusses der Entspannhebel betätigt werden, um eine ungewollte Schussabgabe zu verhindern. Der Schlaghebel liegt dann entspannt vor dem gesicherten Schlagbolzen. Sollte der Waffenträger jetzt zu einem schnellen Schuss gezwungen sein, kann er die Waffe in Anschlag bringen und ohne Durchladen oder manuelles Spannen des Schlaghebels direkt den DA-Abzug betätigen und schießen. Gleiches gilt für **DA-**

Revolver, nur entfällt bei diesen ein einleitendes Repetieren – bei einer vollständig gefüllten Trommel befindet sich stets eine Patrone in der nächsten Kammer, die bei Betätigung des DA-Abzugs vor den Lauf geführt wird.

Als besonders sicher gelten Kurzwaffen, die über einen **Double-Action-Only-Abzug (DAO)** verfügen. Hier kann der Schlaghebel nur durch den Abzug gespannt werden, was die Sicherheit des Schützen und seiner Umgebung erhöht.

Insbesondere bei Jagdbüchsen kommt das **Stechschloss** mit dem **Stecher** zum Einsatz. Nach dem *Einstechen* genannten ersten Betätigen des Stechschlosses ist das zur Abgabe des Schusses erforderliche Abzugsgewicht so herabgesetzt, dass ein Abzugsfehler und damit ein Verreißen der Waffe im Prinzip nicht möglich ist. Unterschieden werden **Deutscher Stecher** (zwei Züngel; Einstechen mit dem hinteren Züngel, Schussabgabe mit dem vorderen Züngel), **Französischer Stecher** (Rückstecher, auch **Kombiabzug**; ein Züngel; nach dem Vorschieben des Züngels und fühlbarem Einrasten kann die Schussauslösung durch leichten Druck erfolgen) und **Mehrfachstecher** (Einsatz in Sportwaffen; sehr empfindlich). Alle genannten Systeme können auch ohne vorheriges Einstechen einen Schuss auslösen, allerdings ist das dafür nötige Abzugsgewicht verhältnismäßig hoch.

Um bei einer kombinierten Waffe die Läufe einzeln abfeuern zu können, bedarf es in der Regel mehrerer Züngel. Dabei löst der vordere der beiden Züngel dieses **Doppelabzugs** den unteren (rechten) Lauf aus, der hintere den oberen (linken).

Der Doppelabzug steht trocken, ist also ohne Vorweg sofort abzuziehen. Dabei unterscheiden sich die Abzugsgewichte – der vordere Abzug ist meist etwas leichter eingestellt als der hintere.

Auch **Drillinge** (Waffe mit drei Läufen) verfügen meist nur über einen Doppelabzug. Hier bedarf es einer zusätzlichen Auswahl der Läufe, auf die das jeweilige Züngel wirken soll (siehe auch Seite 165).

Der **Einabzug** findet sich bei doppelläufigen Gewehren, meist bei Doppelflinten. Anders als bei Schlossen mit zwei Züngeln, die unabhängig voneinander die Läufe abfeuern, ist der Einabzug in der Lage, die Läufe nacheinander abzufeuern. Nach Abgabe des ersten Schusses schaltet das Schloss auf den zweiten Lauf um, der Abzug ist wieder zur Schussabgabe bereit. Die Reihenfolge der Läufe beim Schuss kann bei entsprechend ausgestatteten Waffen eingestellt werden. Standard ist bei Bockflinten (Läufe liegen übereinander) die Reihenfolge „unten – oben“, um die Belastung der

Verriegelung geringer zu halten; bei Querflinten mit Einabzug ist die Reihenfolge „rechts – links", aus Sicht des Schützen, womit als Merkhilfe auch die Straßenverkehrsregel „rechts vor links" dienen kann.

Bei einem **Druckpunktabzug** bewegt sich der Abzugsfinger bis zu einem Druckpunkt, der überwunden werden muss, um den Schuss brechen zu lassen.

Der trocken stehende **Flintenabzug** hat keinen Vorweg, durch den der Abzug zu ziehen ist. Er löst unmittelbar aus, wenn der Schütze die Kraft aufgebracht hat, um den Schuss brechen zu lassen. Dieser Abzug eignet sich besonders für den schnellen Schuss.

Der **Feinabzug** ist eine besondere Art des Flintenabzugs, der vor allem bei Jagdbüchsen zum Einsatz kommt. Er hat wie der Flintenabzug keinen Vorweg, steht also trocken, erfordert aber nur rund ein Drittel der Abzugskraft.

Ein weiteres Unterscheidungsmerkmal bezieht sich auf die Art und Weise des Spannens der Schlosse.

Typische **Selbstspanner** sind **Kipplaufwaffen**, etwa die klassischen Bockflinten. Hier spannt die Bewegung der Läufe beim Öffnen (das **Brechen** oder **Auskippen** der Waffe) über Hebel auf verschiedene Arten die Schlosse. Waffen mit **Zylinderverschluss**, bei denen manuell repetiert wird, aber eine Spannung des Abzugs von Hand nicht nötig ist, sind Selbstspanner. Im Grunde sind auch Halbautomaten (Ausnahme: Double-Action-Revolver, diese sind keine halbautomatischen Waffen) Selbstspanner, da die Verschlussbetätigung die Schlosse spannt.

Als **Handspanner** bezeichnet man solche Jagdgewehre, deren Schlosse erst durch einen Seitenhebel oder einen Schieber (auch Hahn) von Hand gespannt werden. Das entspannte, ungesicherte Schloss bietet dabei mehr Sicherheit als das zwar gesicherte, aber gespannte Schloss – versagt die Sicherung, weil etwa die Sicherheitsrast durch ihr Alter abgenutzt ist oder ein Teil des Schlosses bricht, kann sich der Schuss trotz Sicherung lösen. Diese Gefahr besteht nicht, wenn zunächst das Schloss gespannt werden muss.

Der Abzug ist, wie schon zu Beginn des Kapitels dargestellt, ein besonders wichtiges Bauteil jeder Waffe. Das gilt insbesondere für den zuvor dargestellten Sicherheitsaspekt. Außerhalb des statischen Schießens, ob man nun das Wurftaubenschießen, die Jagd oder den Einsatz der Waffe zu Verteidigungszwecken betrachtet, ist der Abzug bzw. seine Funktionalität ein entscheidendes Leistungsmerkmal jeder Waffe. Ist der Schütze bei der Jagd auf ein rasches Reagieren der Waffe, also auf schnelles und sicheres Auslösen angewiesen, ist ein trocken stehender Abzug eine gute Wahl – allerdings sollte aus Gründen der Sicherheit ein vergleichsweise hohes Abzugsgewicht gewählt werden, um ein unbeabsichtigtes Auslösen zu verhindern. Dies ist auf dem Schießstand nicht nötig, hier kann ein geringeres Abzugsgewicht die Leistung des Schützen verbessern. Bei einem praktischen Einsatz der Waffe im Personenschutz darf dagegen zu keiner Zeit das Risiko einer ungewollten Schussauslösung bestehen, während die Waffe zugleich unmittelbar schussbereit sein muss, um auf einen Angreifer reagieren zu können – das manuelle Betätigen von Sicherungen wäre da unter Umständen ein tödliches Risiko.

Die Wahl der Waffe ist somit auch immer eine Wahl des Abzugs – und der sollte dem Schützen, neben dem Aspekt der Sicherheit, auch gut „am Finger liegen". Hier spielt der Abzug eng mit der Form des Handgriffs zusammen. Moderne halbautomatische Pistolen für den Polizeibereich werden bereits mit Umbausätzen geliefert, die ein Anpassen des Griffs an die Größe der Hand ermöglichen. Und auch der Abzug kann bei solchen Waffen (zB Heckler & Koch P 30, Walther P 99) bei der Bestellung speziell ausgewählt werden. Welcher Abzug den Wünschen und Bedürfnissen des Schützen dabei am nächsten kommt, kann nur ein intensives Ausprobieren der verschiedenen Waffen zeigen.

8.2.1.2 Abzugsarten bei halbautomatischen Pistolen

Als Sportschütze oder Waffenträger müssen Sie nicht über Fertigkeiten und Kenntnisse eines Büchsenmachers verfügen. Trotzdem stellt das Waffengesetz bezüglich der Sachkunde auch in diesem Bereich grundlegende Anforderungen, was die Kenntnisse zur Funktionsweise der Bauteile einer Waffe beziehungsweise zum Zusammenspiel der verschiedenen Baugruppen betrifft.

Die grundlegenden Funktionen von Pistolen werden in diesem Buch am Modell der halbautomatischen Pistole SIG Sauer P220 erläutert.

Die Bezeichnungen der wichtigsten Bauteile von Pistolen, die nachfolgend verwendet werden, zeigt diese Übersicht:

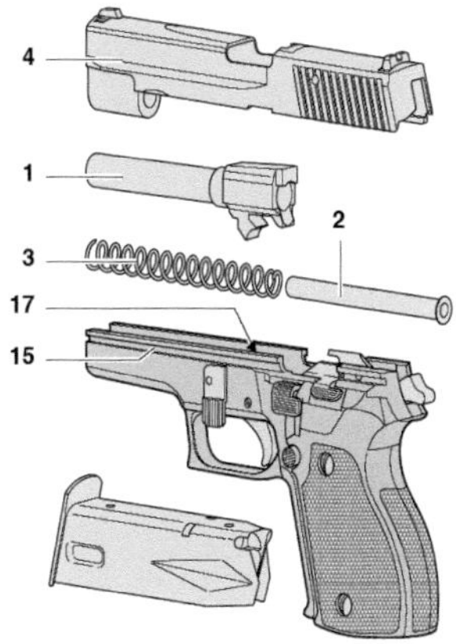

Elemente einer Pistole:

Lauf (1) mit Patronenlager

Federführungsstange (2)

Schließfeder (3)

Verschluss (4), Schlitten

Griffstück (15) mit Verriegelungsblock (17)

Magazin (liegend)

Schlagbolzen: beweglich Stift im Verschluss, der durch Feder oder Schlagstück beschleunigt wird und in das Anzündhütchen schlägt.

Schlagstück (**Hahn**): meist außenliegendes Bauteil, schlägt durch Federspannung nach Betätigung des Abzugs auf den Schlagbolzen

Schließfeder und **Federführungsstange**: diese Bauteile bewirken das Schließen der geöffneten Waffe, sind aber keine wesentlichen Teile im Sinne des Waffengesetzes.

Liste der Nummern und Bauteilbezeichnungen in den nachfolgenden Abbildungen der SIG Sauer P220

P	*Patrone*	*28*	*Auslösehebel*
H	*Hülse*	*29*	*Schlaghebel, „Hahn“*
1	*Lauf*	*29a*	*Single-Action-Raste*
2	*Federführungsstange*	*29b*	*Sicherheitsraste*
3	*Schließfeder*	*29c*	*Spannabzugsraste*
4	*Verschluss / „Schlitten“*	*31*	*Schlaghebelachse*
10	*Auszieherkralle*	*32*	*Auswerfer*
11	*Schlagbolzen*	*33*	*Schlagstange*
13	*Sicherungsschieber*	*34*	*Schlagfeder*
17	*Verriegelungsblock*	*40*	*Entspannhebel*
20	*Abzug*	*43*	*Magazinlöseknopf*
22	*Abzugsstange*	*52*	*Magazinfeder*
24	*Fangklinke*		

Den Anfangszustand der Waffe zeigt die folgende Grafik – die Pistole ist „**unterladen**", das mit Patronen gefüllte Magazin befindet sich in der Waffe, der Schlaghebel ist entspannt, das Patronenlager ist leer. Der Magazinhalter (43) sorgt dafür, dass das Magazin sicher verriegelt, also nicht aus der Waffe gleiten und zu Boden fallen kann. Die Magazinfeder (mit Pfeil markiert, im unteren Teil des Magazins) drückt von unten die Patronen gegen die Verschlussunterseite.

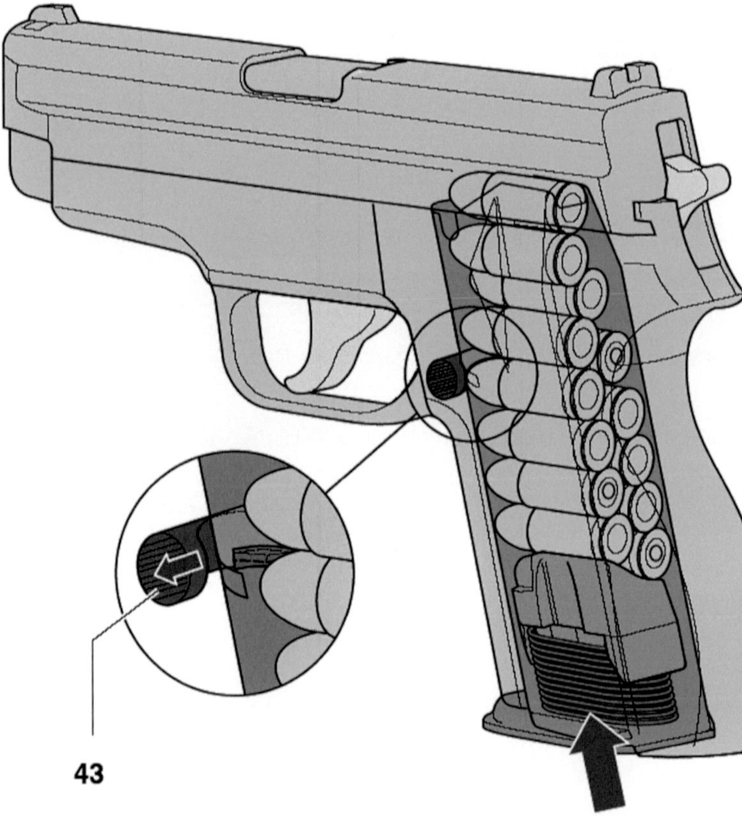

Abb. W-1

8.2.1.2.1 Single-Action-Modus (SA)

Durch vollständiges Zurückziehen des Verschlusses (4) mit der linken Hand (bei rechtshändigen Schützen) erhält die erste Patrone im Magazin Platz zum Aufstieg – die dafür notwendige Energie liefert die Magazinfeder (52). Beim Zurückziehen des Verschlusses wird zugleich der Schlaghebel (29), auch „Hahn“ genannt, gespannt. Wenn nun der Verschluss freigegeben („losgelassen“) wird, drückt die Kraft der gespannten Schließfeder (3) den Verschluss nach vorn - der Verschluss nimmt die erste Patrone (P) mit und schiebt sie in den Lauf, genauer: in das Patronenlager ein.

*Der **Verschluss**, auch Schlitten genannt, wird im Kapitel 8.2.3 ausführlich behandelt. Betrachten Sie ihn zunächst als Bauteil, das das Patronenlager verschließt, indem es den Patronenboden stützt. Dieses Verschließen oder Abschließen ist kein Abdichten, dieses erfolgt durch das „Lidern“ genannte Ausdehnen der Patronenhülse im Patronenlager, aus dem der Verschluss die Hülse nicht nach hinten „entkommen“ lässt.*

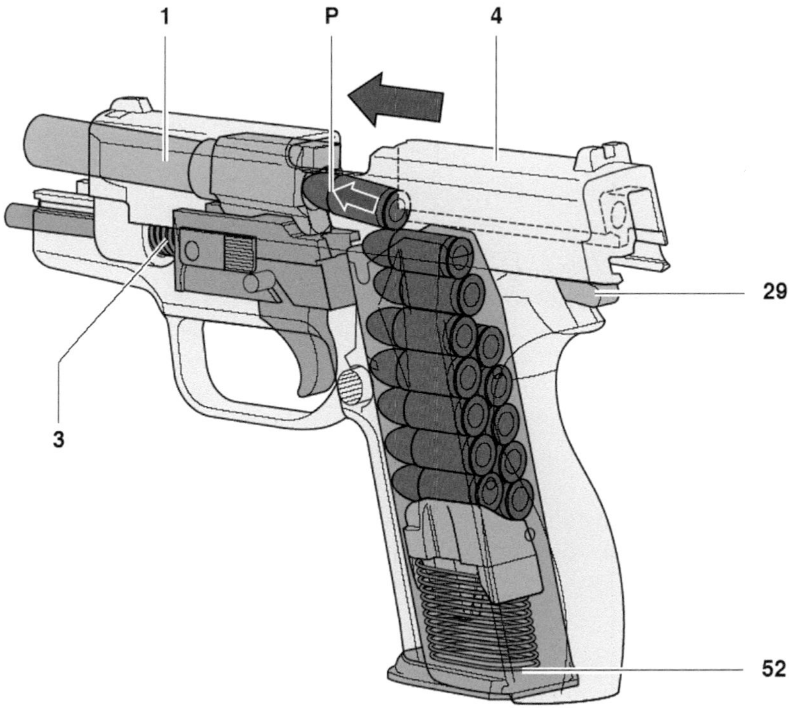

Abb. W-2

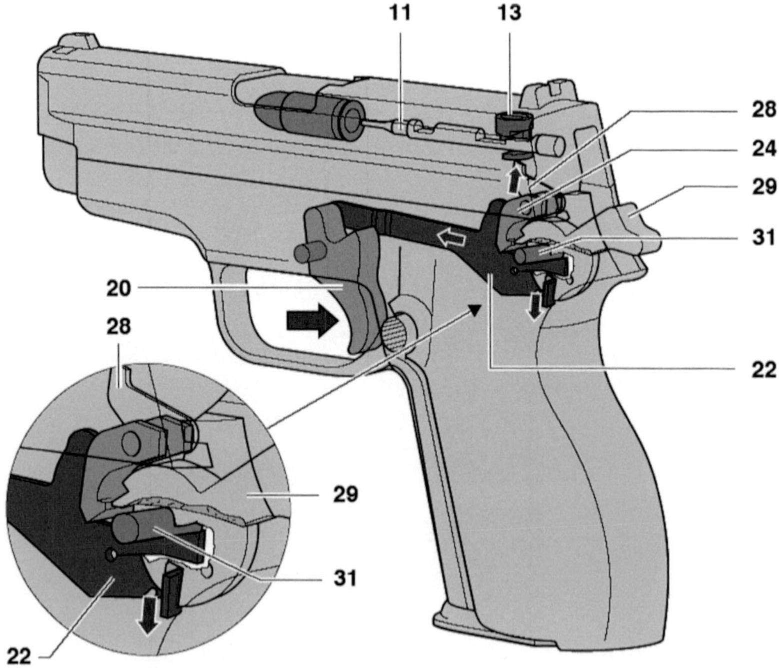

Abb. W-3

Nun ist die Pistole **geladen** und **schussbereit**. Sobald der Schütze den Abzug betätigt und die Abzugsstange (22) nach vorn geführt wird, bricht der Schuss und das Geschoss verlässt den Lauf. Da moderne DA-Pistolen oftmals über keine zusätzlichen Sicherungen verfügen, sondern mit automatischen Sicherungen ausgestattet sind, um eine schnelle Schussabgabe zu ermöglichen, ist keine weitere Betätigung etwaiger Sicherungshebel notwendig. Der Sicherungsschieber (13) gibt den Schlagbolzen nur frei, wenn der Abzug betätigt wird – die versehentliche Auslösung des Schusses, etwa durch Herabfallen der Waffe, wird damit ausgeschlossen.

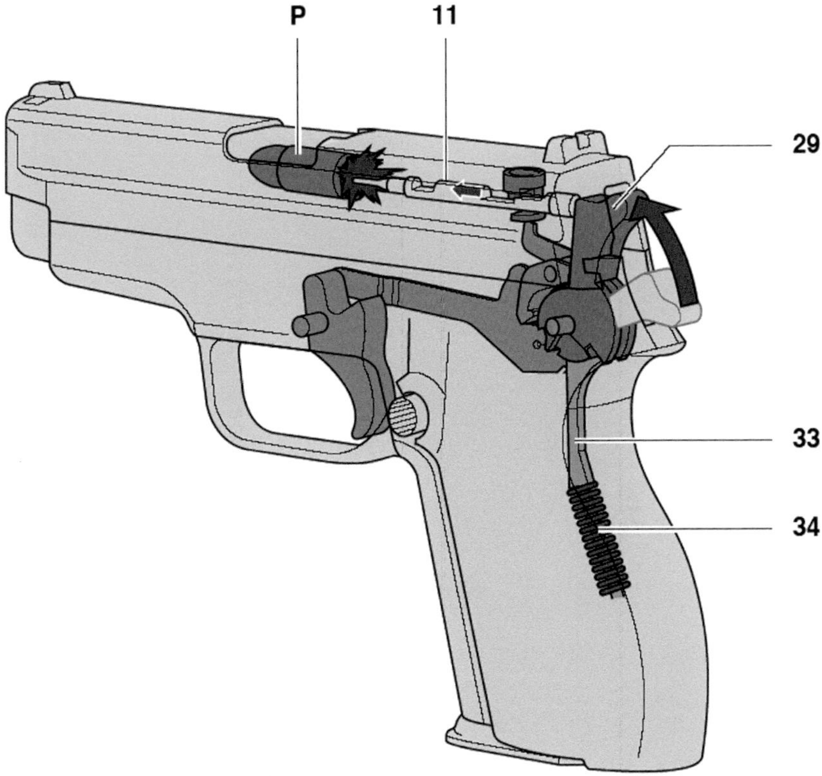

Abb. W-4

Der Schlaghebel (29) schnellt, getrieben von der Kraft der Schlagfeder (34), nach vorn und schlägt auf den Schlagbolzen (11). Der Schlagbolzen bewegt sich daraufhin nach vorn in die Zündkapsel der Patrone (P) – die Patrone zündet (Abb. W-4). Durch den Rückstoßimpuls wird der Verschluss danach zurückbewegt (Abb. W-5 und W-6).

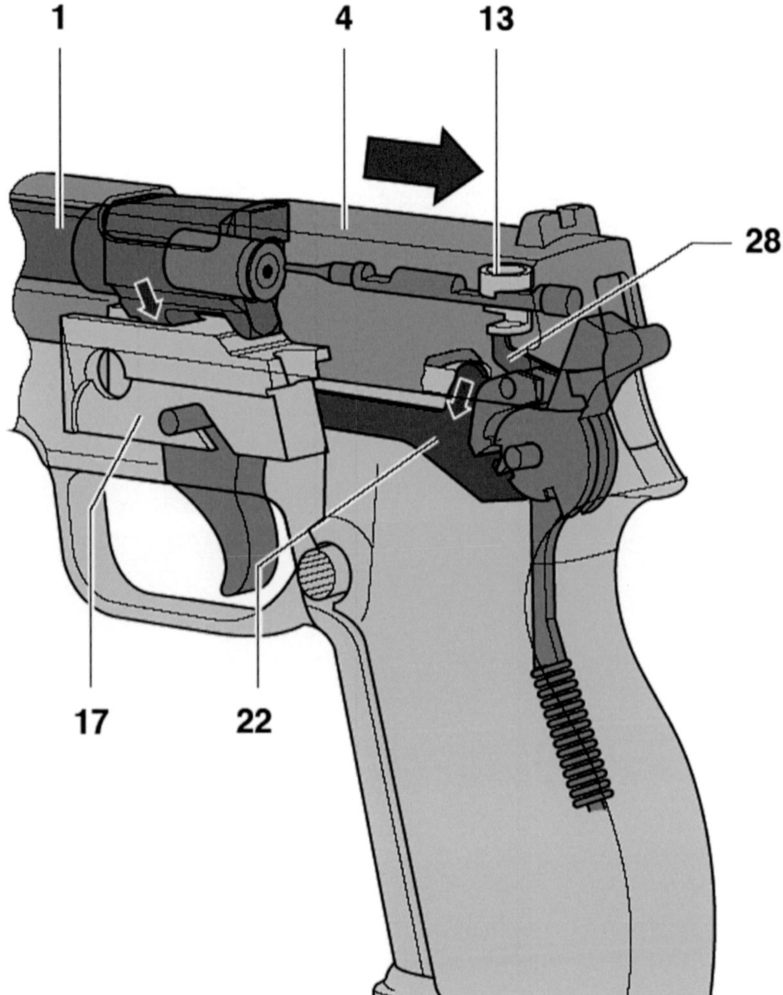

Abb. W-5

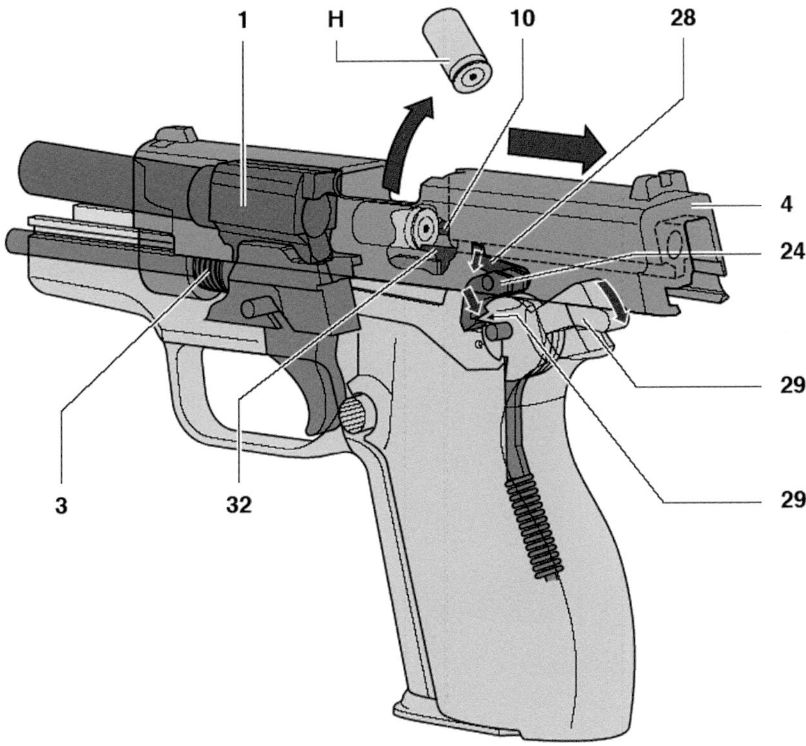

Abb. W-6

Die automatische Verschlussbewegung ist komplex, insbesondere die Bewegung des Laufes bei einer Pistole mit einem Verschluss nach dem „Browning-Prinzip", auch als „verriegelter Verschluss" bezeichnet. Im Moment der Schussabgabe ist der Lauf in seiner Schussposition verriegelt - sobald sich nun der Verschluss nach hinten bewegt, bewegt sich auch der Lauf. Die Kippbewegung des Laufes, der sich mit dem Patronenlager leicht abwärts bewegt, ist deutlich sichtbar. Der Lauf wird abgesenkt, löst sich aus dem Verschluss und verharrt, während der Verschluss weiterläuft. Die Hülse wird dabei von der Ausziehkralle aus dem Lager gezogen und ausgeworfen, der Schlaghebel gespannt. In der folgenden Schließbewegung, also quasi auf dem Weg nach vorn (Abb. W-2), durch den Druck der Schließfeder bewirkt, zieht der Verschluss eine Patrone aus dem Magazin nach. Der gesamte Vorgang entspricht dem Durchladen der Waffe per Hand, dem vollständigen Zurückziehen und Loslassen des Verschlusses.

8.2.1.2.2 Double-Action-Modus (DA)

Die erste Frage lautet hier: Wie kommt eine Pistole in den entspannten, geladenen Zustand? In der Regel durch das Laden des Patronenlagers durch Zurückziehen des Verschlusses (Abb. W-2) und nachfolgendes Entspannen des Schlaghebels, wie es die Abbildung W-7 zeigt.

Der in der P 220 verwendete Entspannhebel erspart dem Schützen das mit Daumen und Zeigefinger auszuführende manuelle Entspannen durch Abdrücken bei gehaltenem Schlaghebel. Zudem sichert der Entspannhebel den Schlaghebel gegen unbeabsichtigtes Vorschnellen. Die **Fangklinke** (Abb. W-6, 24) fängt den nach vorn gehenden Schlaghebel auf und hält ihn in der **Sicherheitsrast** (Abb. W-7, 29b), der Schlagbolzen wird während des gesamten Entspannvorgangs blockiert. Ein Abzugssystem mit Sicherheitsrast, in die der Hahn nach Auftreffen auf den Schlagbolzen automatisch zurückspringt, wird auch als **Rückspringschloss** bezeichnet.

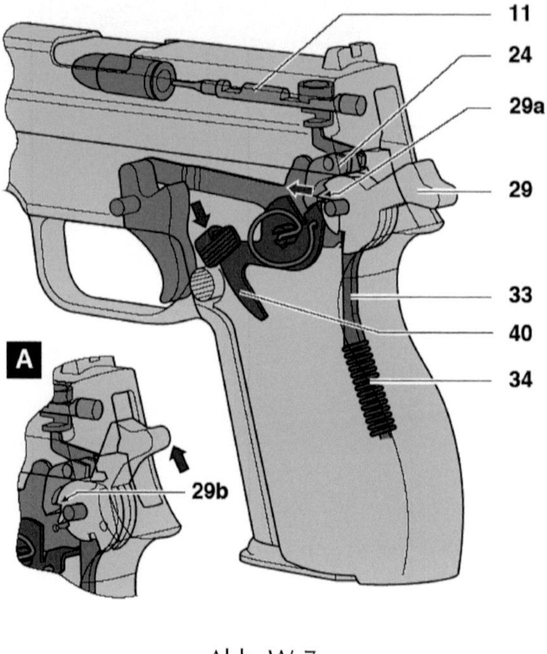

Abb. W-7

Wird nun der Abzug betätigt, wird der Schlaghebel zunächst mittels der Abzugsstange (22) gespannt und schließlich von der Kraft der Schlagfeder nach vorn geführt.

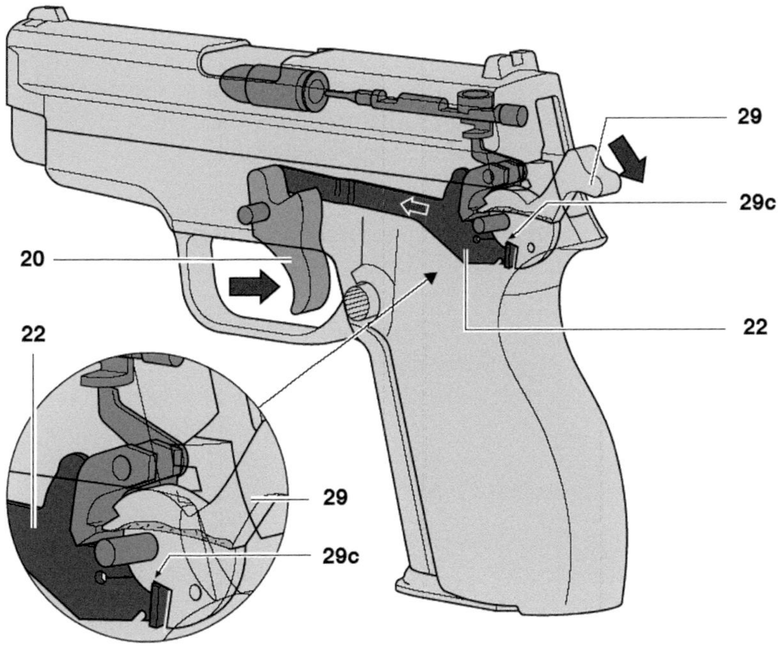

Abb. W-8

Um den Abzug nicht unnötig weit zu bewegen, kann im Griffstück ein **Triggerstop** montiert werden, meist in Form einer Schraube. Der Abzug drückt gegen den Schraubenkopf und kann diesen Widerstand nicht überwinden. Die Schraube wird so weit eingedreht, dass der Abzug bei seiner Bewegung den Schuss gerade auslöst und danach nur etwa 0,3 mm weiter nach hinten gezogen werden kann. So wird verhindert, dass bei hohem Abzugswiderstand die Waffe nach Schussauslösung nicht mehr sicher gehalten wird und es somit zu einem Verreißen des Schusses kommt.

Wenn es sich um eine Pistole mit DA-System handelt, folgt nun der in Kapitel „Single-Action“ dargestellte Ablauf (Seite 175). Der Schuss wird abgegeben, der Rückstoßimpuls treibt den Verschluss zurück, die Schlagfeder wird gespannt und eine neue Patrone nachgeführt. Die Waffe ist danach schussbereit und kann mit weniger Abzugswiderstand abgefeuert werden. Anders bei einer Waffe mit **DAO-Abzug** – hier würde die Schlagfeder nicht gespannt, sondern nur eine neue Patrone zugeführt.

Warum feuert die Waffe bei gehaltenem Abzug jetzt nicht weiter wie ein **Vollautomat**? Das liegt an dem **Unterbrecher**. Er löst den Kraftschluss von Abzug und Abzugsstange beim Zurückgleiten des Verschlusses und macht es dadurch notwendig, den Abzug wieder freizugeben, bevor der Abzug wieder kraftschlüssig mit der Abzugsstange verbunden wird. Das bei der Abzugsfreigabe fühlbare leichte Knacken ist für erfahrene Schützen das Signal für das erneute Krümmen des Abzugsfingers, wenn es um rasche Schussfolge, etwa im Bereich des Verteidigungsschießens, geht.

8.2.1.2.3 Double-Action-Only-Modus (DAO)

Der fühlbare Unterschied zwischen einem SA- und DA-Abzug ist der **Abzugswiderstand** – in einer physikalischen Größe, der Kraft, ausgedrückt, benötigt man einen Druck (oder Zug) von 20 N (Newton), um den SA-Abzug zu betätigen. Zur Erklärung: 20 N sind das Maß an Kraft, das aufgewendet werden muss, um ein Gewicht von 2 kg zu heben. Für die Abgabe eines Schusses im DA- oder DAO-Modus sind 55 N notwendig, also fast die dreifache Abzugskraft. Zum Vergleich stellen Sie sich folgendes Experiment vor: Binden Sie eine Zwei-Liter-Packung Saft mit einem Schnürsenkel an Ihren leicht gebeugten Abzugsfinger und heben Sie bei gespanntem Senkel die Packung nur durch Beugen des Abzugsfingers. Und nun wiederholen Sie das Gedankenexperiment nicht mit 2 kg, sondern mit einem Gewicht von 5,5 kg. Dieser Gewichtsunterschied entspricht den unterschiedlichen Abzugswiderständen. Sie werden feststellen, dass der Unterschied beträchtlich ist.

Doch welche Bedeutung hat das für den Schützen?

Für Präzisions- und Sportschützen ist ein SA-Abzug oder zumindest ein DA-Abzug mit SA-Funktionalität unerlässlich – für den präzisen Schuss ist in der Regel nur ein SA-Abzug mit geringem Abzugswiderstand geeignet.

Für eine **Verteidigungswaffe** ist dagegen ein DAO-Abzug die optimale, ein DA-Abzug zumindest eine gute Lösung. Denn hier kommt es meist nicht darauf an, ein kleines Ziel über eine große Distanz zu bekämpfen, sondern die Waffe schnell in Anschlag zu bringen und einen oder mehrere Schüsse abzugeben, ohne dass man lange überlegen muss, ob die Waffe gespannt, gesichert, entspannt, entsichert, unterladen oder geladen ist. Eine DAO-Waffe kann aufgrund des hohen Abzugswiderstandes eigentlich nur abgefeuert werden, wenn es der Waffenträger will – selbst ein „erschrockenes Verkrampfen" des Abzugsfingers reicht meist nicht aus, den Widerstand des DAO-Abzugs in Verbindung mit dem längeren Abzugsweg zu überwinden.

8.2.1.3 Abzugsarten bei Revolvern

8.2.1.3.1 Single-Action

Der abgebildete Revolver ist optisch ein typischer Single-Action-Revolver – charakteristisch sind der tief sitzende Griff, der stummelartige Abzug und der große, vergleichsweise hoch stehende Hahn.

SA-Revolver verfügen meist nicht über eine ausschwenkbare Trommel. Das Be- und Entladen der Kammern erfolgt über eine Öffnung, die „Ladekammer", die mit der Ladeklappe verschlossen wird. Die Trommel ist hier fest eingebaut.

Der Abzug eines SA-Revolvers steht in der Regel trocken und muss nur einen minimalen Weg zurücklegen, da er lediglich den Hahn auslöst.

Diese Abzugsart ist heute nur noch im sportlichen Bereich vertreten. Da sich das Abzugssystem präziser einstellen lässt als bei einem DA-Abzug, lassen sich mit einem SA-Abzug in der Regel bessere Ergebnisse erzielen. So kann das Abzugsgewicht meist auf ein Minimum reduziert werden.

8.2.1.3.2 Double-Action

Der DA-Revolver ist aufgrund der Wahlmöglichkeit zwischen DA- und SA-Abzug die beliebteste Abzugsvariante. Anders als beim SA-Revolver ist der Hahn etwas kompakter ausgeführt.

Für den Einsatz als Gebrauchswaffe spricht die systembedingte Sicherheit eines Revolvers mit DA-Abzug – mit entspannter Waffe, sofern alle Kammern der Trommel (zumindest die als nächste vorgeführte) mit einer Patrone gefüllt sind, kann der Schütze ohne zeitraubendes Entsichern, Repetieren oder Vorspannen einen Schuss abgeben. Dazu kommt das höhere Abzugsgewicht eines DA-Systems – hier ist eine bewusste Entscheidung zur Schussabgabe Voraussetzung für das Durchziehen des Abzugs.

Selbst eine DA-Pistole bietet nicht diese Sicherheit – ist sie unterladen, also keine Patrone im Patronenlager, wird die Betätigung des Abzugs nichts bewirken. Gleiches gilt für Zündversager – während beim Revolver einfach noch einmal der Abzug betätigt wird und sich die nächste Patrone vor den Lauf legt, ist bei einer Pistole eine Repetierbewegung des Schlittens notwendig.

Beachten Sie: **DA- und DAO-Revolver** sind **keine halbautomatischen Waffen** im Sinne des Waffengesetzes (Anlage 1 Abschnitt 1 Nr. 2.2 WaffG).

8.2.1.3.3 Double-Action-Only (DAO)

Charakteristisch für Revolver mit Double-Action-Only-Abzug ist der deutlich ausgeführte „Buckel", in dem sich der Hahn ungehindert und ohne Zugriffsmöglichkeit für den Schützen bewegen kann. Gleichzeitig hat die Waffe keine hervorstehenden Teile, die beim Ziehen, insbesondere aus einem Schulterholster, das verdeckt unter dem Sakko getragen wird, in der Kleidung „hängenbleiben" könnten.

Derartige Revolver sind im sportlichen Bereich kaum anzutreffen, da aufgrund des höheren Abzugswiderstands im Vergleich zu vorgespannten DA- oder reinen SA-Revolvern ein sportlicher Präzisionsschuss kaum möglich ist.

Wie schon im Kapitel „Waffentechnik" und bei der Beschreibung des DA-Revolvers dargestellt, bietet der DAO-Abzug ein Stück passive Sicherheit - die DAO-Waffe kann aufgrund des hohen Abzugswiderstandes eigentlich nur dann abgefeuert werden, wenn es der Schütze wirklich will. Selbst ein „erschrockenes Verkrampfen" des Abzugsfingers reicht in der Regel nicht aus, den Widerstand des DAO-Abzugs zu überwinden.

8.2.2 Lauf und Patronenlager

Der **Lauf** gibt dem Geschoss, das nach Anzündung des Treibsatzes in der Patronenhülse durch ihn hindurch getrieben wird, Führung und nimmt gemeinsam mit dem Verschluss den Gasdruck auf. Man unterscheidet **glatte** und **gezogene** Läufe. **Polygonläufe** zählen zu den gezogenen Läufen. Die **Bohrung** des Laufes (der Hohlraum, durch den das Geschoss getrieben wird) nennt man **Seele**, den Mittelpunkt der Bohrung die **Seelenachse**.

Das **Patronenlager** befindet sich, von der Mündung gesehen, im rückwärtigen Bereich des Laufes und ist somit Teil der Laufbohrung. Im Patronenlager ruht die zu verfeuernde Patrone. Zwischen dem Patronenlager und dem Teil des Laufes, der dem Geschoss Führung geben soll, befindet sich der **Übergangskegel** (Übergangskonus), in den das Geschoss eintritt, wenn es in Bewegung gesetzt wird. Beim Revolver dient die **Trommel** als Patronenlager, somit ist hier das Patronenlager nicht Teil des Laufes. Patronenlager, Lauf und Trommel sind **wesentliche Teile** einer Waffe.

Für die Verwendung von randloser Munition wird das Patronenlager so konstruiert, dass es entweder durch seine Innenform bei flaschenförmigen Patronen (Patrone mit **Schulter**, **„Schulteranlieger"**, linke Skizze; meist für Büchsen, aber auch für einige Kurzwaffen) oder durch eine definierte **Kante** (**„Hülsenmundanlieger"**, rechte Skizze) verhindert, dass die Hülse tiefer als vorgesehen in das Patronenlager gleiten kann.

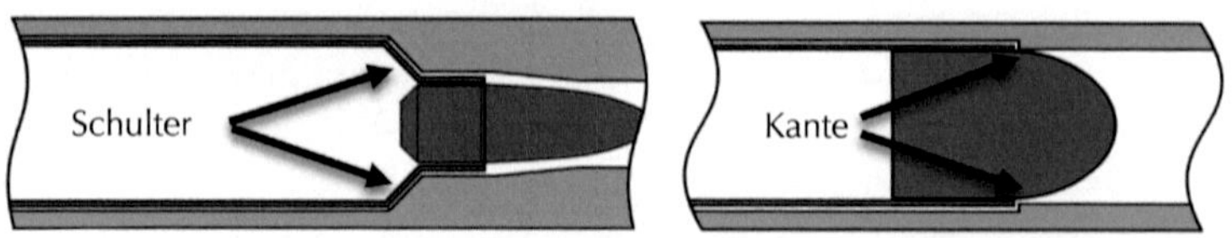

Um Waffensprengungen zu vermeiden, muss die Patrone nahezu spielfrei, insbesondere in der Längsrichtung, im Patronenlager ruhen. Der **Verschlussabstand** ist technisch der mit engen Toleranzen gesetzlich festgelegte Abstand zwischen dem Stoßboden des Verschlusses und dem vorderen Anschlagpunkt oder Anlagepunkt der jeweiligen Patronenart. Damit wird sichergestellt, dass die Patrone *gasdicht lidern*[106] kann, das Anzündhütchen in der Zündglocke bleibt, die Hülse nicht reißt und der Schlagbolzen das Anzündhütchen erreicht. Ist beispielsweise der Verschlussabstand unzulässig groß, kann der Schütze durch austretende Gasschwaden oder ein Abreißen von Teilen der Waffe schwer verletzt werden.

Form und **Maßhaltigkeit** von Patronenhülse und Patronenlager sind sehr wichtig – während der Verschluss am Hülsenboden dafür sorgt, dass sich die Hülse nicht aus dem Patronenlager herausbewegen kann, sorgt am anderen Ende der Hülse der Hülsenmund (**Hülsenmundanlieger**) beziehungsweise die Schulter der Patronenhülse (**Schulteranlieger**) dafür, dass die Hülse nicht zu weit in das Patronenlager hineingleitet, dabei aber ein geringstmöglicher Abstand zwischen Hülsenboden und Verschluss verbleibt.

Bei **Randpatronen** stellt sich dieses Problem meist nicht: Als typische Munition für Hinterlader (Kipplaufwaffen) und Revolver können sie nur bis zum Rand des Hülsenbodens in das Patronenlager eingeführt werden. Passt sich die Hülse dabei exakt in das Patronenlager ein, bewirkt das Lidern der Patronenhülse bei Schussabgabe einen gasdichten Abschluss des Laufes. Darum kann von dem Grundsatz, dass nur Munition des auf dem Patronenlager angegebenen Kalibers verwendet werden darf, bei Randpatronen abgewichen werden, wenn bei gleichem Geschoss- oder Patronendurchmesser die Hülsenlänge nach dem Schuss geringer ist als diejenige der Munition, die zum Verschießen aus der betreffenden Waffe vorgesehen ist. Dies gilt insbesondere bei **Schrotpatronen** mit kürzerer Hülsenlänge – aus einer Flinte im Kaliber 12/76 dürfen Patronen im Kaliber 12/70 verschossen werden. Umgekehrt würde das unter Umständen zu einer Waffensprengung führen, da sich die Patrone zwar einführen lässt, aber bei Anzündung nicht vollständig öffnen kann – beim Umgang mit Flinten ist darum immer sehr genau auf die richtige Wahl der Patronen zu achten.

Ein weiteres Beispiel sind Patronen im Kaliber .38 Special – sie haben eine etwa 3,4 mm kürzere Hülse bei gleichem Geschossdurchmesser und geringerem Gasdruck als die Patrone .357 Magnum und dürfen darum auch aus einer Waffe des Kalibers .357 Magnum verschossen werden. Umgekehrt ist dies nicht zulässig (und wird technisch durch eine kürzere Trommel des Revolvers im Kaliber .38 Special verhindert).

Unterschiede bei den Formen des Hülsenrandes werden bei der Bezeichnung der Kaliber häufig berücksichtigt. Zu unterscheiden sind (von links nach rechts) Hülsen „**mit Rand**“, „**mit Gürtel**“ und „**ohne Rand**“, hier dargestellt am Beispiel einer RWS-Patrone (Ausschnitt des Hülsenkörpers).

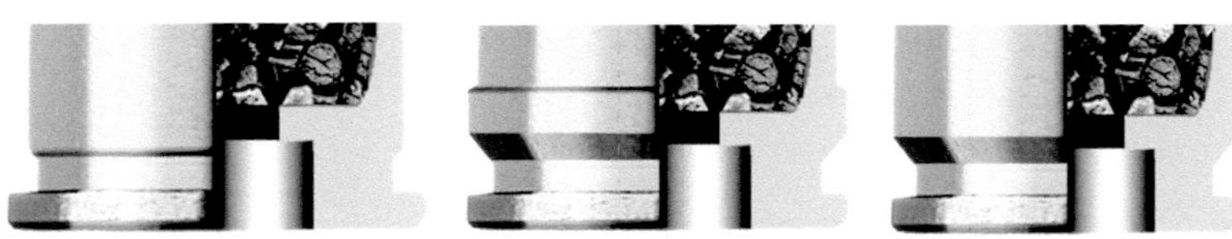

Die **Hülse mit Gürtel** wird für Kaliber mit besonders hohem Gasdruck verwendet. Vornehmlich dient der Gürtel dazu, dass sich die Patrone mit der vorderen Kante des Gürtels an einer Ausfräsung im Patronenlager abstützt, um so eine verbesserte Messung und Einstellung des Verschlussabstands zu ermöglichen. Für die ebenfalls vertretene Auffassung, der Gürtel sei eine Art „Sicherungsmaßnahme", um besonders stark geladene Patronen nicht in das Patronenlager einer älteren Waffe einführen zu können, oder verstärke die Hülse, liegen dagegen keine belastbaren Quellen vor.

Der zuvor bereits mehrfach erwähnte **Verschlussabstand** führt in der Praxis nicht selten zu Verwirrung. Denn es sind zwei Arten von Verschlussabstand zu unterscheiden, nämlich der tatsächliche Verschlussabstand einerseits und andererseits das im Beschussgesetz festgelegte Maß, das sich auf die Abstände vom **Stoßboden** des Verschlusses (der dem Hülsenboden nächste Punkt des Verschlusses) zu einem Anlagepunkt oder Anschlagpunkt der Patronenhülse im Patronenlager bezieht. Ein minimaler Abstand von Stoßboden zu Hülsenboden muss dabei immer vorhanden sein, da eine Schusswaffe wie jede Maschine etwas „Spiel" braucht, um eine Bewegung aller Waffenteile und der Patrone zu ermöglichen; zugleich darf der tatsächliche Abstand aber auch nicht den gesetzlich festgelegten Maximalwert überschreiten, der zB bei Waffen im Kaliber 9 mm x 19 bis zu 0,25 mm betragen darf, bei Waffen im Kaliber 8 x 57 IS jedoch nicht mehr als 0,1 mm. Die Erforderlichkeit eines minimalen Spiels ist auch bei Randpatronen gegeben.

Zur **Messung des Verschlussabstandes** muss zunächst die Hülsenform bekannt sein, da sich nach ihrer Beschaffenheit die Messmethode bestimmt. Bei **Randpatronen** (Schrotpatronen, typische Revolverpatronen) beschreibt das Verschlussabstandsmaß die Entfernung vom Stoßboden bis zur Vorderseite des Randes (gemeint ist die vom Verschluss gesehen entferntere Seite des Randes). **Randlose Hülsen**, die flaschenförmig sind, sind in der Regel Schulteranlieger; sie stützen sich also vorn an der Auflagefläche mit der Schulter der Hülse ab, darum wird das Maß des Verschlussabstands bei Schulteranliegern als Abstand zwischen dem Stoßboden und dem Anlagepunkt der Schulter angegeben und gemessen. Bei **Hülsenmundanliegern** (Pistolenpatronen) wird der rechnerische Verschlussabstand zwischen dem Stoßboden und dem Anschlagpunkt der Hülse im Patronenlager gemessen.

*Zu Unterschieden und Eigenschaften der unterschiedlichen Laufarten lesen Sie bitte im Kapitel „Innenballistik" ab Seite 247 nach. Informationen zum **Flintenlauf** können Sie dem Kapitel „Flinte" ab Seite 160 entnehmen.*

Bei Abgabe des Schusses treten im Lauf, insbesondere im Bereich des Patronenlagers, sehr hohe Gasdrücke auf, die Werte bis zu mehreren tausend bar erreichen können. Das Material, aus dem der Lauf gefertigt wird, muss fest genug sein, um diesen Drücken zu widerstehen. Und wenn Sie das

Kapitel über den Beschuss bedenken, muss der Lauf im Zuge der Beschussprüfung auch höhere Drücke verkraften, als ihn die Munition erzeugt, für die er konstruiert wurde. Neben der Festigkeit muss das Material zugleich flexibel genug sein, um sogenannten „Sprödbrüchen" vorzubeugen.

Moderne Läufe werden **nahtlos** hergestellt, aus Legierungen auf Basis von Stahl. Da die Laufinnenseiten nicht nur dem enormen Gasdruck der Munition, sondern gleichzeitig auch hohen Temperaturen, der mechanischen Belastung der Geschosse sowie der chemischen Reaktion mit Pulverrückständen ausgesetzt sind, ist eine spezielle Oberflächenveredelung keine Seltenheit, zum Beispiel eine Hartverchromung.

Ein **Wechsellauf** muss vom Büchsenmacher an die Waffe angepasst werden. Ein **Austauschlauf** kann dagegen ohne Nacharbeiten in die Waffe eingesetzt werden. Der Austauschlauf ist in seinen äußeren Abmessungen vollständig identisch mit dem Originallauf, so dass die optimale Führung in der Waffe, insbesondere die Funktion des Verschlusses unter Beibehaltung des zulässigen Verschlussabstands, gewährleistet ist, ohne dass weitere Anpassungsarbeiten an Lauf oder Waffe vorgenommen werden müssen.

Ein **Wechsel**<u>**system**</u> besteht aus einem Austauschlauf und dem für die Verwendung notwendigen Verschluss.

Wechseltrommeln sind Trommeln für ein bestimmtes Waffenmodell, die ohne Nacharbeit gewechselt werden können, um Munition eines kleineren Kalibers zu verschießen.

Der Einsatz von **Austauschläufen**, **Wechseltrommeln** oder **Wechselsystemen** kann sinnvoll sein, wenn man mit einem Revolvermodell, das man mit einem kurzen Lauf zur Selbstverteidigung trägt, an einem Scheibenschießen teilnehmen will. Um eine längere Visierlänge sowie mehr Präzision zu erreichen, bedient man sich in diesem Fall eines Austauschlaufes von 6 Zoll Länge, der gegen den 3-Zoll-Lauf ausgetauscht wird. Ein oft genanntes Argument ist zudem die Nutzung eines Wechselsystems, um im Training günstigere Munition eines kleineren Kalibers verwenden zu können.

Für **Inhaber einer WBK** ist der **Erwerb** eines **Austausch**- oder **Wechsellaufes** sowie eines notwendigen Verschlusses (**Wechselsystem**) für die bereits eingetragene Waffe **erlaubnisfrei** (Anlage 2 WaffG), es besteht aber eine **Eintragungspflicht** (§§ 37a, 37g WaffG). Der **Besitz** wird durch Eintragung des erworbenen Waffenteils in eine WBK durch die Behörde genehmigt.

Während der <u>Austauschlauf</u> bei geringfügig kleineren Hülsenboden-Durchmessern mit dem <u>vorhandenen</u> Verschluss in der Regel problemlos funktioniert und somit also einfach ausgetauscht werden kann, muss in der Regel zumindest das Magazin der Waffe ausgetauscht werden, da die Magazinlippen Patronen eines kleineren Kalibers nicht optimal positionieren.

Austauschlauf-Modell von IGB-Austria - die Außenabmessungen des Austauschlaufes (9 mm x 19, rechts) entsprechen denen des Originallaufes (.40 S&W, li.), so dass der Lauf in den Verschluss der Grundwaffe (Glock 22) problemlos eingesetzt werden kann. Die größere Wandstärke des Austauschlaufes (rechts) ist in dieser Abbildung deutlich zu erkennen.

Einstecklläufe werden in dem Lauf der Waffe eingelegt und befestigt, um Geschosse eines geringeren Kalibers ohne weitere Veränderungen an der Waffe verschießen zu können. **Einstecksysteme** sind dagegen Einsteckläufe einschließlich des für sie bestimmten Verschlusses sowie der für sie bestimmten Gehäuseteile.

Einsteckläufe und Einstecksysteme können erlaubnisfrei erworben und besessen werden, wenn die für ihre Verwendung vorgesehene Waffe bereits in der WBK eingetragen ist.

*Zu **rechtlichen Voraussetzungen** für den Erwerb von Austausch-/ Wechselläufen und Einsteckläufen sowie Systemen beachten Sie die Kapitel 1.3.1.5 und 1.3.1.6 dieses Buches.*

*Beachten Sie zum Thema **Laufbündel** Kapitel 8.1.4.3 dieses Buches.*

8.2.3 Verschluss

Der Verschluss soll das Patronenlager nach hinten abschließen und zudem die Patronen beim Schießen im Patronenlager festhalten. Das Vorantreiben des Geschosses durch den Lauf soll die einzige Möglichkeit für das sich ausbreitende Gas sein, sich auszudehnen. Der Stoßboden des Verschlusses liegt mit festgelegtem, äußerst geringem Abstand am Boden der Patrone an, die im Patronenlager liegt. In den Stoßboden integriert ist meist eine Öffnung für den Schlagbolzen. Allerdings sorgt nicht der Verschluss für die Dichtheit des Laufes, sondern die Patronenhülse. Die Hülse hat im Moment der Zündung keine Möglichkeit, dem Druck nach hinten auszuweichen und dehnt sich im Patronenlager aus, sie „**lidert**". Diese Ausdehnung der Hülse dichtet das Patronenlager zum Verschluss hin ab. Je stärker die Liderung, desto gasdichter kann das Gesamtsystem aus Patronenlager und Lauf auf diese Weise abgedichtet werden. Hülsen aus Messing lidern besser als solche aus Stahl, da Messing das weichere Material ist.

Eine weitere Aufgabe des Verschlusses kann darin bestehen, den Schlagbolzen oder Hahn zu spannen – bei halbautomatischen Pistolen geschieht dies bei der Öffnungsbewegung des Verschlusses zum Auswerfen der abgeschossenen Hülse.

Die Einführung des Verschlusses war für die Handhabung der Schusswaffen ein entscheidender Schritt – es war das Ende der Vorderlader (wenn man von Traditionsschützen absieht). Nun war es möglich, moderne Waffensysteme zu entwickeln, bis hin zu den heutigen automatischen Waffen.

Bei automatischen Waffen stellt der enorme Gasdruck im Patronenlager die Konstrukteure vor eine besondere Aufgabe. Dies gilt für **verriegelte** wie für **unverriegelte** Verschlusssysteme. Insbesondere bei Gasdruckladern muss in der Regel eine **Steuerung** entwickelt werden, die mit Blick auf die Lauflänge und den von der Munition erzeugten Gasdruck ein Aufheben des Verschlusses verhindert, solange der Gasdruck in Lauf und Patronenlager noch nicht auf ein ungefährliches Maß abgesunken ist.

Beim **unverriegelten Verschluss**, auch „**Masseverschluss**" genannt, wird der Verschluss allein mit Federkraft gegen den Patronenboden gepresst. Bei schwachen Patronen wie .22 lfB ist das ausreichend – Patronen, die einen höheren Gasdruck erzeugen, erfordern dagegen den Einsatz eines **verriegelten Verschlusses.** Durch mechanische Blockierungen oder durch Drehen des Verschlusses in eine verriegelte Position kann im Lager ein hoher Druck erzeugt werden, da sich der Verschluss **nicht durch den Druck** bewegen bzw. entriegeln lässt.

Bei **Pistolen mit Masseverschluss** (Federverschluss) ist der Lauf fest mit dem Griffstück verbunden und nicht beweglich. Der Verschluss (auch als **Schlitten** bezeichnet) gleitet nach Abgabe des Schusses zurück, angetrieben vom Gasdruck. Da der Verschluss mittels der Schließfeder fest an den Hülsenboden gedrückt wird und erst noch aus seiner Ruheposition bewegt werden muss (Trägheit), muss der Gasdruck so groß sein, dass der Verschluss in Bewegung kommt und seine **Masseträgheit** und die Federkraft überwindet.

Die nachfolgenden Skizzen verdeutlichen das Prinzip. Im ersten Bild wird die Masse durch den Federdruck gegen den Boden der Patrone gedrückt, die sich im Patronenlager befindet. Das zweite Bild zeigt den Zustand der Waffe mit fast vollständig geöffnetem Verschluss.

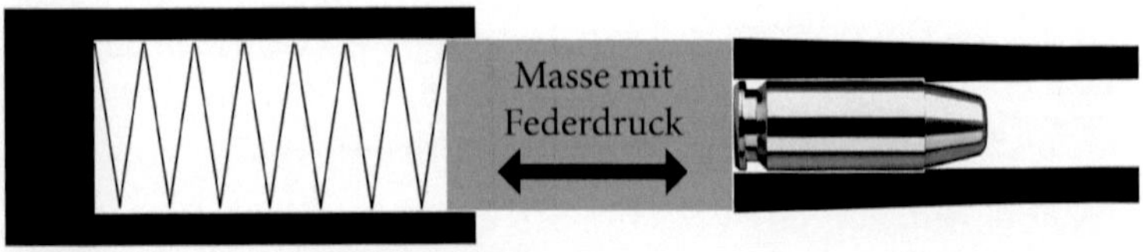

Entscheidend für das Funktionieren des einfachen Masseverschlusses sind die Dimensionierung der Schließfeder sowie die Masse des Verschlusses im Verhältnis zur Masse und Bewegungsenergie des Geschosses. Während es bei „leichter" Munition wie etwa .22 lfB mit vergleichsweise geringer Bewegungsenergie nur geringer Kräfte bedarf, um den Verschlusszustand ausreichend lange beizubehalten, ist bei Kalibern ab etwa 9 mm x 19 eine simple Feder-Masse-Kombination nicht mehr zu realisieren. Denn bei besonders schweren oder energiereichen Geschossen müsste die Masse des Verschlusses deutlich zunehmen, um ein vorzeitiges Freigeben der Hülse zu verhindern. Denn um es noch einmal deutlich zu machen: Nur wenn das Patronenlager lang genug verschlossen wird, weil die Feder ausreichend stark, die Masse des Verschlusses ausreichend groß und der Verschluss damit ausreichend träge ist, kann der Gasdruck in Lauf und Patronenlager vor dem Öffnen auf das Maß absinken, das den Schützen nicht mehr gefährdet. Die perfekte Abstimmung der Bewegungen von Lauf, Verschluss und Geschoss ist die Voraussetzung für eine gut funktionierende und präzise Waffe mit Masseverschluss.

Ein vernünftiger Kompromiss aus Federstärke und Masse des Verschlusses ist bei größeren Kalibern nicht realisierbar – hier bedarf es ausgefeilterer Konstruktionen wie etwa des Browning-Verschlusses oder gasgebremster Masseverschlüsse, wie sie nachfolgend dargestellt werden.

Eine effektive Form der **Verriegelung** nutzt der Revolver mit ausschwenkbarer Trommel. Anders als bei Waffen, in denen das Patronenlager Teil des Laufes oder fest mit diesem verbunden ist, wird durch Drehung der Revolvertrommel jeweils eine einzelne Kammer so positioniert, dass die Mittelachse der Kammer und die Laufseelenachse eine Linie bilden. Der Gasdruck wirkt hier auf die Trommelwandungen und den Rahmen des Revolvers, der mit dem Lauf fest verschraubt ist und verhindert, dass die gezündete Patrone nach hinten auf der Trommelkammer entkommen kann – der Gasdruck kann aber die Trommel selbst nicht seitlich bewegen. Dies kann nur der Schütze per Hand durch Bedienung des Daumenschiebers und anschließendes Herausdrücken der nun frei beweglichen Trommel.

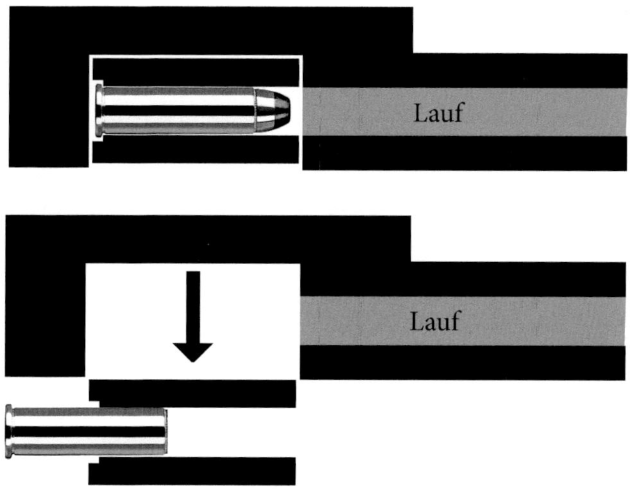

Grundsätzlich arbeiten alle verriegelten Verschlüsse nach diesem Prinzip, dass die Betätigung des Riegels nicht durch eine direkte Einwirkung des Gasdrucks erfolgt, sondern entweder zeitverzögert durch eine Verschluss-Steuerung (wie nachfolgend der Browning-Verschluss) oder durch händische Bedienung durch den Schützen (siehe auch Zylinder-Verschluss).

Das **Prinzip des verriegelten Verschlusses** bei Waffen, in denen das Patronenlager ein Teil des Laufes oder fest mit dem Lauf verbunden ist, unterscheidet sich zwar in der Art der Verriegelung, das Prinzip bleibt aber stets gleich: Der Druck auf den Verschluss ist nicht in der Lage, diesen aus seiner Verriegelungsposition zu bewegen, in der er, je nach Art der Verriegelung, sicher gestützt wird. Die Entriegelungsrichtung steht dabei in der Regel in einem rechten Winkel zur Richtung der Kraft, die auf den Verschluss wirkt. Erst durch eine weitere, in der Regel äußere Kraft, die die Verriegelung durch Drehung, Auslenkung oder eine andere Bewegung löst, kann die Patrone wieder aus dem Patronenlager herausgleiten, wie es in der nachfolgenden Prinzip-Darstellung verdeutlich wird. Der Verschlussblock kann sich nur auf und ab bewegen, während Kraft, der durch den Patronenboden auf den Verschlussblock einwirkt, lediglich im rechten Winkel zu dieser Bewegungsmöglichkeit angreift und unwirksam ist.

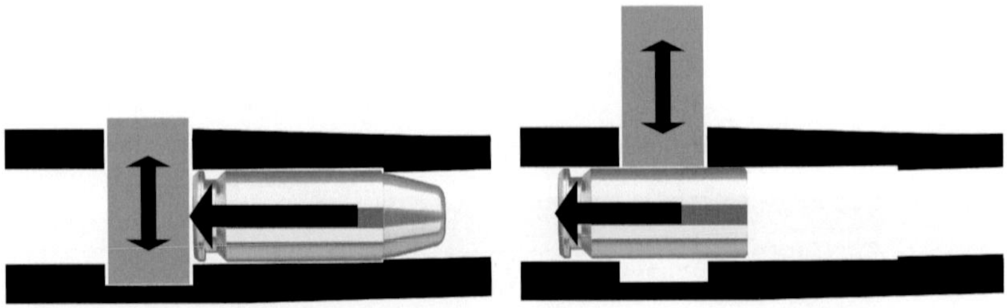

Pistolen mit verriegeltem Verschluss („Browning-Prinzip") sind für Patronen mit stärkerer Ladung konstruiert, bei denen ein vernünftiger Kompromiss aus Federstärke und Masse des Verschlusses nicht realisierbar ist, ein Feder-Masse-Verschluss also nicht praktikabel ist.

Als Beispiel sehen sie unten die Walther P 99 - ein Ausschnitt mit **Steuerkurve** (A) (Unterseite Patronenlager, „Nase") und **Verriegelungsblock** (B).

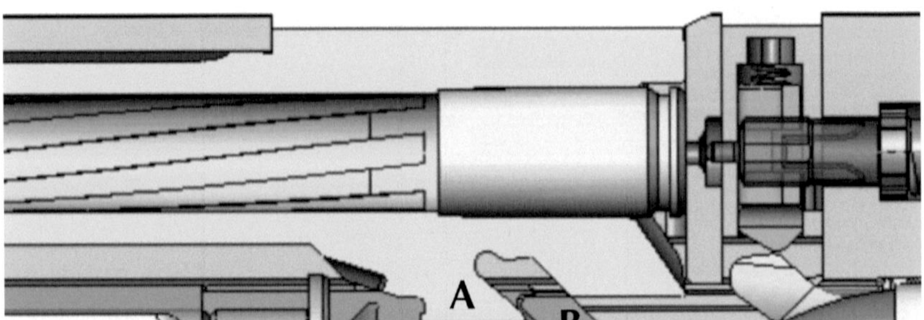

Nachdem der Schlitten gemeinsam mit dem Lauf wenige Millimeter nach hinten geglitten ist (Bild oben, Geschoss abgefeuert), läuft die Steuerkurve auf den Verriegelungsblock. Der Lauf lässt sich zwar innerhalb des

Verschlusses in verriegeltem Zustand nicht in Längsrichtung bewegen (also in Wirkrichtung des Gasdrucks), aber senkrecht nach unten (aus dem Auswurffenster des Schlittens, der Verriegelung). Indem der Verriegelungsblock für die schräge Fläche der Steuerkurve in Bewegungsrichtung des Verschlusses ein unüberwindliches Hindernis ist, weicht die Steuerkurve nach unten aus und löst die Verriegelung. Der Verschluss läuft weiter und zieht die Hülse aus, der Lauf verharrt am Verriegelungsblock. Durch die Kraft der Schließfeder gleitet der Verschluss dann wieder vor, der Lauf wird mitgenommen und durch die Steuerkurve in das Auswurffenster auf der Oberseite des Verschlusses gehoben, die Verriegelung wird wiederhergestellt.

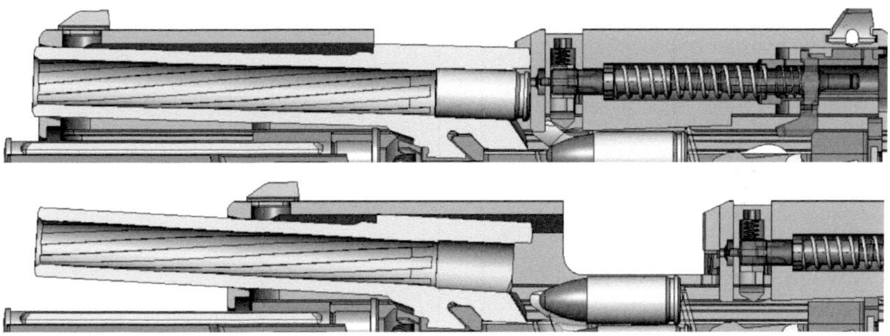

Eine Videosequenz mit der Darstellung des Browning-Prinzips bietet ein Lehrvideo zum Buch, entweder durch Scan des QR-Codes oder unter https://www.e-busy.de/34501brw.mp4

Eine andere Art des Verschlusses findet sich in der **P 7** von Heckler & Koch (HK), die auf der folgenden Seite abgebildet ist – diese Waffe arbeitet mit einem unverriegelten, **gasgebremsten** (Gasdruck-verzögerten) **Masseverschluss**. Der Lauf ist unbeweglich mit dem Griffstück verbunden, was diesem Modell eine große Präzision verleiht. Ein **Kolben** ist mit der Spitze des Schlittens (Verschlussträger) verbunden. Seine Spitze befindet sich in einem **Zylinder**, der unterhalb des Laufes angebracht ist. Eine **Bohrung** (Detailbild) verbindet Lauf und Zylinder (Bohrung mit Pfeil markiert). Beim Schuss wird ein Teil des Gasdrucks aus dem Lauf in den Zylinder geleitet. Der Kolben und damit der Verschluss werden so lange fest nach vorn gepresst, bis das Geschoss den Lauf verlassen hat und der Gasdruck im Lauf und damit auch im Zylinder rapide abnimmt. Erst dann gleitet der Verschluss nach hinten, da er jetzt allein gegen den Widerstand der Verschlussfeder bewegt wird.

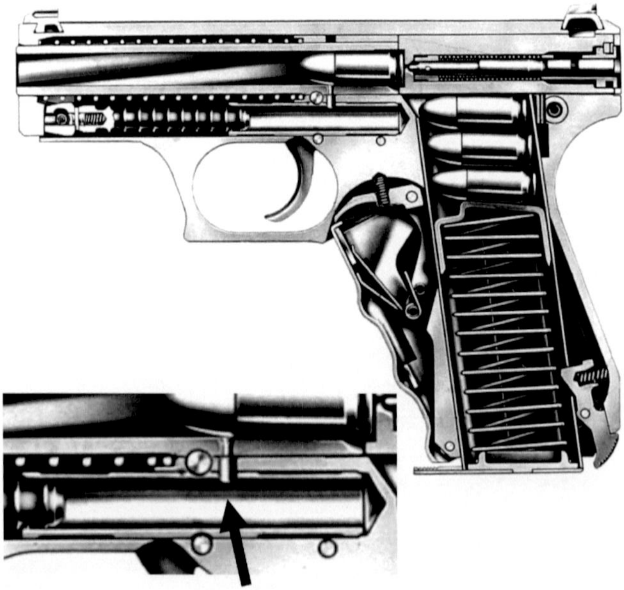

Gasdrucklader wie Halbautomaten oder Vollautomaten nutzen für die Bewegung des Verschlusses den Gasdruck im Lauf. Dazu wird ein Loch im Lauf gesetzt, durch das der Gasdruck entweichen kann. Ist das Loch im vorderen, der Laufmündung zugewandten Hälfte des Laufes, kann der Gasdruck zwischen Geschoss und Patronenhülse erst dann durch dieses Loch entweichen, wenn das Geschoss dieses Loch passiert hat. Jetzt kann über eine Druckleitung der Gasdruck durch das Loch beispielsweise Druck auf einen Kolben ausüben, der den Verschluss entriegelt – auf diese Weise wird der Repetiervorgang, der sonst manuell durch den Schützen ausgeführt wird, von der Waffe automatisch durchgeführt. Die Kraft wird dabei in manchen Waffen mit Hilfe eines Gestänges (Gasdruckgestänge) vom Kolben auf den Verschluss übertragen. Einige Gasdrucklader wie das M 16 verzichten auf ein Kolbensystem – hier wirkt der Gasdruck, der durch ein Rohrsystem umgeleitet wird, direkt auf Verschluss oder Verschlussträger.

Gasdrucklader „entriegeln" mit der Energie des Gasdrucks – die Verriegelung selbst erfolgt durch Verdrehung des Verschlusses über Rollen oder einrastende Warzen, wobei die dazu notwendige Energie durch die beim Rücklauf des Verschlusses gespannte Rückholfeder geliefert wird. Der Druck des Patronenbodens gegen den Verschluss hat auf die Bewegung des Verschlusses zunächst keinen Effekt – schließlich ist es ja gerade Aufgabe des verriegelten Verschlusses, den enormen Druck zu halten. Erst wenn durch die Steuerung des Verschlusses die Verriegelung gelöst wird, kann sich der gesamte Verschlussblock rückwärts gegen die Kraft der Rückholfeder bewegen, die schließlich genügend Gegendruck aufbaut, um den Verschluss wieder nach vorn zu schieben.

Der entscheidende Vorteil des Prinzips „Gasdrucklader" beim Einsatz in automatischen Waffen ist die Fähigkeit, den Verschluss sicher abstützen zu können und durch die Konstruktion die Entriegelung so lange herauszuzögern, dass der Repetiervorgang erst bei ungefährlichen Druckverhältnissen im Lauf beginnt. Bei besonders starken Kalibern hätte eine direkte Steuerung des Entriegelns über den Rückstoß oder die direkte Einwirkung auf den Verschluss schlimmste Folgen – der Gasdrucklader vereint die Sicherheit und Stabilität des traditionellen Verschlusses einer großkalibrigen handverriegelten Büchse mit den Vorzügen einer automatischen Waffe.

Das Gewehr HK SL 8 verfügt über einen **Drehkopf-Verschluss**. Zur Verriegelung wird der **Verschlussträger** zunächst mit Hilfe des Federdrucks nach vorn geführt. Der **Verschlusskopf** ist drehbar und längsverschiebbar im Verschlussträger gelagert.

In verriegelter Stellung (Grafik links) liegen die **Verriegelungswarzen** des Verschlusskopfes hinter den **Verriegelungsnasen** des Verriegelungsstückes (Gegenstück des Verschlusskopfes). Das Verriegelungsstück selbst ist mit Lauf und Patronenlager im Gehäuse der Waffe fest verschraubt. Der von vorn auf den Verschlusskopf wirkende Druck müsste also erst die Verriegelungswarzen oder die Verriegelungsnasen brechen lassen, um den Verschluss zu sprengen. Nur die Drehung des Verschlusskopfes kann die Verriegelung lösen, erst dann kann der Verschlusskopf zurückgleiten.

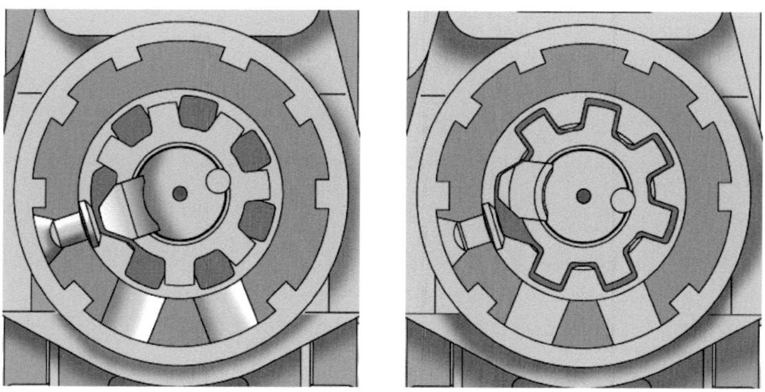

Nachdem die Patrone gezündet wurde, treibt der Gasdruck das Geschoss durch den Lauf. Sobald das Geschoss die Stelle passiert hat, an der sich die **Gasbohrung** befindet, wird ein Teil des Gasdrucks durch die Bohrung aus dem Lauf in die Gasabnahme geführt.

In der Gasabnahme wirkt der Gasdruck auf den Gaskolben. Der Gaskolben ist mit der Antriebsstange verbunden, die auf den Verschlussträger wirkt. Während sich der Verschlussträger allmählich rückwärts bewegt, sitzt der Verschlusskopf zunächst noch sicher im Verriegelungsstück, kann die Rückwärtsbewegung nicht mitmachen, da die Verriegelungswarzen noch hinter den Verrieglungsnasen sitzen. Der Verschlusskopf wird dabei aus dem Verschlussträger herausgezogen. Der **Steuerbolzen** (unten, Pfeil) ist Teil des Verschlusskopfes. Er liegt in der **Steuerkurve**, hier eine Aussparung im Verschlussträgergehäuse. Der Verschlusskopf wird durch seine Rückwärtsbewegung und die Form der Steuerkurve, in der sich der Steuerbolzen bewegt, zu einer Drehung gezwungen, weil er durch die Steuerkurve geführt („gesteuert") wird. Der Verschlusskopf dreht sich, damit treten die Warzen hinter den Verriegelungsnasen hervor, die Verriegelung wird aufgehoben und der Verschlusskopf kann mit dem Verschlussträger gemeinsam zurücklaufen. Am Ende dieses Rücklaufes, bei dem die leere Hülse ausgeworfen wird, sorgt die Schließfeder für eine Umkehrung der Bewegung. Sie schiebt den Verschluss nach vorn, die Verriegelung wird wiederhergestellt.

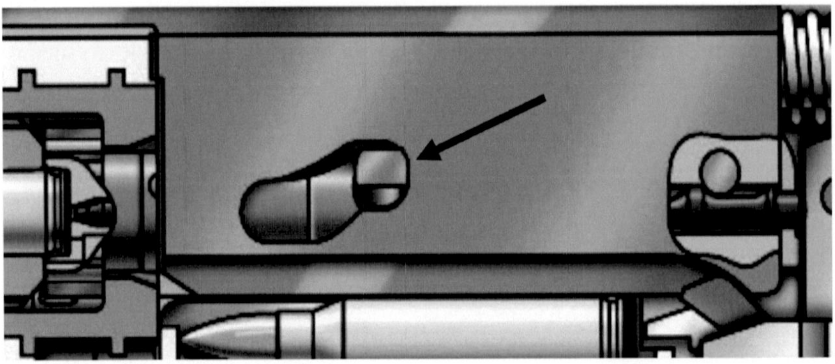

Anders als Gasdrucklader nutzen **Rückstoßlader** wie das HK G 3 die Masseträgheit des Verschlusses zur Steuerung der Verriegelung. Wie beim Drehverschluss ist der Kopf des **beweglich abgestützten Rollenverschlusses** im Verschlussträger gelagert, aber nur in Längsrichtung verschiebbar.

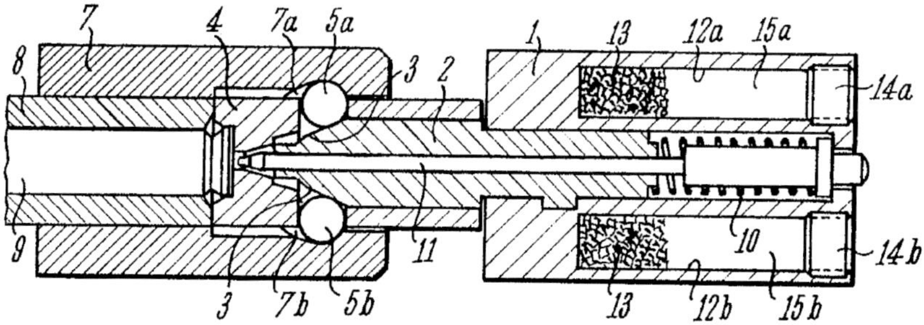

Unten der Verschluss allein mit „eingefahrenen" Rollen (5a/5b) – in der ersten Zeichnung verhindern die Rollen durch ihre Stellung in Widerlagern (7a/7b), dass sich der Verschluss zurückbewegt. Die Steuerung der Rollen erfolgt durch das Zurückgleiten des Verschlussträgers (1) und den dadurch geschaffenen Raum an der schrägen Fläche (3) des Steuerstücks (2). Der Verschlussträger wird durch den Rückstoß der Waffe und seine Masseträgheit beschleunigt und nach hinten bewegt, zieht Steuerstück und Verschlusskopf mit.

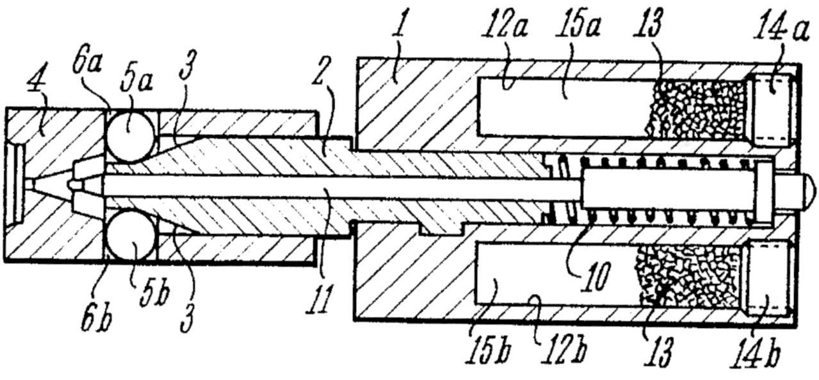

Der Effekt der Masseträgheit wird durch frei bewegliches Wolframpulver im Innern des Verschlussträgers noch verstärkt (13).

Langwaffen mit starren Läufen nutzen oft den seit Einführung des Dreyse-Zündnadelgewehres gebräuchlichen **Zylinder-Verschluss**, auch **Kammer-Verschluss** genannt. Die Art der Verriegelung wird auch von Drehverschlüssen automatischer Waffen verwendet, deren Automatik die Aufgaben der Hand des Schützen beim Bewegen der Kammer übernimmt. Dazu wird der Verschluss mit Hilfe eines **Kammerstengels** in der **Kammerhülse**, bestehend aus **Hülsenkopf** und **Hülsenbrücke** (siehe auch nachfolgende Bildreihen) vorwärts bewegt und gedreht – durch die Drehung wird er im Hülsenkopf ver- oder entriegelt, indem die **Verriegelungswarzen** (Erhebungen auf der Kammer) durch Drehung der Kammer ihre Stellung zu den **Verriegelungsnasen** verändern. Die Verriegelungsnasen befinden sich im Hülsenkopf, der fest mit dem Lauf verbunden ist. Im System Mauser dient eine **Sicherungswarze** (mit Spiel) in der Hülsenbrücke als „Back-up", um bei einer Verschlusssprengung die Kammer aufzuhalten. Zylinder-Verschlüsse widerstehen höchsten Drücken und kommen in schweren Büchsen und in Repetierflinten des Kalibers 12/89, **Gänseflinte** genannt, zum Einsatz.

Verschluss offen, aber Kammer in der Kammerhülse.

Verriegelung im Hülsenkopf wurde hergestellt – der Kammerstengel wurde nach vorn und zur Seite bewegt.

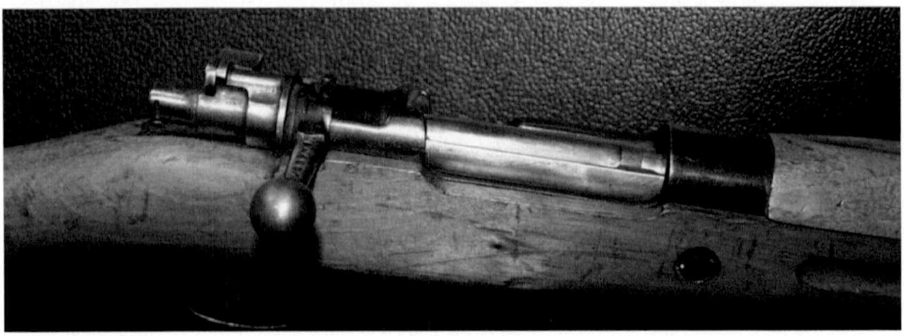

Der Verschlussvorgang im Innern der Waffe wird durch die nachfolgenden Darstellungen verdeutlicht. Die Kammer wird nach vorn geführt, bis eine Drehung durch eine Abwärtsbewegung des Kammerstengels möglich ist. Durch die Drehung kann sich die Kammer nicht mehr rückwärts bewegen, widersteht also dem Gasdruck, der nicht die Drehung der Kammer bewirken kann, durch die der Verschluss wieder geöffnet wird.

Die nachfolgenden Zeichnungen demonstrieren die drei Phasen der Verriegelung. Der Verriegelungsvorgang ist in der Realität dem Blick vollkommen entzogen – darum wird durch Schnittdarstellungen die Funktionsweise des Kammerverschlusses illustriert. Zur Darstellung der Entriegelung sind die Zeichnungen in umgekehrter Reihenfolge zu betrachten.

Vorwärtsbewegung *(Verschluss nicht verriegelt, Drehung der Kammer nicht möglich) – der Schütze bewegt durch Druck von hinten auf den Kammerstengel die Kammer nach vorn. Diese Bewegung nach vorn endet, sobald die Patrone im Patronenlager positioniert ist – dann ist nur noch eine Drehbewegung der Kammer möglich.*

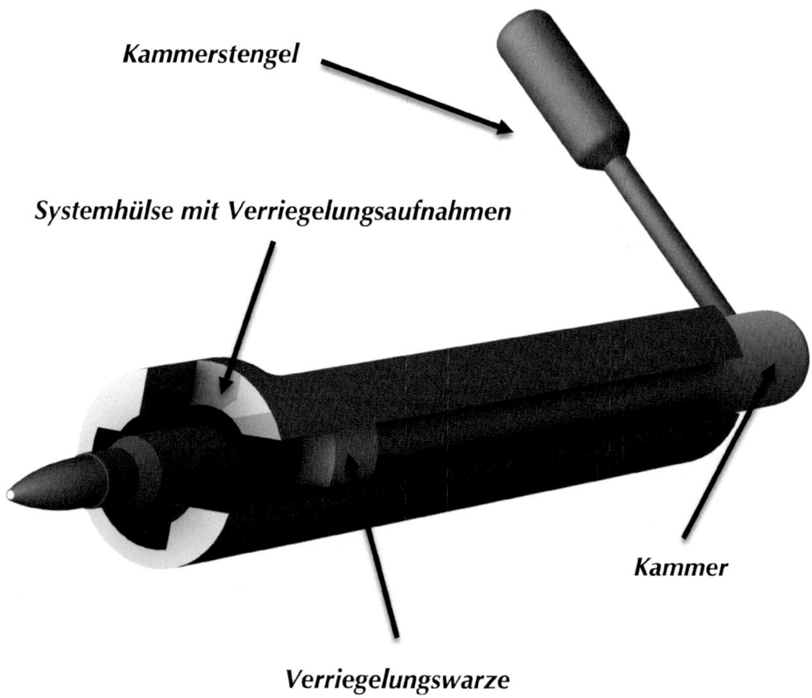

Kammer in vorderste Position geschoben *(Verschluss nicht verriegelt, Drehung der Kammer möglich) – nun bewegt die Hand des Schützen die Kammer nicht mehr vorwärts, sondern leitet durch eine leichte Neuausrichtung des Handdrucks die Abwärtsbewegung des Kammerstengels ein, der dadurch die Kammer zu einer Drehung zwingt und unmittelbar eine Bewegung der Kammerwarzen in die Aufnahmen bewirkt. Diese Abwärtsbewegung des Kammerstengel ist erst jetzt möglich, da die Verriegelungswarze vorher eine Drehung der Kammer verhinderte.*

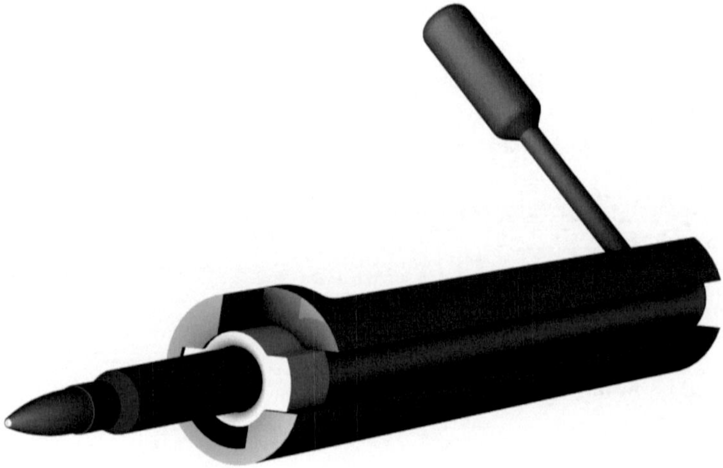

Verschluss hergestellt *(Rückwärtsbewegung nicht möglich, Drehung der Kammer möglich) – die Kammerwarzen haben ihre Endposition eingenommen, erst durch eine Aufwärtsbewegung des Kammerstengels wird der Verschluss wieder aufgehoben. Die Verriegelungswarze stützt sich an der Verriegelungsaufnahme der Systemhülse ab, der Verschluss ist hergestellt.*

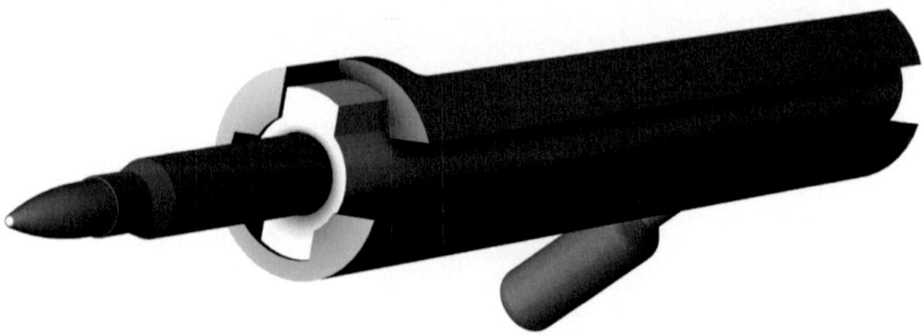

Bei Kipplaufgewehren stellt der **Laufhakenverschluss**, auch **Keilverschluss** genannt, die simpelste Form der Verriegelung bei einem **Baskülverschluss** (Sammelbezeichnung für Verschlüsse von Kipplaufwaffen) dar. Ein oder zwei Laufhaken, die unter der Laufschiene montiert sind, werden von einem Verschlusskeil (auch als Riegelplatte bezeichnet) gehalten, der durch Betätigung des **Oberhebels** (Hebel auf dem Kolbenhals) zurückgezogen wird und so die Haken freigibt.

8.2.4 Schloss

Das Schloss ist die Auslösevorrichtung für den Schuss – der Wille des Schützen wird nach Betätigung des Abzuges über eine Mechanik an den Schlagbolzen weitergegeben, der durch das Schlagstück aus seiner Ruhelage beschleunigt wird und die Patrone zündet.

Das Schloss eines modernen Gewehres besteht in der Regel aus Schlagbolzen, Schlagstück, Schlagfeder, Abzugsstange und Abzug sowie aus Abzugs- und Stangenfeder.

Selbstspanner-Kipplaufwaffen ersetzen das Spannen der Schlagfeder per Hand (wie es bei Gewehren mit außenliegendem Hahn üblich ist) meist durch ein automatisches Spannen. Beim Öffnen (Brechen) der Waffe wird, ohne dass es der Schütze aufgrund der Masse des Laufbündels oder Laufes bemerkt, die Schlagfeder gespannt. Verwendet werden in modernen Kipplauf-Gewehren

- **Kastenschloss** (Anson-Deeley-Schloss),
- **Blitzschloss** und
- **Seitenschloss.**

Die Schlossmodelle haben unterschiedliche Konstruktionsmerkmale und Abmessungen. Da sie im Bereich des Schafthalses montiert werden, ist der Schaft entweder größer zu dimensionieren oder das Schloss möglichst raumsparend zu gestalten. Kastenschloss und Seitenschloss ist dabei der Vorzug zu geben, weil beide relativ flach konstruiert sind und so den Bau eines schmalen Schafthalses bei guter Stabilität ermöglichen.

8.2.4.1 Kastenschloss

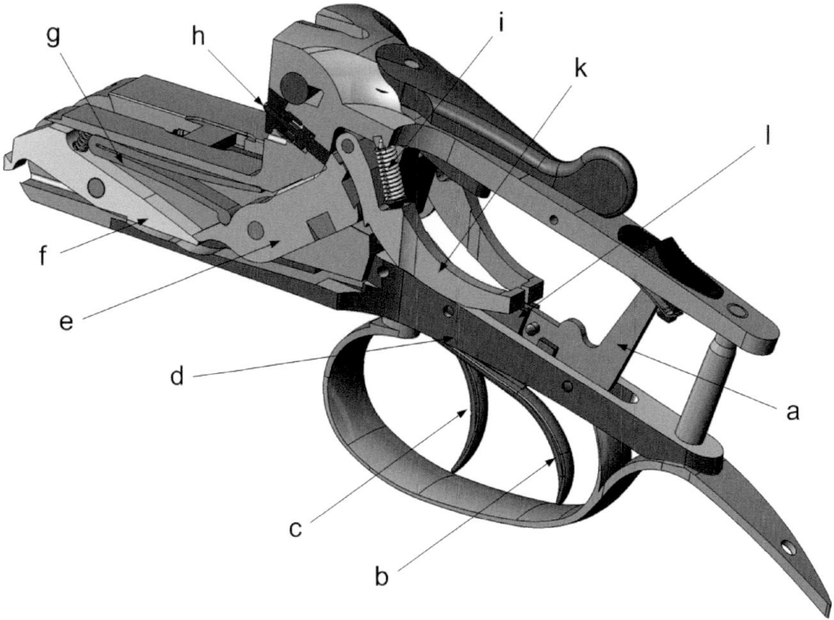

a) Sicherungselement; b) Abzug für oberen/linken Lauf;

c) Abzug für unteren/rechten Lauf; d) Abzugsblech;

e) Schlagstück; f) Spannhebel; g) Schlagfeder; h) Schlagbolzen;

i) Abzugsstangenfeder; k) Abzugsstange; l) Abzugsblatt

Das Kastenschloss, nach seinen Erfindern auch als Anson & Deeley-Schloss bezeichnet, entstand Ende des 19. Jahrhunderts und wird heute meist in Doppelflinten verbaut. Es liegt für jeden Lauf einer Waffe einzeln vor.

8.2.4.2 Blitzschloss (Drillingsschloss mit Handspannung)

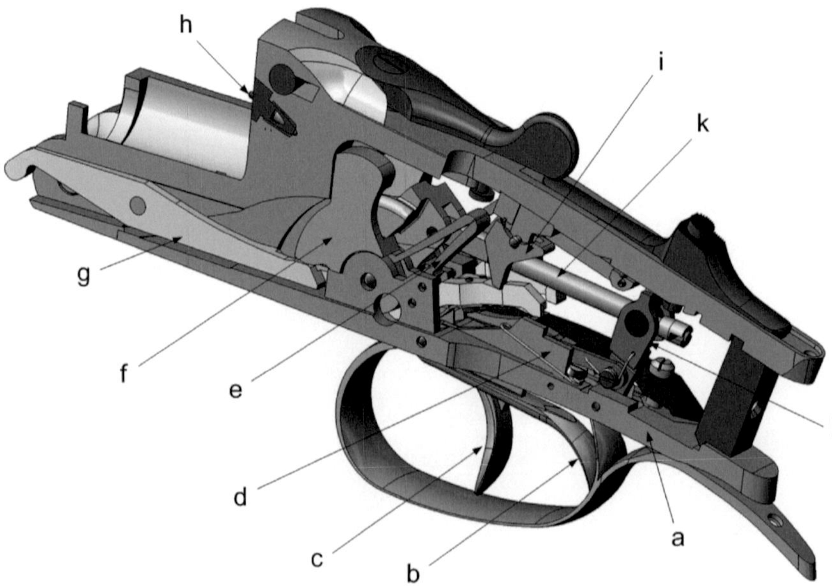

a) Schlossboden; b) Abzug für oberen/linken Lauf;

c) Abzug für unteren/rechten Lauf; d) Abzugsblatt; e) Schlagfeder;

f) Schlagstück; g) Spannhebel; h) Schlagbolzen; i) Abzugssicherung;

k) Federhülse für Kugellauf; l) Galgen

Das in Deutschland aus dem Kastenschloss entwickelte Blitzschloss (hier dargestellt als Drillingsschloss mit Handspannung) ist besonders wegen seiner raschen Zerlegbarkeit sehr beliebt. Die Schlagfedern können als Spiral- oder Schenkelfedern ausgeführt sein, als Spiralfeder auch in einem Gehäuse (siehe k).

8.2.4.3 Seitenschloss

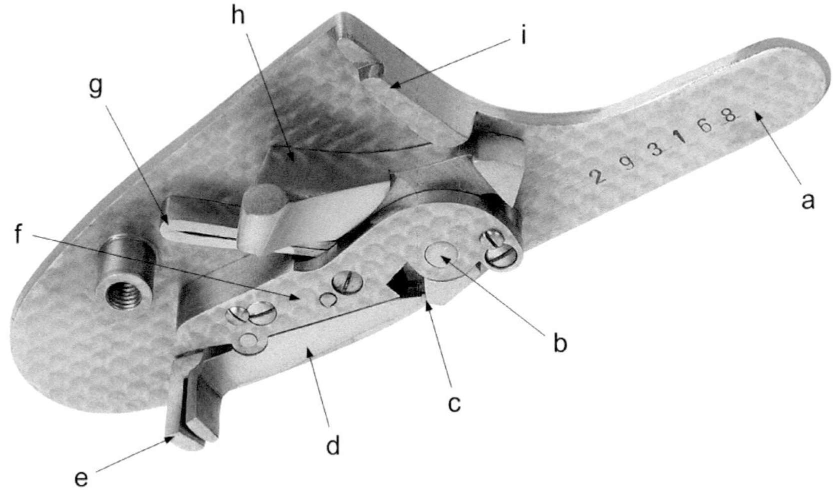

a) Schlossplatte; b) Schlagstückachse; c) Spannrast;

d) Sicherheitsfangstange; e) Schlagstückachse; f) Studel;

g) Schlagfeder; h) Schlagstück; i) Widerlager für Schlagstück

Anders als bei den zuvor dargestellten Schlossen befindet sich das Seitenschloss nicht in, sondern an der Basküle – seine Schlossplatte ist oftmals außen mit verzierenden Gravuren versehen. Seitenschlosse sind wie Blitzschlosse leicht zu entnehmen und darum sehr wartungsfreundlich. Konstruktiv ähneln Seitenschlosse dem Modell des Kastenschlosses nach Anson & Deeley, sind aber aufwändiger gefertigt. Die **Sicherheitsfangstange** verhindert das Vorschnellen des Schlagstücks, wenn die Abzugsrast durch einen mechanischen Fehler das Schlagstück freigeben würde; aus diesem Grunde bietet ein Seitenschloss mehr Sicherheit als andere Konstruktionen.

8.2.5 Zündungsarten

Heute gebräuchliche Arten der Zündung sind **Zentralfeuer**- und **Randfeuer**-Zündung. Hier genügt ein Aufschlagen des Schlagbolzens (Zentralfeuer) oder das Zusammenpressen der Zündmasse im Hülsenrand (Randfeuer), um die Zündung auszulösen, die das Pulver in der Patrone zur Umsetzung (Vorgang der Verbrennung) bringt. Weitere Einzelheiten entnehmen Sie bitte dem Kapitel „Munitionskunde“ ab Seite 221.

Vor Einführung von Patronenmunition Mitte des 19. Jahrhunderts war der Gebrauch einer Feuerwaffe weitaus umständlicher. **Vorderladerwaffen** mussten in mehreren Schritten schussbereit gemacht werden. Zunächst füllte der Schütze Pulver ein, führte dann von vorn ein Zwischenmittel und ein Geschoss in den Lauf ein und bereitete schließlich die Zündung vor.

Die Art der Zündung änderte sich im Laufe der Jahre. Bei den ersten Handfeuerwaffen erfolgte sie noch in einer Weise, die an das Abfeuern einer Kanone erinnert. Mit Hilfe einer glimmenden Lunte, die man in das **Zündloch** des Gewehres hineinstieß, kam es zur Entzündung des Pulvers im Innern der Waffe. Es wurden zur Sicherheit beide Enden der Lunte entzündet, um bei Verlöschen eines Endes der Lunte weiterhin feuerbereit zu sein – diese „Sicherheitsmaßnahme“ gefährdete allerdings den Schützen, der mit doppelt glimmender Lunte und offenem Pulver hantieren musste.

Dieses Problem konnte durch die nächste Stufe der Entwicklung, die Erfindung des Luntenschlosses, nicht restlos behoben werden. Beim **Luntenschloss** wird eine Lunte an einem Hahn befestigt. Durch Betätigung des Abzuges wird die glühende Lunte in das Zündloch bewegt, entweder durch direkte Bewegung des Hahnes mittels des Abzuges oder durch Auslösung des Hahnes, wenn dieser unter Federspannung steht.

Erst mit dem **Radschloss** gelang es, auch bei Regenwetter die Funktionsfähigkeit der Feuerwaffe sicherzustellen, zudem wurde die Schussauslösezeit verkürzt. Nicht durch eine außenliegende glimmende Lunte, sondern durch geschlagene Funken wird hier das Pulver entzündet. Noch heute ist dieses Prinzip allgegenwärtig bei Einweg-Feuerzeugen zu beobachten. Ein gezacktes Rad wird in Drehung versetzt, wobei es mit einem funkenschlagenden Material in Berührung gebracht wird (zB Schwefelkies). Das Rad muss dabei mit Hilfe eines Schlüssels „aufgezogen“ werden, ähnlich einem Uhrwerk. Die Betätigung des Abzugs löst dann die Sperre, das Rad dreht sich und die entstehenden Funken können das Pulver entzünden.

Beim **Steinschloss** (auch: **Feuersteinschloss, Schnappschloss**) wird der Funken durch das Aufschlagen eines Feuersteines erzeugt, der, ähnlich wie bei der Luntenzündung, an einem Hahn befestigt ist und nach Betätigung des Abzugs an einer Reibfläche (**Batterie**) in Richtung der Pulverpfanne bewegt wird. Der Pulverraum im Innern der Waffe ist mit der Zündpfanne über einen **Zündkanal** verbunden.

Die **Perkussionszündung** (hier wurden die Konstruktionsmerkmale des Steinschlosses weiterverwendet) stellt eine Zwischenstufe der Entwicklung vom Luntenschloss zur Zentralfeuerzündung moderner Waffen dar. Möglich wurde dies erst durch die Erfindung des **Anzündhütchens**[107]. Der Pulverraum der Waffe hat auch eine kleine Öffnung, die in einem **Zündstöckel** (**Piston**) nach außen mündet. Auf diesen Piston wird ein Anzündhütchen aufgesetzt, das nach Aufschlagen des Hahnes eine Zündflamme durch den hohlen Zündstöckel in das Pulver schickt.

Bei der **Lefaucheux-Zündung** (**Stiftfeuerzündung**) wird ein in der Patronenhülse angebrachter Stift (seitlich nach außen vorstehend) vom Hahn in die Hülse geschlagen. Der Stift bringt dabei eine im Innern der Patrone eingebaute Zündmasse zur Entzündung. Vorsicht ist geboten, weil beim Herabfallen der Patrone (unsachgemäße Handhabung) eine Zündung außerhalb der Waffe erfolgen könnte.

Die Entwicklung des **Zündnadelgewehrs** durch Nikolaus von Dreyse (vorgestellt 1827) fand ihren Höhepunkt mit der Vorstellung eines Hinterladers 1836 – es wurde fünf Jahre später bei der preußischen Armee eingeführt und ist das erste Militärgewehr, das mit einer standardisierten Patrone (**Einheitspatrone** oder **Zündnadelpatrone**) von hinten geladen wurde. Das Dreyse-Zündnadelgewehr führte zu einer schnelleren Schussbereitschaft nach der ersten Salve und war ein enormer taktischer Vorteil. Der im Dreyse-Gewehr verbaute Kammerverschluss war Vorläufer der noch heute oftmals in Militär- und Jagdwaffen verwendeten **Zylinderverschlüsse**.

Die **ursprüngliche Einheitspatrone** als Vorläufer der heute verwendeten Metallpatronen fasste in ihrer Papierhülse das Geschoss, die Zündung und die Treibladung zusammen. Die Besonderheit ist die Art und Weise der Zündung: Mittels einer Nadel wurde der Boden der Hülse durchstochen, und zwar durch die Treibladung (Schwarzpulver) hindurch bis zum Boden des Treibspiegels, der das Geschoss nicht nur von der Treibladung trennte, sondern es auch umfasste und so ein Verbleien des Laufes verhinderte. Traf die Nadel auf die **Zündpille** im Boden des Treibspiegels, wurde nicht nur das Geschoss aus Weichblei mit fast 300 m/s aus dem Lauf geschossen (800 m Reichweite bei einem Gewicht von 31 g), sondern es verbrannte auch die Papierhülse – ein Ausziehen der Hülse wie bei heute gebräuchlichen **Metallpatronen** war nicht notwendig.

Damit nahm die Einheitspatrone eine Entwicklung voraus, die als Gewehr G11 von Heckler & Koch breitere Bekanntheit erlangte – **hülsenlose Munition**. Ziel der Entwicklung war eine recht einfache Überlegung – wenn der Soldat nicht das Gewicht der Patronenhülse mit sich tragen muss, kann er mehr Geschosse mit ins Feld nehmen, gegenüber dem G3 die fünffache Menge. Die Geschosse waren in Ladestreifen konfektioniert.

Die **heutige Einheitspatrone für Büchsen** hat eine metallene Hülse, in der neben dem **Anzündhütchen** die Treibladung und das Geschoss verwendungsbereit zusammengefasst werden. Eine weitere, insbesondere im Entwicklungsprozess hülsenloser Munition unterschätzte Aufgabe der Hülse ist der Abtransport von Wärme aus dem Patronenlager.

8.2.6 Sicherungsvorrichtungen

8.2.6.1 Sicherungsvorrichtungen von Kurzwaffen

Moderne Pistolen verfügen über verschiedene, meist **automatisch wirkende Sicherungseinrichtungen** – darum verzichten viele Hersteller auf mechanische Sicherungen, die vom Schützen vor Abgabe des Schusses bewusst bedient werden müssen. Insbesondere bei Waffen für die Selbstverteidigung kann so eine ständige Schussbereitschaft bei gleichzeitiger Sicherung gegen ungewollte Abgabe eines Schusses erreicht werden.

Sicherungen wirken auf den Übertragungsweg zwischen Abzug und Patronenboden. Sie können dabei beispielsweise die Abzugsstange blockieren, den Schlaghebel und/oder seinen Weg und natürlich den Schlagbolzen.

Auf der nachfolgenden Darstellung der SIG-SAUER P 220 können Sie deutlich erkennen, dass sich die Sicherungsschieber so in den Schlagbolzen verkantet, dass der Schlagbolzen nicht nach vorn gleiten kann (**Schlagbolzensicherung**) – erst mit Durchziehen des Abzugs wird der Sicherungsschieber nach oben bewegt und gibt den Schlagbolzen frei. Fällt die Waffe beispielsweise zu Boden direkt auf den Schlaghebel und drückt diesen auf den Schlagbolzen, würde der Sicherungsschieber den Schlagbolzen blockieren.

Den außenliegenden **Sicherungshebel** der Heckler & Koch P8 zeigt die erste Abbildung – „S“ für „sicher“, „F“ für „Feuer“. Darunter die **Züngelsicherung** einer Walther P 99 – das Abzugszüngel ist geteilt, nur wenn der Finger den Abzug berührt, wird eine Bewegung des Züngels möglich.

Weitere bewährte Prinzipien sind die **Handballensicherung** und die **Handspannung** der Waffe. Während die Handballensicherung nur dann den Abzug freigibt, wenn die Hand den geringen Widerstand einer am Griffstück angebrachten Wippe überwindet (durch Erfassen der Waffe), sind Waffen mit **Handspannsystem** so lange entspannt und damit sicher, bis der Schütze mit einem deutlichen Kraftaufwand das Griffstück zusammendrückt und dadurch den Schlagbolzen spannt. Lässt er den Griff vor Abgabe des Schusses los oder fällt die Waffe zu Boden, ist sie entspannt und damit sicher.

Beim Revolver sorgt eine **Sicherheitsrast** für eine quasi automatische Sicherung. Der Schlaghebel kann den Patronenboden nur erreichen, wenn der Abzug gedrückt wird. Somit kann sich auch beim **Herabfallen** der Waffe auf den Hahn kein Schuss lösen.

Die **Magazinsicherung** verhindert eine Schussabgabe aus einer nur vermeintlich entladenen Waffe. Bei entnommenem Magazin ist der Abzug blockiert, so dass auch eine im Patronenlager „vergessene“ Patrone nicht zu einer Gefahr werden kann.

Abzugssicherungen verhindern nur eine Betätigung des Abzuges und blockieren nicht den Schlagbolzen – sie sind nicht Stand der Technik und bieten keine ausreichende Sicherheit.

Die an einer Schusswaffe vorhandenen Sicherungen sollten grundsätzlich aktiviert werden, um eine ungewollte Schussauslösung zu verhindern. Wichtiger aber als die aktivierte Sicherung ist die ungeteilte Aufmerksamkeit des Waffenbesitzers – denn keine Sicherung ist in der Lage, eine ungewollte Schussabgabe eigenständig zu verhindern. Gleiches gilt für das Sichern einer Waffe vor dem Entladen nach einem Zündversager – Sicherungen können schadhaft sein, weshalb auch bei aktivierter Sicherung niemals der Abzug betätigt oder berührt werden darf und die Waffe immer in Richtung des sicheren Kugelfangs zu richten ist.

Oben: Flügelsicherung der Heckler & Koch Pistole P 8 mit Markierungen

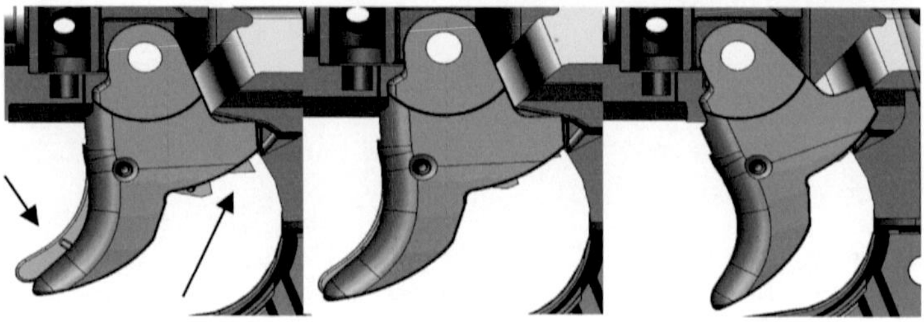

Oben: Züngelsicherung der Walther P 99 DAO – deutlich zu erkennen ist die „Nase", die ein Teil der beweglich gelagerten Züngelhälfte ist. Erst wenn beide Hälften deckungsgleich sind, ist die Nase so weit zurückgezogen, dass der Abzug freigegeben wird.

Unten: Schlagbolzensicherung der SIG-SAUER P 220.

8.2.6.2 Sicherungsvorrichtungen von Langwaffen

Prinzipiell treffen die im vorigen Kapitel getroffenen Aussagen auch auf die Sicherungsvorrichtungen an Langwaffen zu.

Besonderheiten zeigen sich bei **Kipplaufwaffen**, insbesondere bei Jagdwaffen. Zu unterscheiden sind hier die **Art der Sicherung** und die **Art der Bedienung**. Gebräuchlich sind als Art der Sicherung

- Stangensicherung
- Schlagstücksicherung oder Schlagbolzensicherung
- Abzugssicherung

Während bei einer **Stangensicherung** die Stange als Übermittler der Auslösung blockiert wird, wird bei einer **Schlagstücksicherung** oder **Schlagbolzensicherung** das für die Abgabe des Schusses entscheidende Element blockiert – damit ist der Schlagstücksicherung in jedem Falle der Vorzug zu geben. Die **Abzugssicherung** blockiert allein den Abzug – von den drei vorgestellten Sicherungsarten ist diese Art der Sicherung die unsicherste.

Gebräuchliche Arten der Bedienung sind

- Schiebesicherung
- Flügelsicherung
- Druckknopfsicherung

Bei einer **Schiebesicherung** befindet sich das Bedienelement in Form eines **Schiebers** auf dem Kolbenhals (Oberseite des Schaftes hinter der Basküle, unten abgebildet). Hier kann der Schütze die Sicherung mit dem Daumen aktivieren und deaktivieren, ohne umgreifen zu müssen – die Abzugshand umgreift den Kolbenhals und der Daumen liegt auf Höhe des Sicherungsschiebers. Als **automatische Sicherung** befindet sich die Schiebesicherung nach dem Schließen der Waffe in gesicherter Stellung und muss vor der Schussabgabe betätigt werden.

Die **Flügelsicherung** kann als Drehflügel (zum Beispiel bei einem Kammerverschluss System Mauser) oder als Hebel an der Außenseite des Verschlussgehäuses (HK SL 8, siehe unten) ausgeführt sein.

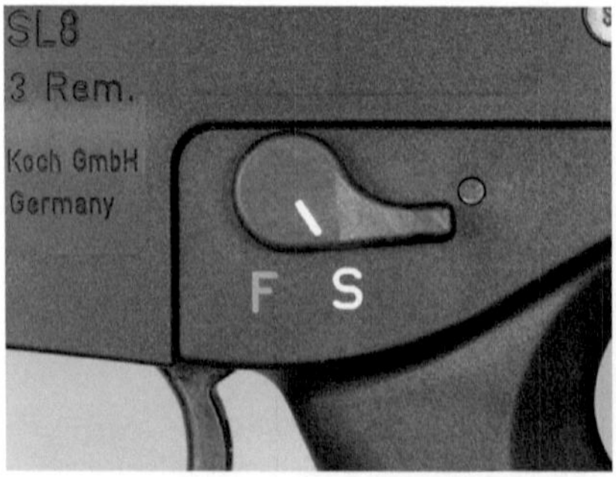

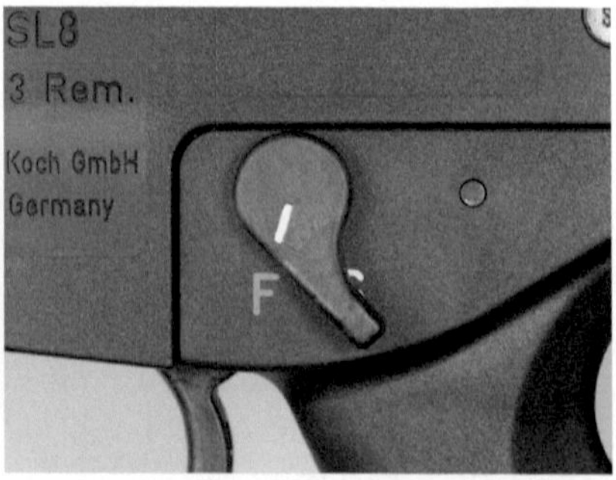

Eine **Druckknopfsicherung** findet sich meist am Abzugsbügel – hier kann der Schütze leicht die Waffe sichern und entsichern, ohne die Schusshand vom Kolbenhals nehmen zu müssen. Die Sicherung erfolgt durch Eindrücken des Knopfes, der dadurch auf der anderen Seite des Bügels herausgedrückt wird und so für Entsichern wieder gedrückt werden kann.

8.2.7 Magazin

Das Magazin befindet sich bei Gebrauchspistolen meist als **Wechselmagazin** im Griffstück. Es wird entweder durch einen Magazinhalter, der in Daumenhöhe in das Griffstück integriert ist und in eine Aussparung des Magazins greift, gehalten (siehe Abbildung, links) oder von einem Hebel im Griffboden (siehe Abbildung, rechts), der das Magazin am Herausgleiten hindert. Zum Lösen kann es nötig sein, den Hahn zu spannen (zB Tokarev-Pistolen). Das Magazin kann auch als zusätzliche Sicherung wirken (**Magazinsicherung**, bei Entnahme wird die Schussauslösung blockiert).

Der Magazinboden wird oftmals mit einem **Magazinschuh** gegen Schäden beim Herabfallen geschützt. Der Magazinschuh kann durch eine besondere Formgebung auch zum schnelleren Magazinwechsel dienen.

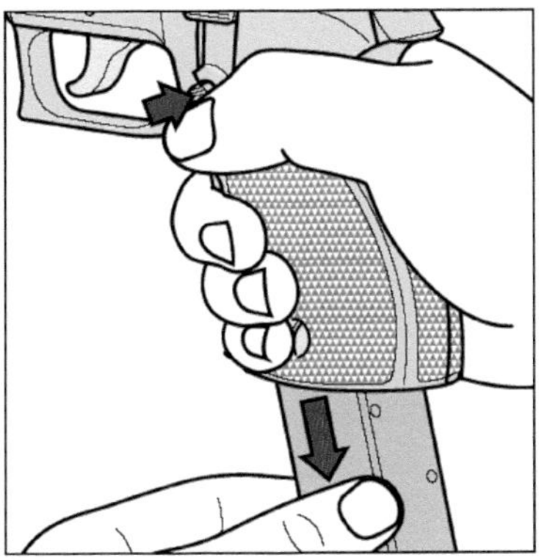

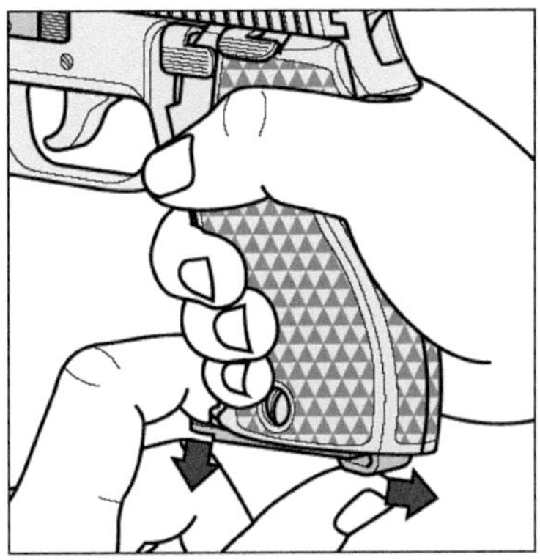

Die **Magazinfeder** drückt die im Magazin befindlichen Patronen, die auf dem **Magazinzubringerstück** liegen, gegen die „Magazinlippen“, die das Magazin nach oben begrenzen. Die Patronen können nur nach vorn aus dem Magazin geschoben werden, und diese Aufgabe erledigt der nach vorn gleitende Verschluss sozusagen im „Vorübergehen“. Die oberste Patrone im Magazin wird bei geschlossenem Verschluss gegen die Unterseite des Verschlusses gedrückt und erreicht dabei nicht die Magazinlippen. Sobald nun der Verschluss nach hinten läuft, gibt er den Raum über der Patrone frei – die Magazinfeder schiebt nun die Patronen minimal aufwärts bis zu den Magazinlippen, und die stehen dann hoch genug, um dem vorgehenden Verschluss „im Wege zu stehen“. Der Verschluss nimmt die oberste Patrone mit, die über eine Zuführung in das Patronenlager gleitet.

Nach Auszug der letzten Patrone übt die Magazinfeder Druck auf den Verschlussfanghebel aus – damit wird nach Schussabgabe der nach hinten gelaufene Verschluss am Vorwärtsgleiten gehindert. Das Magazin kann durch Betätigen des Magazinhalters aus dem Griff gleiten und durch ein gefülltes Magazin ersetzt werden; das Betätigen des Verschlussfanghebels oder ein Zurückziehen des Verschlusses lässt diesen dann durch den Druck der Schließfeder vorschnellen.

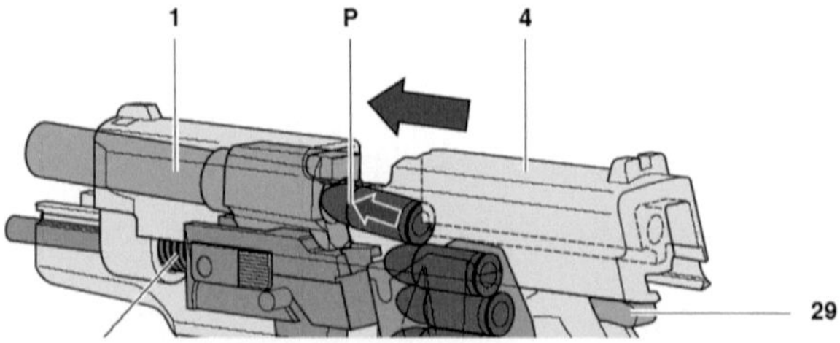

Im Gegensatz zur **Trommel** eines Revolvers, die den Patronenvorrat der Waffe in sich trägt, aber als Patronenlager auch wesentliches Teil ist, sind Magazine <u>kein</u> wesentliches Teil einer Schusswaffe im Sinne des Waffengesetzes. Sie sind **Waffen im Sinne des Waffengesetzes**, unterliegen aber nicht der Erlaubnispflicht. Das hat zur Folge, dass sie beispielsweise ohne nachgewiesenes Bedürfnis erworben werden können. Zu beachten sind aber Verbotsvorschriften für Magazine mit großer Kapazität.

Neben Wechselmagazinen sind **Kastenmagazine** (fest eingebautes Patronenmagazin in Repetierlangwaffen), **Röhrenmagazine** (Vorderschaft-Repetierflinte, Unterhebelrepetierer nach Modell der „Winchester") und **Trommelmagazine** (meist vollautomatische Waffen, Patronen liegen in schneckenartig geformtem Rundmagazin) bekannt.

8.2.8 Trommel

Anders als das Magazin ist die Trommel, früher „Walze" genannt, wesentliches Teil einer Schusswaffe, da sie nicht nur den Patronenvorrat enthält, sondern auch **Patronenlager** ist. Anders als bei der Pistole, bei der das Patronenlager Teil des Laufes ist und bei der Berechnung der Lauflänge berücksichtigt wird (Abstand zwischen Mündung und Stoßboden des Verschlusses), wird bei einem Revolver nur die wirkliche Lauflänge gemessen, die Trommel als „Kammer" dagegen nicht dazugerechnet.

Die Trommeln der gängigsten Großkaliber-Gebrauchsrevolver fassen fünf oder sechs Patronen. Beim Spannen des Schlaghebels, sei es nun direkt durch Zurückziehen oder durch Durchziehen des Abzugs bei DA-Revolvern, wird zunächst die Trommel um eine Patronenkammer gedreht – damit liegt eine Patrone vor dem Schlaghebel und kann durch den jetzt vor ihr liegenden Lauf verschossen werden. Das Befüllen erfolgt entweder nach Ausschwenken der Trommel oder mittels einer Zuführung am Griffstück („Ladekammer"), die Zugriff auf nur eine Kammer der Trommel gibt.

8.2.9 Schalldämpfer

Schalldämpfer stehen nach Anlage 1 WaffG den Schusswaffen gleich, für die sie bestimmt sind. Somit ist ein Schalldämpfer für eine Großkaliber-Pistole erlaubnispflichtig, für eine Druckluftwaffe mit Kennzeichen „F im Fünfeck" dagegen erlaubnisfrei ab 18 Jahren. Alle Vorschriften, die auf die Waffe anzuwenden sind, etwa zu Aufbewahrung, Transport oder Erlaubnis- und Eintragungspflicht, gelten auch für den Schalldämpfer.

Der Schalldämpfer ist ein meist röhrenförmiges Gebilde, das in den Lauf der Waffe integriert ist oder auf den Lauf geschraubt werden kann. Dazu muss der Lauf allerdings in der Regel über ein **Außengewinde** verfügen. Außerdem wird der Lauf, im Falle einer Pistole, in der Regel länger sein als der Serienlauf und deutlich sichtbar hervorstehen.

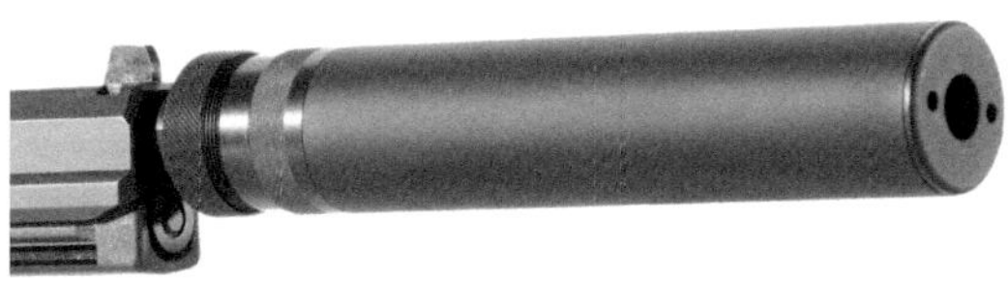

Ein Schalldämpfer vermindert den **Mündungsknall** des Gases, indem er die Gaswolke verwirbelt, die sich explosionsartig nach vorn ausdehnt. Ab einer Dämpfung von 3 bis 5 dB ist ein Unterschied subjektiv wahrnehmbar, womit die vom Gesetz geforderte Eigenschaft einer „wesentlichen Dämpfung" (Anlage 1 Abschnitt 1 Nr. 1.3 WaffG) erfüllt wird. Außerdem vermindert er den **Mündungsfeuerschein** der Waffe.

Die nachfolgende Skizze zeigt beispielhaft den schematischen Aufbau eines Schalldämpfers im Querschnitt.

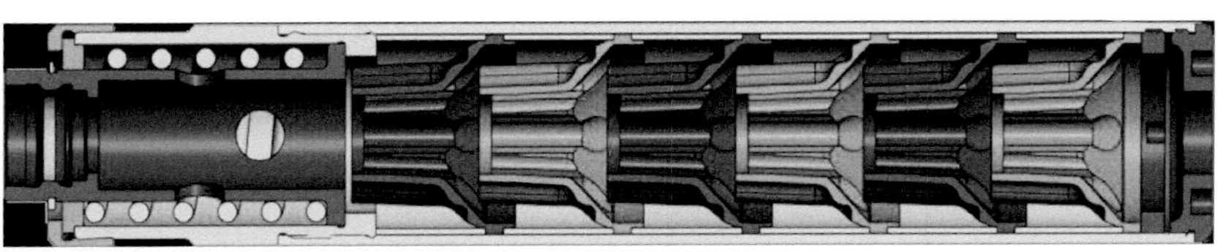

Im Dämpfergehäuse befinden sich mehrere Objekte (ähnlich Trichtern), hier abwechselnd hell und dunkel dargestellt, die in der Mitte der engeren Trichterseite ein Loch im Durchmesser des Geschosskalibers aufweisen. Das Geschoss fliegt nun aus dem Lauf (in der Abbildung von links) in den Dämpfer und durchquert nun die Reihe der Objektöffnungen. Die Mündungsgase verfangen sich im Verlauf dieses „Durchfluges" in den Hohlräumen zwischen den Objekten und der Gehäusewand. Dabei werden sie verwirbelt, so dass eine wahrnehmbare Dämpfung erreicht wird. Beachten Sie, dass mit dem Schalldämpfer allein der Überschallknall der Mündungs**gase** gedämpft wird, nicht des austretenden Geschosses.

Der beste Dämpfer kann darum nur dann wirksam arbeiten, wenn auch die für den Schalldämpfer-Einsatz geeignete Munition verwendet wird. Diese sogenannte „**Subsonic**"-Munition, übersetzt also „Unterschall"-Munition, tritt mit Unterschallgeschwindigkeit aus dem Lauf, so dass der Überschallknall, der vom austretenden Geschoss erzeugt wird (**Geschossknall**) und als ein Gesamtereignis mit dem Mündungsknall der Gase wahrgenommen wird, ausbleibt.

Die **Verwendbarkeit** eines Schalldämpfers im Rahmen der **Jagdausübung**[108] lässt in der Regel nur den Einsatz von normaler Munition zu, da für den Schuss auf Wild durch das Bundesjagdgesetz bestimmte **Mindestenergiemengen** verbindlich festgelegt werden, die mit gängiger Subsonic-Munition nicht zu erreichen sind.[109] Lediglich bei der Bejagung von Raubzeug und Raubwild, etwa im Rahmen der Tätigkeit eines **Stadtjägers** oder **Friedhofsjägers**, ist die Schalldämpfung durch Verwendung von Unterschall-Munition zulässig, da hier keine Mindestenergiemengen gefordert werden.

Doch auch bei der Verwendung mit normal geladener Munition bedeutet ein Schalldämpfer für den Schützen und für Personen in der Nähe der Laufmündung eine deutlich geringere Impulsbelastung für das Gehör. Darum ist die Verwendung von Schalldämpfern bei der Jagd eine sinnvolle Maßnahme zum Schutz von Mensch und Hund.

8.2.10 Visierung

Der Treffer setzt in der Regel ein genaues Zielen voraus. Dabei helfen entweder ein Zielfernrohr, eine Leuchtpunkt-Visierung oder die klassische Visierhilfe „Kimme und Korn", die **offene Visierung**. Dabei bezeichnet der Begriff „Korn" die näher an der Laufmündung aufgesetzte Zielhilfe („Korn ist vorn").

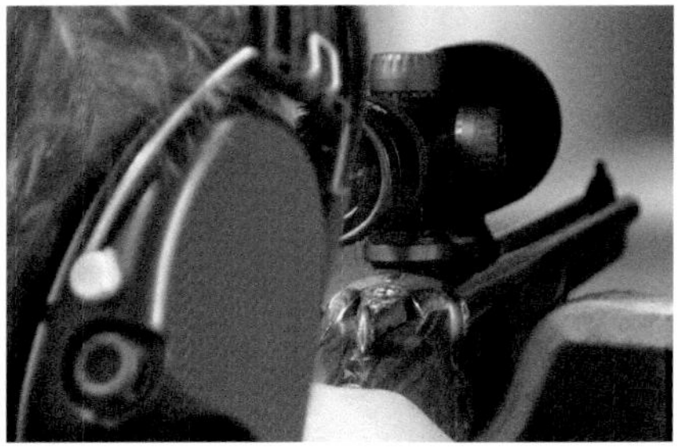

Bei einer Pistole ist die offene Visierung auf dem Schlitten befestigt. Der nahe der Laufmündung befindliche Teil der Visierung ist das Korn, das Gegenstück am Ende des Schlittens die Kimme. Aufgabe der Visierung ist es, dem Schützen beim Blick über Kimme und Korn das Ziel zu zeigen, das er nach Abgabe des Schusses treffen wird – bei gleicher Laborierung der Patrone und gleicher Distanz zum Ziel sollte jeder Schuss das Ziel im anvisierten Bereich treffen.

Liegen die Treffer links vom anvisierten Ziel, muss die Visierung so verändert werden, dass die Treffer nach rechts wandern – die Kimme wird verstellt, und zwar nach rechts, da auch der Lauf weiter nach rechts gehalten werden muss.

Zum Verstellen von Kimme oder Korn bedient man sich eines **Visierschiebers**, der die im Schlitten eingeklemmte Kimme in kleinsten Schritten in ihrer Position verschieben kann (unten links). **Mikrometervisierungen** (unten Mitte und rechts) können dagegen „Klick für Klick" horizontal und vertikal verstellt werden.

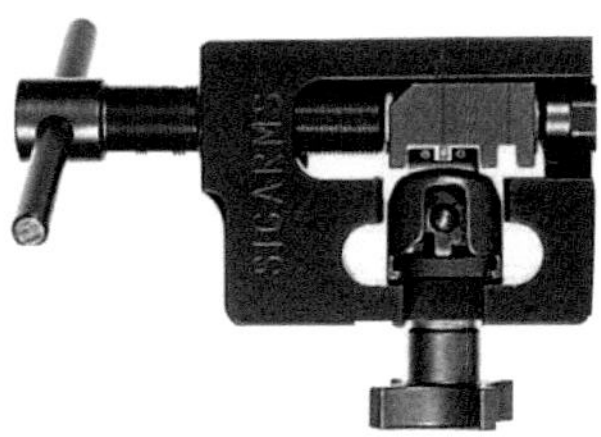

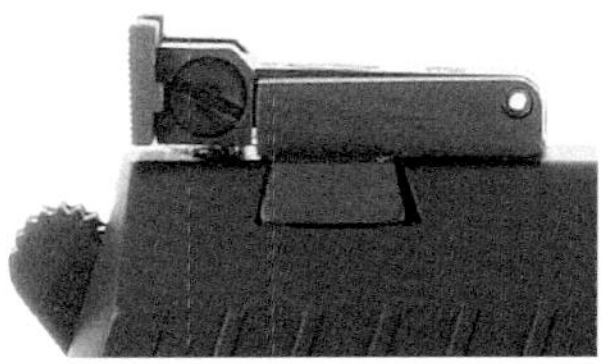

Zum Zielen werden Kimme und Korn in Deckung gebracht (siehe oben), so dass das Korn in der mittleren Aussparung der Kimme zu sehen ist und die Oberkanten beider Objekte bündig abschließen. Das Ziel muss dabei über dem mittleren Punkt zu sehen sein. Nur wenn Sie diese Konstellation von Kimme und Korn sehen und darüber das Ziel, dürfen Sie schießen!

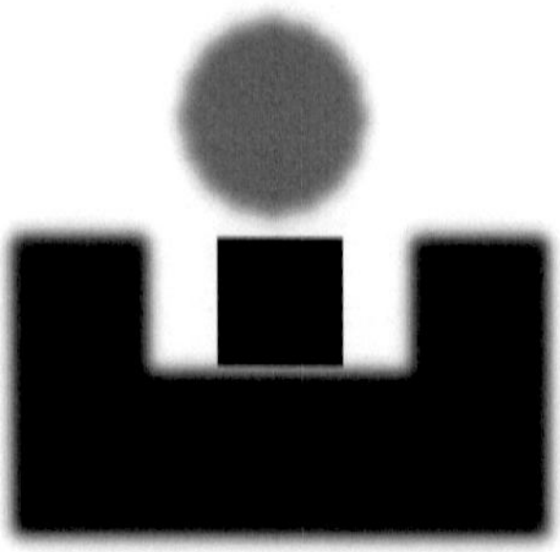

Der Schütze muss gleichzeitig die Zielscheibe, die Kimme und das Korn „im Auge behalten". Scharfgestellt wird auf das Korn – Kimme und Zielscheibe sind leicht unscharf zu sehen. Dabei sollte der **Haltepunkt**, also jener Punkt, auf den man zielt, um den Treffer zu erzielen, unterhalb der dunklen Fläche der Scheibe sein, um dem Auge eine Hilfe zu geben. Dies ist aber eine Frage der Einstellung des Visiers und damit von Waffe zu Waffe unterschiedlich – bei fremden Waffen sollten Sie den Besitzer nach dem Haltepunkt fragen.

Die für Ihre Bedürfnisse und Voraussetzungen, insbesondere ihre individuelle Sehfähigkeit, geeignete Zieltechnik können Sie nur durch beständiges Ausprobieren und die Unterstützung anderer erfahrener Schützen herausfinden. Die Zahl guter Ratschläge und Faustregeln ist unüberschaubar groß – mit Eigeninitiative und Geduld werden Sie zu Ihrer persönlichen Technik des präzisen Schusses kommen.

9 Munitionskunde

9.1 Grundlagen

Sie werden in der Regel Patronen für Ihre Waffe verwenden – was heute selbstverständlich ist und es dem Schützen ermöglicht, nacheinander aus einem Lauf mehrere Schüsse abzugeben, war in alten Zeiten nicht denkbar. Damals hieß es vor jedem Schuss: Schwarzpulver einfüllen, Geschoss in den Lauf einführen, stopfen, und dann darauf hoffen, dass die Lunte oder der Zündfunken den Schuss auslösen – mehr zu diesem Thema finden Sie im Kapitel „Zündungsarten" ab Seite 208.

Zentralfeuerpatronen bestehen in der Regel aus **Hülse**, **Anzündhütchen**, **Treibladung** und **Geschoss**, bei **Randfeuerpatronen** befindet sich das Anzündmittel im Rand des Patronenbodens. Der Hülse kommen gleich zwei Aufgaben zu: Einerseits soll sie alle Bestandteile der Patrone vor äußeren Einflüssen **schützen** und das Geschoss festhalten, andererseits trägt sie durch das **Lidern** wesentlich zum **Abdichten** des Patronenlagers (siehe dazu auch die Kapitel 8.2.2 und 8.2.3) bei. Außerdem sorgt sie dafür, dass **Wärmeenergie** aus dem Patronenlager abgeleitet wird.

Im Folgenden werden Sie grundsätzliche Informationen zu verschiedenen Munitionssorten erhalten – dabei werde ich Ihnen nur die gängigsten Kaliber und Arten vorstellen. Gleiche Kaliber können unterschiedliche Geschossgewichte und Pulvermengen enthalten – man spricht in diesem Zusammenhang von unterschiedlichen **Laborierungen**. Je nach Einsatzzweck und Patronenart werden als Treibladung Schwarzpulver oder Nitrocellulose-(NC-) Pulver verwendet.

Schwarzpulver war vor Erfindung des NC-Pulvers über Jahrhunderte die Treibladung von Kanonen und Handfeuerwaffen. Es besteht aus einer Mischung von Kalisalpeter, Schwefel und Holzkohle. Schwarzpulver ist leicht entflammbar, der Umgang sollte darum nur durch Fachkundige erfolgen. Es ist massenexplosionsgefährlich, das bedeutet, dass die gesamte Schwarzpulvermenge sofort umgesetzt wird. Die Brandgeschwindigkeit von Schwarzpulver liegt zwischen 600 m und 800 m pro Sekunde. Es wird heute hauptsächlich zum Böllern oder in Vorderladerwaffen sowie in Kartuschenmunition und in der Pyrotechnik verwendet.

NC- oder Nitro-Pulver dagegen brennt mit 10 cm pro Sekunde extrem langsam ab und ist dadurch im Freien auch nicht so explosionsgefährlich wie Schwarzpulver. Erst in einem begrenzten Raum, also unter Druck, entwickelt NC-Pulver seine enorme Wirkung. Es wird durch die Behandlung von

Cellulose mit Nitriersäure (Mischung aus Schwefel- und Salpetersäure) und anschließendes Auswaschen hergestellt. Man setzt verschiedene Sorten von NC-Pulver je nach dem gewünschten Abbrandverhalten ein: Langsam abbrennende Sorten kommen in Büchsenpatronen zum Einsatz, schnell abbrennende in Kurzwaffen- und Schrotpatronen. Die Abbrenngeschwindigkeit wird durch die Form der einzelnen Pulverkörper bestimmt – zusätzlich wird bei Sorten, die besonders langsam abbrennen sollen, eine Behandlung mit Chemikalien vorgenommen, die die einzelnen Pulverteile umhüllen und sie so weniger reaktiv werden lassen.

Alle nachfolgend gemachten ballistischen Angaben unterliegen je nach Hersteller teilweise deutlichen Unterschieden. Die hier angegebenen Werte beziehen sich auf Patronen und Geschosse der Marken GECO, RWS, NORMA und HIRTENBERGER sowie ROTTWEIL und auf das angegebene Geschossgewicht.

Informationen zu **pyrotechnischer Munition** finden Sie im später folgenden Kapitel „**Seenotsignalmittel**" in diesem Buch ab Seite 257.

9.2 Geschossarten

Der Begriff Munition bezeichnet in der Regel patronierte Munition – Geschosse sind keine Munition im Sinne des Waffengesetzes und unterliegen nicht seinen Regeln bezüglich des Erwerbens und Besitzens (Ausnahmen: unpatronierte pyrotechnische Munition, also Geschosse mit einem pyrotechnischen Satz, sowie verbotene Geschosse). Geschosse sind als Waffen oder für Schusswaffen bestimmte feste Körper beziehungsweise gasförmige, flüssige oder feste Stoffe in Umhüllungen.

Unterschieden werden **Vollgeschosse** und **Mantelgeschosse**. Vollgeschosse bestehen aus einem einzigen Material (in der Regel Blei), Mantelgeschosse dagegen aus einem Kern und einem ihn umgebenden Mantel (Kernmaterial meist Blei, Mantel Stahl, Kupferlegierung oder Tombak). Welches Geschoss für den jeweiligen Einsatzzweck geeignet oder erforderlich ist, ist Gegenstand der Jägerprüfung und auch der Fachkundeprüfung.

Bei den Mantelgeschossen wird nach Art des Mantels unterschieden zwischen **Vollmantelgeschoss (VM)** und **Teilmantelgeschoss (TM)**. Während bei einem Vollmantelgeschoss das Mantelmaterial den Kern vollständig oder mit Ausnahme des Geschossbodens vollständig umschließt, ist bei einem Teilmantelgeschoss die Geschossspitze nicht vom Mantel umschlossen, so dass hier der Kern sichtbar ist.

Teilmantelgeschosse können weiter differenziert werden - bei einem **Lochgeschoss** ist der Mantel geöffnet und gibt einen Teil des formgebenden Geschosskerns frei, bei einem **Hohlspitzgeschoss** ist der Kern eingehöhlt.

Die Form der **Geschossspitze** kann zur Unterscheidung dienen:

- Spitzgeschosse
- Halbspitzgeschosse
- Rundkopfgeschosse
- Kupferhohlspitzgeschosse (HMK)
- Kupfer-Teilmantel-Flachkopfgeschoss (KTM)
- Kegelspitz-Geschoss (KS)
- Kegelstumpfgeschosse
- Wadcutter-Geschosse

Für die ballistischen Eigenschaften kommt es aufgrund des Einflusses auf das Strömungsverhalten auch auf das „Heck", den **Geschossboden**, an. Hier sind unterschiedliche Ausformungen erhältlich. Unterschieden werden beispielsweise **Bootschwanz** („Heck-Konus") und **Torpedoheck**.

Speziell für Jagdwaffen haben sich als Spezialgeschosse bewährt:

- Teilmantel-Spitz-Geschoss (TMS)
- Teilmantel-Rundkopf-Geschoss (TMR)
- Teilmantel-Flachkopf-Geschoss (TMF)
- H-Mantel-Geschoss (mit H-Rille)
- Torpedo-Ideal-Geschoss (TIG)
- Torpedo-Universal-Geschoss (TUG)
- Kegelspitz-Geschoss (KS)
- Doppelkern-Geschoss (DK)

Um die Wirkung eines Geschosses beurteilen zu können, betrachtet man den **Restkörper**. Der Restkörper ist das, was von einem Geschoss nach Eintritt in das Ziel übrigbleibt. Das können Fragmente des ursprünglichen Geschosses sein, aber auch vollständige Geschosse, die sich beim Eintritt lediglich verformten, um ihre Energie an das Ziel abzugeben.

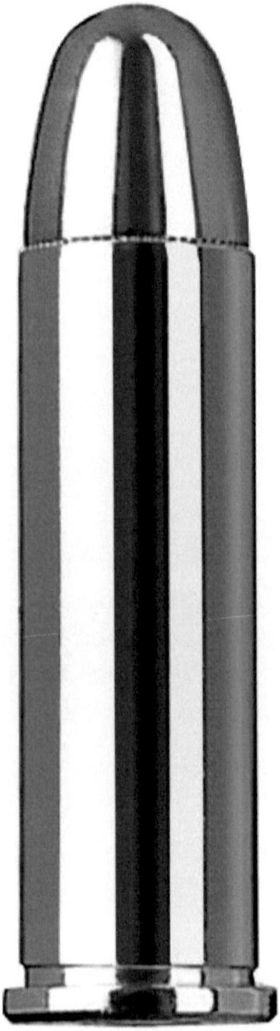

Vollmantelgeschosse (**VM**, hier auch als Teil einer Patrone GECO .38 Special VM) bestehen aus einem Bleikern, der in einen Mantel aus Stahl eingepresst wird. Auf den Stahl wird meist **Tombak** „plattiert", eine Messinglegierung mit einem Kupferanteil von mehr als 70 Prozent. Die durch das Tombak glattere Oberfläche des Geschosses verringert den Durchpresswiderstand. Der gesamte Mantel aus Stahl und Tombak passt sich den Zügen im Lauf besser an.

Der Mantel ermöglicht höhere Geschwindigkeiten als reine Bleigeschosse. Zudem erhöht sich die Durchschlagsfähigkeit im Vergleich zu einem reinen Bleigeschoss, da das Geschoss nicht verformt wird (siehe auch unten dargestellter Restkörper, formstabil, aber mit Verfeuerungsspuren) und aufgrund der „Zäpfchenform" einen Körper mit geringer Energieabgabe durchschlägt. Gleichzeitig ist damit aber eine geringe Wirkung verbunden, weshalb die Mannstopwirkung von VM-Munition als eher gering einzustufen ist.

Jagdlich ermöglicht die Verwendung von VM-Geschossen die Jagd auf schweres Wild, weil sie auch Knochen sicher durchdringen. Dazu sind schwerere Geschosse an ihrer Spitze zusätzlich verstärkt. VM-Geschosse kleinerer Kaliber werden mit spitzer, im größeren Kaliber mit runder Kopf-Form verwendet.

Teilmantelgeschosse (**TM**, hier auch als Teil einer Patrone GECO .357 Magnum TM-Flachkopf, unten links Restkörper) bestehen wie Vollmantelgeschosse aus einem Bleikern und einem Mantel aus Stahl oder Tombak, das Geschoss gleicht einem stumpfen Kegel. Der Mantel bedeckt nicht die gesamte Bleimasse. Eine „Verbleiung" des Laufes, also eine Ablagerung von verschmierten Bleiresten insbesondere in den Zügen, wird mit diesem Geschosstyp ebenso effektiv vermieden wie bei einem Vollmantelgeschoss – allerdings verformt sich ein Teilmantelgeschoss sehr stark beim Auftreffen, so dass ein deutlich größerer Teil der Bewegungsenergie des Geschosses am Ende auf das getroffene Ziel übertragen werden kann. Die Mannstopwirkung von schnellen Teilmantel-Laborierungen ist im Vergleich zur Wirkung von Vollmantel-Laborierungen sehr hoch.

Jagdlich ermöglicht ein TM-Geschoss eine hohe Energieabgabe an den Tierkörper, durch die starke Splitterwirkung ergibt sich meist aber kein sauberer Ausschuss.

Ein typisches **Bleigeschoss** für sportliche Zwecke ist der sogenannte **Wadcutter (WC)**. Das nebenstehende Bild zeigt eine Patrone GECO .32 S&W long WC. Das 6,5 g schwere Geschoss selbst ist in der Seitenansicht nicht zu sehen – es befindet sich vollständig in der Hülse und wird als zylinderförmiger Bleikörper aus der Hülse in den Lauf getrieben. Wadcutter-Geschosse werden ausschließlich zum Scheibenschießen eingesetzt, weil sie ein kreisrundes und damit gut auswertbares Loch in die Scheibe „stanzen".

Der Begriff „wadcutter" leitet sich von den englischen Begriffen „wad" für „Pappe" und „to cut" für „schneiden" her.

Die hier im Seitenanschnitt abgebildete Patrone (RWS-Büchsenpatrone mit Gürtel) zeigt die typische Flaschenform der mittleren bis schweren **Büchsenpatronen**. Im Vergleich zu Kurzwaffen-Kalibern wie 9 mm Luger sind Geschosse für halbautomatische Büchsen wie die HK SL8 im Kaliber .223 Rem. mit 5,56 mm im Querdurchmesser vergleichsweise klein.

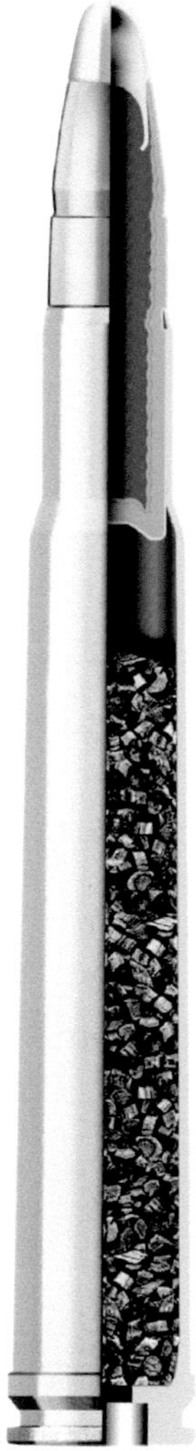

Einige Büchsenpatronen (wie 9,3 x 72 R oder Großwildmunition) entstanden bereits zu einer Zeit, als die Patronen noch mit Schwarzpulver geladen wurden – dazu musste eine große Menge an Pulver eingebracht werden. Der Pulverraum wurde durch die Verlängerung der Hülse vergrößert. Moderne Zentralfeuerpatronen sind dagegen „short and fat" – hier ist die Hülse deutlich kürzer, hat aber einen größeren Querdurchmesser. Ein Vorteil der kurzen Bauform ist, dass die Zündflamme die Pulversäule schneller durchschlagen kann.

Auf den folgenden Seiten werden verschiedene Geschosse für Büchsenpatronen in Aufbau und Wirkung dargestellt. Beachten Sie, dass dies nur eine Übersicht und keine finale Aufzählung ist – Geschosse und Munition allgemein sind ein weites Feld, das sich ständig erweitert.

Das Innere einer **Schrotpatrone,** nebenstehend im Viertelschnitt. Über dem Anzündhütchen in der Bodenkappe befindet sich die Treibladung. Die Schrote im oberen Teil der Patrone werden vom Pulver durch das sogenannte „Zwischenmittel" getrennt, bestehend aus Filz oder Holzfasern, Kork oder Kunststoff. Das Zwischenmittel gibt den Stoß der Verbrennungsgase als Schub auf die Schrotladung, die als „Vorlage" bezeichnet wird, weiter und schützt die Bleischrote vor der Hitze des Pulvergases. Die Oberkante der Hülse ist nach innen umgebördelt und drückt in der Regel eine Scheibe aus Kunststoff oder Pappe auf die Schrotladung; eine Verdämmung der Ladung durch eine sternförmige Faltung der Hülse ist ebenfalls eine gängige Methode.

Schrote mit einem Durchmesser von mehr als 4 mm werden Posten oder **Postenschrot** genannt.

Flintenlaufgeschosse (auch **FLG**, **„slugs"**) werden aus dem glatten Lauf verschossen. Die an Züge erinnernde Oberfläche des Bleigeschosses bleibt dabei ohne wirksamen Einfluss auf die Schussbahn und erzeugt auch keinen wirksamen Drall; es kommt nur zu einer minimalen Rotation im Flug. Um dem Geschoss einen Drall zu verschaffen, muss es aus einem gezogenen Flintenlauf verschossen werden.

Der Bleikörper des Brenneke-FLG hat eine Kegelspitze. Die Stabilisierung der Flugbahn erfolgt nach dem „Pfeilprinzip" – eine schwere Spitze und ein leichtes Hinterteil, hier dargestellt durch einen angeschraubten Filzpfropfen.

Die schräggestellten Rippen sorgen für eine leichtere Anpassung des Geschosses an den Laufdurchmesser – Verengungen durch Chokes („Würgebohrung") können mit einem FLG meist problemlos passiert werden (Hinweise des Waffenherstellers beachten).

9.3 Kaliberbezeichnungen

9.3.1 Schrotpatronen

Für die **Kaliberangabe von Flinten** wird historisch eine Art „Gewichtsverfahren" benutzt, die sich auf ein englisches Pfund Blei (454 g) bezieht. Ähnliches findet sich bei Kaliberangaben von Kanonen („X-Pfünder").

Die Berechnung für das Kaliber 12: Aus einem englischen Pfund Blei werden 12 gleich große Bleikugeln gegossen. Jede dieser Kugeln entspricht im Durchmesser dem eines Laufes im Kaliber 12. Somit ergeben sich daraus:

10 = 19,7 mm   12 = 18,5 mm   16 = 16,8 mm   20 = 15,6

Je kleiner **die erste Zahl** der Kaliberangabe (etwa **12**/70), desto weiter ist also die Lauföffnung. Die **zweite Zahl** der Kaliberangabe (12/**70**) beschreibt die **Hülsenlänge nach Abschuss** der Schrote. Die Angabe der Schrotkorngröße findet sich nicht in der Kaliberangabe, ebenso wenig das Gewicht der Schrotladung (Vorlage). Sie lassen sich meist auf der Hülse ablesen.

9.3.2 Kugelpatronen

Kaliberangaben für Kugelpatronen geben insbesondere den äußeren Durchmesser des Geschosses an. „9 mm x 19" etwa nennt erst den Durchmesser des Geschosses (9 mm), aber auch die Länge der Hülse (19 mm). Im englischsprachigen Raum wird das **Kaliber in Zoll** (1 Zoll entspricht 25,4 mm) angegeben. Zur **Umrechnung** muss lediglich die Kaliberangabe mit 25,4 multipliziert werden. So ergibt sich für eine Patrone im Kaliber .40 S&W eine Kaliberangabe von 10,16 mm (0,4 multipliziert mit 25,4). Auch der **Innendurchmesser des Laufes** wird mit dem Kaliber angegeben.

Während Schrotpatronen problemlos aus längeren Patronenlagern verschossen werden dürfen (siehe Seite 187), darf bei Kugelpatronen grundsätzlich nur die Patrone in das Patronenlager eingeführt werden, deren Kaliberangaben mit denen des Lagers übereinstimmt – Ausnahmen gelten lediglich für einige Patronen mit Rand (zB Patrone Kaliber .38 Spec. aus Revolver im Kaliber .357 Mag.). Bei nicht passender Hülsenlänge kann es aufgrund von Spiel und daraus resultierender mangelnder Abdichtung zu schwersten Verletzungen des Schützen kommen (siehe auch Kapitel 8.2.2).

Die Kaliberangabe kann durch Zusätze wie „Magnum" oder Firmennamen ergänzt sein, um bei gleichem Geschossdurchmesser weitere Differenzierungen zu ermöglich. Diese Zusätze sind unbedingt zu beachten, da es sich um deutlich abweichende Hülsenformen und -längen handeln kann.

9.4 Munitionsarten

Rechtlich ist **Munition**[110] zum Verschießen aus Schusswaffen bestimmte

- **Patronenmunition** (auch Geschosse mit Eigenantrieb)
- **Kartuschenmunition** (Hülse mit Ladung, aber ohne Geschoss)
- **hülsenlose Munition**
- **pyrotechnische Munition** (siehe dazu Kapitel 11 des Buches)

Eine waffenrechtliche Besonderheit stellt die **hülsenlose Munition** dar – sie ist nach der Definition der Anlage 1 WaffG eine „Ladung mit oder ohne Geschoss, wobei die Treibladung eine den Innenabmessungen einer Schusswaffe ... angepasste Form hat" – damit sind auch **Presslinge** (in Form gepresstes Pulver zur Verwendung insbesondere in Schwarzpulverwaffen) Munition und erfordern für den Erwerb eine behördliche Erlaubnis, etwa in Form eines Munitionserwerbsscheins.

Die **Ladung** ist der Haupt-Energieträger der Munition, entweder als Treibladung in der Hülse, Pressling oder verdämmtes Pulver im Lauf einer Waffe und dient zum Antrieb von Geschossen und Wirkstoffen.

9.5 Munition für Langwaffen

Büchsenpatronen bestehen aus der Hülse, dem Geschoss, dem Anzündhütchen und Pulver. Die Herstellung der **Hülse** ist ein aufwendiger Prozess, bei dem strengste Maßstäbe an Material und Passgenauigkeit gestellt werden. In Büchsenpatronen werden regelmäßig Drücke um 4.000 bar erzeugt.

Je nach Einsatzgebiet werden unterschiedliche **Geschosskörper** verwendet. Sport-Munition enthält meist Geschosse mit Bleikern, die mit einem Stahl- oder Tombak-Mantel überzogen sind.

Unterschieden werden bei den heute gebräuchlichen Patronensorten **Zentralfeuerzündung** und **Randfeuerzündung**. Letztgenannte wird hauptsächlich für Waffen im Kaliber .22 lfB sowie für Zimmerstutzen (4 mm) verwendet. Eine **Patrone mit Zentralfeuerzündung** trägt im Hülsenboden ein **Anzündhütchen**. Schlägt der Schlagbolzen auf das Anzündhütchen, entzündet sich der Inhalt des Anzündhütchens. Im Anzündhütchen befindet sich in der Regel ein Sinoxid- oder ein Sintox-Zündsatz.

Der **Sinoxid-Zündsatz**, auch als „rostfreier Zündsatz" bezeichnet, begegneten einer schlechten Eigenschaft von Nitropulver – im Gegensatz zu Schwarzpulver entstehen bei seiner Umsetzung Stoffe, die im Lauf zu

Rostbildung führten, allerdings nur dann, wenn das Pulver durch eine **Kaliumchlorat-Zündung** umgesetzt wurde. Der Sinoxid-Zündsatz, entwickelt 1926 bei RWS, gilt als erster rost- und erosionsfreier Zündsatz.

Der **Sintox-Zündsatz** moderner Patronenmunition, insbesondere für Sportschützen, geht noch einen Schritt weiter – er schützt nicht nur die Waffen, sondern auch die **Gesundheit** der Schützen. Er ist nicht nur rostfrei (siehe Sinoxid), sondern auch frei von Blei und Barium.

Das Anzündhütchen ist direkt mit dem Pulverraum verbunden – durch Öffnungen kann die Zündflamme in das Pulver schlagen und die Pulverladung zünden. **Boxer-Anzündhütchen** haben eine einzige Öffnung zum Pulverraum der Patrone, **Berdan-Anzündhütchen** in der Regel mehrere Öffnungen. Bei einer **Patrone mit Randfeuerzündung** sitzt die Anzündladung im Rand des Hülsenbodens und wirkt direkt auf das Pulver.

Werden Patronen mit stärkerer Ladung hergestellt, die in den Außenabmessungen Patronen mit schwächerer Ladung gleichen, wird die Hülse der stärkeren Patronen bei einigen Kalibern mit einem **Gürtel**[111] versehen. Der Gürtel dient dabei vornehmlich der Bildung des Verschlussabstands.

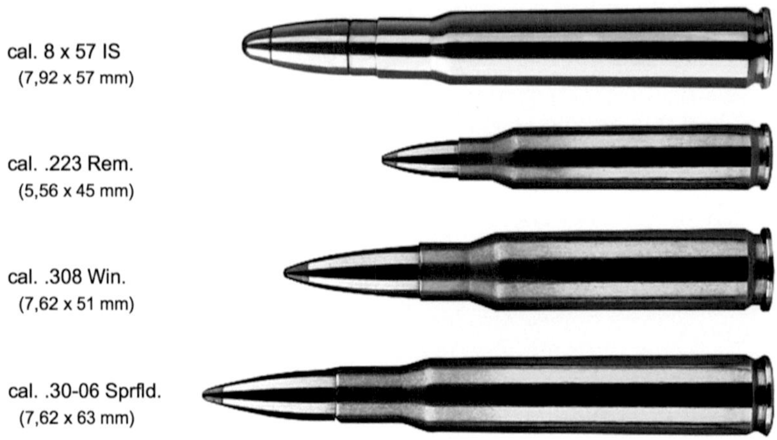

9.5.1 Schrotpatrone

Nur für Flinten, aus denen Randpatronen verschossen werden, gilt: Patronen für kürzere Lager dürfen auch aus längeren Patronenlagern verschossen werden, umgekehrt führt die Schussabgabe zu gefährlich hohen Gasdrücken – beim Laden der Waffe ist das meist nicht zu bemerken. Grund dafür ist das Verhalten der Hülse bei Abgabe des Schusses.

Schnittmodell einer Rottweil-Tribore-Choke-Flinte ohne Laufverengung vor der Patrone mit eingelegter Patrone mit Teilanschnitt

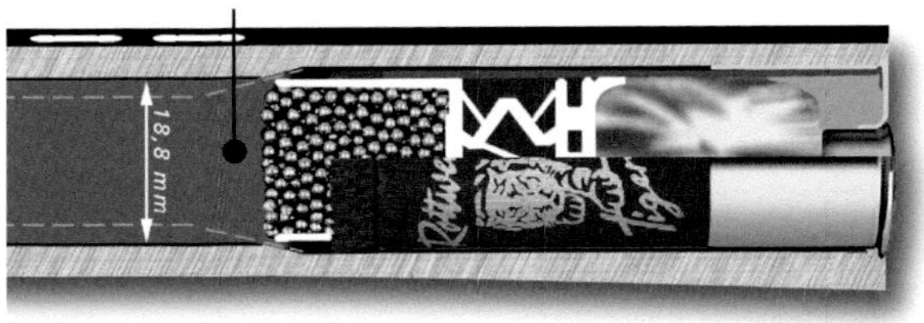

Der vorn umgebördelte Teil rollt sich nach Zünden des Pulvers nach vorn aus und gibt so den Weg frei für die Schrote. Wenn nun das Patronenlager zu kurz ist, ragt die abgeschossene Hülse in den Übergang hinein und verengt den Weg der Schrote – dadurch entsteht im Lauf unter Umständen ein gefährlich hoher Gasdruck, der zu Laufsprengungen führen kann und damit zu schwersten Verletzungen des Schützen und umstehender Personen.

Schrotvorlage	**Flintenlaufgeschoss**
GECO Jagd 30	GECO Competition Slug
Geschossart: Schrote	Geschossart: Solid (Bleikörper)
36 g / 2,7 mm	28,5 g
$V_{2,5}$ = 380 m/s	$V_{2,5}$ = 435 m/s

Flintenlaufgeschosse erzielen größere Schussweiten als Schrotgarben. Mit einem Gewicht um 30 g haben sie zudem eine „überzeugende Wirkung". Im Polizeibereich werden sie erfolgreich zum „Ausschalten" von Fahrzeugmotoren eingesetzt. Dabei wird bei einem Treffer der Motor-Block nicht durchschlagen, sondern so stark erschüttert, dass Kolben, Wellen etc. aufgrund der Vibration blockieren – der Motor stirbt ab.

9.5.2 .308 Win. / 7,62 x 51 mm NATO

In Sportschützenkreisen ist diese Patrone sehr beliebt. Munition dieses Kalibers ist aufgrund der großen Verbreitung günstig in der Anschaffung.

Die tiefgestellte Zahl ist der Abstand des Geschosses zur Laufmündung, m/s steht für „Meter pro Sekunde", J steht für die Energie-Einheit „Joule":

v_0	***Geschwindigkeit** bei Verlassen des Laufes, „Mündungsgeschwindigkeit"*
v_{100}	*Geschwindigkeit nach 100 m Flugstrecke*
E_0	***Energie** bei Verlassen des Laufes*
E_{100}	*Energie nach 100 m Flugstrecke*

Hinweis: Alle Angaben sind beispielhaft.

Geschossgewicht / Lauflänge	10,7 g / 600 mm
v_0	820 m/s
v_{100}	731 m/s
E_0	3.597 J
E_{100}	2.859 J

Ende 1953 wurde diese Patrone als NATO-Standardpatrone eingeführt. Sie löste die bis dahin im amerikanischen Militär verwendete .30-06 Springfield (eingeführt 19**06**, wie auch aus dem Namen hervorgeht) ab. Entwicklungstechnisch wurde die .308 Win. durch Kürzen der Hülse aus der .30-06 Springfield abgeleitet.

Zu beachten sind die minimalen Unterschiede in den Maßen der Patronen aus militärischer und ziviler Fertigung für diesen Patronentyp. Da sich unter anderem die Geometrie der Hülsenschulter von .308 Win. und 7,62 x 51 NATO unterscheidet, kann es bei besonders exakt gearbeiteten Waffen zu Problemen kommen, insbesondere bei halbautomatischen Waffen.

9.5.3 .223 Rem. / 5,56 x 45 mm NATO

Die Patrone des M16 und des G36 sowie der HK SL8 – das geringe Gewicht ist ein Vorteil dieser Patrone (im Vergleich zur .308 Win. nur 11 g gegenüber 24 g).

Geschossgewicht / Lauflänge 3,6 g / 600 mm

v_0	990 m/s
v_{100}	834 m/s
E_0	1.764 J
E_{100}	1.252 J

Schon Ende der 50er Jahre entwickelte Remington diese Patrone, die die 7,62 x 51 mm NATO in der US-Armee ablösen sollte. Der Grund lag im taktischen Bereich – das geringere Gewicht. Das AR-15-Gewehr sollte mit dieser Patrone die Überlegenheit der amerikanischen Truppen erhöhen. Spätestens das Versagen der leichten Geschosse im Dschungel Vietnams machte die Überlegenheit der schwereren 7,62 x 51 mm NATO oder der 7,62 x 39 mm Kalashnikov zumindest für diesen Bereich aber deutlich, und auch in der Gegenwart werden in einzelnen Teilen der Bundeswehr wieder Waffen im alten Kaliber 7,62 x 51 mm NATO beschafft und eingesetzt.

Heute ist die Patrone als .223 Rem. im Bereich des Sportschießens weit verbreitet. Die Einführung im Bereich der Bundeswehr durch Umstellung vom Gewehr G3 auf das Gewehr G36 sorgte für eine stärkere Beachtung dieser Patrone.

9.5.4 .30-06 Springfield (7,62 x 63 mm)

In der US-Armee eingeführt im Jahre 1906. In Deutschland als Jagdkaliber gebräuchlich, da es auch für größere Wildarten geeignet ist.

Geschossgewicht / Lauflänge 10,7 g / 600 mm

v_0	870 m/s
v_{100}	767 m/s
E_0	4.049 J
E_{100}	3.147 J

Vor Ablösung durch die Patrone 7,62 x 51 NATO war die .30-06 Springfield die Standardpatrone der US-Armee. Sie war aus der Armeepatrone .30-03 entwickelt worden.

Noch heute schätzen Jäger die Eigenschaften des schlanken, aber energiereichen Geschosses, bei der Jagd auf größeres Wild. Darum werden Neuentwicklungen im Bereich der Jagdwaffen meist auch in diesem Kaliber angeboten.

9.5.5 8 x 57 IS / 7,92 x 57 mm

In Deutschland wird diese Patrone vorwiegend von Jägern und Besitzern des Karabiners 98 verwendet.

Geschossgewicht / Lauflänge 11,7 g / 600 mm

v_0	820 m/s
v_{100}	717 m/s
E_0	3.934 J
E_{100}	3.007 J

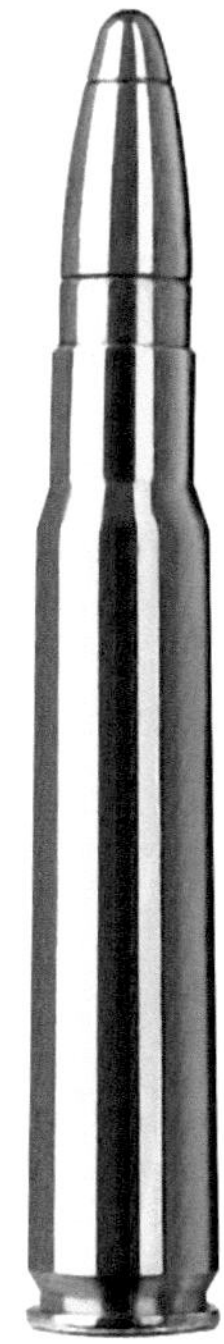

1888 führte das Deutsche Reich diese Patrone als neue Standard-Militärpatrone mit der Bezeichnung 8 x 57 I („I" für „Infanterie") ein. 1905 wurde das bis dahin verwendete **Ogival-Geschoss**, das zu den Rundkopfgeschossen gezählt wird, durch ein **Spitzgeschoss** ersetzt – die neue Bezeichnung der Patrone lautete „IS" für „Infanterie Spitz", der Geschossdurchmesser wurde vergrößert. Bei der Kaliberbezeichnung wird synonym auch das Kürzel JS anstelle von IS verwendet. Patronen, die einen **Rand** aufweisen (idR Patronen für Kipplaufbüchsen), werden als 8 x 57 IR bzw. IRS bezeichnet.

9.5.6 .22 lfB / .22 lr („Kleinkaliber")

Das Kürzel „lfB" steht für „lang für Büchse", engl. „long rifle", „lr". Preiswerte Übungsmunition **für Lang- und Kurzwaffen**, in Wechselsystemen oder Einsteckläufen. Die Angaben gelten für ein **Bleigeschoss von 2,6 g**, verschossen aus Langwaffe (Lauflänge 650 mm) und Kurzwaffe (Lauflänge 150 mm).

Lauflänge	650 mm	150 mm
v_0	330 m/s	285 m/s
v_{50}	295 m/s	262 m/s
E_0	142 J	106 J
E_{50}	113 J	89 J

Mit dem Begriff „Kleinkaliber", der zunächst mehrere Kaliber unterhalb von sechs Millimeter Durchmesser umfasste, wird heutzutage nur noch **Randfeuer-Patrone** im Kaliber .22 lfB. bezeichnet. Davon abzugrenzen sind die ebenfalls erlaubnispflichtigen Waffen im sogenannten „**Kleinstkaliber**" 4 mm M20, die einen noch geringeren Geschossdurchmesser aufweisen, zudem aber auch eine sehr viel geringere Mündungsenergie besitzen.

Die geringen Abmessungen und der geringe Rückstoß dieser Patrone dürfen aber keinesfalls über ihre Gefährlichkeit hinwegtäuschen – Kleinkaliber-Waffen stehen in dem Ruf, im Bereich der Geheimdienste durch die Möglichkeit des fast geräuschlosen und unauffälligen Einsatzes für Attentate eingesetzt zu werden.

Als Übungsmunition für Großkaliberschützen ist diese Patrone nur für das Scheibenschießen zu empfehlen. Im Bereich des Verteidigungsschießens fehlt dem Schützen dagegen die Aufgabe, das durch den Rückstoß und das Hochschlagen der Waffe verlorene Ziel schnell wieder anzuvisieren.

9.6 Munition für Kurzwaffen

Im Folgenden werden Sie, wie schon im Kapitel „Zielballistik“ (ab Seite 254), mehrfach den Begriff „Mannstopwirkung“ finden – er sollte Sie immer daran erinnern, dass Schusswaffen eine Gefahrenquelle darstellen und eine Waffe immer als geladen zu betrachten und zu behandeln ist.

Neben den nun vorgestellten Kalibern gibt es zahlreiche weitere, teilweise auch unterschiedliche Ausführungen eines Kalibers. Insbesondere die Geschosstypen und verschieden starken Ladungen machen das Ausprobieren einer neuen Munitionssorte immer wieder zu einem Experiment.

Alle hier gemachten Angaben sind Beispiele und beziehen sich auf die angegebenen Geschossarten und –gewichte sowie den verwendeten Lauf.

Zunächst eine Übersicht im direkten **Maßstabsvergleich**:

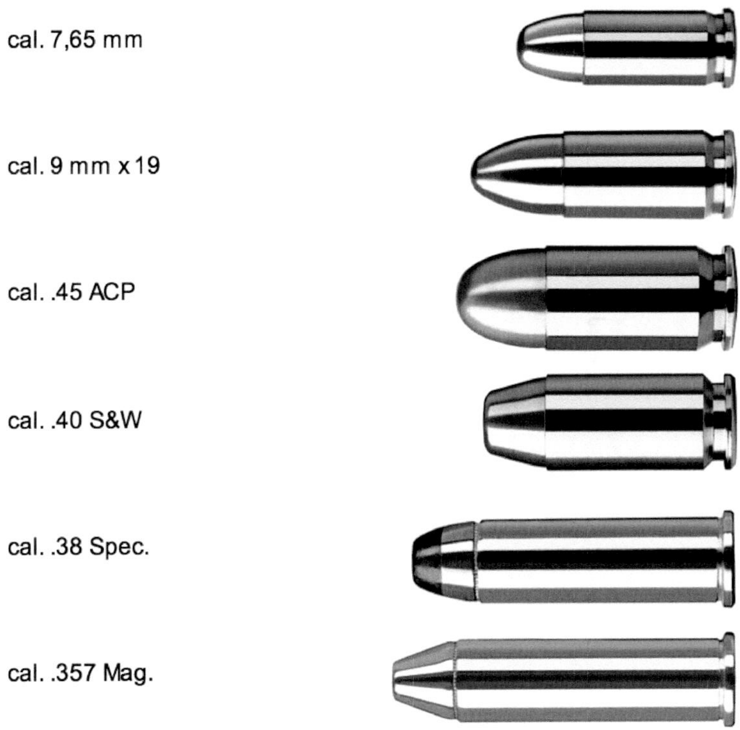

9.6.1 9 mm Luger (9 mm x 19) (auch: 9 mm Parabellum)

Das in Deutschland meistgenutzte Kaliber für Pistolen ist die „9 Millimeter“. Aufgrund der unterschiedlichen Laborierungen muss die optimale Patronensorte für ein Pistolenmodell meist im Praxisbetrieb ermittelt werden.

Geschossmasse / Art / Lauflänge

8,0 g / VM / 125 mm

v_0	360 m/s
v_{25}	337 m/s
E_0	518 J
E_{25}	454 J

Diese Patrone wurde 1902 entwickelt. Namensgeber war der österreichische Erfinder Georg von Luger (1849-1923), der nach Abschluss seiner Militärzeit und einer Anstellung bei einer Bank in Wien als Handelsvertreter in die Dienste der DWM Loewe („**D**eutsche **W**affen- und **M**unitionsfabrik Loewe“) in Berlin eintrat. Die von Luger weiterentwickelte „Pistole 08“ mit dem berühmten „Kniegelenkverschluss“ war für diese Patrone eingerichtet.

Die 9 mm Luger ist die weltweit meistverwendete Patrone für Pistolen und ältere Maschinenpistolen, insbesondere im militärischen Bereich. Der Maximaldruck in der Patrone liegt bei 2.600 bar.

9.6.2 .38 Special

Seit Anfang des 20. Jahrhunderts gebräuchliche Patrone für Revolver, die auch aus Waffen des Kalibers .357 Magnum verschossen werden kann.

Geschossmasse / Art / Lauflänge

10,2 g / VM / 150 mm

v_0	320 m/s
v_{25}	309 m/s
E_0	522 J
E_{25}	487 J

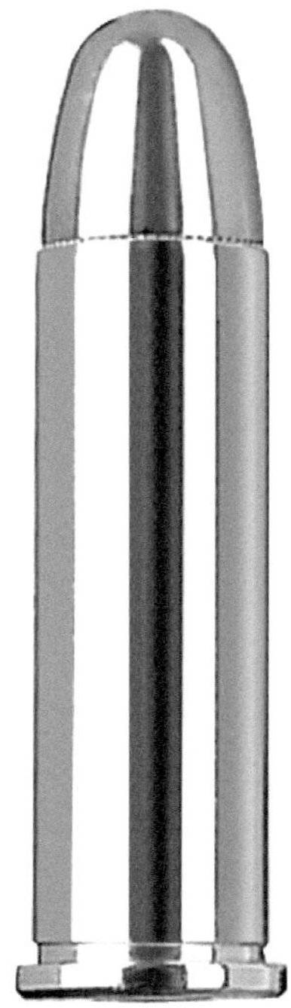

Ursprünglich für das US-Militär entwickelt, wurde diese Patrone 1902 von „Smith & Wesson" in den zivilen und polizeilichen Markt eingeführt. Die nach Aussage von Fachleuten „beliebteste Revolverpatrone der Welt" lässt sich auch aus Waffen des Kalibers .357 Magnum verschießen, erzeugt aber im Vergleich zu diesem Kaliber einen deutlich geringeren Rückstoß.

9.6.3 .357 Magnum

Weiterentwicklung der Patrone .38 Special und mit Teilmantelgeschoss (gute Mannstopwirkung) besonders im Sicherheitsbereich verbreitet.

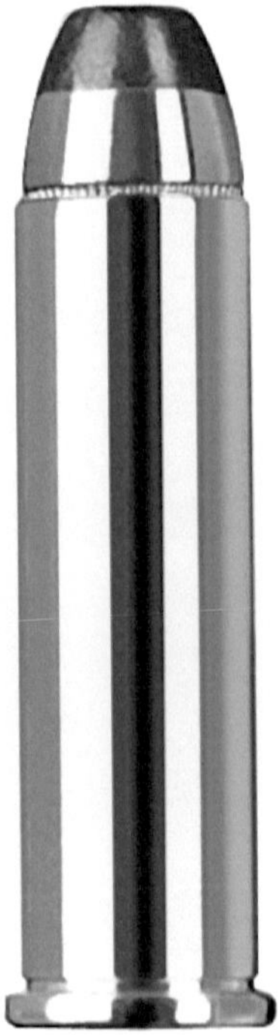

Geschossmasse / Art / Lauflänge

10,2 g / TM / 210 mm

v_0	422 m/s
v_{25}	394 m/s
E_0	908 J
E_{25}	792 J

Anders als die Patrone .38 Special gibt die Patrone .357 Magnum in ihrem Namen das genaue Maß des Geschossdurchmessers wieder. 1935 kam diese Patrone, entwickelt von Elmer Keith (1899-1984), auf den Markt und bediente den Wunsch nach mehr Energie und Durchschlagskraft, insbesondere im Bereich der Sicherheitskräfte.

Die Hülse der im Außendurchmesser mit der .38 Special identischen Patrone wurde um ca. 3,4 mm verlängert, um zu verhindern, dass diese starke Patrone in einem .38-Special-Revolver geladen wird – dessen Trommel kann mit eingeführter .357-Magnum-Patrone nicht eingeschwenkt werden, da die längere .357-Magnum-Patrone nicht vollständig in der Trommel „verschwindet“.

9.6.4 .44 (Remington-) Magnum

Es handelt sich um eines der schwersten Kaliber für Kurzwaffen mit sehr hoher Mannstopwirkung (als Teilmantel).

Bitte beachten: Die Angaben für Distanzen 0 m und 50 m basieren auf Daten der Fa. MagTech.

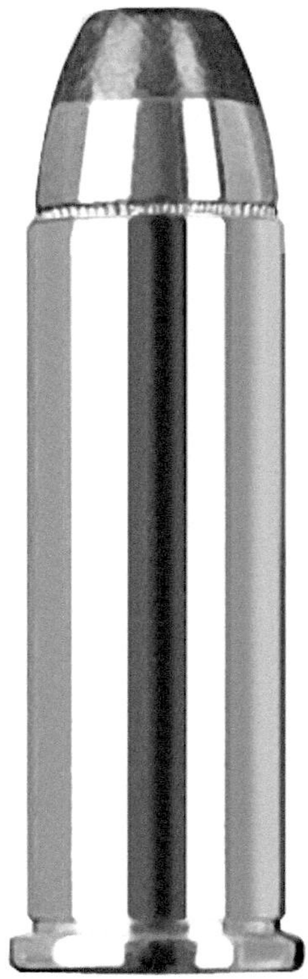

Geschossmasse / Art / Lauflänge

15,5 g / TM / 125 mm

v_0	360 m/s
v_{50}	326 m/s
E_0	1010 J
E_{50}	828 J

Diese Patrone, eine der stärksten Kurzwaffenpatronen, kam 1955 zusammen mit dem Revolvermodell „Smith & Wesson Modell 29" auf den Markt. S&W hatte die neue Patrone gemeinsam mit Remington und Elmer Keith entwickelt.

Wie die .357-Magnum-Patrone ist auch die .44-Magnum-Patrone länger (etwa 3,2 mm) als die kalibergleiche, aber schwächere Patrone .44 Special, die seit 1907 auf dem Markt war.

9.6.5 .40 S&W

Seit Anfang der 1990er Jahre setzt sich dieses Kaliber immer mehr durch. Gefühlt eine deutlich stärkere Patrone als die 9 mm Luger, aber trotzdem noch gut beherrschbar – durch den höheren Preis konnte sie bislang der Patrone 9 mm Luger nicht den Rang ablaufen.

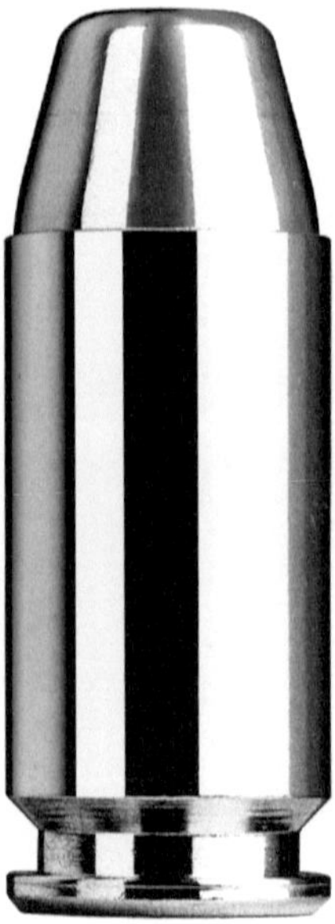

Geschossmasse / Art / Lauflänge

11,0 g / VM-Kegelstumpf / 125 mm

v_0	355 m/s
v_{25}	330 m/s
E_0	693 J
E_{25}	599 J

Die Einführung dieser Patrone fand insbesondere in Kreisen der amerikanischen Polizei große Beachtung. Die im Vergleich zur 9 mm Luger stärkere Patrone bietet eine gute „Mannstopwirkung", ohne dabei den Schützen durch einen übermäßigen Rückstoß zu belasten.

In Deutschland setzen insbesondere IPSC-Schützen gern diese Patrone ein. Aufgrund des höheren Preises nutzen viele Anwender dabei die Möglichkeit, mittels eines Wechsellaufs die günstigere Patrone 9 mm Luger im Übungsbetrieb zu verwenden, die sich bezüglich der Daten nicht wesentlich unterscheidet (siehe Daten).

9.6.6 .45 ACP

ACP steht für **A**utomatic **C**olt **P**istol. Die wohl bekannteste Waffe dieses Kalibers ist der Colt Government 1911.

Geschossmasse / Art / Lauflänge

14,9 g / VM / 125 mm

v_0 262 m/s

v_{25} 256 m/s

E_0 511 J

E_{25} 488 J

John Moses Browning (1855-1926), der zuvor die Patrone .32 ACP (7,65 Browning, nicht zu verwechseln mit 7,65 Para) entwickelt hatte, stellte im Jahre 1905 mit der .45 ACP eine überaus beeindruckende Patrone aus Sicht des Zieles vor – die Mündung einer Kurzwaffe in diesem Kaliber ist nachgewiesenermaßen ein überzeugendes Argument zur Aufgabe (Stichwort: Drohwirkung).

Seit 1911 setzt die US-Armee diese Patrone ein, insbesondere durch den Colt Government wurde sie in der ganzen Welt bekannt. Die große Masse des Geschosses gleicht seine geringe Geschwindigkeit (Unterschall) aus.

10 Ballistik

10.1 Grundlagen

Der Begriff „**Ballistik**" leitet sich vom griechischen Wort für „werfen" ab und steht für die **Lehre von den geworfenen Körpern**.

Somit lassen sich alle physikalischen Gesetze, die wir im Schulunterricht lernen mussten, auch auf die Ballistik der Schusswaffen anwenden. Denn auch hier erhalten Körper Bewegungsenergie, sind während des Fluges dem Luftwiderstand ausgesetzt und unterliegen der Erdanziehungskraft.

Ein Beispiel: Wenn Sie einen Minigolfball in die Luft werfen, und zwar möglichst senkrecht nach oben, wird er nach kurzer Zeit wieder herunterfallen. Je nachdem, wie stark Sie den Ball nach oben geworfen haben, verlässt er ihre Hand mit einer gewissen Geschwindigkeit (**Mündungsgeschwindigkeit** v_0, sprich: „v-Null") und steigt bis zu einer maximalen Höhe, von wo aus er wieder herabfällt. Der Abstand zwischen dem Abwurfpunkt und dem höchsten Punkt des senkrechten Aufstiegs wird als **maximale Steighöhe** bezeichnet.

Wenn Sie den Ball jetzt nicht senkrecht nach oben werfen, sondern damit eine Dose umwerfen wollen, die in einigen Metern Entfernung steht, ändern Sie die Richtung des Wurfes. Wieder verlässt der Minigolfball Ihre Hand mit einer v_0 und er wird nicht auf einer Geraden sein Ziel erreichen, sondern Sie werden die Dose aus Erfahrung etwas höher anvisieren.

Der Grund: Sie wissen, dass auf den Minigolfball (den Luftwiderstand können wir hier vernachlässigen) immer die Schwerkraft der Erde einwirkt und dadurch von der theoretisch geraden Flugbahn abgelenkt wird.

Gleiches gilt in anderem Maßstab auch für ein Geschoss, das den Lauf der Waffe mit einer bestimmten v_0 verlassen hat und im Flug der natürlichen Schwerkraft ausgesetzt ist. Je länger die Flugbahn des Geschosses ist, desto deutlicher ist der Höhenverlust. Darum muss der Schütze bei einem Schuss auf ein Ziel auch immer die ungefähre Entfernung ermitteln, um die Visiereinrichtung entsprechend zu justieren.

Die Ballistik gliedert sich in die Bereiche Innenballistik, Abgangsballistik, Außenballistik und Zielballistik.

Gegenstand der **Innenballistik** sind die **Vorgänge im Lauf** einer Waffe nach Betätigung des Abzugs, zum Beispiel der Gasdruckverlauf.

Die **Abgangsballistik** oder **Mündungsballistik** befasst sich mit den **Vorgängen im Bereich der Laufmündung** – ein interessantes Gebiet, das im Rahmen der grundlegenden Ausbildung allerdings meist nicht behandelt wird und darum auch hier übergangen wird.

Die **Außenballistik** beschreibt die Vorgänge **während des Fluges** am Projektil.

Die **Zielballistik** beschreibt die **Wirkung des Geschosses im Ziel** sowie die Vorgänge am Projektil selbst.

Für Ihre Sachkundeprüfung müssen Sie Grundkenntnisse der Innen- und Außenballistik nachweisen, ebenso der Zielballistik – Stichwort Trefferwirkung. **Insbesondere die Gefahrenbereiche der gängigsten Waffen- und Munitionstypen müssen Sie sich einprägen.**

Bei den nun folgenden Beschreibungen sollen Sie verstehen, welche grundsätzlichen Vorgänge ablaufen werden, wenn Sie die Waffe auf ein Ziel richten und den Abzug Ihrer Waffe betätigen. Dieses Verstehen dient auch Ihrer Sicherheit – schließlich kann man mit einer Maschine sicherer umgehen, wenn man ihre Arbeitsweise kennt. Und letztendlich ist auch eine Schusswaffe nur eine Maschine.

10.2 Innenballistik

Das Geschoss, das Sie aus Ihrer Waffe verschießen wollen, muss dem Kaliber der Waffe entsprechen. So simpel dies klingt, so grundlegend ist diese Aussage. Denn alle Vorgänge rund um die Abgabe des scharfen Schusses beruhen auf dem exakten Zusammenwirken verschiedener, sehr genau gearbeiteter Bauteile.

Das Geschoss ist heute meist Teil der Patrone und steckt fest in der Hülse. Die Kraft, die erforderlich ist, um das Geschoss aus der Hülse zu ziehen, ist je nach Patronensorte verschieden, aber sollte pro Sorte immer annähernd gleich sein. Sie wird **Ausziehkraft** genannt.

Wenn das Pulver, das in der Hülse vor dem Anzündhütchen liegt, gezündet wird, baut sich in der Hülse ein enormer Gasdruck auf. Das aus dem Pulver entstehende Gas will sich auszudehnen und wählt, wie immer in der Natur, den einfachsten Weg – es breitet sich dorthin aus, wo das einengende Material nachgibt. Und das ist in diesem Fall der Boden des Geschosses. Von dem sich ausdehnenden Gas angetrieben, wird das Geschoss aus der Hülse in den **Lauf** gedrückt und so der Raum zwischen Hülsenboden und Geschossboden kontinuierlich größer.

Vier Bedingungen sind also Voraussetzung für die Abgabe eines Schusses:

1. Der **Lauf**, der aus einem **ausreichend festen Material** besteht.

2. Der **Verschluss**, der dem Druck im Patronenlager widersteht.

3. Das **Geschoss** – ein Körper, der groß genug ist, um den Lauf nach vorn abzudichten, aber gleichzeitig klein genug, um noch durch den Lauf getrieben werden zu können.

4. Der **Gasdruck** – erzeugt durch Umsetzung der Treibladung.

Die Punkte 1 bis 3 sind unabdingbar für die Funktionsfähigkeit einer Schusswaffe. Gäbe das Material von Lauf oder Verschluss nach, wäre eine Waffensprengung mit erheblichen Verletzungen für die Umstehenden die Folge. Wäre das Geschoss zu klein oder auch zu weich, könnte der Druck ungehindert und nutzlos nach vorn durch den Lauf entweichen.

Der **Gasdruck** im Lauf ist **nicht konstant**. Zwei Faktoren beeinflussen ihn – zum einen der **zeitliche Verlauf**, da das Pulver erst allmählich umgesetzt wird („Umsetzung" könnte auch als „Verbrennung" beschrieben werden), zum anderen der sich **vergrößernde Raum**, der sich aus der Vorwärtsbewegung des Geschossbodens durch den Lauf ergibt.

Maximale Gasdrücke gängiger Kaliber für Kurz- und Langwaffen:

.22 lfB.	2.050 bar	.223 Rem.	4.300 bar
9 mm x 19	2.350 bar	.300 Win. Mag.	4.300 bar
10 mm Auto	2.300 bar	.300 Lapua Mag.	4.700 bar
.32 ACP	1.600 bar	.30-06 Springfield	4.050 bar
.357 Mag.	3.000 bar	.308 Win.	4.150 bar
.357 SIG	3.050 bar	8 x 57 IS	3.900 bar
.38 Spec.	1.500 bar	8 mm Rem. Mag.	4.600 bar
.40 S&W	2.250 bar	9,3 x 64	4.400 bar
.44 Rem. Mag.	2.800 bar	9,3 x 72 R	2.000 bar
.45 ACP	1.300 bar	cal. 12/70 (Schrot)	740 bar
.454 Casull	3.900 bar	cal. 20/70 (Schrot)	830 bar

Das Ideal des geschlossenen Raumes zwischen Geschoss und Hülsenboden wird beim Revolver konstruktionsbedingt nicht erreicht. Um die Drehung der Trommel zu ermöglichen, befindet sich zwischen Lauf und Trommel der meisten Revolver ein schmaler Spalt, der „**Trommelspalt**". Die

Spaltbreite liegt bei hochwertigen, in engen Toleranzen hergestellten Waffen zwischen 0,1 und 0,25 mm. Hält man einen Revolver seitlich gegen das Licht, ist der Spalt mit bloßem Auge oft nicht zu sehen. Mit der Zeit kann sich die Spaltbreite allerdings vergrößern und damit der Druckverlust, der bei Abgabe eines Schusses auftritt. Denn hat das Geschoss die Trommel verlassen und den Trommelspalt überwunden, kann der Gasdruck den „bequemeren Weg“ wählen und, statt das Geschoss durch den Lauf zu treiben, durch den Trommelspalt entweichen. Der Energieverlust beläuft sich auf bis zu 20 Prozent im Vergleich zu Pistolenläufen. Dieser Wert steigt mit zunehmender Spaltbreite – regelmäßiges Überprüfen durch einen Büchsenmacher ist daher bei Waffen mit hohen Schussleistungen angeraten.

Grundsätzlich sind zu unterscheiden **glatte** und **nicht-glatte Läufe**, letztere unterteilen sich in **gezogene Läufe** und **Polygonläufe**. Den optisch erkennbaren Unterschied zwischen diesen nicht-glatten Läufen zeigen die folgenden Beispiele (links gezogen, rechts polygonal) einer HK USP.

Wenn es sich um einen **gezogenen Lauf** handelt, ist die Laufinnenseite nicht glatt, sondern enthält **Felder** und **Züge** (daher der Begriff „gezogen“). Sie werden durch Hämmern, Drücken oder Ziehen (spanabhebend) hergestellt. Die Felder sind gegenüber den Zügen erhaben und so bemessen, dass das Geschoss nicht ohne weiteres durch den Lauf gleiten kann – es muss hindurchgepresst werden, weil der **Feld-Durchmesser** des Laufes geringer ist als der Querdurchmesser des Geschosses. Den Zusammenhang verdeutlicht nachstehende Grafik (Erläuterung auf der folgenden Seite).

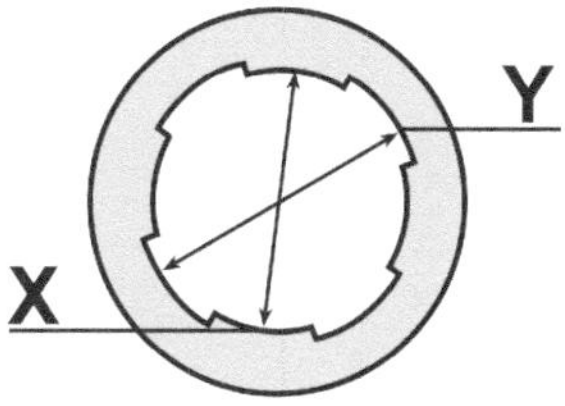

Die Grafik zeigt den Querschnitt eines gezogenen Laufes mit **vier Zügen**. Der Abstand zwischen zwei gegenüberliegenden Zügen wird **Zugdurchmesser (Y)** genannt, jener zwischen gegenüberliegenden Feldern **Felddurchmesser (X)**. Die Dimensionen der Züge und Felder sind hier nicht maßstabsgetreu wiedergegeben, um das Prinzip zu verdeutlichen. Der Unterschied liegt zwischen 0,05 und 0,25 mm.

Ein gezogener Lauf im Kal. 9 mm x 19 kann diese Daten aufweisen:

Zugdurchmesser: 9,02 mm

Felddurchmesser: 8,82 mm

Der **Geschossquerdurchmesser** liegt zwischen diesen beiden Werten, in diesem Falle sind es 9,0 mm. Um zu erfassen, was nun geschehen muss, um das Geschoss durch den eigentlich zu engen Lauf zu bringen (schließlich ist der Felddurchmesser kleiner als der Geschossquerdurchmesser), müssen wir unsere Phantasie bemühen.

Stellen Sie sich vor, Sie haben einen Klumpen Knetmasse in der Hand. Sie formen ihn zu einer Kugel, die einen Durchmesser von 50 mm hat. Wenn Sie jetzt versuchen, diese Knetkugel in ein Metallrohr mit nur 45 mm Durchmesser zu schieben, müssen Sie die Knetkugel mit dem Daumen hineindrücken, also Druck auf die Kugel ausüben, um die Kugel zu verformen.

Im Prinzip geschieht mit dem Geschoss das Gleiche. Der Gasdruck presst das Geschoss in den etwas zu engen Lauf. Die Unterschiede der Durchmesser sind minimal, aber sie reichen aus, um das Geschoss etwas an die Züge und Felder im Lauf anzupassen. Der Druck treibt nun das Geschoss durch den Lauf, und die Felder, die sich in einer gestreckten Spiralform durch den Lauf ziehen, zwingen das Geschoss, um die eigene Achse zu rotieren.

Die Strecke, in deren Verlauf ein Geschoss durch Züge und Felder einmal um sich selbst gedreht wird, nennt man **Drall-Länge,** die Bewegung selbst den **Drall**.

Wird die Patrone gezündet, wird das Geschoss aus der Patronenhülse herausgetrieben, allerdings noch ohne Rotation, denn erst durch den Kontakt mit den Zügen des Laufes erhält das Geschoss die für den Drall notwendige Energie.

Vor der Hülsenöffnung befindet sich der **Übergangskegel** (Übergangskonus), hier mit „ÜK" bezeichnet. Er ist Teil des Laufes und der sich verjüngende Übergang zwischen Patronenlager und gezogenem Teil des Laufes.

Das Geschoss ist in den Hülsenmund eingesetzt. Die **Einsetztiefe** (ET) ist die Strecke, auf der sich das Geschoss nach Zündung der Patrone mit Kontakt zur Hülse nach vorn bewegt.

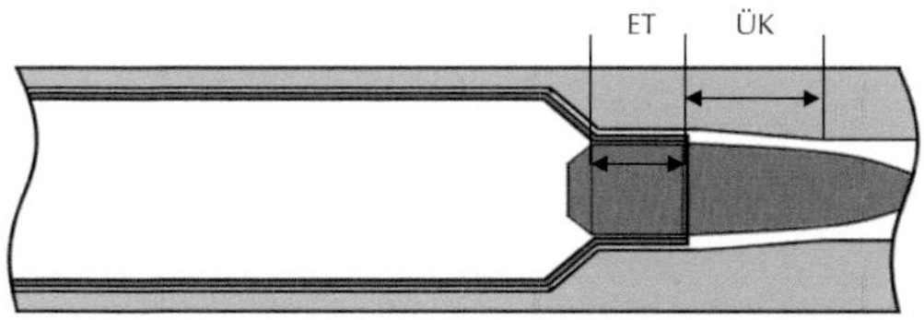

Die Strecke, die das Geschoss bis zum ersten Kontakt mit den Zügen zurücklegt, der das Geschoss zu einer Drehung um die Achse seiner Bewegungsrichtung zwingt, ist der **rotationslose Geschossweg**. Der **Freiflug** beginnt, sobald das Geschoss nicht mehr durch die Patronenhülse geführt wird. Sobald das Geschoss die Züge berührt, ist der Freiflug beendet.

Wenn das Geschoss schließlich den Lauf verlassen hat, hat es nicht nur Bewegungsenergie gespeichert, die es geradeaus fliegen lässt, sondern rotiert auch um die eigene Achse. Denken Sie nun wieder an die Ballistik – neben der eigenen Bewegungsenergie und der Eigenrotation wirkt auch die Schwerkraft auf das Geschoss.

Die **Rotation** stabilisiert die Flugbahn des Geschosses und verhindert ein Überschlagen, wenn das Geschoss ausreichend lang ist. Ohne Rotation wäre kein gezielter Schuss über weite Entfernungen möglich.

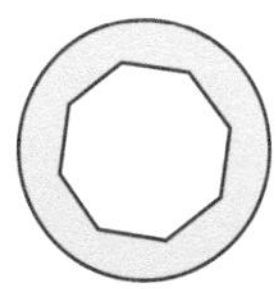

Eine andere Art des nicht-glatten Laufes ist der **Polygonlauf**. Für Drall und Drall-Länge gelten die Aussagen für den gezogenen Lauf. Das Geschoss wird allerdings nicht durch Feldkanten, sondern Führungsbänder zur Drehung gezwungen, wobei weniger Gasdruck nach vorn entweicht. Dadurch steigt aber auch der Gasdruck bei einigen Kalibern im Vergleich zum konventionellen Zug-Feld-Profil, ebenso die Mündungsgeschwindigkeit.

Polygonläufe sind haltbarer, ihre Sprengsicherheit ist größer und sie sind leichter zu reinigen. Geschosse, die aus einem Polygonlauf verschossen wurden, weisen keine Riefen auf (Hinweis auf Lauf mit Zügen und Feldern), sondern regelmäßige Abflachungen. **Waffenrechtlich** zählen Polygonläufe zu den **gezogenen Läufen**.

Der **glatte Lauf** ist im Prinzip nur ein Rohr, das einem Geschoss oder, im Falle einer Schrotgarbe, mehreren Geschossen zugleich eine gewisse Führung gibt. Da **keine Züge oder Felder** vorhanden sind, erhält ein sich im Lauf nach vorn bewegendes Geschoss keinen Drall – es wird aus dem Lauf herausgestoßen und verfügt nur über Bewegungsenergie in Laufrichtung.

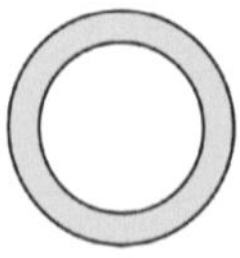

Glatte Läufe werden zum Verschießen von Schroten oder Flintenlaufgeschossen verwendet. Um die Streuung der Schrotgarbe einzuschränken, können **Chokes** (Würgebohrungen) als wechselbare Einsätze in den Lauf eingeführt werden – sie engen den Lauf ein und verändern so das Trefferbild. Ein Lauf kann mit einem festen Choke versehen sein.

Auch das Auslösen des Schusses zählt zur Innenballistik. Hier ist insbesondere der Begriff der **Kadenz** bei vollautomatischen Waffen zu nennen – er gibt die **Feuergeschwindigkeit** in **Schuss pro Minute** an.

10.3 Außenballistik

Die Außenballistik beschreibt die Vorgänge am Projektil während des freien Fluges. Der Moment, in dem das Geschoss den Lauf verlässt, ist der Übergang von der Innen- zur Außenballistik. Das Geschoss hat eine Masse m (Maßeinheit: Kilogramm, kg), aus der sich in Verbindung mit der Geschwindigkeit v (Maßeinheit: Meter pro Sekunde, m/s) die Energie E (Maßeinheit: Joule, J) des Geschosses errechnen lässt. E und v können um Angaben zur Entfernung des Messpunkts von der Laufmündung ergänzt werden.

Die **Mündungsgeschwindigkeit** wird als $\mathbf{v_0}$ (in „Meter pro Sekunde", m/s) und die **Mündungsenergie** als $\mathbf{E_0}$ (angegeben in „Joule", J) bezeichnet. Um die Geschwindigkeit oder Energie nach einer bestimmten Flugstrecke anzugeben, gibt die nachgesetzte Zahl an, in welcher Entfernung (in Metern) von der Laufmündung die Messung erfolgt (zB E_{100} für Energie nach **100** m).

Gängige Kurzwaffenkaliber erreichen in der Regel Mündungsgeschwindigkeiten von 280 bis 400 m/s, mittlere Büchsenkaliber (Großkaliber-Langwaffen) dagegen 700 bis 1000 m/s.

Die **kinetische Energie** E ist das Produkt aus der halben Masse und dem Quadrat der Geschwindigkeit, mathematisch ausgedrückt:

$$\mathbf{E = \tfrac{1}{2} \cdot m \cdot v^2}$$

Die Energie nimmt mit dem Quadrat der Geschwindigkeit zu. Verdoppelt sich also die Geschwindigkeit, vervierfacht sich gleichzeitig die Energie.

Eine **Beispielrechnung** für eine Patrone 9 mm x 19 mit einem Geschossgewicht von **8 g** und einer Mündungsgeschwindigkeit von **360 Metern pro Sekunde**. Als Quadrat der Geschwindigkeit ergibt sich der Wert „129600“. Wichtig für die Berechnung: Die **Masse** wird **in Kilogramm** gerechnet – folglich wird nicht mit 8 g, sondern mit 0,008 kg gerechnet. Es ergibt sich (und rechnen Sie es zur Übung einmal mit Taschenrechner oder App nach):

$$\mathbf{0{,}5 * 0{,}008\ kg * 129600\ m^2/s^2 = 518{,}4\ J}$$

Wind und Regen, sogar Fluginsekten können die Flugbahn beeinflussen. Wie sich ein Kontakt auf die Flugbahn auswirkt, ist abhängig von Geschossmasse und Geschwindigkeit, aber auch von dem berührten Objekt.

Während des Fluges wirkt die Erdanziehungskraft auf das Geschoss. Das Geschoss beschreibt auf seiner Flugbahn eine **ungleichförmige Kurve**, die mit zunehmender Entfernung von der Mündung immer steiler abfällt.

(Höchst-) **Reichweite** ist die Distanz von der Laufmündung bis zum weitest erreichbaren Punkt, dem Auftreffpunkt bei perfektem Abschusswinkel. Der Begriff **Rasanz** beschreibt die Krümmung der Schussbahn. Je geringer die Flugbahn gekrümmt ist, desto besser ist die Rasanz eines Geschosses.

Im Flug taumelt die Spitze des rotierenden Geschosses um dessen Schwerpunkt, genauer um die theoretische Flugbahn. Das Ausmaß dieses Taumelns beschreibt die **Präzession**.

Bei einer erheblichen Änderung der Zielentfernung ist die Visierung neu einzustellen. Bei einem Wechsel von 25 auf 50 Meter ist das meist nicht nötig - es ist allerdings zu beachten, dass sich, bei Waffen mit einem großen Abstand zwischen Kornspitze und Laufseele, die **Visierlinie** der Waffe und die **Fluglinie** des Geschosses, die bei kurzen Distanzen und hohen Geschwindigkeiten nahezu gerade ist, zwischen Mündung und Ziel zweimal kreuzen können. Die Grafik überzeichnet den Effekt – der Kreuzungspunkt der Linien ist die ideale Entfernung zum Ziel, somit die **Einschussentfernung**; liegt das Ziel weiter entfernt, kann ein Hochschuss die Folge sein.

Ist eine Waffe auf 25 m „Fleck eingeschossen" (Fleckschussweite), etwa bei Benutzung eines Leuchtpunktvisiers, würde bei 50 m der rote Punkt deutlich unter dem tatsächlichen Treffpunkt leuchten. Hier müsste entweder bei längerfristiger Änderung der Schussdistanz die Waffe neu eingeschossen werden oder durch Probeschüsse ein neuer Haltepunkt ermittelt werden.

10.4 Zielballistik

Wenn das Geschoss auf das Ziel trifft, wandelt sich die Bewegungsenergie in die sogenannte „**Auftreffenergie**" um – allerdings nur rechnerisch. Auf dem Flug hat das Geschoss Bewegungsenergie verloren, und zwar durch den Luftwiderstand. Wie viel Energie an den getroffenen Körper abgegeben wird, hängt von der **Deformation des Geschosses** ab. Vollmantelgeschosse geben kaum Energie an den Körper ab, sie gehen oftmals unverändert und nur leicht abgebremst durch ihn hindurch, können sich aber nach einer kurzen Strecke innerhalb des Zielkörpers überschlagen. Anders Deformations- oder Ganzbleigeschosse – sie verformen sich (wofür auch ein Teil der Energie verbraucht wird) und geben durch die größere Oberfläche oder Splitter mehr Energie an den Zielkörper ab. Machen Sie doch einfach in Gedanken folgenden Versuch: Sie springen vom 3-Meter-Brett ins Schwimmbecken – mit den Händen nach vorn und „stromlinienförmig gestreckt" tauchen sie schmerzfrei und ohne größere Fontäne ins Becken. Bei einem „Bauchklatscher" haben Sie mehr Oberfläche, es wird sicherlich kein Vergnügen und die Fontäne wird kolossal sein.

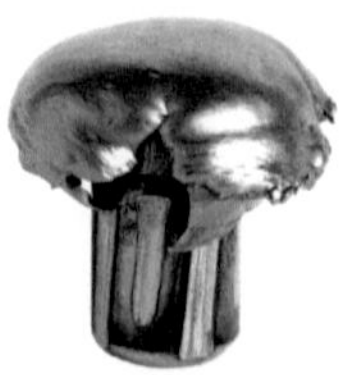

Je nach Verformung des Geschosses beim Aufprall wird ein bestimmtes Maß an Wirkung erzielt – in diesem Zusammenhang wird von der ***Aufhaltekraft*** oder auch ***Mannstopwirkung*** gesprochen. Mit Hilfe der **Hatcher-Formel**, entwickelt von dem Ballistik-Experten und US-Offizier Julian Hatcher 1934, kann die Mannstopwirkung berechnet werden, um Geschossarten rechnerisch einfacher vergleichen zu können.

Grundsätzlich gilt: Je mehr Energie ein Geschoss hat und je mehr Energie es an das Ziel abgeben kann, desto größer ist die Aufhaltekraft.

Unterschieden werden Mantelgeschosse (Vollmantel, Teilmantel) und Vollgeschosse wie Ganzbleigeschosse oder Solids (zB aus Kupfer).

Die Stufen des sogenannten „**Aufpilzens**" im getroffenen Körper zeigt die nachstehende Bildfolge.

Deformationsstadien eines Projektils (Jagdgeschoss „RWS Evolution")

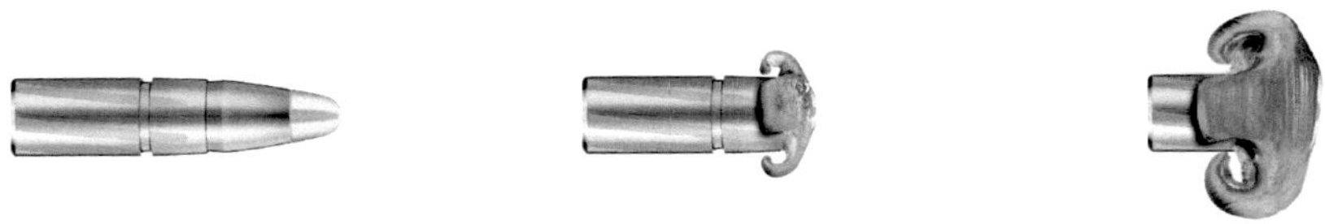

Für die Berechnung der Auftreffenergie gilt die Formel aus dem Kapitel zur Außenballistik auf Seite 252.

Hier sehen Sie in der direkten Gegenüberstellung zwei Geschosse gleichen Kalibers, die ein Ziel getroffen haben, sogenannte „**Restkörper**", links Teilmantel, rechts Vollmantel – gleiches Kaliber, aber deutlich unterschiedliche Deformation und Energieabgabe.

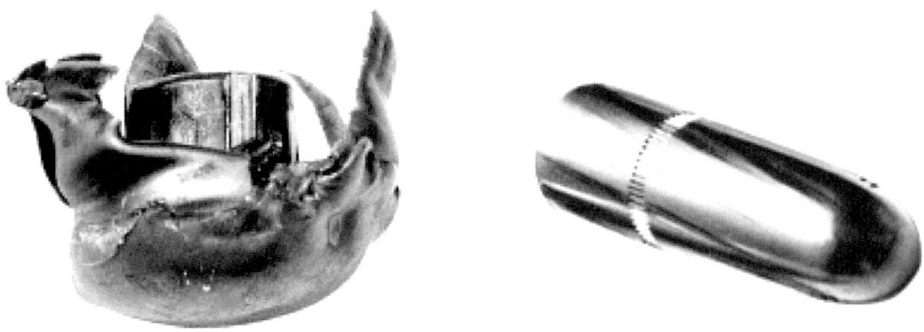

10.5 Gefahrenbereich

Geschosse in Bewegung sind gefährlich. Daraus leitet sich die Grundregel für den **Gefahrenbereich** ab, die Sie immer beherzigen sollten: Die höchste Reichweite einer Waffe oder die Flugweite eines Geschosses ist immer der Gefahrenbereich.

Die größten Schussweiten (**Maximalschussweiten**) werden bei einem Abschusswinkel um 30 Grad erzielt. In der Praxis wird man diese Distanz selten erreichen, doch um jede Gefährdung auszuschließen, müssen Sie immer von der maximal möglichen **Reichweite** ausgehen. Aus Gründen der Vereinfachung sind in der Tabelle die Maximalschussweiten auf volle 500-m-Schritte (Langwaffen: 1000-m-Schritte) aufgerundet worden.

Hinweis: Die im Fragenkatalog des BVA angegebenen Daten, die Gegenstand der Prüfung sein können, sind in der zweiten Spalte angegeben.

Kaliber	***BVA-Katalog***	**Maximalschussweite und Gefahrenbereich**			
„Luftgewehr" 7,5 J		175 m			
4 mm M20	300 m	500 m			
.22 kurz		1.000 m			
.32 S&W long NP	1.200 m		1.500 m		
.22 lfB/lr	1.500 m		1.500 m		
7,65 mm			1.500 m		
.38 Spec.	1.500 m		1.500 m		
9 mm Luger	2.000 m			2.000 m	
.357 Mag.				2.000 m	
.44 Rem. Mag.	2.000 m			2.000 m	
.45 ACP				2.000 m	
.223 Rem.	4.300 m				5.000 m
.300 Win. Mag.	5.000 m				5.000 m
.308 Win.	5.000 m				5.000 m

Als Gefahrenbereich von **Schrotpatronen** gilt **in Schussrichtung** das Hundertfache des Millimeter-Durchmessers der Einzelschrotkugeln in Metern – für 4-mm-Jagdschrote ergibt sich etwa ein Gefahrenbereich von 400 m.

Zu beachten ist dabei auch die **Breitenstreuung** der Schrote, da hier, anders als beim Kugelschuss, nicht nur die Flugbahn eines Geschosses, sondern der von den Schrotkörnern einer Garbe durchflogene trichterförmige Bereich ebenfalls Gefahrenbereich ist. Die nachfolgenden Werte verdeutlichen lediglich den Einfluss der Schrotgröße auf die Breitenstreuung – die Art des verwendeten Chokes ist ein weitere wichtiger Einflussfaktor.

Distanz	**Schrotgröße 2,5 mm**	**Schrotgröße 3,5 mm**
40 m	4 m	3 m
80 m	11 m	8 m
150 m	46 m	35 m

Als **Schützenstreuung** bezeichnet man dagegen die **Streuung**, die durch den Schützen selbst erzeugt wird – der Begriff beschreibt die **Abweichung einer Reihe von Treffern zueinander bei gleichem Haltepunkt**.

Flintenlaufgeschosse, die aus **glatten Läufen** verschossen werden, haben durch ein anderes Verhältnis von Masse und Oberfläche eine deutlich höhere Maximalschussweite als Schrote - sie liegt bei 1.200 m. Aus **gezogenen Läufen** verschossen erhöht sich dieser Wert aufgrund der Stabilisierung durch die wirksame Eigenrotation, den Drall, deutlich.

11 Seenotsignalmittel

11.1 Rechtliche Grundlagen

Signalpistolen, landläufig auch als *Leuchtpistolen* bezeichnet, unterliegen dem Waffengesetz. Sie sind als tragbare Gegenstände den Schusswaffen mindestens gleichgestellt (§ 1 Abs. 2 Nr. 1 zweite Alternative WaffG), weil sie zum Verschießen von pyrotechnischer Munition zur Signalgebung oder zum Sport bestimmt sind. Wird bei ihrer Verwendung ein Geschoss durch einen Lauf getrieben, sind Signalwaffen gemäß Definition in Anlage 1 A1 UA1 Nr. 1.1 WaffG sogar Schusswaffen im Sinne des WaffG.

Das **Bedürfnis** nach § 8 WaffG für **Bootsführer** zum Erwerb einer Signalpistole setzt voraus, dass eine **besondere Gefährdungslage** glaubhaft gemacht wird, der nicht allein durch erlaubnisfreie Signalmittel begegnet werden kann. Auch für Boote, die nach ihrer Bauart nur für Fahrten in küstennahen Gewässern und Binnengewässern ausgelegt sind, ist das gegeben – denn durch Wetterwechsel oder starke Strömungen kann schnell ein Notfall eintreten, der Leib und Leben der Bootsinsassen gefährdet.[112] Ein Bedürfnis ist dagegen nicht gegeben beim **Charterer** eines seegehenden Schiffes, wenn der **Schiffseigner** eine Signalpistole für die Reise zur Verfügung stellt.[113]

Der Begriff „**pyrotechnische Seenotsignale**" bezeichnet Seenotsignale, die mit Hilfe **explosionsgefährlicher Stoffe** ausgelöst werden. Als **explosionsgefährlich** gelten solche festen oder flüssigen Stoffe oder Zubereitungen, die durch eine **nicht außergewöhnliche Einwirkung** von außen, etwa durch Temperatur und Druck, zur Explosion gebracht werden können.

Pyrotechnische Munition enthält explosionsgefährliche Stoffe oder Stoffgemische, die einen Licht-, Schall-, Rauch- oder ähnlichen Effekt erzeugen und keine zweckbestimmte Durchschlagskraft im Ziel entfalten. Sie unterliegt dem **Sprengstoffgesetz** und darf nicht in **öffentlichen Verkehrsmitteln** befördert werden. **Waffenrechtlich** handelt es sich bei pyrotechnischer Patronenmunition im Sinne des WaffG um Munition[114], deren Erwerb unter Erlaubnisvorbehalt steht (Munitionserwerbserlaubnis notwendig) – ausgenommen davon ist pyrotechnische Munition der Klasse **PM I**, nicht aber der Klasse **PM II**.[115] Die **Klasseneinteilung** erfolgt nach Anlage I Nr. 5.2 BeschussV.

Der **Einsatz** pyrotechnischer Notsignale ist **nur im Notfall** erlaubt. Eine Verwendung als Feuerwerk ist dagegen verboten und wird streng bestraft, da Dritte bei Sichtung des Notsignals davon ausgehen müssen, dass Menschen in Not sind, also Gefahr für Leib und Leben besteht und

Rettungsmaßnahmen eingeleitet werden müssen. Als Notfall gilt allerdings auch eine konkrete Gefahr für bedeutende Sachwerte.

Zulässig für die pyrotechnische Signalgebung sind **Signalwaffen** im **Kaliber 4** sowie **SRS-Waffen**, die das **PTB-Zeichen** oder eine gleichwertige Kennzeichnung tragen. Gleiches gilt für die verwendete Munition. Ebenfalls zulässig sind **andere Notsignale**, die eine Zulassung der **BAM** (Bundesanstalt für Materialforschung und –prüfung) erhalten haben. Im Notfall dürfen gemäß § 34 StGB die erforderlichen Mittel eingesetzt werden, durch die Menschen aus konkreter Gefahr für Leib und Leben gerettet werden können.

Sofern es sich um Schreckschuss-, Reizstoff- und Signal- (SRS-) Waffen oder Signalgeräte **mit Zulassungszeichen „PTB im Kreis"** handelt, gilt für Waffe und Munition lediglich das Alterserfordernis von 18 Jahren für Erwerb und Besitz. Für das Führen ist der „Kleine Waffenschein" erforderlich. Für die sichere Verwahrung ist ein Schutz gegen einfache Wegnahme ausreichend.

Signalwaffen und Geräte **ohne das erforderliche Zulassungszeichen** unterliegen den Vorschriften des WaffG in der Regel wie Kurzwaffen. Grundsätzlich gilt, dass für Erwerb und Besitz dieser Gegenstände eine WBK und für das Führen ein Waffenschein erforderlich sind.

Die **Vorschriften zur Aufbewahrung und zum Transport** der Signalwaffe **entsprechen den gesetzlichen Forderungen für Schusswaffen** (mind. WG 0, bei Altbesitz Stufe B), **gleiches gilt für die Munition**. Für die **vorübergehende Lagerung** an Bord ist allerdings in der Regel auch der „**Hamburger Kasten**" zulässig. Diese Ausnahmeregelung wurde in Absprache zwischen der Hamburger Innenbehörde, der Landespolizei der Hansestadt und den Interessenverbänden entwickelt und wird derzeit von den Behörden der deutschen Küstenländer als sichere Aufbewahrung im Sinne des § 36 akzeptiert. Für die **vorübergehende Aufbewahrung** einer erlaubnispflichtigen Signalpistole **an Bord** einer See gehenden Segel- oder Motoryacht ist ein **nicht zertifiziertes Behältnis** als **ausreichend für die Aufbewahrung** anzuerkennen, wenn es die nachstehenden Anforderungen erfüllt:

- Behältnis aus **Stahlblech**, möglichst rostfrei, gearbeitet
- **Stahlblech-Tür** oder -**Klappe** mit einer **Stärke von mindestens 4 mm**
- **Verankerung** des Behältnisses mit dem Aufbau des Schiffes
- Behältnis **verschließbar** (elektronisch codiertes Zahlenschloss, Zahlenschloss oder Riegelschloss).

Während der Fahrt müssen Signalmittel für jeden an Bord erreichbar sein – so ist im Notfall jedem eine Alarmierung von Rettungskräften möglich.

Der Bootsführer sollte vor dem Auslaufen die Mitfahrenden auf die Signalmittel hinweisen, dabei aber auch über die Gefahren des Missbrauchs aufklären – die Handhabung der Signalmittel sollte allen Personen an Bord bekannt sein. Die Signalmittel müssen trotz erleichterter Zugriffsmöglichkeit vor dem Einfluss von **Hitze oder Feuchtigkeit geschützt** werden, beispielsweise in einem geeigneten Behältnis, etwa einer weithalsigen Tonne.

Ausnahmen von der Waffenscheinpflicht gelten für das Führen der Leucht- und Signalpistole beim Bergsteigen, als **verantwortlicher Führer eines Wasserfahrzeuges auf dem Fahrzeug** oder bei Not- und Rettungsübungen (§ 12 Abs. 3 Nr. 4 WaffG) oder als Signalgeber bei Sportveranstaltungen (§ 12 Abs. 3 Nr. 5 WaffG). Für das Schießen ist eine Erlaubnis notwendig, es sei denn, es handelt sich um einen Notfall, eine Übung einer anerkannten Rettungsorganisation oder den Einsatz bei einer Sportveranstaltung, bei der optische oder akustische Signalgebung erforderlich ist und der „Starter" durch den Veranstalter oder Sportverband als zuverlässig eingestuft wird.

11.2 Technische Grundlagen

An Bord werden in der Regel **Signalraketen**, **Fallschirmsignalraketen**, **Handfackeln** oder **Leuchtsignale** verwendet. **Rauchsignale** kommen nur am Tag zum Einsatz und in der Regel dann, wenn Hilfe gesichtet worden ist.

Leucht- oder Rauchsignale in der **Farbe rot** sind der Verwendung als **Notsignal** vorbehalten. Die aus sogenannten „Leuchtpistolen" verschossenen pyrotechnischen Sätze („**Leuchtkugeln**") im Kaliber 4, dem gängigsten Kaliber (ca. 26,5 mm), steigen auf Höhen um 100 m, die Leuchtdauer liegt bei 7 s (Sekunden). Zur Verlängerung der Schwebezeit können die Leuchtsätze mit **Fallschirmen** ausgerüstet sein, die Leuchtzeit liegt bei bis zu 20 s, die Sinkgeschwindigkeit bei 5 m/s. Je nach Ausrüstung der Patrone sind größere Steighöhen ebenso möglich wie längere Leuchtzeiten. **Signalraketen** steigen bis auf 300 m bei einer Brenndauer bis zu 30 s.

Die **Sichtweite** von Fallschirmsignalpatronen und –raketen bei Tag wird mit 4 sm (Seemeilen) angegeben, bei Nacht sind es 20 sm.

In der Patrone wird nach dem Zünden der Ausstoßladung das Zünden des Leuchtsatzes zeitlich verzögert – so kann der Leuchtkörper den Lauf der Pistole verlassen und aufsteigen, bevor der Leuchtsatz zündet.

Handfackeln zünden erst mit Verzögerung – das dient der Sicherheit des Anwenders. Sie haben eine Sichtweite von 2,5 sm am Tage und 12,5 sm bei Nacht, die Leuchtdauer liegt bei 60 s.

11.3 Handhabung der Signalpistole

Die **Schussabgabe** muss über Kopfhöhe senkrecht nach oben erfolgen. Dabei sind Windrichtung und -stärke ebenso zu beachten wie Personen oder entflammbare Objekte im Gefahrenbereich. Das Schussfeld muss frei sein.

Signalpistole öffnen mit **abwärts gerichtetem** Lauf (1) – Lauf **auf Hindernis prüfen**. Der **Finger** liegt **nicht am Abzug**! Nach dem Einführen der Patrone (2) die Waffe schließen (3) und **über Kopfhöhe** heben (4). Schlaghebel (Hahn) mit dem Daumen der zweiten Hand spannen (5). Die Schussabgabe erfolgt über Kopf, erst jetzt legt sich der Finger an den Abzug (6).

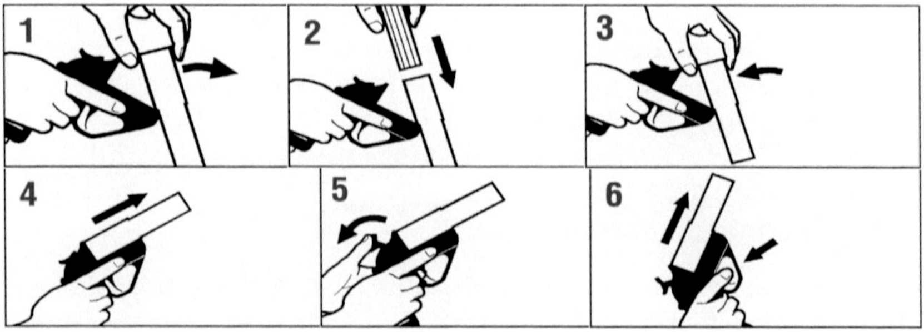

Im Falle eines wiederholten **Zündversagers** muss die Waffe in eine sichere Richtung gehalten werden, so dass ein plötzliches Zünden folgenlos wäre. Die Abzugshand betätigt den Öffnungsmechanismus der Pistole, während die freie Hand den Lauf umfasst, ohne die Mündung zu verschließen. Nun wird mit der Abzugshand die Pistole geöffnet – oft sorgt ein Ejektor für den Auswurf der Patrone. Der Lauf ist dabei so zu halten, dass sich nach Öffnung der Waffe weder vor dem Lauf noch in der entgegengesetzten Richtung Personen aufhalten, damit im Falle einer verzögerten Zündung niemand durch den nach vorn austretenden pyrotechnischen Satz verletzt wird oder durch die Hülse, die nun geschossartig die Waffe nach hinten verlässt.

Signalpatronen im Kaliber 4 sind, damit eine sichere Auswahl der Farben auch bei Dunkelheit erfolgen kann, am Patronenboden mit einer **Rändelung** versehen. **Rote Signalpatronen** haben eine **volle Rändelung** (untere Patrone), das heißt, der gesamte Rand des Patronenbodens ist gerändelt. **Weiße und gelbe Signalpatronen** (obere Patrone) haben eine **halbe Rändelung**, **grüne und Blitz-/Knallpatronen (braun) keine Rändelung**.

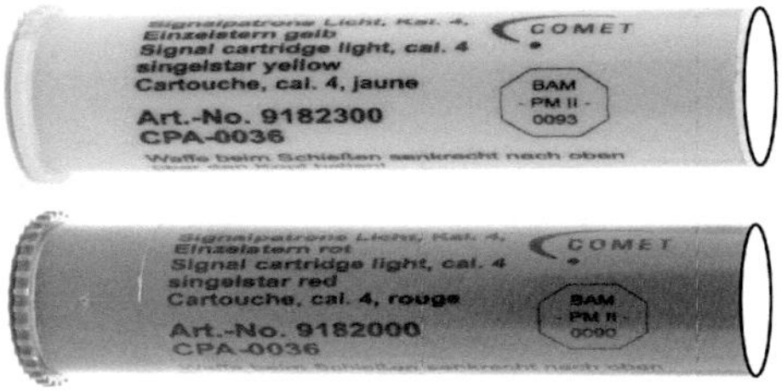

Abbildungen in diesem Kapitel mit freundlicher Unterstützung der Chemring Defence Germany GmbH, Bremerhaven (www.chemringdefence.com)

11.4 Lagerung der Munition

Pyrotechnische Munition hat auch bei sachgemäßer Lagerung nur eine **begrenzte Verbrauchsdauer** (in der Regel drei Jahre). Vorgeschrieben sind die Angabe des Verbrauchszeitraums auf dem Signalmittel sowie Hinweise zur Handhabung.

Die angegebene Verbrauchsdauer kann bei **unsachgemäßer Lagerung** deutlich unterschritten werden – Feuchtigkeit, Korrosion oder auch hohe Temperaturen sowie mechanische Beschädigungen können die Munition beschädigen oder unbrauchbar machen. In diesem Falle ist die Munition über eine fachkundige Stelle zu entsorgen – gleiches gilt für überlagerte Munition.

12 Sicherer Umgang mit Schusswaffen

12.1 Sicherheitsregeln

Beim Umgang mit Waffen und Munition dürfen Sie nie die Gefahren vergessen, die für Sie und andere entstehen, wenn allgemeine Regeln der Sicherheit missachtet werden. Diese allgemeinen Regeln „sind mit Blut geschrieben", beruhen also auf bereits gemachten Fehlern anderer.

Lesen Sie die nachfolgenden Hinweise aufmerksam – Sie werden bemerken, dass diese nachvollziehbaren Regeln leicht befolgt werden können.

1. Zielen Sie niemals mit einer Waffe auf einen Menschen, nur in Notwehr.

2. Gehen Sie immer davon aus, dass die Waffe geladen ist. Überzeugen Sie sich selbst vom Ladezustand, vertrauen Sie nicht auf Worte.

3. Waffen sind kein Spielzeug – sie gehören darum nicht in Kinderhände und dürfen auch nicht zum Spiel unter Erwachsenen verwendet werden.

4. Der Lauf der Waffe muss immer in eine sichere Richtung zeigen.

5. Der Finger gehört erst unmittelbar vor dem Schuss in den Abzugsbügel.

6. Beherrschen Sie Ihre Waffe – machen Sie sich mit Sicherung, Entspannvorrichtung und Verfahren zum sicheren Entladen vertraut.

7. Waffen dürfen nie unbeaufsichtigt sein – treffen Sie auch auf dem Schießstand Vorkehrungen für eine vorübergehende sichere Aufbewahrung.

8. Waffen dürfen nur in technisch einwandfreiem Zustand benutzt werden – eine regelmäßige Pflege der vielen beweglichen Teile mit hochwertigen Ölen beugt Ladehemmungen und Waffenstörungen vor. Prüfen Sie den Zustand mindestens durch eine Sichtprüfung vor dem Schießen, dazu gehört auch die Kontrolle, ob der Lauf frei ist.

9. Waffen und Alkohol passen nicht zusammen.

10. Beachten Sie immer die Anweisungen der Schießaufsicht.

Auf der Internetseite **www.busche-lernsystem.de** sind verschiedene Videos verfügbar, die den sicheren Umgang mit den unterschiedlichen Arten von Schusswaffen leicht nachvollziehbar vermitteln. Schriftliche Darstellungen des sicheren Umgangs und viele Lernhilfen enthält auch das „Ergänzungsheft Waffensachkunde" des Autors, das im Buchhandel erhältlich ist.

12.2 Sicherheit herstellen – Waffe entladen

Überzeugen Sie sich bei Übernahme **sofort selbst** vom Zustand nach dem folgenden Schema, das allgemein für den Umgang mit Schusswaffen gilt.

Sind Sie mit der Waffe nicht vertraut, lassen Sie sich die Waffe erklären und insbesondere die Sicherung und die Magazinlösung vorführen. Auch für einen „alten Hasen" ist es dabei keine Schande nachzufragen.

1. Der Lauf einer Schusswaffe darf **niemals auf einen Menschen** gerichtet sein, außer in einer Notwehrsituation – der Lauf ist insbesondere beim **Entladen** immer in **Richtung eines sicheren Geschossfanges** zu halten.

2. Der Abzugsfinger, in der Regel der Zeigefinger der Hand, die die Waffe hält, wird bewusst gestreckt und darf auf keinen Fall den Abzug berühren.

3. Aktivieren Sie die **Sicherung**, dann **entladen** Sie die Waffe! Ist mit aktivierter Sicherung kein Öffnen möglich (zB Colt 1911), erfolgt das Entladen ohne Sicherung.

Das sichere Entladen bei den verschiedenen Waffenarten und Abzugszuständen ist nachfolgend beschrieben.

3.1. Bei einer **halbautomatischen Pistole** oder **Langwaffe mit Wechselmagazin** wird zunächst das **Magazin entnommen** und danach der **Verschluss mehrfach zurückgezogen**, um eine eventuell im Patronenlager befindliche Patrone herauszuziehen. Danach ist durch einen **Blick in das Patronenlager und in den Verschlussweg** zu prüfen, dass sich keine Munition mehr in der Waffe befindet. Anschließend kann der Schlagbolzen entspannt werden, es sei denn, die Waffe soll mit offenem Verschluss abgelegt werden.

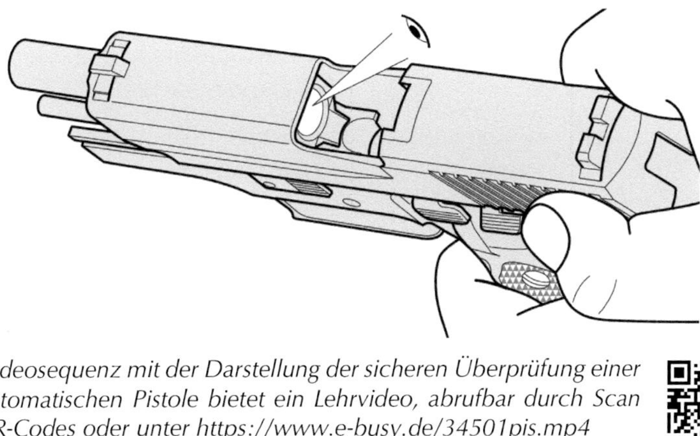

Eine Videosequenz mit der Darstellung der sicheren Überprüfung einer halbautomatischen Pistole bietet ein Lehrvideo, abrufbar durch Scan des QR-Codes oder unter https://www.e-busy.de/34501pis.mp4

3.2. Bei einem **Revolver mit entspanntem Hahn** ist die Trommel auszuschwenken, dann werden Patronen und Hülsen entnommen. Ist der **Hahn gespannt**, wird er mit einem, wenn erforderlich auch mit beiden Daumen gehalten und erst dann der Abzug betätigt. Sobald sich der Hahn bewegt, wird der Finger sofort vom Abzug entfernt und der Hahn langsam nach vorn geführt, die Trommel ausgeschwenkt und geleert.

3.3. Bei **Waffen mit fest eingebautem Magazin** ist der Patronenvorrat nach Aktivierung einer vorhandenen Sicherung durch Repetieren zu entfernen. Danach ist durch einen Blick in das Patronenlager und in den Verschlussweg zu prüfen, dass sich keine Munition mehr in der Waffe befindet. Anschließend kann der Schlagbolzen entspannt werden. Insbesondere in dunklen Umgebungen sollte dabei auch das Magazin durch leichtes Eindrücken und Fühlen mit dem Finger geprüft werden.

3.4. **Einzellader-Langwaffen** wie Jagdbüchsen, Doppelflinten oder Drillinge sind vor dem Öffnen der Waffe oder des Verschlusses zu **sichern**.

3.5. Hat die Waffe einen **Stecherabzug**, etwa einen **Deutschen Stecher** (erkennbar am Doppelzüngel bei einläufigen Jagdbüchsen) oder **Französischen Stecher** (Rückstecher, ein Abzug), und ist der Abzug eingestochen, wird die Waffe zunächst geöffnet, erst danach erfolgt das Entstechen. Das Öffnen einer Kipplaufwaffe wird als „brechen" bezeichnet, darum lautet der eingängige Merksatz: „**Erst brechen, dann entstechen!**" Um die Folgen einer ungewollten Schussauslösung zu mindern, ist bei einem Drilling mit eingestochenem Abzug vor dem Brechen auf Schrot umzustellen.

Wollen Sie die Waffe **auf dem Schießstand ablegen** oder der Schießaufsicht den Zustand der Waffe anzeigen, sollte der **Verschluss geöffnet** sein (bei Revolver die **Trommel ausgeschwenkt**). Je nach Wettkampf- oder Standordnung wird auch das Einlegen eines **Sicherheitsfähnchens** gefordert, um den sicheren Zustand der Waffe deutlich sichtbar zu machen.

Beim Umgang mit **Flinten** auf dem Schießstand, insbesondere auf Wurftaubenständen, ist die Waffe in geöffnetem Zustand („**gebrochen**") in der dafür vorgesehenen Ablagevorrichtung aufzubewahren. **Repetierflinten** und **Halbautomaten** sind mit geöffnetem Verschluss abzustellen.

Die wichtigste Regel beim Umgang mit Schusswaffen: Bei Übernahme und Übergabe gilt die Waffe **immer** als geladen, entsichert und gespannt, bis Sie es **selbst überprüft** haben. Und Sie können nur so lange davon ausgehen, dass Ihnen der Ladezustand bekannt ist, bis Sie die Waffe ablegen oder abgeben – danach müssen Sie die Zustandskontrolle wiederholen!

12.3 Ladehemmung

Wird bei einer Schusswaffe die Patrone durch den Lademechanismus nicht ordnungsgemäß in das Patronenlager eingeführt, spricht man von einer „Ladehemmung“. Dabei ist es unerheblich, ob es sich um eine zunächst manuelle Zuführung nach Freigabe des Verschlusses bei einer Pistole, eine automatische Zuführung nach dem Schuss oder den manuellen Repetiervorgang handelt. Auch das etwaige Blockieren der Revolvertrommel kann als Ladehemmung bezeichnet werden.

Optisch ist die Ladehemmung daran zu erkennen, dass bei einer Pistole oder einer automatischen Waffe der **Verschluss** nach Zuführung der Patrone nicht normal geschlossen ist. In diesem Falle sollte auf keinen Fall versucht werden, durch Nachdrücken den Verschluss doch noch zu schließen. Ursache einer Ladehemmung kann nicht-maßhaltige Munition sein, in der Regel ist aber eine Verschmutzung des Patronenlagers oder ein Defekt des Magazins der Auslöser der Ladehemmung. Ebenfalls ein häufiger Grund für Zuführungsprobleme ist die zu vorsichtige Bedienung des Verschlusses durch den Schützen – der Verschluss sollte darum durch Betätigung des Schlittenfanghebels freigegeben werden oder in hinterster Rückzugsstellung losgelassen werden, niemals aber „vorsichtig“ vorgeschoben werden.

Bevor Sie die Ursache der Ladehemmung beseitigen oder untersuchen, müssen Sie die Waffe **entladen**. Beachten Sie dazu die Hinweise zu dem **Verfahren bei den verschiedenen Waffenarten** im vorigen Kapitel.

12.4 Versager

Zündet eine Patrone trotz ordnungsgemäßer Position im Patronenlager nicht, spricht man von einem „Versager“. Die Ursache kann sowohl im **Auslösemechanismus** der Waffe liegen als auch in der **Patrone** selbst.

Bricht der Schuss nach Betätigen des Abzuges nicht, muss die Waffe auf der Schießstätte auf das Ziel gerichtet bleiben, da es sich auch nur um eine **Verzögerung des Anzündsatzes** handeln könnte. Bis zu einer Minute danach besteht noch die Möglichkeit des Zündens, darum sollte die Waffe zuvor auf keinen Fall geöffnet werden. Der Aufsicht ist das Problem deutlich zu signalisieren, in der Regel durch Handzeichen – in diesem Moment sollten Sie ganz bewusst darauf achten, dass auch jetzt die Waffe auf den Kugelfang ausgerichtet bleibt.

Im Rahmen des normalen Gebrauchs von Schusswaffen, etwa im **sportlichen oder jagdlichen Bereich**, ist die Waffe nach Ablauf der vorgenannten

Wartezeit zu entladen. Verfügt die Waffe über ein Magazin, ist dieses zuvor zu entnehmen. Während des Entladens bleibt die Waffe weiter auf den sicheren Kugelfang ausgerichtet. Prüfen Sie den Lauf der entladenen Waffe darauf, ob er frei von Hindernissen ist, etwa einem steckenden Geschoss.

Anders verhält es sich im Falle der **Verteidigung mit einer Schusswaffe** – hier muss das **Risiko** einer noch erfolgenden Zündung **gegen** die **Gefahr** abgewogen werden, die dem Waffenträger durch einen Angreifer droht. Eine halbautomatische **Pistole** wird in einer konkreten Gefahrensituation bei einem Versager umgehend manuell repetiert, um erneut schießen zu können. Bei **Revolvern mit DA- oder DAO-Abzug** ist **ein erneutes Betätigen des Abzuges** notwendig, um die nächste Patrone zu verschießen, womit solche Waffen in Sachen Selbstschutz meist die bessere Wahl sind. Allerdings kann es bei einem Revolver im Falle eines verzögerten Zündens der Patrone, die in diesem Falle nicht mehr vor dem Lauf positioniert ist, zu einer Waffensprengung kommen, was schwere Verletzungen für den Schützen und Dritte nach sich ziehen kann.

12.5 Sicherheitsmaßnahmen

Schusswaffen können sowohl durch ballistische wie auch durch akustische Wirkung die Gesundheit schädigen. Gleiches gilt für die beim Schießen entstehenden Gase und Dämpfe. Und nicht allein das Geschoss, sondern auch kleine Splitter aus der Wand des Standes oder vom Geschossmantel bzw. der Waffe können im Auge des Schützen oder von Dritten schwere Verletzungen verursachen, die bis zum Verlust des Augenlichts reichen.

Nachfolgend werden grundlegende Maßnahmen zum Schutz vor Verletzungen dargestellt. Die Grundregel lautet: Die Benutzung einer zugelassenen und von einem qualifizierten Sachverständigen regelmäßig überprüften Schießstätte ist die Voraussetzung, damit Maßnahmen zum persönlichen Schutz greifen. Beachten Sie daher stets die folgenden **Sicherheitsregeln**:

- **Energiegrenzen** und **Beschränkungen** gemäß Zulassung beachten
- **Lüftungsanlage** verwenden
- **Gehörschutz** und **Schutzbrille** verwenden
- Waffen vor dem Schießen **auf Schäden prüfen** (auf Sicht)
- Waffen immer **geöffnet ablegen** und nur **nach Anweisung** aufnehmen
- Lauf der geladenen Waffe immer auf den **Geschossfang** ausrichten
- **Schäden** an der Anlage unverzüglich dem Betreiber **melden**

Bei Schießübungen von **Berufswaffenträgern** sollte die Aufsicht nicht davon ausgehen, dass sich jeder Teilnehmer so intensiv und regelmäßig mit dem Thema „Sicherer Umgang mit der Schusswaffe" befasst wie etwa ein Sportschütze, der Woche für Woche trainiert. Hier kommt einer disziplinierten Führung der Aufsicht und einer einleitenden Einweisung aller Teilnehmer durch die Standaufsicht eine grundlegende Bedeutung zu. Das gilt für statisches Schießen auf 25 m wie auch für komplexere, dynamische Übungen im Verteidigungsschießen.

12.6 Videos zur sicheren Handhabung

Zur Vorbereitung des praktischen Unterrichts stehen Ihnen verschiedene Videos zur Verfügung, mit denen Sie die Inhalte Ihrer Waffensachkundeausbildung noch intensiver erlernen werden, insbesondere die sichere Handhabung der verschiedenen Arten von Schusswaffen. Die Zahl dieser Videos wird kontinuierlich erhöht, um möglichst alle Bereiche der Ausbildung, die im Buch behandelt werden, in Ton und Bild zu vertiefen.

Ein Beispielvideo können Sie durch Scannen des QR-Codes in diesem Bild gleich jetzt sehen – probieren Sie es doch einfach mal aus.

Diese Videos beziehen sich dabei immer auf die Inhalte des von Ihnen genutzten Lehrbuches und stehen Ihnen auf der Website

www.busche-lernsystem.de

zur Verfügung.

13 Lernerfolgskontrolle

In diesem Kapitel haben Sie die Gelegenheit, den Inhalt des Buches noch einmal effektiv aufzuarbeiten. Notieren Sie dazu die Antworten auf die Fragen auf einem Zettel und schlagen Sie die entsprechenden Abschnitte des Buches auf, um Ihre Antwort zu bewerten. Dieses Verfahren ist zwar unbequemer als ein Nachschlagen von vorgegebenen Antworten, aber durch die erneute Lektüre lässt sich der Lehrstoff noch besser im Gedächtnis behalten. Und noch ein Hinweis: Manche Fragen lassen sich nur dadurch beantworten, dass Sie Ihr gesamtes Wissen kombiniert anwenden. Viel Erfolg!

13.1 Fragen zu waffenrechtlichen Definitionen

- o Was ist eine Schusswaffe im Sinne des Waffengesetzes?
- o Was sind den Schusswaffen gleichgestellte Gegenstände?
- o Wie werden Schusswaffen im Sinne des Waffengesetzes definiert?
- o Wann ist eine Schusswaffe dauerhaft unbrauchbar gemacht?
- o Was versteht man unter halbautomatischen Schusswaffen?
- o Wie unterscheidet das Waffengesetz Langwaffen und Kurzwaffen?
- o Was versteht man unter einer „verbotenen Waffe"?
- o Was sind „wesentliche Teile" von Schusswaffen? Nennen Sie drei Beispiele.
- o Was ist ein Drilling?
- o Was versteht man unter einem Einstecklauf?
- o Was bedeutet „Erwerben" einer Schusswaffe im Sinne des Waffengesetzes?
- o Setzt der Erwerb einer Schusswaffe eine Erlaubnis voraus?
- o Was bedeutet „Überlassen" einer Schusswaffe im Sinne des Waffengesetzes?
- o Ist der Verkauf einer Schusswaffe dem „Überlassen" gleichzusetzen?
- o Was bedeutet „Führen" einer Schusswaffe im Sinne des Waffengesetzes?
- o Welche Erlaubnis ist zum „Führen" in der Öffentlichkeit erforderlich?
- o Was müssen Sie unternehmen, wenn Sie eine erlaubnispflichtige Schusswaffe gefunden haben?

- Sie sind gesetzlicher Erbe einer Schusswaffe. Was müssen sie tun?
- Dürfen Sie während ihres Urlaubs erlaubnispflichtige Schusswaffen zur Aufbewahrung einem anderen überlassen?
- Durch wen und wie wird die Zuverlässigkeit einer Person festgestellt?
- Wer hat Umgang mit einer Waffe oder Munition?
- Wann ist eine Schusswaffe „zugriffsbereit" im Sinne des Waffengesetzes?
- Wann ist eine Waffe „schussbereit" im Sinne des Waffengesetzes?
- Wer benötigt als Sportschütze ein amts- oder fachärztliches oder fachpsychologisches Gutachten?

13.2 Fragen zum Beschuss und zur Kennzeichnung

- Welche Kennzeichnung muss eine erlaubnispflichtige Feuerwaffe mindestens aufweisen?
- Welche Bedeutung hat ein Beschusszeichen auf einer Feuerwaffe?
- Darf mit einer amerikanischen Schusswaffe mit französischem Beschusszeichen in der Bundesrepublik geschossen werden?
- Was besagt die Überstempelung eines Beschusszeichens mit „X"?
- Wann ist eine Schusswaffe erneut zum Beschuss vorzulegen?

13.3 Fragen zum praktischen Umgang mit Schusswaffen

- Dürfen Schalldämpfer erworben werden? Wenn ja, unter welchen Voraussetzungen?
- Was bezeichnet die Zahl „12" bei dem entsprechenden Flintenkaliber?
- Woran können Sie erkennen, welche Munition aus einer Ihnen vorliegenden Waffe verschossen werden darf?
- Warum ist die Munitionsbezeichnung „9 mm" nicht ausreichend?
- Wie soll eine halbautomatische Pistole auf der Schießstätte an eine andere Person übergeben werden?
- Was versteht man unter Double-Action-Only-Pistolen?
- Was sollte als erstes geschehen, wenn man eine Schusswaffe übergeben bekommt?

- Sie erhalten durch Voreintrag die Erlaubnis zum Erwerb einer Kurzwaffe. Wie lange gilt die Erwerbsberechtigung?
- Sie haben in Ihrer WBK einen Voreintrag für einen Revolver .357 Magnum. Ihr Waffenhändler bietet Ihnen zu einem sehr günstigen Preis ein Sondermodell .38 Special an. Dürfen Sie diesen Revolver erwerben?
- Wann wird in der Regel eine waffenrechtliche Erlaubnis von der Erlaubnisbehörde widerrufen?
- Was muss ein Sportschütze nach dem dauerhaften Erwerb einer Waffe von einem anderen Sportschützen veranlassen?
- Was ist zu veranlassen, wenn eine Privatperson einer anderen berechtigten Privatperson eine erlaubnispflichtige Schusswaffe dauerhaft überlässt?
- Wie darf eine erlaubnispflichtige Kurzwaffe gelagert werden?
- Sie wollen 6 erlaubnispflichtige Kurzwaffen aufbewahren. Welches Sicherheitsbehältnis ist notwendig?
- Darf die Erlaubnisbehörde Zutritt zur Wohnung verlangen, um die ordnungsgemäße Waffenaufbewahrung zu überprüfen?
- Wann berechtigt die grüne Waffenbesitzkarte zum Munitionserwerb?
- Welche Teile erlaubnispflichtiger Schusswaffen dürfen einzeln nur mit einer Waffenbesitzkarte erworben werden?
- Welches sind die Voraussetzungen zur Erlangung einer Waffenbesitzkarte?

13.4 Fragen zum Transport und Mitführen von Schusswaffen

- Wie ist eine Schusswaffe von der Wohnung zu der Schießstätte zu transportieren, wenn kein Waffenschein erteilt wurde?
- Benötigen Jäger zur befugten Jagdausübung einen Waffenschein?
- Unter welchen Voraussetzungen darf Ihnen ein Waffenhändler eine erlaubnispflichtige Schusswaffe zum Ausprobieren ohne vorherige Erlaubnis der zuständigen Behörde überlassen?
- Welche Legitimationspapiere sind beim Transport einer erlaubnispflichtigen Schusswaffe durch einen Sportschützen mitzuführen?
- Sie wollen den defekten Verschluss ihrer Pistole zum Waffenhändler bringen. Wie nehmen Sie ihn waffenrechtlich einwandfrei mit?

- Wie alt müssen Sie als Sportschütze mindestens sein, um eine Büchse (.308 Win.) ohne amts- oder fachärztliches oder fachpsychologisches Zeugnis dauerhaft erwerben zu können?
- Wie viele Schusswaffen dürfen Sie als Sportschütze in der Regel innerhalb von 6 Monaten bei entsprechendem Bedürfnis erwerben?
- Wie kann ein 19-jähriger Sportschütze seine persönliche Eignung für den dauerhaften Erwerb einer halbautomatischen Pistole .45 ACP gegenüber der Behörde nachweisen?

13.5 Fragen zum Schießen und zu Schießstätten

- Darf eine verantwortliche Aufsichtsperson am Schützenstand dem Schützen im Rahmen der Ausbildung eine geladene Waffe übergeben?
- Wie ist eine Kipplaufflinte auf einer Schießstätte zu tragen?
- Darf auf der Schießstätte einem Gastschützen, der nicht im Besitz einer waffenrechtlichen Erlaubnis ist, eine erlaubnispflichtige Schusswaffe überlassen werden?
- Was ist beim Schießen mit einer halbautomatischen Pistole hinsichtlich der Schussbereitschaft zu beachten?
- Ist ein Drilling für das Schießen auf dem Wurfscheibenstand zugelassen?
- Wann darf im befriedeten Besitztum außerhalb von Schießstätten ohne Schießerlaubnis geschossen werden?

13.6 Fragen zum nichtgewerblichen Herstellen und Bearbeiten

- Benötigen Sie eine behördliche Erlaubnis für Änderungsarbeiten an der Visiereinrichtung?
- Berechtigt die abgelegte Sachkundeprüfung zum nichtgewerblichen Wiederladen von Hülsen?
- Ist das Anbringen von Bohrungen am Lauf generell zulässig?
- Was ist beim Verkürzen des Laufes einer erlaubnispflichtigen Schusswaffe zu beachten?

13.7 Fragen zur Aufbewahrung von Schusswaffen und Munition

- Wie sind erlaubnispflichtige Waffen und Munition aufzubewahren?

- o Ist die gemeinschaftliche Aufbewahrung von Waffen oder Munition durch berechtigte Personen, die in einer häuslichen Gemeinschaft leben, zulässig?
- o Wie sind erlaubnispflichtige Kurzwaffen aufzubewahren?
- o Wie ist erlaubnispflichtige Munition aufzubewahren?
- o Welche und wie viele erlaubnispflichtigen Schusswaffen dürfen Sie in einem Schrank der Sicherheitsstufe A nach VDMA 24992 (Stand Mai 1995) dauerhaft aufbewahren?
- o Welche und wie viele erlaubnispflichtigen Schusswaffen dürfen Sie in einem Schrank des Widerstandsgrades I nach DIN EN 1143-1 (Stand Mai 1997) dauerhaft aufbewahren?

13.8 Fragen zur Not- und Seenotsignalmitteln

- o Was versteht man unter pyrotechnischer Munition?
- o Wann dürfen pyrotechnische Notsignale verwendet werden?
- o Wie ist die Signalpistole im Notfall zu handhaben?
- o Welche Farbe ist international als Notsignal zu verwenden?
- o Wie ist eine Signalpistole an Bord eines seegehenden Wassersportfahrzeuges im Hafen aufzubewahren?
- o Wie ist an Land eine Signalpistole im Kaliber 4 (26,5 mm) aufzubewahren?
- o Welche Signalwaffen können frei erworben und an Bord mitgeführt werden?
- o Wie hoch steigen Seenotsignalraketen bei senkrechtem Abschusswinkel?
- o Wie verhalten Sie sich bei einem Munitionsversager in der Signalpistole?
- o Wer darf in Seenotfällen mit einer Signalwaffe schießen?
- o Wie ist die Signalwaffe während der Fahrt aufzubewahren?
- o Sie wollen nach einem Segelwochenende die Signalpistole nach Hause transportieren. Wie müssen Sie den Transport durchführen?

13.9 Fragen zur Notwehr

- o Soll im Notwehrfall vor dem Einsatz der Schusswaffe gewarnt werden?

- Muss der Schusswaffengebrauch in solchen Notwehrlagen unterbleiben, in denen der Angegriffene den Angriff mit milderen Mitteln sicher abwehren kann?
- Kann in Notwehrfällen, in denen von der Schusswaffe Gebrauch gemacht werden darf, die Abgabe eines möglicherweise tödlich wirkenden Schusses zulässig sein?
- Wie lange besteht die Notwehrsituation fort?
- Was versteht man unter „Putativnotwehr"?
- Was bedeutet „entschuldigender Notstand"?
- Was versteht man unter Nothilfe?

13.10 Fragen zur Waffenkunde

- Welche Läufe weisen Züge und Felder auf?
- Was ist eine Flinte?
- Was versteht man unter Kaliber?
- Was versteht man unter dem Gefahrenbereich einer Schusswaffe?
- Wozu dient der Verschluss?
- Was ist ein Einstecklauf und welchen Zweck hat er?
- Was ist ein Choke und was bewirkt er?
- Was unterscheidet einen Revolver von einer Pistole?
- Welche Aufgabe hat der Schalldämpfer?

13.11 Fragen zur Ballistik

- Wie lautet die Faustregel für die Reichweite von Schroten?
- Was versteht man unter der Höchstreichweite eines Geschosses?
- Wie groß ist die Höchstreichweite eines Geschosses .22 l.r. ?
    - Zusatzaufgabe: Schlagen Sie in Ihrem Lehrbuch auch die Gefahrenreichweiten anderer Kaliber nach.
- Was versteht man unter dem Begriff „Außenballistik"?
- Was versteht man unter der „Streuung" der Geschosse?
- Was bedeutet der ballistische Begriff „Steighöhe eines Geschosses"?
- Was ist und was bewirkt der Drall?

14 Gesetzestexte

14.1 Das Waffengesetz (WaffG)

Ausfertigungsdatum: 11.10.2002

Inkrafttreten der letzten Änderungen: 24.07.2025

§ 1 Gegenstand und Zweck des Gesetzes, Begriffsbestimmungen

(1) Dieses Gesetz regelt den **Umgang** mit Waffen oder Munition unter Berücksichtigung der Belange der öffentlichen Sicherheit und Ordnung.

(2) **Waffen** sind

1. Schusswaffen oder ihnen gleichgestellte Gegenstände und

2. tragbare Gegenstände,

a) die **ihrem Wesen nach dazu bestimmt** sind, die **Angriffs- oder Abwehrfähigkeit** von **Menschen** zu beseitigen oder herabzusetzen, insbesondere Hieb- und Stoßwaffen;

b) die, **ohne dazu bestimmt** zu sein, insbesondere **wegen ihrer Beschaffenheit, Handhabung oder Wirkungsweise geeignet** sind, die Angriffs- oder Abwehrfähigkeit von Menschen zu beseitigen oder herabzusetzen, und die **in diesem Gesetz genannt** sind.

(3) **Umgang** mit einer Waffe oder Munition hat, wer diese erwirbt, besitzt, überlässt, führt, verbringt, mitnimmt, damit schießt, herstellt, bearbeitet, instand setzt oder damit Handel treibt. Umgang mit einer Waffe hat auch, wer diese unbrauchbar macht.

(4) Die **Begriffe** der Waffen und Munition sowie die **Einstufung** von Gegenständen nach Absatz 2 Nr. 2 Buchstabe b als Waffen, die Begriffe der Arten des Umgangs und sonstige waffenrechtliche Begriffe sind in der **Anlage 1** (Begriffsbestimmungen) zu diesem Gesetz näher geregelt.

§ 2 Grundsätze des Umgangs mit Waffen oder Munition, Waffenliste

(1) Der **Umgang** mit Waffen oder Munition ist nur Personen gestattet, die das **18. Lebensjahr** vollendet haben.

(2) Der Umgang mit Waffen oder Munition, die in der Anlage 2 (Waffenliste) Abschnitt 2 zu diesem Gesetz genannt sind, bedarf der Erlaubnis.

(3) Der Umgang mit Waffen oder Munition, die in der Anlage 2 Abschnitt 1 zu diesem Gesetz genannt sind, ist verboten.

(4) Waffen oder Munition, mit denen der Umgang ganz oder teilweise von der Erlaubnispflicht oder von einem Verbot ausgenommen ist, sind in der Anlage 2 Abschnitt 1 und 2 genannt. Ferner sind in der Anlage 2 Abschnitt 3 die Waffen und Munition genannt, auf die dieses Gesetz ganz oder teilweise nicht anzuwenden ist.

(5) Bestehen Zweifel darüber, ob ein Gegenstand von diesem Gesetz erfasst wird oder wie er nach Maßgabe der Begriffsbestimmungen in Anlage 1 Abschnitt 1 und 3 und der Anlage 2 einzustufen ist, so entscheidet auf Antrag die zuständige Behörde. Antragsberechtigt sind

1. Hersteller, Importeure, Erwerber oder Besitzer des Gegenstandes, soweit sie ein berechtigtes Interesse an der Entscheidung nach Satz 1 glaubhaft machen können,

2. die zuständigen Behörden des Bundes und der Länder.

Die nach Landesrecht zuständigen Behörden sind vor der Entscheidung zu hören. Die Entscheidung ist für den Geltungsbereich dieses Gesetzes allgemein verbindlich. Sie ist im Bundesanzeiger bekannt zu machen.

§ 3 Umgang mit Waffen oder Munition durch Kinder und Jugendliche

(1) **Jugendliche** dürfen im Rahmen eines Ausbildungs- oder Arbeitsverhältnisses abweichend von § 2 Abs. 1 **unter Aufsicht eines weisungsbefugten Waffenberechtigten** mit Waffen oder Munition umgehen.

(2) **Jugendliche** dürfen abweichend von § 2 Abs. 1 Umgang mit **geprüften Reizstoffsprühgeräten** haben.

(3) Die zuständige Behörde kann für Kinder und Jugendliche allgemein oder für den Einzelfall **Ausnahmen** von Alterserfordernissen zulassen, wenn **besondere Gründe** vorliegen **und öffentliche Interessen** nicht entgegenstehen.

§ 4 Voraussetzungen für eine Erlaubnis

(1) Eine Erlaubnis setzt voraus, dass der Antragsteller

1. das **18. Lebensjahr** vollendet hat (§ 2 Abs. 1),

2. die erforderliche **Zuverlässigkeit** (§ 5) und **persönliche Eignung** (§ 6) besitzt,

3. die erforderliche **Sachkunde** nachgewiesen hat (§ 7),

4. ein **Bedürfnis** nachgewiesen hat (§ 8) und

5. bei der Beantragung eines **Waffenscheins** oder einer **Schießerlaubnis** eine **Versicherung gegen Haftpflicht** in Höhe von 1 Million Euro - pauschal für Personen- und Sachschäden - nachweist.

(2) Die Erlaubnis zum Erwerb, Besitz, Führen oder Schießen kann versagt werden, wenn der Antragsteller seinen gewöhnlichen Aufenthalt nicht seit mindestens **fünf Jahren** im Geltungsbereich dieses Gesetzes hat.

(3) Die zuständige Behörde hat die Inhaber von waffenrechtlichen Erlaubnissen in **regelmäßig**en Abständen, mindestens jedoch nach Ablauf von drei Jahren, erneut auf ihre **Zuverlässigkeit** und ihre **persönliche Eignung** zu prüfen sowie in den Fällen des Absatzes 1 Nr. 5 sich das Vorliegen einer Versicherung gegen Haftpflicht nachweisen zu lassen.

(4) Die zuständige Behörde hat das **Fortbestehen des Bedürfnisses** bei Inhabern einer waffenrechtlichen Erlaubnis **alle fünf Jahre** erneut zu überprüfen.

(5) Zur Erforschung des Sachverhalts kann die zuständige Behörde in begründeten Einzelfällen das **persönliche Erscheinen des Antragstellers oder des Erlaubnisinhabers** verlangen. Ein **begründeter Einzelfall** liegt insbesondere vor, wenn **Tatsachen** Zweifel an der Zuverlässigkeit oder persönlichen Eignung begründen. **Anhaltspunkte** hierfür können sich beispielsweise aus dem Schriftverkehr oder aus Telefonaten des Antragstellers oder des Erlaubnisinhabers mit der zuständigen Behörde oder aus allgemein zugänglichen Quellen ergeben.

(6) Zur **Erforschung des Sachverhalts** ist die zuständige Behörde befugt, in **öffentlich zugänglichen Quellen** zu **recherchieren** und diese Erkenntnisse insbesondere in die Prüfung nach den §§ 5 und 6 einfließen zu lassen.

§ 5 Zuverlässigkeit

(1) Die erforderliche Zuverlässigkeit besitzen Personen nicht,

1. die **rechtskräftig** verurteilt worden sind

a) wegen eines **Verbrechens**,

b) wegen sonstiger vorsätzlicher Straftaten zu einer **Freiheitsstrafe von mindestens einem Jahr** oder

c) zu einer **Freiheitsstrafe oder Geldstrafe von mindestens 90 Tagessätzen** wegen einer Straftat nach den §§ 80a, 83 Absatz 2, § 84 Absatz 1 bis 3, § 85 Absatz 1 Satz 1 und Absatz 2, § 87 Absatz 1, § 88 Absatz 1, § 89 Absatz 1, § 89a Absatz 1 bis 3, § 89b Absatz 1, § 89c Absatz 1 und 2, § 91 Absatz 1, § 95 Absatz 1, § 96 Absatz 2 oder § 97b des Strafgesetzbuches, nach § 98 des Strafgesetzbuches, soweit nicht ein Fall des § 98 Absatz 2 des Strafgesetzbuches vorliegt, nach § 99 Absatz 2 des Strafgesetzbuches, soweit nicht ein Fall des § 99 Absatz 3 des Strafgesetzbuches vorliegt, nach § 100a Absatz 1 in Verbindung mit Absatz 4 des Strafgesetzbuches oder nach den §§ 129, § 129a Absatz 3 und 5 des Strafgesetzbuches, auch in Verbindung mit § 129b Absatz 1 des Strafgesetzbuches, wenn seit dem Eintritt der Rechtskraft der letzten Verurteilung zehn Jahre noch nicht verstrichen sind,

2. bei denen **Tatsachen** die Annahme rechtfertigen, dass sie

a) Waffen oder Munition missbräuchlich oder leichtfertig verwenden werden,

b) mit Waffen oder Munition nicht vorsichtig oder sachgemäß umgehen oder diese Gegenstände nicht sorgfältig verwahren werden,

c) Waffen oder Munition Personen überlassen werden, die zur Ausübung der tatsächlichen Gewalt über diese Gegenstände nicht berechtigt sind.

(2) Die erforderliche Zuverlässigkeit besitzen **in der Regel** Personen nicht,

1.

a) die wegen einer **vorsätzlichen** Straftat,

b) die wegen einer **fahrlässigen** Straftat im Zusammenhang mit dem Umgang mit Waffen, Munition oder explosionsgefährlichen Stoffen oder wegen einer fahrlässigen gemeingefährlichen Straftat,

c) die wegen einer Straftat nach dem Waffengesetz, dem Gesetz über die Kontrolle von Kriegswaffen, dem Sprengstoffgesetz oder dem Bundesjagdgesetz

zu einer Freiheitsstrafe, Jugendstrafe, Geldstrafe von **mindestens 60 Tagessätzen** oder mindestens zweimal zu einer geringeren Geldstrafe rechtskräftig verurteilt worden sind oder bei denen die Verhängung von Jugendstrafe ausgesetzt worden ist, wenn seit dem Eintritt der Rechtskraft der letzten Verurteilung fünf Jahre noch nicht verstrichen sind,

2. die Mitglied

a) in einem **Verein**, der nach dem Vereinsgesetz als Organisation **unanfechtbar verboten** wurde oder der einem **unanfechtbaren Betätigungsverbot nach dem Vereinsgesetz** unterliegt, oder

b) in einer **Partei**, deren **Verfassungswidrigkeit das Bundesverfassungsgericht** nach § 46 des Bundesverfassungsgerichtsgesetzes **festgestellt** hat,

waren, wenn seit der Beendigung der Mitgliedschaft zehn Jahre noch nicht verstrichen sind,

3. bei denen Tatsachen die Annahme rechtfertigen, dass sie in den letzten fünf Jahren

a) Bestrebungen einzeln verfolgt haben, die

aa) **gegen die verfassungsmäßige Ordnung** gerichtet sind,

bb) **gegen den Gedanken der Völkerverständigung**, insbesondere gegen das friedliche Zusammenleben der Völker, gerichtet sind oder

cc) durch Anwendung von Gewalt oder darauf gerichtete Vorbereitungshandlungen **auswärtige Belange der Bundesrepublik Deutschland gefährden**,

b) **Mitglied in einer Vereinigung** waren, die solche Bestrebungen verfolgt oder verfolgt hat, oder

c) eine **solche Vereinigung unterstützt** haben,

4. die innerhalb der letzten fünf Jahre mehr als einmal wegen Gewalttätigkeit mit richterlicher Genehmigung in polizeilichem Präventivgewahrsam waren,

5. die wiederholt oder gröblich gegen die Vorschriften eines der in Nummer 1 Buchstabe c genannten Gesetze verstoßen haben.

(3) In die Frist nach Absatz 1 Nr. 1 oder Absatz 2 Nr. 1 nicht eingerechnet wird die Zeit, in welcher die betroffene Person auf behördliche oder richterliche Anordnung in einer Anstalt verwahrt worden ist.

(4) Ist ein Verfahren wegen Straftaten im Sinne des Absatzes 1 Nr. 1 oder des Absatzes 2 Nr. 1 noch nicht abgeschlossen, so kann die zuständige Behörde die Entscheidung über den **Antrag auf Erteilung** einer waffenrechtlichen Erlaubnis bis zum rechtskräftigen Abschluss des Verfahrens **aussetzen**.

(5) Die zuständige Behörde hat im Rahmen der Zuverlässigkeitsprüfung folgende Erkundigungen einzuholen:

1. die unbeschränkte Auskunft aus dem **Bundeszentralregister**;

2. die Auskunft aus dem **zentralen staatsanwaltschaftlichen Verfahrensregister** hinsichtlich der in Absatz 2 Nummer 1 genannten Straftaten;

3. die Stellungnahmen der zuständigen Behörde der **Landespolizei** oder der **zentralen Polizeidienststelle** oder des zuständigen **Landeskriminalamtes** sowie der in der Rechtsverordnung nach § 58 Absatz 1 des Bundespolizeigesetzes bestimmten **Bundespolizeibehörde** und des **Zollkriminalamtes** sowie, soweit im Einzelfall erforderlich, des **Bundeskriminalamtes** (Bedarfsabfragebehörde), ob Tatsachen vorliegen, die Bedenken gegen die Zuverlässigkeit begründen; die zuständige Behörde der Landespolizei oder die zentrale Polizeidienststelle oder das zuständige Landeskriminalamt und die in der Rechtsverordnung nach § 58 Absatz 1 des Bundespolizeigesetzes bestimmte Bundespolizeibehörde schließen in ihre Stellungnahme das Ergebnis der von ihnen vorzunehmenden Prüfung nach Absatz 2 Nummer 4 ein;

4. die Auskunft der für den Wohnsitz der betroffenen Person zuständigen **Verfassungsschutzbehörde**, ob Tatsachen bekannt sind, die Bedenken gegen die Zuverlässigkeit nach Absatz 2 Nummer 2 und 3 begründen; liegt der

Wohnsitz der betroffenen Person außerhalb des Geltungsbereichs dieses Gesetzes, ist das **Bundesamt für Verfassungsschutz** für die Erteilung der Auskunft zuständig.

Die nach Satz 1 Nummer 2 erhobenen personenbezogenen Daten dürfen nur für den Zweck der waffenrechtlichen Zuverlässigkeitsprüfung verwendet werden.

§ 6 Persönliche Eignung

(1) Die erforderliche persönliche Eignung besitzen Personen nicht, wenn **Tatsachen** die **Annahme rechtfertigen**, dass sie

1. geschäftsunfähig sind,

2. **abhängig** von Alkohol oder anderen berauschenden Mitteln, **psychisch krank** oder **debil** sind oder

3. auf Grund in der Person liegender Umstände mit Waffen oder Munition **nicht vorsichtig oder sachgemäß** umgehen oder diese Gegenstände **nicht sorgfältig verwahren** können oder dass die **konkrete Gefahr einer Fremd- oder Selbstgefährdung** besteht.

Die erforderliche persönliche Eignung besitzen in der Regel Personen nicht, wenn Tatsachen die Annahme rechtfertigen, dass sie in ihrer Geschäftsfähigkeit beschränkt sind. Die zuständige Behörde holt die Stellungnahme der folgenden Behörden ein, ob dort Erkenntnisse nach den Sätzen 1 und 2 vorliegen:

1. der zuständigen Behörde der Landespolizei oder der zentralen Polizeidienststelle oder des zuständigen Landeskriminalamtes,

2. der Polizeidienststellen der innegehabten Wohnsitze im Inland der betroffenen Person, beschränkt auf die letzten zehn Jahre vor Durchführung der Prüfung der persönlichen Eignung,

3. der in der Rechtsverordnung nach § 58 Absatz 1 des Bundespolizeigesetzes bestimmten Bundespolizeibehörde,

4. des Zollkriminalamtes.

Der persönlichen Eignung können auch im Erziehungsregister eingetragene Entscheidungen oder Anordnungen nach § 60 Abs. 1 Nr. 1 bis 7 des Bundeszentralregistergesetzes entgegenstehen.

(2) Sind **Tatsachen** bekannt, die Bedenken gegen die persönliche Eignung nach Absatz 1 begründen, oder bestehen **begründete Zweifel** an vom Antragsteller beigebrachten Bescheinigungen, so hat die zuständige Behörde der betroffenen Person **auf Kosten der betroffenen Person** die Vorlage eines amts- oder

fachärztlichen oder fachpsychologischen Zeugnisses über die geistige oder körperliche Eignung aufzugeben.

(3) Personen, die **noch nicht das 25. Lebensjahr** vollendet haben, haben für die **erstmalige** Erteilung einer Erlaubnis zum Erwerb und Besitz einer Schusswaffe auf eigene Kosten ein amts- oder fachärztliches oder fachpsychologisches Zeugnis über die geistige Eignung vorzulegen. **Satz 1 gilt nicht für den Erwerb und Besitz von Schusswaffen im Sinne von § 14 Abs. 1 Satz 2.**

(4) Das Bundesministerium des Innern wird ermächtigt, durch Rechtsverordnung mit Zustimmung des Bundesrates Vorschriften über das Verfahren zur Erstellung, über die Vorlage und die Anerkennung der in den Absätzen 2 und 3 genannten Gutachten bei den zuständigen Behörden zu erlassen.

§ 6a Nachbericht

(1) Erlangt die für die Auskunft nach § 5 Absatz 5 Satz 1 Nummer 4 zuständige **Verfassungsschutzbehörde im Nachhinein** für die Beurteilung der **Zuverlässigkeit** nach § 5 Absatz 2 Nummer 2 und 3 bedeutsame Erkenntnisse, teilt sie dies der zuständigen Behörde unverzüglich mit (Nachbericht). Zu diesem Zweck speichert sie Name, Vorname, Geburtsdatum, Geburtsname, Geschlecht, Geburtsort, Geburtsland, Wohnort und Staatsangehörigkeit der betroffenen Person, Ausstellungsdatum sowie Befristung der Erlaubnis, Art der Erlaubnis, Behördenkennziffer der anfragenden Behörde und Aktenfundstelle in den gemeinsamen Dateien nach § 6 des Bundesverfassungsschutzgesetzes.

(2) Erlangen die in § 5 Absatz 5 Satz 1 Nummer 3 genannten Behörden im Nachhinein Erkenntnisse über Tatsachen nach § 5 Absatz 5 Satz 1 Nummer 3 oder erlangen die in § 6 Absatz 1 Satz 3 genannten Behörden im Nachhinein Erkenntnisse über Tatsachen nach § 6 Absatz 1 Satz 1 und 2, so sind sie zum Nachbericht verpflichtet. Absatz 1 Satz 2 gilt entsprechend mit der Maßgabe, dass die dort genannten Daten zu speichern sind oder dass durch andere Maßnahmen sicherzustellen ist, dass diese Daten für die Erfüllung der Nachberichtspflicht bereitstehen.

(3) Lehnt die zuständige Behörde einen Antrag ab oder nimmt sie eine erteilte Erlaubnis zurück oder widerruft sie diese oder fällt die Nachberichtspflicht aus einem anderen Grund weg, so hat sie die nach den Absätzen 1 und 2 zum Nachbericht verpflichteten Behörden mit Angabe des Grundes hiervon unverzüglich in Kenntnis zu setzen. In diesem Fall sind die nach Absatz 1 Satz 2 und Absatz 2 Satz 2 gespeicherten Daten unverzüglich von diesen Behörden zu löschen. Im Übrigen sind die gespeicherten personenbezogenen Daten drei Monate nach Ende der regelmäßigen Gültigkeitsdauer einer Zuverlässigkeitsüberprüfung, gerechnet ab dem Zeitpunkt der Anfrage durch die zuständige Behörde, zu löschen.

§ 6b Mitteilungspflichten der Waffenbehörden an die Jagdbehörden

Stellt die Waffenbehörde fest, dass eine Person mit besonders anzuerkennenden persönlichen oder wirtschaftlichen Interessen als Jäger (Bedürfnisgrund) die erforderliche Zuverlässigkeit nach § 5 oder die persönliche Eignung nach § 6 nicht mehr besitzt, so informiert die Waffenbehörde die zuständige Jagdbehörde hierüber unverzüglich.

§ 7 Sachkunde

(1) Den **Nachweis der Sachkunde** hat erbracht, wer eine **Prüfung** vor der dafür bestimmten Stelle bestanden hat oder seine Sachkunde durch eine **Tätigkeit oder Ausbildung** nachweist.

(2) Das Bundesministerium des Innern wird ermächtigt, durch Rechtsverordnung mit Zustimmung des Bundesrates Vorschriften über die Anforderungen an die waffentechnischen und waffenrechtlichen Kenntnisse, über die Prüfung und das Prüfungsverfahren einschließlich der Errichtung von Prüfungsausschüssen sowie über den anderweitigen Nachweis der Sachkunde zu erlassen.

§ 8 Bedürfnis, allgemeine Grundsätze

Der **Nachweis** eines Bedürfnisses ist erbracht, wenn gegenüber den Belangen der öffentlichen Sicherheit oder Ordnung

1. **besonders anzuerkennende persönliche oder wirtschaftliche Interessen**, vor allem als Jäger, Sportschütze, Brauchtumsschütze, Waffen- oder Munitionssammler, Waffen- oder Munitionssachverständiger, gefährdete Person, als Waffenhersteller oder –händler oder als Bewachungsunternehmer, und

2. die **Geeignetheit und Erforderlichkeit** der Waffen oder Munition für den beantragten Zweck

glaubhaft gemacht sind.

§ 9 Inhaltliche Beschränkungen, Nebenbestimmungen und Anordnungen

(1) Eine Erlaubnis nach diesem Gesetz kann zur Abwehr von Gefahren für die öffentliche Sicherheit oder Ordnung inhaltlich beschränkt werden, insbesondere um Leben und Gesundheit von Menschen gegen die aus dem Umgang mit Schusswaffen oder Munition entstehenden Gefahren und erheblichen Nachteile zu schützen.

(2) Zu den in Absatz 1 genannten Zwecken können Erlaubnisse befristet oder mit Auflagen verbunden werden. Auflagen können nachträglich aufgenommen, geändert und ergänzt werden.

(3) Gegenüber Personen, die die Waffenherstellung oder den Waffenhandel nach Anlage 2 Abschnitt 2 Unterabschnitt 2 Nr. 4 bis 6 oder eine Schießstätte nach § 27 Abs. 2 ohne Erlaubnis betreiben dürfen, können Anordnungen zu den in Absatz 1 genannten Zwecken getroffen werden.

§ 10 Erteilung von Erlaubnissen zum Erwerb, Besitz, Führen und Schießen

(1) Die **Erlaubnis zum Erwerb und Besitz** von **Waffen** wird durch eine **Waffenbesitzkarte oder** durch **Eintragung** in eine bereits vorhandene Waffenbesitzkarte erteilt. Für die Erteilung einer Erlaubnis für Schusswaffen sind **Art, Anzahl und Kaliber** der Schusswaffen anzugeben. Die Erlaubnis zum Erwerb einer Waffe gilt für die Dauer eines Jahres, die Erlaubnis zum Besitz wird in der Regel unbefristet erteilt.

(2) Eine Waffenbesitzkarte über Schusswaffen, die **mehrere Personen** besitzen, kann auf diese Personen ausgestellt werden. Eine Waffenbesitzkarte kann auch einem **schießsportlichen Verein** oder **einer jagdlichen Vereinigung als juristischer Person** erteilt werden. Sie ist mit der Auflage zu verbinden, dass der Verein der Behörde vor Inbesitznahme von Vereinswaffen unbeschadet des Vorliegens der Voraussetzung des § 4 Abs. 1 Nr. 5 **eine verantwortliche Person** zu **benennen** hat, für die die Voraussetzungen nach § 4 Abs. 1 Nr. 1 bis 3 nachgewiesen sind; diese benannte Person muss nicht vertretungsberechtigtes Organ des Vereins sein. Scheidet die benannte verantwortliche Person aus dem Verein aus oder liegen in ihrer Person nicht mehr alle Voraussetzungen nach § 4 Abs. 1 Nr. 1 bis 3 vor, so ist der Verein verpflichtet, dies unverzüglich der zuständigen Behörde mitzuteilen. Benennt der Verein nicht innerhalb von zwei Wochen eine neue verantwortliche Person, für die die Voraussetzungen nach § 4 Abs. 1 Nr. 1 bis 3 nachgewiesen werden, so ist die dem Verein erteilte Waffenbesitzerlaubnis zu widerrufen und die Waffenbesitzkarte zurückzugeben.

(3) Die **Erlaubnis zum Erwerb und Besitz** von **Munition** wird durch Eintragung in eine **Waffenbesitzkarte** für die darin **eingetragenen Schusswaffen** erteilt. In den **übrigen Fällen** wird die Erlaubnis durch einen **Munitionserwerbsschein** für eine bestimmte Munitionsart erteilt; sie ist für den Erwerb der Munition auf die Dauer von sechs Jahren zu befristen und gilt für den Besitz der Munition unbefristet. Die Erlaubnis zum nicht gewerblichen Laden von Munition im Sinne des Sprengstoffgesetzes gilt auch als Erlaubnis zum Erwerb und Besitz dieser Munition. Nach Ablauf der Gültigkeit des Erlaubnisdokuments gilt die Erlaubnis für den Besitz dieser Munition für die Dauer von sechs Monaten fort.

(4) Die **Erlaubnis zum Führen** einer Waffe wird durch einen **Waffenschein** erteilt. Eine Erlaubnis nach Satz 1 zum Führen von Schusswaffen wird für bestimmte Schusswaffen auf höchstens drei Jahre erteilt; die Geltungsdauer kann zweimal um höchstens je drei Jahre verlängert werden, sie ist kürzer zu bemessen, wenn nur ein vorübergehendes Bedürfnis nachgewiesen wird. Der

Geltungsbereich des Waffenscheins ist auf bestimmte Anlässe oder Gebiete zu beschränken, wenn ein darüber hinausgehendes Bedürfnis nicht nachgewiesen wird. Die Voraussetzungen für die Erteilung einer Erlaubnis zum Führen von Schreckschuss-, Reizstoff- und Signalwaffen sind in der Anlage 2 Abschnitt 2 Unterabschnitt 3 Nr. 2 und 2.1 genannt (Kleiner Waffenschein).

(5) Die Erlaubnis zum Schießen mit einer Schusswaffe wird durch einen Erlaubnisschein erteilt.

§ 11 Erwerb und Besitz von Schusswaffen oder Munition mit Bezug zu einem anderen Mitgliedstaat der Europäischen Union

(1) Eine Erlaubnis zum Erwerb und Besitz einer Schusswaffe nach Anlage 1 Abschnitt 3 Nr. 1 bis 3 (Kategorien A bis C) oder von Munition für eine solche darf einer Person, die ihren gewöhnlichen Aufenthalt in einem anderen Mitgliedstaat hat, nur erteilt werden, wenn sie

1. die Schusswaffen oder die Munition in den Mitgliedstaat im Wege der Selbstvornahme verbringen wird oder

2. eine schriftliche oder elektronische Erklärung vorlegt, dass und aus welchen Gründen sie die Schusswaffen oder die Munition nur im Geltungsbereich dieses Gesetzes zu besitzen beabsichtigt.

Die Erlaubnis zum Erwerb oder Besitz einer Schusswaffe nach Anlage 1 Abschnitt 3 Nr. 2 (Kategorie B) oder Munition für eine solche darf nur erteilt werden, wenn über die Voraussetzungen des Satzes 1 hinaus eine vorherige Zustimmung dieses Mitgliedstaates hierzu vorgelegt wird.

(2) Für eine Person mit gewöhnlichem Aufenthalt im Geltungsbereich dieses Gesetzes, die eine Schusswaffe nach Anlage 1 Abschnitt 3 Nr. 2 (Kategorie B) oder Munition für eine solche in einem anderen Mitgliedstaat mit einer Erlaubnis dieses Staates erwerben will, wird eine Erlaubnis erteilt, wenn die Voraussetzungen nach § 4 Abs. 1 Nr. 2 vorliegen.

§ 12 Ausnahmen von den Erlaubnispflichten

(1) Einer Erlaubnis zum Erwerb und Besitz einer Waffe bedarf nicht, wer diese

1. als Inhaber einer Waffenbesitzkarte von einem Berechtigten

a) lediglich vorübergehend, höchstens aber für einen Monat für einen von seinem Bedürfnis umfassten Zweck oder im Zusammenhang damit, oder

b) vorübergehend zum Zweck der sicheren Verwahrung oder der Beförderung

erwirbt;

2. vorübergehend von einem Berechtigten zur **gewerbsmäßigen** Beförderung, zur **gewerbsmäßigen** Lagerung oder zur **gewerbsmäßigen** Ausführung von Verschönerungen oder ähnlicher Arbeiten an der Waffe erwirbt;

3. von einem oder für einen Berechtigten erwirbt, wenn und solange er

a) auf Grund eines Arbeits- oder Ausbildungsverhältnisses,

b) als **Beauftragter oder Mitglied einer jagdlichen oder schießsportlichen Vereinigung**, einer anderen sportlichen Vereinigung zur Abgabe von Startschüssen oder einer zur Brauchtumspflege Waffen tragenden Vereinigung,

c) als Beauftragter einer in § 55 Abs. 1 Satz 1 bezeichneten Stelle,

d) als Charterer von seegehenden Schiffen zur Abgabe von Seenotsignalen

den Besitz über die Waffe **nur nach den Weisungen des Berechtigten** ausüben darf;

4. von einem anderen,

a) dem er die Waffe vorübergehend überlassen hat, ohne dass es hierfür der Eintragung in die Erlaubnisurkunde bedurfte, oder

b) nach dem Abhandenkommen

wieder erwirbt;

5. auf einer **Schießstätte** (§ 27) **lediglich vorübergehend** zum Schießen auf dieser Schießstätte erwirbt;

6. auf einer Reise in den oder durch den Geltungsbereich des Gesetzes nach § 32 berechtigt mitnimmt.

(2) Einer Erlaubnis zum Erwerb und Besitz von Munition bedarf nicht, wer diese

1. unter den Voraussetzungen des Absatzes 1 Nr. 1 bis 4 erwirbt;

2. unter den Voraussetzungen des Absatzes 1 Nr. 5 zum sofortigen Verbrauch lediglich auf dieser Schießstätte (§ 27) erwirbt;

3. auf einer Reise in den oder durch den Geltungsbereich des Gesetzes nach § 32 berechtigt mitnimmt.

(3) Einer Erlaubnis zum Führen von Waffen bedarf nicht, wer

1. diese mit Zustimmung eines anderen in dessen Wohnung, Geschäftsräumen oder befriedetem Besitztum oder dessen Schießstätte **zu einem von seinem Bedürfnis umfassten Zweck** oder im Zusammenhang damit führt;

2. diese **nicht schussbereit** und **nicht zugriffsbereit** von einem Ort zu einem anderen Ort befördert, sofern der Transport der Waffe **zu einem von seinem Bedürfnis umfassten Zweck** oder im Zusammenhang damit erfolgt;

3. eine Langwaffe nicht schussbereit den Regeln entsprechend als Teilnehmer an genehmigten Sportwettkämpfen auf festgelegten Wegstrecken führt;

4. eine Signalwaffe beim Bergsteigen, als verantwortlicher Führer eines Wasserfahrzeugs auf diesem Fahrzeug oder bei Not- und Rettungsübungen führt;

5. eine Schreckschuss- oder eine Signalwaffe zur Abgabe von Start- oder Beendigungszeichen bei Sportveranstaltungen führt, wenn optische oder akustische Signalgebung erforderlich ist,

6. in Fällen der vorübergehenden Aufbewahrung von Waffen außerhalb der Wohnung diesen ein wesentliches Teil entnimmt und mit sich führt; mehrere mitgeführte wesentliche Teile dürfen nicht zu einer schussfähigen Waffe zusammengefügt werden können.

(4) Einer Erlaubnis zum Schießen mit einer Schusswaffe bedarf nicht, wer auf einer Schießstätte (§ 27) schießt. Das Schießen außerhalb von Schießstätten ist darüber hinaus ohne Schießerlaubnis nur zulässig

1. durch den Inhaber des Hausrechts oder mit dessen Zustimmung im befriedeten Besitztum

a) mit Schusswaffen, deren Geschossen eine Bewegungsenergie von nicht mehr als 7,5 Joule (J) erteilt wird oder deren Bauart nach § 7 des Beschussgesetzes zugelassen ist, sofern die Geschosse das Besitztum nicht verlassen können,

b) mit Schusswaffen, aus denen nur Kartuschenmunition verschossen werden kann,

2. durch Personen, die den Regeln entsprechend als Teilnehmer an genehmigten Sportwettkämpfen nach Absatz 3 Nr. 3 mit einer Langwaffe an Schießständen schießen,

3. mit Schusswaffen, aus denen nur Kartuschenmunition verschossen werden kann,

a) durch Mitwirkende an Theateraufführungen und diesen gleich zu achtenden Vorführungen,

b) zum Vertreiben von Vögeln in landwirtschaftlichen Betrieben,

4. mit Signalwaffen bei Not- und Rettungsübungen,

5. mit Schreckschuss- oder mit Signalwaffen zur Abgabe von Start- oder Beendigungszeichen **im Auftrag der Veranstalter** bei Sportveranstaltungen, wenn optische oder akustische Signalgebung erforderlich ist.

(5) Die zuständige Behörde kann im Einzelfall weitere Ausnahmen von den Erlaubnispflichten zulassen, wenn besondere Gründe vorliegen und Belange der öffentlichen Sicherheit und Ordnung nicht entgegenstehen.

§ 13 Erwerb und Besitz von Schusswaffen und Munition durch Jäger, Führen und Schießen zu Jagdzwecken

(1) Ein Bedürfnis für den Erwerb und Besitz von Schusswaffen und der dafür bestimmten Munition wird bei Personen anerkannt, die Inhaber eines gültigen Jagdscheines im Sinne von § 15 Abs. 1 Satz 1 des Bundesjagdgesetzes sind (Jäger), wenn

1. **glaubhaft gemacht wird**, dass sie die Schusswaffen und die Munition zur Jagdausübung oder zum Training im jagdlichen Schießen einschließlich jagdlicher Schießwettkämpfe **benötigen**, und

2. die zu erwerbende Schusswaffe und Munition nach dem Bundesjagdgesetz in der zum Zeitpunkt des Erwerbs geltenden Fassung **nicht verboten** ist (Jagdwaffen und -munition).

(2) **Für Jäger gilt § 6 Abs. 3 Satz 1 nicht**. Bei Jägern, die Inhaber eines Jahresjagdscheines im Sinne von § 15 Abs. 2 in Verbindung mit Abs. 1 Satz 1 des Bundesjagdgesetzes sind, erfolgt keine Prüfung der Voraussetzungen des Absatzes 1 Nr. 1 sowie des § 4 Abs. 1 Nr. 4 für den Erwerb und Besitz von Langwaffen und zwei Kurzwaffen, sofern die Voraussetzungen des Absatzes 1 Nr. 2 vorliegen.

(3) Inhaber eines gültigen Jahresjagdscheines im Sinne des § 15 Abs. 2 in Verbindung mit Abs. 1 Satz 1 des Bundesjagdgesetzes bedürfen zum Erwerb von Langwaffen nach Absatz 1 Nr. 2 keiner Erlaubnis. Der Jagdscheininhaber nach Satz 1 hat binnen zwei Wochen nach Erwerb einer Langwaffe bei der zuständigen Behörde die Ausstellung einer Waffenbesitzkarte zu beantragen.

(4) Für den Erwerb und vorübergehenden Besitz gemäß § 12 Abs. 1 Nr. 1 von Langwaffen nach Absatz 1 Nr. 2 steht ein Jagdschein im Sinne von § 15 Abs. 1 Satz 1 des Bundesjagdgesetzes einer Waffenbesitzkarte gleich.

(5) **Jäger bedürfen** für den **Erwerb und Besitz von Munition für Langwaffen** nach Absatz 1 Nr. 2 **keine**r **Erlaubnis**, sofern sie nicht nach dem Bundesjagdgesetz in der jeweiligen Fassung verboten ist.

(6) Ein **Jäger darf Jagdwaffen** zur befugten Jagdausübung einschließlich des Ein- und Anschießens im Revier, zur Ausbildung von Jagdhunden im Revier, zum Jagdschutz oder zum Forstschutz **ohne Erlaubnis führen** und mit ihnen schießen; er darf **auch im Zusammenhang mit diesen Tätigkeiten** die Jagdwaffen **<u>nicht schussbereit</u> ohne Erlaubnis führen**. Der befugten Jagdausübung gleichgestellt ist der Abschuss von Tieren, die dem Naturschutzrecht unterliegen,

wenn die naturschutzrechtliche Ausnahme oder Befreiung die Tötung durch einen Jagdscheininhaber vorsieht.

(7) Inhabern eines Jugendjagdscheines im Sinne von § 16 des Bundesjagdgesetzes wird eine Erlaubnis zum Erwerb und Besitz von Schusswaffen und der dafür bestimmten Munition nicht erteilt. Sie dürfen Schusswaffen und die dafür bestimmte Munition nur für die Dauer der Ausübung der Jagd oder des Trainings im jagdlichen Schießen einschließlich jagdlicher Schießwettkämpfe ohne Erlaubnis erwerben, besitzen, die Schusswaffen führen und damit schießen; sie dürfen auch im Zusammenhang mit diesen Tätigkeiten die Jagdwaffen nicht schussbereit ohne Erlaubnis führen.

(8) **Personen in der Ausbildung zum Jäger** dürfen nicht schussbereite Jagdwaffen in der Ausbildung ohne Erlaubnis unter Aufsicht eines Ausbilders erwerben, besitzen und führen, wenn sie **das 14. Lebensjahr vollendet** haben und der Sorgeberechtigte und der Ausbildungsleiter ihr Einverständnis in einer schriftlichen oder elektronischen Berechtigungsbescheinigung erklärt haben. Die Person hat in der Ausbildung die Berechtigungsbescheinigung mit sich zu führen.

(9) Auf **Schalldämpfer** finden die Absätze 1 bis 4 und 6 bis 8 entsprechende Anwendung. Die Schalldämpfer gemäß Satz 1 dürfen ausschließlich mit für die Jagd zugelassenen **Langwaffen für Munition mit Zentralfeuerzündung** im Rahmen der Jagd und des jagdlichen Übungsschießens verwendet werden.

§ 14 Erwerb und Besitz von Schusswaffen und Munition durch Sportschützen

(1) Die **Erlaubnis zum Erwerb und Besitz von Schusswaffen und Munition** zum Zweck des sportlichen Schießens wird abweichend von § 4 Abs. 1 Nr. 1 **nur erteilt**, wenn der Antragsteller das **21. Lebensjahr** vollendet hat. Satz 1 **gilt nicht** für den Erwerb und Besitz von Schusswaffen bis zu einem Kaliber von 5,6 mm lfB (.22 l.r.) für Munition mit Randfeuerzündung, wenn die Mündungsenergie der Geschosse höchstens 200 Joule (J) beträgt, und Einzellader-Langwaffen mit glatten Läufen mit Kaliber 12 oder kleiner, sofern das sportliche Schießen mit solchen Waffen durch die genehmigte Sportordnung eines Schießsportverbandes zugelassen ist.

(2) Ein **Bedürfnis** für den Erwerb und Besitz von Schusswaffen und der dafür bestimmten Munition wird bei **Mitgliedern eines Schießsportvereins** anerkannt, der einem nach § 15 Abs. 1 **anerkannten Schießsportverband** angehört.

(3) Für das **Bedürfnis zum Erwerb** von Schusswaffen und der dafür bestimmten Munition ist durch eine Bescheinigung des Schießsportverbandes oder eines ihm angegliederten Teilverbandes glaubhaft zu machen, dass

1. das Mitglied **seit mindestens zwölf Monaten** den Schießsport **in einem Verein** mit **erlaubnispflichtigen Schusswaffen** betreibt,

2. das Mitglied den Schießsport in einem Verein **innerhalb der vergangenen zwölf Monate** mindestens

a) **einmal in jedem ganzen Monat** dieses Zeitraums ausgeübt hat, oder

b) **18 Mal insgesamt innerhalb dieses Zeitraums** ausgeübt hat, und

3. die zu erwerbende Waffe für eine **Sportdisziplin** nach der Sportordnung des Schießsportverbandes **zugelassen** und **erforderlich** ist. **Innerhalb von sechs Monaten** dürfen in der Regel **nicht mehr als zwei Schusswaffen** erworben werden.

(4) Für das **Bedürfnis zum Besitz** von Schusswaffen und der dafür bestimmten Munition ist durch eine Bescheinigung des Schießsportverbandes oder eines ihm angegliederten Teilverbandes glaubhaft zu machen, dass das Mitglied **in den letzten 24 Monaten vor Prüfung des Bedürfnisses** den Schießsport in einem Verein **mit einer eigenen erlaubnispflichtigen Waffe**

1. mindestens **einmal alle drei Monate** in diesem Zeitraum betrieben hat oder

2. mindestens **sechsmal innerhalb eines abgeschlossenen Zeitraums von jeweils zwölf Monaten** betrieben hat.

Besitzt das Mitglied sowohl Lang- als auch Kurzwaffen, so ist der Nachweis nach Satz 1 für **Waffen beider Kategorien** zu erbringen. Sind **seit der ersten Eintragung** einer Schusswaffe in die Waffenbesitzkarte oder der erstmaligen Ausstellung einer Munitionserwerbserlaubnis **zehn Jahre** vergangen, genügt für das Fortbestehen des Bedürfnisses des Sportschützen die **Mitgliedschaft in einem Schießsportverein** nach Absatz 2; die Mitgliedschaft ist im Rahmen der Folgeprüfungen nach § 4 Absatz 4 durch eine Bescheinigung des Schießsportvereins nachzuweisen.

(5) Ein Bedürfnis von Sportschützen nach Absatz 2 für den Erwerb und Besitz von mehr als **drei halbautomatischen Langwaffen** und mehr als **zwei mehrschüssigen Kurzwaffen für Patronenmunition** sowie der hierfür erforderlichen Munition wird unter Beachtung des Absatzes 2 durch Vorlage einer Bescheinigung des Schießsportverbandes des Antragstellers glaubhaft gemacht, wonach die weitere Waffe

1. von ihm zur Ausübung weiterer Sportdisziplinen benötigt wird oder

2. zur Ausübung des Wettkampfsports erforderlich ist

und der Antragsteller **regelmäßig** an Schießsportwettkämpfen teilgenommen hat.

(6) Sportschützen, die dem Schießsport in einem Schießsportverband nach § 15 Abs. 1 als gemeldetes Mitglied nachgehen, wird abweichend von § 10 Abs. 1 Satz 3 unter Beachtung des Absatzes 3 Satz 1 Nr. 1 und 2 und Satz 2 eine unbefristete Erlaubnis erteilt, die zum **Erwerb von insgesamt bis zu zehn** Einzellader-Langwaffen mit glatten und gezogenen Läufen, Repetier-Langwaffen mit gezogenen Läufen sowie von einläufigen Einzellader-Kurzwaffen für Patronenmunition und von mehrschüssigen Kurz- und Langwaffen mit Zündhütchenzündung (Perkussionswaffen) berechtigt.

§ 15 Schießsportverbände, schießsportliche Vereine

(1) Als Schießsportverband im Sinne dieses Gesetzes wird ein überörtlicher Zusammenschluss schießsportlicher Vereine anerkannt, der

1. wenigstens in jedem Land, in dem seine Sportschützen ansässig sind, in schießsportlichen Vereinen organisiert ist,

2. mindestens 10.000 Sportschützen, die mit Schusswaffen schießen, als Mitglieder insgesamt in seinen Vereinen hat,

3. den Schießsport als Breitensport und Leistungssport betreibt,

4.

a) auf eine sachgerechte Ausbildung in den schießsportlichen Vereinen

und

b) zur Förderung des Nachwuchses auf die Durchführung eines altersgerechten Schießsports für Kinder oder Jugendliche in diesen Vereinen

hinwirkt,

5. regelmäßig überregionale Wettbewerbe organisiert oder daran teilnimmt,

6. den sportlichen Betrieb in den Vereinen auf der Grundlage einer genehmigten Schießsportordnung organisiert und

7. im Rahmen eines festgelegten Verfahrens die ihm angehörenden schießsportlichen Vereine verpflichtet und regelmäßig darauf überprüft, dass diese

a) die ihnen nach diesem Gesetz oder auf Grund dieses Gesetzes obliegenden Pflichten erfüllen,

b) einen Nachweis über die Häufigkeit der schießsportlichen Aktivitäten jedes ihrer Mitglieder während der ersten drei Jahre, nachdem diesem erstmalig eine Waffenbesitzkarte als Sportschütze erteilt wurde, führen

und

c) über eigene Schießstätten für die nach der Schießsportordnung betriebenen Disziplinen verfügen oder geregelte Nutzungsmöglichkeiten für derartige Schießstätten nachweisen.

(2) Von den Voraussetzungen des Absatzes 1 Nr. 1, 2 oder 4 Buchstabe b kann abgewichen werden, wenn die besondere Eigenart des Verbandes dies erfordert, öffentliche Interessen nicht entgegenstehen und der Verband die Gewähr dafür bietet, die sonstigen Anforderungen nach Absatz 1 an die geordnete Ausübung des Schießsports zu erfüllen. Ein Abweichen von dem Erfordernis nach Absatz 1 Nr. 2 ist unter Beachtung des Satzes 1 nur bei Verbänden zulässig, die mindestens 2.000 Sportschützen, die mit Schusswaffen schießen, als Mitglieder in ihren Vereinen haben.

(3) Die Anerkennung nach Absatz 1 erfolgt durch das Bundesverwaltungsamt im Benehmen mit den nach § 48 Abs. 1 zuständigen Behörden des Landes, in dem der Schießsportverband seinen Sitz hat, und, soweit nicht der Schießsportverband nur auf dem Gebiet dieses Landes tätig ist, im Benehmen mit den nach § 48 Abs. 1 zuständigen Behörden der übrigen Länder.

(4) Die zuständige Behörde hat das Recht, jederzeit den Nachweis über das Vorliegen der Voraussetzungen für die Anerkennung zu verlangen. Die Anerkennung kann zurückgenommen werden, wenn die Voraussetzungen nach Absatz 1 für ihre Erteilung nicht vorgelegen haben; sie ist zurückzunehmen, wenn die Voraussetzungen weiterhin nicht vorliegen. Die Anerkennung ist zu widerrufen, wenn eine der Voraussetzungen für ihre Erteilung nachträglich entfallen ist. Anerkennung, Rücknahme und Widerruf sind im Bundesanzeiger zu veröffentlichen. Vom Zeitpunkt der Unanfechtbarkeit der Aufhebung der Anerkennung an sind die Bescheinigungen des betreffenden Verbandes nach § 14 Abs. 3, 4 und 5 nicht mehr als geeignete Mittel zur Glaubhaftmachung anzuerkennen. Sofern der Grund für die Aufhebung der Anerkennung Zweifel an der inhaltlichen Richtigkeit von Bescheinigungen aufkommen lässt, können die Behörden bereits ab der Einleitung der Anhörung von der Anerkennung der Bescheinigungen absehen. Die Anerkennungsbehörde unterrichtet die nach Absatz 3 an der Anerkennung beteiligten Stellen von der Einleitung und dem Abschluss des Verfahrens zur Aufhebung der Anerkennung.

(5) Der schießsportliche Verein ist verpflichtet, der zuständigen Behörde Sportschützen, die Inhaber einer Waffenbesitzkarte sind und die aus ihrem Verein ausgeschieden sind, unverzüglich zu benennen.

§ 15a Sportordnungen

(1) Sportliches Schießen liegt dann vor, wenn nach festen Regeln einer genehmigten Sportordnung geschossen wird. Schießübungen des kampfmäßigen

Schießens, insbesondere die Verwendung von Zielen oder Scheiben, die Menschen darstellen oder symbolisieren, sind im Schießsport nicht zulässig.

(2) Das Bundesverwaltungsamt entscheidet über die erstmalige Genehmigung und die Änderung der Teile der Sportordnungen von Verbänden und Vereinen, die für die Ausführung dieses Gesetzes und der auf seiner Grundlage erlassenen Rechtsverordnungen erheblich sind. Die erstmalige Genehmigung oder die Genehmigung von Änderungen erfolgt, wenn die zu prüfenden Teile der Sportordnungen den Anforderungen dieses Gesetzes und der auf Grundlage von Absatz 4 erlassenen Rechtsverordnung genügen. Eine Änderung gilt als genehmigt, wenn das Bundesverwaltungsamt nicht binnen drei Monaten nach Zugang aller erforderlichen Prüfunterlagen Änderungen verlangt oder dem Betroffenen mitteilt, dass die Prüfung aus anderen wichtigen Gründen nicht abgeschlossen werden kann.

(3) Die Genehmigung von Sportordnungen ohne gleichzeitige Anerkennung als Verband nach § 15 Absatz 1 erfolgt, wenn die Vorgaben des § 15 Absatz 1 Nummer 4 Buchstabe a und Nummer 7 sowie die Vorgaben des Absatzes 2 Satz 2 erfüllt sind.

(4) Das Bundesministerium des Innern wird ermächtigt, durch Rechtsverordnung mit Zustimmung des Bundesrates zur Abwehr von Gefahren für die öffentliche Sicherheit oder Ordnung unter Berücksichtigung der berechtigten Interessen des Schießsports Vorschriften über die Anforderungen und die Inhalte der Sportordnungen zum sportlichen Schießen zu erlassen und insbesondere zu bestimmen, dass vom Schießsport bestimmte Schusswaffen wegen ihrer Konstruktion, ihrer Handhabung oder Wirkungsweise ganz oder teilweise ausgeschlossen sind.

§ 15b Fachbeirat Schießsport

Das Bundesministerium des Innern wird ermächtigt, durch Rechtsverordnung mit Zustimmung des Bundesrates einen Ausschuss zu bilden, in den neben Vertretern der beteiligten Bundes- und Landesbehörden auch Vertreter des Sports zu berufen sind und der das Bundesverwaltungsamt in Fragen der Anerkennung eines Schießsportverbandes und der Genehmigung von Schießsportordnungen nach § 15a Abs. 2 und 3 unter Berücksichtigung waffentechnischer Fragen berät.

§ 16 Erwerb und Besitz von Schusswaffen und Munition durch Brauchtumsschützen, Führen von Waffen und Schießen zur Brauchtumspflege

(1) Ein Bedürfnis für den Erwerb und Besitz von **Einzellader-Langwaffen** und **bis zu drei Repetier-Langwaffen** sowie der dafür bestimmten Munition wird bei Mitgliedern einer zur Brauchtumspflege Waffen tragenden Vereinigung

(Brauchtumsschützen) anerkannt, wenn sie durch eine Bescheinigung der Brauchtumsschützenvereinigung glaubhaft machen, dass sie diese Waffen zur Pflege des Brauchtums benötigen.

(2) Für Veranstaltungen, bei denen es Brauch ist, aus besonderem Anlass Waffen zu tragen, kann für die Dauer von fünf Jahren die **Ausnahmebewilligung zum Führen** von in Absatz 1 Satz 1 genannten Schusswaffen sowie von sonstigen zur Brauchtumspflege benötigten Waffen im Sinne des § 1 Abs. 2 Nr. 2 einem **verantwortlichen Leiter der Brauchtumsschützenvereinigung** unter den Voraussetzungen des § 42 Abs. 2 erteilt werden, wenn gewährleistet ist, dass die erforderliche Sorgfalt beachtet wird.

(3) Die **Erlaubnis zum Schießen** mit den in Absatz 1 Satz 1 genannten Schusswaffen außerhalb von Schießstätten mit Kartuschenmunition bei Veranstaltungen nach Absatz 2 kann für die Dauer von fünf Jahren einem **verantwortlichen Leiter der Brauchtumsschützenvereinigung** erteilt werden. Sie ist zu versagen, wenn

1. in dessen Person eine Voraussetzung nach § 4 Abs. 1 Nr. 1 bis 4 nicht vorliegt,

2. die Beachtung der erforderlichen Sorgfalt nicht gewährleistet ist,

3. Gefahren oder erhebliche Nachteile für Einzelne oder die Allgemeinheit zu befürchten sind und nicht durch Auflagen verhindert werden können oder

4. kein **Haftpflichtversicherungsschutz** gemäß § 4 Abs. 1 Nr. 5 nachgewiesen ist.

Die Erlaubnis nach Satz 1 kann mit der Ausnahmebewilligung nach Absatz 2 verbunden werden.

(4) Brauchtumsschützen dürfen in den Fällen der Absätze 2 und 3 oder bei Vorliegen einer Ausnahmebewilligung nach § 42 Abs. 2 die **Schusswaffen ohne Erlaubnis führen und damit schießen**. Sie dürfen die zur Pflege des Brauchtums benötigten Schusswaffen auch **im Zusammenhang mit Veranstaltungen**, bei denen es **Brauch** ist, aus besonderem Anlass Waffen zu tragen, für die eine **Erlaubnis nach Absatz 2 oder nach § 42 Abs. 2** erteilt wurde, **ohne Erlaubnis führen**.

§ 17 Erwerb und Besitz von Schusswaffen oder Munition durch Waffen- oder Munitionssammler

(1) Ein Bedürfnis zum Erwerb und Besitz von Schusswaffen oder Munition wird bei Personen anerkannt, die glaubhaft machen, dass sie Schusswaffen oder Munition für eine **kulturhistorisch bedeutsame** Sammlung (Waffensammler,

Munitionssammler) benötigen; kulturhistorisch bedeutsam ist auch eine wissenschaftlich-technische Sammlung.

(2) Die **Erlaubnis zum Erwerb** von Schusswaffen oder Munition wird in der Regel **unbefristet** erteilt. Sie kann mit der Auflage verbunden werden, der Behörde in bestimmten Zeitabständen eine Aufstellung über den Bestand an Schusswaffen vorzulegen.

(3) Die Erlaubnis zum Erwerb und Besitz von Schusswaffen oder Munition wird **auch einem Erben, Vermächtnisnehmer oder durch Auflage Begünstigten** (Erwerber infolge eines Erbfalls) erteilt, der eine **vorhandene Sammlung** des Erblassers im Sinne des Absatzes 1 **fortführt**.

§ 18 Erwerb und Besitz von Schusswaffen oder Munition durch Waffen- oder Munitionssachverständige

(1) Ein Bedürfnis zum Erwerb und Besitz von Schusswaffen oder Munition wird bei Personen anerkannt, die glaubhaft machen, dass sie Schusswaffen oder Munition für wissenschaftliche oder technische Zwecke, zur Erprobung, Begutachtung, Untersuchung oder zu einem ähnlichen Zweck (Waffen-, Munitionssachverständige) benötigen.

(2) Die **Erlaubnis zum Erwerb** von Schusswaffen oder Munition wird in der Regel

1. **für Schusswaffen oder Munition jeder Art** und

2. unbefristet

erteilt. Sie kann mit der Auflage verbunden werden, der Behörde in bestimmten Zeitabständen eine Aufstellung über den Bestand an Schusswaffen vorzulegen.

§ 19 Erwerb und Besitz von Schusswaffen und Munition, Führen von Schusswaffen durch gefährdete Personen

(1) Ein Bedürfnis zum Erwerb und Besitz einer Schusswaffe und der dafür bestimmten Munition wird bei einer Person anerkannt, die glaubhaft macht,

1. **wesentlich mehr als die Allgemeinheit** durch Angriffe auf Leib oder Leben **gefährdet** zu sein und

2. dass der Erwerb der Schusswaffe und der Munition **geeignet und erforderlich** ist, diese Gefährdung zu mindern.

(2) Ein Bedürfnis zum Führen einer Schusswaffe wird anerkannt, wenn glaubhaft gemacht ist, dass die Voraussetzungen nach Absatz 1 auch außerhalb der eigenen Wohnung, Geschäftsräume oder des eigenen befriedeten Besitztums vorliegen.

§ 20 Erwerb und Besitz von Schusswaffen durch Erwerber infolge Erbfalls

(1) Der Erbe hat binnen eines Monats nach der Annahme der Erbschaft oder dem Ablauf der für die Ausschlagung der Erbschaft vorgeschriebenen Frist die Ausstellung einer Waffenbesitzkarte für die zum Nachlass gehörenden erlaubnispflichtigen Schusswaffen oder ihre Eintragung in eine bereits ausgestellte Waffenbesitzkarte zu beantragen; für den Vermächtnisnehmer oder durch Auflage Begünstigten beginnt diese Frist mit dem Erwerb der Schusswaffen.

(2) Dem Erwerber infolge eines Erbfalls ist die gemäß Absatz 1 beantragte Erlaubnis abweichend von § 4 Abs. 1 zu erteilen, wenn der **Erblasser berechtigter Besitzer** war und der Antragsteller **zuverlässig** und **persönlich geeignet** ist.

(3) Für erlaubnispflichtige Schusswaffen und erlaubnispflichtige Munition, für die der Erwerber infolge eines Erbfalles ein Bedürfnis nach § 8 oder §§ 13 ff. geltend machen kann, sind die Vorschriften des § 4 Abs. 1 Nr. 1 bis 3 und des § 8 und der §§ 13 bis 18 anzuwenden. **Kann kein Bedürfnis geltend gemacht werden, sind Schusswaffen durch ein dem Stand der Technik entsprechendes Blockiersystem zu sichern und ist erlaubnispflichtige Munition binnen angemessener Frist unbrauchbar zu machen oder einem Berechtigten zu überlassen.** Einer Sicherung durch ein Blockiersystem bedarf es nicht, wenn der Erwerber der Erbwaffe bereits auf Grund eines Bedürfnisses nach § 8 oder §§ 13 ff. berechtigter Besitzer einer erlaubnispflichtigen Schusswaffe ist. Für den Transport der Schusswaffe im Zusammenhang mit dem Einbau des Blockiersystems gilt § 12 Abs. 3 Nr. 2 entsprechend.

(4) Das Bundesministerium des Innern erstellt nach Anhörung eines Kreises von Vertretern der Wissenschaft, der betroffenen Personen, der beteiligten Wirtschaft und der für das Waffenrecht zuständigen obersten Landesbehörden dem Stand der Sicherheitstechnik entsprechende Regeln (Technische Richtlinie – Blockiersysteme für Erbwaffen) für ein Blockiersystem nach Absatz 3 Satz 2 sowie für dessen Zulassungsverfahren und veröffentlicht diese im Bundesanzeiger. Die Prüfung der Konformität und die Zulassung neu entwickelter Blockiersysteme gemäß der Technischen Richtlinie erfolgt durch die Physikalisch-Technische Bundesanstalt.

(5) Der Einbau und die Entsperrung von Blockiersystemen dürfen nur durch hierin eingewiesene Inhaber einer Waffenherstellungserlaubnis oder einer Waffenhandelserlaubnis nach § 21 Abs. 1 oder durch deren hierzu bevollmächtigten Mitarbeiter erfolgen. Die vorübergehende Entsperrung aus besonderem Anlass ist möglich.

(6) Die Waffenbehörde hat auf Antrag Ausnahmen von der Verpflichtung, alle Erbwaffen mit einem dem Stand der Sicherheitstechnik entsprechenden Blockiersystem zu sichern, zuzulassen, wenn oder so lange für eine oder mehrere Erbwaffen ein entsprechendes Blockiersystem noch nicht vorhanden ist. Eine

Ausnahme kann auch für Erbwaffen erteilt werden, die Bestandteil einer kulturhistorisch bedeutsamen Sammlung gemäß § 17 sind oder werden sollen.

§ 21 Gewerbsmäßige Waffenherstellung, Waffenhandel

(1) Die Erlaubnis zur gewerbsmäßig oder selbstständig im Rahmen einer wirtschaftlichen Unternehmung betriebenen Herstellung, Bearbeitung oder Instandsetzung von Schusswaffen oder Munition wird durch eine Waffenherstellungserlaubnis, die Erlaubnis zum entsprechend betriebenen Handel mit Schusswaffen oder Munition durch eine Waffenhandelserlaubnis erteilt. Sie kann auf bestimmte Schusswaffen- und Munitionsarten beschränkt werden.

(2) Die Waffenherstellungserlaubnis nach Absatz 1 Satz 1 schließt für Schusswaffen oder Munition, auf die sich die Erlaubnis erstreckt, die Erlaubnis zum vorläufigen oder endgültigen Überlassen an Inhaber einer Waffenherstellungs- oder Waffenhandelserlaubnis sowie zum Erwerb für Zwecke der Waffenherstellung ein. Bei in die Handwerksrolle eingetragenen Büchsenmachern schließt die Waffenherstellungserlaubnis die Erlaubnis zum Waffenhandel ein.

(3) Die Erlaubnis ist zu versagen, wenn

1. der Antragsteller die erforderliche Zuverlässigkeit (§ 5) oder persönliche Eignung (§ 6) nicht besitzt,

2. der Antragsteller die für die erlaubnispflichtige Tätigkeit bei handwerksmäßiger Betriebsweise erforderlichen Voraussetzungen nach der Handwerksordnung nicht erfüllt, soweit eine Erlaubnis zu einer entsprechenden Waffenherstellung beantragt wird,

3. der Antragsteller nicht die erforderliche Fachkunde nachweist, soweit eine Erlaubnis zum Waffenhandel beantragt wird; dies gilt nicht, wenn der Antragsteller weder den Betrieb, eine Zweigniederlassung noch eine unselbstständige Zweigstelle selbst leitet.

(4) Die Erlaubnis kann versagt werden, wenn der Antragsteller

1. nicht Deutscher im Sinne des Artikels 116 des Grundgesetzes ist oder

2. weder seinen gewöhnlichen Aufenthalt noch eine gewerbliche Niederlassung im Geltungsbereich dieses Gesetzes hat.

(5) Die Erlaubnis erlischt, wenn der Erlaubnisinhaber die Tätigkeit nicht innerhalb eines Jahres nach Erteilung der Erlaubnis begonnen oder ein Jahr lang nicht ausgeübt hat. Die Fristen können aus besonderen Gründen verlängert werden.

(6) Der Inhaber einer Erlaubnis nach Absatz 1 hat die Aufnahme und Einstellung des Betriebs sowie die Eröffnung und Schließung einer Zweigniederlassung

oder einer unselbstständigen Zweigstelle innerhalb von zwei Wochen der zuständigen Behörde anzuzeigen.

(7) Die zuständige Behörde unterrichtet das Bundesverwaltungsamt und das Bundesamt für Wirtschaft und Ausfuhrkontrolle über das Erlöschen einer Erlaubnis nach Absatz 5 Satz 1 und über die Rücknahme oder den Widerruf einer Erlaubnis nach Absatz 1.

§ 21a Stellvertretungserlaubnis

Wer ein erlaubnisbedürftiges Waffengewerbe durch einen Stellvertreter betreiben will, bedarf einer Stellvertretererlaubnis; sie wird dem Erlaubnisinhaber für einen bestimmten Stellvertreter erteilt und kann befristet werden. Dies gilt auch für die Beauftragung einer Person mit der Leitung einer Zweigniederlassung oder einer unselbstständigen Zweigstelle. Die Vorschriften des § 21 gelten entsprechend.

§ 22 Fachkunde

(1) Die Fachkunde ist durch eine Prüfung vor der zuständigen Behörde nachzuweisen. Die Fachkunde braucht nicht nachzuweisen, wer die Voraussetzungen für die Eintragung eines Büchsenmacherbetriebes in die Handwerksrolle erfüllt.

(2) Das Bundesministerium des Innern wird ermächtigt, durch Rechtsverordnung mit Zustimmung des Bundesrates Vorschriften über

1. die notwendigen Anforderungen an die waffentechnischen und waffenrechtlichen Kenntnisse, auch beschränkt auf bestimmte Waffen- und Munitionsarten (Fachkunde),

2. die Prüfung und das Prüfungsverfahren einschließlich der Errichtung von Prüfungsausschüssen,

3. die Anforderungen an Art, Umfang und Nachweis der beruflichen Tätigkeit nach Absatz 1 Satz 2

zu erlassen.

§ 23 (aufgehoben)

§ 24 Kennzeichnungspflicht, Markenanzeigepflicht

(1) Wer Schusswaffen im Geltungsbereich dieses Gesetzes herstellt oder in diesen verbringt, hat unverzüglich auf den in einer Rechtsverordnung nach § 25 Nummer 2 festgelegten wesentlichen Teilen der Schusswaffe deutlich sichtbar und dauerhaft folgende Angaben anzubringen:

1. den Namen, die Firma oder eine eingetragene Marke des Herstellers der Schusswaffe,

2. für das Herstellungsland das zweistellige Landeskürzel nach ISO-Norm 3166-1,

3. die Bezeichnung der Munition oder, wenn keine Munition verwendet wird, die Bezeichnung des Laufkalibers,

4. bei Schusswaffen, die aus einem Staat, der nicht Mitgliedstaat ist (Drittstaat) in den Geltungsbereich dieses Gesetzes verbracht werden, zusätzlich das Landeskürzel nach ISO-Norm 3166-1 für den Drittstaat und das Jahr des Verbringens und

5. eine fortlaufende Nummer (Seriennummer).

Die in Satz 1 Nummer 2, 4 und 5 genannten Angaben sind nicht anzubringen auf

1. Schusswaffen,

a) deren Bauart nach den §§ 7 und 8 des Beschussgesetzes zugelassen ist oder

b) die der Anzeigepflicht nach § 9 des Beschussgesetzes unterliegen,

sowie

2. wesentlichen Teilen von erlaubnisfreien Schusswaffen.

Satz 1 gilt nicht

1. für Schusswaffen, die Bestandteil einer kulturhistorisch bedeutsamen Sammlung im Sinne des § 17 sind oder werden sollen;

2. beim Verbringen unbrauchbar gemachter Schusswaffen in den Geltungsbereich dieses Gesetzes.

(2) Schusswaffen, deren Geschossen eine Bewegungsenergie von nicht mehr als 7,5 Joule erteilt wird, müssen eine Typenbezeichnung sowie das Kennzeichen nach Anlage 1 Abbildung 1 zur Ersten Verordnung zum Waffengesetz vom 24. Mai 1976 (BGBl. I S. 1285) in der zum Zeitpunkt des Inkrafttretens dieses Gesetzes geltenden Fassung oder ein durch Rechtsverordnung nach § 25 Nummer 1 bestimmtes Zeichen tragen.

(3) Auf Schusswaffen, die für die in § 55 Absatz 1 Satz 1 bezeichneten Stellen in den Geltungsbereich dieses Gesetzes verbracht werden oder im Geltungsbereich dieses Gesetzes hergestellt und den in § 55 Absatz 1 Satz 1 bezeichneten Stellen überlassen werden, sind neben den in Absatz 1 genannten Angaben zusätzlich Angaben anzubringen, aus denen die verfügungsberechtigte Stelle ersichtlich ist.

(4) Wer gewerbsmäßig Munition im Geltungsbereich dieses Gesetzes herstellt oder in diesen verbringt, hat unverzüglich auf der kleinsten Verpackungseinheit Zeichen anzubringen, die den Hersteller, die Fertigungsserie (Fertigungszeichen), die Zulassung und die Bezeichnung der Munition erkennen lassen; das Herstellerzeichen und die Bezeichnung der Munition sind auch auf der Hülse anzubringen. Munition, die wiedergeladen wird, ist außerdem mit einem besonderen Kennzeichen zu versehen. Als Hersteller gilt, sofern er Inhaber der Zulassung nach § 11 des Beschussgesetzes ist, auch derjenige, unter dessen Namen, Firma oder Marke die Munition vertrieben oder anderen überlassen wird und der die Verantwortung dafür übernimmt, dass die Munition den Vorschriften dieses Gesetzes entspricht.

(5) Wer Waffenhandel betreibt, darf Schusswaffen oder Munition anderen gewerbsmäßig nur überlassen, wenn er festgestellt hat, dass die Schusswaffen gemäß Absatz 1 gekennzeichnet sind, oder wenn er auf Grund von Stichproben überzeugt ist, dass die Munition nach Absatz 4 mit dem Herstellerzeichen gekennzeichnet ist.

(6) Wer gewerbsmäßig Schusswaffen, Munition oder Geschosse für Schussapparate herstellt, Munition wiederlädt oder im Geltungsbereich dieses Gesetzes mit diesen Gegenständen Handel treibt und eine Marke für diese Gegenstände benutzen will, hat dies der Physikalisch-Technischen Bundesanstalt unter Vorlage der Marke vorher schriftlich oder elektronisch anzuzeigen. Verbringer, die die Marke eines Herstellers aus einem anderen Staat benutzen wollen, haben diese Marke anzuzeigen.

(7) Die Absätze 4 und 5 gelten nicht, sofern es sich um Munition handelt, die Teil einer Sammlung (§ 17 Abs. 1) oder für eine solche bestimmt ist.

§ 25 Verordnungsermächtigungen

Das Bundesministerium des Innern, für Bau und Heimat wird ermächtigt, durch Rechtsverordnung mit Zustimmung des Bundesrates zur Durchführung des § 24

1. Vorschriften zu erlassen über eine besondere Kennzeichnung bestimmter Waffen- und Munitionsarten sowie über die Art, Form und Aufbringung dieser Kennzeichnung,

2. zu bestimmen,

a) auf welchen wesentlichen Teilen der Schusswaffe die Kennzeichen anzubringen sind und wie die Schusswaffen nach einem Austausch, einer Veränderung oder einer Umarbeitung wesentlicher Teile zu kennzeichnen sind,

b) dass bestimmte Waffen- und Munitionsarten von der in § 24 vorgeschriebenen Kennzeichnung ganz oder teilweise befreit sind.

§ 25a Anordnungen zur Kennzeichnung

Sofern eine kennzeichnungspflichtige Schusswaffe nicht mit einer fortlaufenden Nummer (§ 24 Absatz 1 Satz 1 Nummer 5) gekennzeichnet ist, kann die zuständige Behörde auch nachträglich anordnen, dass der Besitzer an ihr ein bestimmtes Kennzeichen anbringen lässt.

§ 26 Nichtgewerbsmäßige Waffenherstellung

(1) Die Erlaubnis zur nichtgewerbsmäßigen Herstellung, Bearbeitung oder Instandsetzung von Schusswaffen wird durch einen **Erlaubnisschein** erteilt. Sie schließt den **Erwerb** von zu diesen Tätigkeiten **benötigten wesentlichen Teilen** von Schusswaffen sowie den Besitz dieser Gegenstände ein.

(2) Die Erlaubnis ist auf **höchstens drei Jahre** zu **befristen** und auf eine **bestimmte Zahl und Art** von Schusswaffen und wesentlichen Teilen zu **beschränken**. Personen, denen Schusswaffen zur Erprobung, Begutachtung, Untersuchung oder für ähnliche Zwecke, die insbesondere eine Bearbeitung oder Instandsetzung erforderlich machen können, überlassen werden, kann die Erlaubnis nach Absatz 1 ohne Beschränkung auf eine bestimmte Zahl und Art von Schusswaffen und wesentlichen Teilen erteilt werden.

§ 27 Schießstätten, Schießen durch Minderjährige auf Schießstätten

(1) Wer

1. eine ortsfeste Anlage oder

2. eine ortsveränderliche Anlage,

die ausschließlich oder neben anderen Zwecken dem Schießsport oder sonstigen Schießsportübungen mit Schusswaffen, der Erprobung von Schusswaffen oder dem Schießen mit Schusswaffen zur Belustigung dient (Schießstätte), betreiben oder in ihrer Beschaffenheit oder in der Art ihrer Benutzung wesentlich ändern will, bedarf der Erlaubnis der zuständigen Behörde. Die Erlaubnis darf nur erteilt werden, wenn der Antragsteller die erforderliche Zuverlässigkeit (§ 5) und persönliche Eignung (§ 6) besitzt und eine Versicherung gegen Haftpflicht für aus dem Betrieb der Schießstätte resultierende Schädigungen in Höhe von mindestens 1 Million Euro – pauschal für Personen- und Sachschäden – sowie gegen Unfall für aus dem Betrieb der Schießstätte resultierende Schädigungen von bei der Organisation des Schießbetriebs mitwirkenden Personen in Höhe von mindestens 10.000 Euro für den Todesfall und 100.000 Euro für den Invaliditätsfall bei einem im Geltungsbereich dieses Gesetzes zum Geschäftsbetrieb befugten Versicherungsunternehmen nachweist. § 10 Abs. 2 Satz 2 bis 5 gilt entsprechend. Abweichend von Satz 2 richtet sich die Haftpflichtversicherung für Schießgeschäfte, die der

Schaustellerhaftpflichtverordnung unterliegen, nach § 1 Abs. 2 Nr. 2 dieser Verordnung. Bei ortsveränderlichen Schießstätten ist eine einmalige Erlaubnis vor der erstmaligen Aufstellung ausreichend. Der Inhaber einer Erlaubnis nach Satz 5 hat Aufnahme und Beendigung des Betriebs der Schießstätte der örtlich zuständigen Behörde zwei Wochen vorher schriftlich oder elektronisch anzuzeigen.

(2) Absatz 1 Satz 1 ist nicht anzuwenden auf Schießstätten, bei denen in geschlossenen Räumen ausschließlich zur Erprobung von Schusswaffen oder Munition durch Waffen oder Munitionshersteller, durch Waffen- oder Munitionssachverständige oder durch wissenschaftliche Einrichtungen geschossen wird. Der Betreiber hat die Aufnahme und Beendigung des Betriebs der Schießstätte der zuständigen Behörde zwei Wochen vorher schriftlich oder elektronisch anzuzeigen.

(3) Unter Obhut des zur Aufsichtsführung berechtigten Sorgeberechtigten oder verantwortlicher und zur Kinder- und Jugendarbeit für das Schießen geeigneter Aufsichtspersonen darf

1. **Kindern**, die das zwölfte Lebensjahr vollendet haben und noch nicht 14 Jahre alt sind, das Schießen in Schießstätten mit Druckluft-, Federdruckwaffen und Waffen, bei denen zum Antrieb der Geschosse kalte Treibgase verwendet werden (Anlage 2 Abschnitt 2 Unterabschnitt 2 Nr. 1.1 und 1.2),

2. **Jugendlichen**, die das 14. Lebensjahr vollendet haben und noch nicht **18** Jahre alt sind, auch das Schießen mit sonstigen Schusswaffen bis zu einem Kaliber von 5,6 mm lfB (.22 l.r.) für Munition mit Randfeuerzündung, wenn die Mündungsenergie höchstens 200 Joule (J) beträgt und Einzellader-Langwaffen mit glatten Läufen mit Kaliber 12 oder kleiner

gestattet werden, wenn der **Sorgeberechtigte schriftlich oder elektronisch sein Einverständnis erklärt** hat oder beim Schießen **anwesend** ist. Die verantwortlichen Aufsichtspersonen haben die schriftlichen Einverständniserklärungen der Sorgeberechtigten vor der Aufnahme des Schießens entgegenzunehmen und während des Schießens aufzubewahren. Sie sind der zuständigen Behörde oder deren Beauftragten auf Verlangen zur Prüfung auszuhändigen. Die verantwortliche Aufsichtsperson hat die Geeignetheit zur Kinder- und Jugendarbeit glaubhaft zu machen. Der in Satz 1 genannten besonderen Obhut bedarf es nicht beim Schießen durch Jugendliche mit Waffen nach Anlage 2 Abschnitt 2 Unterabschnitt 2 Nr. 1.1 und 1.2 und nicht beim Schießen mit sonstigen Schusswaffen durch Jugendliche, die das 16. Lebensjahr vollendet haben.

(4) Die zuständige Behörde kann einem Kind zur Förderung des Leistungssports eine Ausnahme von dem Mindestalter des Absatzes 3 Satz 1 bewilligen. Diese soll bewilligt werden, wenn durch eine ärztliche Bescheinigung die geistige

und körperliche Eignung und durch eine Bescheinigung des Vereins die schießsportliche Begabung glaubhaft gemacht sind.

(5) Personen in der **Ausbildung zum Jäger** dürfen in der Ausbildung **ohne Erlaubnis** mit Jagdwaffen **schießen**, wenn sie das 14. Lebensjahr vollendet haben und der Sorgeberechtigte und der Ausbildungsleiter ihr Einverständnis in einer schriftlichen oder elektronischen Berechtigungsbescheinigung erklärt haben. Die Person hat in der Ausbildung die Berechtigungsbescheinigung mit sich zu führen.

(6) An ortsveränderlichen Schießstätten, die dem Schießen zur Belustigung dienen, darf von einer verantwortlichen Aufsichtsperson Minderjährigen das Schießen mit Druckluft-, Federdruckwaffen und Waffen, bei denen zum Antrieb der Geschosse kalte Treibgase verwendet werden (Anlage 2 Abschnitt 2 Unterabschnitt 2 Nr. 1.1 und 1.2), gestattet werden. Bei Kindern hat der Betreiber sicherzustellen, dass die verantwortliche Aufsichtsperson in jedem Fall nur einen Schützen bedient.

(7) **Das kampfmäßige Schießen auf Schießstätten ist nicht zulässig.** Das Bundesministerium des Innern wird ermächtigt, durch Rechtsverordnung mit Zustimmung des Bundesrates zur Abwehr von Gefahren für die öffentliche Sicherheit oder Ordnung sowie von sonstigen Gefahren oder erheblichen Nachteilen für die Benutzer einer Schießstätte, die Bewohner des Grundstücks, die Nachbarschaft oder die Allgemeinheit

1. die Benutzung von Schießstätten einschließlich der Aufsicht über das Schießen und der Anforderungen an das Aufsichtspersonal und dessen besondere Ausbildung für die Kinder- und Jugendarbeit zu regeln,

2. Vorschriften über den Umfang der Verpflichtungen zu erlassen, die bei Lehrgängen zur Ausbildung in der Verteidigung mit Schusswaffen und bei Schießübungen dieser Art einzuhalten sind; darin kann bestimmt werden,

a) dass die Durchführung dieser Veranstaltungen einer Anzeige bedarf,

b) dass und in welcher Weise der Veranstalter die Einstellung und das Ausscheiden der verantwortlichen Aufsichtsperson und der Ausbilder anzuzeigen hat,

c) dass nur Personen an den Veranstaltungen teilnehmen dürfen, die aus Gründen persönlicher Gefährdung, aus dienstlichen oder beruflichen Gründen zum Besitz oder zum Führen von Schusswaffen einer Erlaubnis bedürfen,

d) dass und in welcher Weise der Veranstalter Aufzeichnungen zu führen, aufzubewahren und der zuständigen Behörde vorzulegen hat,

e) dass die zuständige Behörde die Veranstaltungen untersagen darf, wenn der Veranstalter, die verantwortliche Aufsichtsperson oder ein Ausbilder die erforderliche Zuverlässigkeit, die persönliche Eignung oder Sachkunde nicht oder nicht mehr besitzt,

3. Vorschriften über die sicherheitstechnische Prüfung von Schießstätten zu erlassen.

§ 27a Sicherheitstechnische Prüfung von Schießstätten; Verordnungsermächtigung

(1) Schießstätten sind vor ihrer ersten Inbetriebnahme und bei wesentlichen Änderungen in der Beschaffenheit hinsichtlich der sicherheitstechnischen Anforderungen durch die zuständige Behörde unter Hinzuziehung eines anerkannten Schießstandsachverständigen zu überprüfen. Schießstätten, auf denen mit erlaubnispflichtigen Schusswaffen geschossen wird, sind zusätzlich alle vier Jahre nach Satz 1 durch die zuständige Behörde zu überprüfen. Ist das Schießen auf einer Schießstätte nur mit erlaubnisfreien Schusswaffen zulässig, so beträgt der Abstand zwischen den Überprüfungen nach Satz 2 höchstens sechs Jahre. Falls Zweifel an dem ordnungsgemäßen Zustand oder den erforderlichen schießtechnischen Einrichtungen bestehen, kann die zuständige Behörde die Schießstätte in sicherheitstechnischer Hinsicht unter Hinzuziehung eines anerkannten Schießstandsachverständigen überprüfen oder von dem Erlaubnisinhaber die Vorlage eines Gutachtens eines anerkannten Schießstandsachverständigen verlangen. Die Kosten für die Hinzuziehung eines anerkannten Schießstandsachverständigen bei den Überprüfungen nach den Sätzen 1 bis 4 hat der Betreiber der Schießstätte zu tragen.

(2) Werden bei der Überprüfung Mängel festgestellt, die eine Gefährdung der Benutzer der Schießstätte oder Dritter befürchten lassen, kann die zuständige Behörde die weitere Benutzung der Schießstätte bis zur Beseitigung der Mängel untersagen. Der weitere Betrieb oder die Benutzung der Schießstätte ist im Fall der Untersagung nach Satz 1 verboten.

(3) Die sicherheitstechnischen Anforderungen, die an Schießstätten zu stellen sind, ergeben sich aus den „Richtlinien für die Errichtung, die Abnahme und das Betreiben von Schießständen“ (Schießstandrichtlinien). Das Bundesministerium des Innern, für Bau und Heimat erstellt die Schießstandrichtlinien nach Anhörung von Vertretern der Wissenschaft, der Betroffenen und der für das Waffenrecht zuständigen obersten Landesbehörden als dem Stand der Sicherheitstechnik entsprechende Regeln. Das Bundesministerium des Innern, für Bau und Heimat macht die Schießstandrichtlinien im Bundesanzeiger bekannt; anzugeben ist, ab wann die Schießstandrichtlinien zu nutzen sind. Die Sätze 2 und 3 gelten entsprechend für Änderungen der Schießstandrichtlinien. Die Schießstandrichtlinien sind in der jeweils aktuell geltenden Fassung anzuwenden.

(4) Die Landesregierungen werden ermächtigt, durch Rechtsverordnung die Qualifikationsanforderungen für die Anerkennung als Schießstandsachverständiger nach Absatz 1 sowie das Verfahren der Anerkennung zu regeln. Wird eine Rechtsverordnung nach Satz 1 erlassen, ist in ihr insbesondere vorzusehen, dass eine Anerkennung als Schießstandsachverständiger nur erfolgen darf, wenn der Betreffende durch eine Prüfung hinreichende Kenntnisse der in Absatz 3 genannten Schießstandrichtlinien nachgewiesen hat.

§ 28 Erwerb, Besitz und Führen von Schusswaffen und Munition durch Bewachungsunternehmer und ihr Bewachungspersonal

(1) Ein Bedürfnis zum Erwerb, Besitz und Führen von Schusswaffen wird bei einem Bewachungsunternehmer (§ 34a der Gewerbeordnung) anerkannt, wenn er **glaubhaft** macht, dass **Bewachungsaufträge wahrgenommen werden** oder werden sollen, die aus Gründen der Sicherung einer gefährdeten Person im Sinne des § 19 oder eines gefährdeten Objektes **Schusswaffen erfordern**. Satz 1 gilt entsprechend für Wachdienste als Teil wirtschaftlicher Unternehmungen. Ein nach den Sätzen 1 und 2 glaubhaft gemachtes Bedürfnis umfasst auch den Erwerb und Besitz der für die dort genannten Schusswaffen bestimmten Munition.

(2) Die Schusswaffe darf nur bei der tatsächlichen Durchführung eines konkreten Auftrages nach Absatz 1 geführt werden. Der Unternehmer hat dies auch bei seinem Bewachungspersonal in geeigneter Weise sicherzustellen.

(3) Wachpersonen, die auf Grund eines Arbeitsverhältnisses Schusswaffen des Erlaubnisinhabers nach dessen Weisung besitzen oder führen sollen, sind der zuständigen Behörde zur Prüfung zu benennen; der Unternehmer soll die betreffende Wachperson in geeigneter Weise vorher über die Benennung unter Hinweis auf die Erforderlichkeit der Verarbeitung personenbezogener Daten bei der Behörde unterrichten. Die Überlassung von Schusswaffen oder Munition darf erst erfolgen, wenn die zuständige Behörde zugestimmt hat. Die Zustimmung ist zu versagen, wenn die Wachperson nicht die Voraussetzungen des § 4 Abs. 1 Nr. 1 bis 3 erfüllt oder die Haftpflichtversicherung des Bewachungsunternehmers das Risiko des Umgangs mit Schusswaffen durch die Wachpersonen nicht umfasst.

(4) In einen Waffenschein nach § 10 Abs. 4 kann auch der Zusatz aufgenommen werden, dass die in Absatz 3 bezeichneten Personen die ihnen überlassenen Waffen nach Weisung des Erlaubnisinhabers führen dürfen.

§ 28a Erwerb, Besitz und Führen von Schusswaffen und Munition durch Bewachungsunternehmen und ihr Bewachungspersonal für Bewachungsaufgaben nach § 31 Absatz 1 der Gewerbeordnung

(1) Für den Erwerb, Besitz und das Führen von Schusswaffen und Munition durch Bewachungsunternehmen und ihr Bewachungspersonal für Bewachungsaufgaben nach § 31 Absatz 1 der Gewerbeordnung auf Seeschiffen, die die Bundesflagge führen, ist § 28 entsprechend anzuwenden. Abweichend von § 28 Absatz 1 wird ein Bedürfnis für derartige Bewachungsaufgaben bei Bewachungsunternehmen anerkannt, die eine Zulassung nach § 31 Absatz 1 der Gewerbeordnung besitzen. Abweichend von § 28 Absatz 3 wird die Erlaubnis mit Auflagen erteilt, die die Unternehmer verpflichten,

1. als Bewachungspersonal nur Personen zu beschäftigen, welche die Voraussetzungen nach § 4 Absatz 1 Nummer 1 bis 3 erfüllen,

2. der zuständigen Behörde die eingesetzten Personen in einem von der Behörde bestimmten Zeitraum zu benennen und

3. auf Verlangen der zuständigen Behörde Nachweise vorzulegen, die belegen, dass die eingesetzten Personen die Anforderungen nach § 4 Absatz 1 Nummer 1 bis 3 erfüllen.

(2) Die Erlaubnis ist auf die Dauer der Zulassung nach § 31 der Gewerbeordnung zu befristen. Sie kann verlängert werden. Die Verlängerung der Erlaubnis ist insbesondere zu versagen, wenn die Auflagen nach Absatz 1 Satz 3 nicht eingehalten wurden. Im Übrigen gelten die allgemeinen Bestimmungen dieses Gesetzes. Die Erlaubnis schließt die Erlaubnis zum Verbringen in den Geltungsbereich dieses Gesetzes an Bord des Seeschiffs nach § 29 Absatz 1 ein.

(3) Die zuständige Behörde kann zur Prüfung der Zuverlässigkeit, Eignung und Sachkunde der im Bewachungsunternehmen verantwortlichen Geschäftsleitung sowie der mit der Leitung des Betriebes oder einer Zweigniederlassung beauftragten Personen und der im Zusammenhang mit der Bewachungsaufgabe tätigen Personen auf die Erkenntnisse und Bewertungen der für die Zulassung nach § 31 Absatz 2 Satz 1 der Gewerbeordnung zuständigen Behörde zurückgreifen. Abweichend von § 7 Absatz 2 orientieren sich die Anforderungen an die Sachkunde an den auf der Grundlage von § 31 Absatz 4 Satz 1 Nummer 3 Buchstabe a der Gewerbeordnung in einer Rechtsverordnung festgelegten besonderen Anforderungen für den Einsatz auf Seeschiffen. Die für das gewerberechtliche Verfahren zuständige Behörde sowie die Bundespolizei dürfen der zuständigen Behörde auch ohne Ersuchen Informationen einschließlich personenbezogener Daten übermitteln, soweit dies zur Erfüllung der waffenbehördlichen Aufgaben erforderlich ist. Die Bundespolizei ist im Rahmen der Prüfung nach § 8 Nummer 2 zu beteiligen.

(4) Absatz 3 Satz 3 ist entsprechend anzuwenden auf die Übermittlung von Informationen einschließlich personenbezogener Daten durch die zuständige Behörde, soweit dies zur Erfüllung der Aufgaben nach § 31 Absatz 2 der Gewerbeordnung erforderlich ist.

(5) Hat das Bewachungsunternehmen seinen Sitz im Inland, so erfolgt die Erteilung der Erlaubnis durch die nach § 48 Absatz 1 Satz 2 bestimmte Behörde im Benehmen mit der für die gewerbliche Hauptniederlassung zuständigen Behörde.

(6) Eine auf der Grundlage des § 28 erteilte Erlaubnis gilt befristet bis zum 31. Dezember 2013 für Aufträge nach § 31 der Gewerbeordnung mit der Maßgabe fort, dass der Inhaber der Erlaubnis der zuständigen Behörde unverzüglich anzuzeigen hat, dass er Aufträge im Sinne des § 31 der Gewerbeordnung wahrnimmt oder wahrnehmen möchte. Die nach § 48 Absatz 1 Satz 1 zuständige Behörde übermittelt der nach § 48 Absatz 1 Satz 2 zuständigen Behörde die Anzeige einschließlich der für die Entscheidung erforderlichen Unterlagen. Weist der in Satz 1 genannte Inhaber der Erlaubnis der nach § 48 Absatz 1 Satz 2 zuständigen Behörde bis zum 31. Dezember 2013 die Zulassung nach § 31 Absatz 1 der Gewerbeordnung und das Vorliegen der Voraussetzungen nach Absatz 1 nach, erteilt diese eine auf die Durchführung von Bewachungsaufgaben nach § 31 Absatz 1 der Gewerbeordnung beschränkte Erlaubnis. Absatz 1 Satz 3, Absatz 2 Satz 1, 4 und 5 sowie Absatz 5 gelten für diese Erlaubnis entsprechend.

§ 29 Verbringen von Waffen oder Munition in den, durch den oder aus dem Geltungsbereich dieses Gesetzes

(1) Eine Erlaubnis zum Verbringen von Waffen oder Munition in den, durch den oder aus dem Geltungsbereich dieses Gesetzes kann erteilt werden, wenn der Antragsteller den sicheren Transport durch einen zum Erwerb oder Besitz dieser Waffen oder Munition Berechtigten gewährleistet. Für eine Erlaubnis zum Verbringen von Waffen oder Munition in den Geltungsbereich dieses Gesetzes ist zusätzlich erforderlich, dass der Empfänger zum Erwerb und Besitz dieser Waffen oder Munition berechtigt ist.

(2) Sollen Waffen oder Munition nach Anlage 1 Abschnitt 3 (Kategorien A 1.2 bis C) aus dem Geltungsbereich dieses Gesetzes in einen anderen Mitgliedstaat verbracht werden, wird die Erlaubnis nur erteilt, wenn der andere Mitgliedstaat das Verbringen erlaubt hat oder der Antragsteller glaubhaft gemacht hat, dass nach dem Recht des anderen Mitgliedstaates keine solche Erlaubnis erforderlich ist. Satz 1 gilt entsprechend für das Verbringen aus einem Drittstaat durch den Geltungsbereich dieses Gesetzes in einen anderen Mitgliedstaat.

§ 30 Allgemeine Erlaubnis zum Verbringen von Waffen oder Munition aus dem Geltungsbereich dieses Gesetzes in andere Mitgliedstaaten

Gewerbsmäßigen Waffenherstellern oder Waffenhändlern nach § 21 kann abweichend von § 29 allgemein die Erlaubnis zum Verbringen von Waffen oder Munition nach Anlage 1 Abschnitt 3 (Kategorien A 1.2 bis C) aus dem Geltungsbereich dieses Gesetzes zu Waffenhändlern in anderen Mitgliedstaaten für die Dauer von bis zu drei Jahren erteilt werden. Die Erlaubnis kann auf bestimmte Arten von Waffen oder Munition und auf bestimmte Mitgliedstaaten beschränkt werden. Der Inhaber einer Erlaubnis nach Satz 1 hat ein Verbringen auf Grund dieser Erlaubnis dem Bundesverwaltungsamt vorher schriftlich oder elektronisch anzuzeigen.

§ 31 (weggefallen)

§ 32 Mitnahme von Waffen oder Munition in den, durch den oder aus dem Geltungsbereich des Gesetzes, Europäischer Feuerwaffenpass

(1) Die Erlaubnis zur Mitnahme von Waffen oder Munition in den oder durch den Geltungsbereich des Gesetzes kann erteilt werden, wenn die Voraussetzungen des § 4 Abs. 1 Nr. 1 bis 4 vorliegen. Die Erlaubnis kann für die Dauer von bis zu einem Jahr für einen oder für mehrere Mitnahmevorgänge erteilt werden und kann mehrfach um jeweils ein Jahr verlängert werden. Für Personen aus einem Drittstaat wird die Erlaubnis zur Mitnahme von Schusswaffen oder Munition nach Anlage 1 Abschnitt 3 (Kategorien A 1.2 bis C) durch den Geltungsbereich des Gesetzes in einen anderen Mitgliedstaat nur erteilt, wenn der andere Mitgliedstaat die Mitnahme erlaubt hat.

(1a) Die Erlaubnis zur Mitnahme von Waffen oder Munition in einen anderen Mitgliedstaat kann erteilt werden, wenn der Antragsteller

1. zum Erwerb und Besitz der Waffen nach Maßgabe dieses Gesetzes berechtigt ist,

2. die nach dem Recht des anderen Mitgliedstaates erforderliche vorherige Zustimmung vorliegt und

3. der sichere Transport durch den Antragsteller gewährleistet ist.

Absatz 1 Satz 2 gilt entsprechend.

(2) Eine Erlaubnis nach Absatz 1 darf Personen, die ihren gewöhnlichen Aufenthalt in einem anderen Mitgliedstaat haben und Schusswaffen nach Anlage 1 Abschnitt 3 (Kategorien A 1.2 bis C) und die dafür bestimmte Munition nach Absatz 1 mitnehmen wollen, nur erteilt werden, wenn sie Inhaber eines durch diesen Mitgliedstaat ausgestellten Europäischen Feuerwaffenpasses sind und die Waffen in den Europäischen Feuerwaffenpass eingetragen sind.

(3) Sofern sie den Grund der Mitnahme nachweisen können, Inhaber eines Europäischen Feuerwaffenpasses sind und die Waffen in den Europäischen Feuerwaffenpass eingetragen sind, bedarf es einer Erlaubnis nach Absatz 1 oder Absatz 1a nicht für

1. Jäger, die bis zu drei Langwaffen nach Anlage 1 Abschnitt 3 der Kategorie C und die dafür bestimmte Munition im Sinne des § 13 Absatz 1 Nummer 2, Absatz 5 zum Zweck der Jagd mitnehmen,

2. Sportschützen, die bis zu sechs Schusswaffen nach Anlage 1 Abschnitt 3 der Kategorien B oder C und die dafür bestimmte Munition zum Zweck des Schießsports mitnehmen,

3. Brauchtumsschützen, die bis zu drei Einzellader- oder Repetier-Langwaffen nach Anlage 1 Abschnitt 3 der Kategorie C und die dafür bestimmte Munition zur Teilnahme an einer Brauchtumsveranstaltung mitnehmen.

(4) Zu den in Absatz 3 Nr. 1 bis 3 beschriebenen Zwecken kann für die dort jeweils genannten Waffen und Munition Personen, die ihren gewöhnlichen Aufenthalt in einem Drittstaat haben, abweichend von Absatz 1 eine Erlaubnis erteilt werden, es sei denn, dass Tatsachen die Annahme rechtfertigen, dass die Voraussetzungen des § 4 Abs. 1 Nr. 2 nicht vorliegen.

(5) Einer Erlaubnis zur Mitnahme von Waffen oder Munition in den oder durch den Geltungsbereich des Gesetzes bedarf es nicht

1. für Waffen oder Munition, die durch Inhaber einer Erlaubnis zum Erwerb oder Besitz für diese Waffen oder Munition mitgenommen werden,

2. für Signalwaffen und die dafür bestimmte Munition, die aus Gründen der Sicherheit an Bord von Schiffen mitgeführt werden, oder

3. für Waffen und Munition, die an Bord von Schiffen oder Luftfahrzeugen mitgeführt, während des Aufenthalts im Geltungsbereich dieses Gesetzes unter Verschluss gehalten, der zuständigen Überwachungsbehörde unter Angabe des Hersteller- oder Warenzeichens, der Modellbezeichnung und, wenn die Waffen eine Herstellungsnummer haben, auch dieser, unverzüglich gemeldet und spätestens innerhalb eines Monats wieder aus dem Geltungsbereich des Gesetzes befördert werden.

Ein Jagdschein im Sinne von § 15 Absatz 1 Satz 1 des Bundesjagdgesetzes stellt keine Erlaubnis im Sinne des Satzes 1 Nummer 1 dar.

(6) Personen, die nach diesem Gesetz zum Besitz von Schusswaffen oder Munition nach Anlage 1 Abschnitt 3 (Kategorien A 1.2 bis C) berechtigt sind und diese Schusswaffen oder diese Munition in einen anderen Mitgliedstaat mitnehmen wollen, wird auf Antrag ein Europäischer Feuerwaffenpass ausgestellt.

§ 33 Anmelde- und Nachweispflichten, Befugnisse der Überwachungsbehörden beim Verbringen oder der Mitnahme von Waffen oder Munition in den, durch den oder aus dem Geltungsbereich dieses Gesetzes

(1) Wer beabsichtigt, Waffen oder Munition, deren Verbringen oder Mitnahme einer Erlaubnis bedarf, aus einem Drittstaat in den oder durch den Geltungsbereich dieses Gesetzes zu verbringen oder mitzunehmen, ist verpflichtet,

1. diese Waffen oder diese Munition bei der nach Absatz 3 zuständigen Überwachungsbehörde beim Verbringen oder bei der Mitnahme anzumelden,

2. auf Verlangen dieser nach Absatz 3 zuständigen Überwachungsbehörde ihr diese Waffen oder diese Munition vorzuführen und

3. die Berechtigung zum Verbringen oder zur Mitnahme nachzuweisen.

Auf Verlangen sind diese Nachweise den Überwachungsbehörden zur Prüfung auszuhändigen.

(2) Die nach Absatz 3 zuständigen Überwachungsbehörden können Beförderungsmittel und -behälter sowie deren Lade- und Verpackungsmittel anhalten, um zu prüfen, ob die für das Verbringen oder die Mitnahme in den, durch den oder aus dem Geltungsbereich dieses Gesetzes geltenden Bestimmungen eingehalten sind. Werden Verstöße gegen die in Satz 1 genannten Bestimmungen festgestellt, so können die zuständigen Überwachungsbehörden, soweit erforderlich, Vor-, Familien- und gegebenenfalls Geburtsname, Geburtsdatum und -ort, Wohnort und Staatsangehörigkeit der betroffenen Personen erheben und diese Daten sowie Feststellungen zum Sachverhalt den zuständigen Behörden zum Zweck der Ahndung übermitteln. Für Postsendungen gilt dies nur, wenn zureichende tatsächliche Anhaltspunkte für eine Straftat vorliegen. Das Brief- und Postgeheimnis nach Artikel 10 des Grundgesetzes wird nach Maßgabe der Sätze 2 und 3 eingeschränkt.

(3) Das Bundesministerium der Finanzen bestimmt die Zolldienststellen, das Bundesministerium des Innern, für Bau und Heimat bestimmt die Behörden der Bundespolizei, die bei der Überwachung des Verbringens und der Mitnahme von Waffen oder Munition mitwirken. Soweit der grenzpolizeiliche Einzeldienst von Kräften der Länder wahrgenommen wird (§ 2 Abs. 1 und 3 des Bundespolizeigesetzes), wirken diese bei der Überwachung mit.

§ 34 Überlassen von Waffen oder Munition, Prüfung der Erwerbsberechtigung, Anzeigepflicht

(1) Waffen oder Munition dürfen nur berechtigten Personen überlassen werden. Die Berechtigung muss offensichtlich sein oder nachgewiesen werden. Der Inhaber einer Erlaubnis nach § 21 Absatz 1 Satz 1 kann vor einer Überlassung zum Zweck der Prüfung der Erwerbsberechtigung des Erwerbers die Absicht zur

Überlassung der zuständigen Behörde elektronisch anzeigen. Die zuständige Behörde prüft die Gültigkeit des Erlaubnisdokuments und teilt dem Anzeigenden nach Satz 3 elektronisch mit, wenn das Erlaubnisdokument im Nationalen Waffenregister nicht oder als nicht gültig registriert ist; Satz 2 bleibt unberührt. Für die Sätze 3 und 4 gilt § 9 des Waffenregistergesetzes.

(2) Werden Waffen oder Munition zur gewerbsmäßigen Beförderung überlassen, so muss die ordnungsgemäße Beförderung sichergestellt sein und es müssen Vorkehrungen gegen ein Abhandenkommen getroffen sein. Munition darf gewerbsmäßig nur in verschlossenen Packungen überlassen werden; dies gilt nicht beim Überlassen auf Schießstätten gemäß § 12 Absatz 2 Nummer 2 oder soweit einzelne Stücke von Munitionssammlern erworben werden. Wer Waffen oder Munition einem anderen lediglich zur gewerbsmäßigen Beförderung gemäß § 12 Absatz 1 Nummer 2 oder Absatz 2 Nummer 1 an einen Dritten übergibt, überlässt sie dem Dritten.

(3) Die Absätze 1 und 2 gelten nicht für denjenigen, der Schusswaffen oder Munition einem anderen, der sie außerhalb des Geltungsbereichs des Gesetzes erwirbt, insbesondere im Versandwege unter eigenem Namen überlässt. Die Vorschriften der §§ 29 und 30 bleiben unberührt.

(4) Wer Personen, die ihren gewöhnlichen Aufenthalt in einem anderen Mitgliedstaat haben, eine Schusswaffe nach Anlage 1 Abschnitt 3 (Kategorien B und C) oder Munition für eine solche überlässt, hat dies unverzüglich dem Bundesverwaltungsamt schriftlich anzuzeigen; dies gilt nicht in den Fällen des § 12 Abs. 1 Nr. 1 und 5.

(5) Wer erlaubnispflichtige Feuerwaffen nach Anlage 1 Abschnitt 1 Unterabschnitt 1 Nr. 2, ausgenommen Einzellader-Langwaffen mit nur glattem Lauf oder glatten Läufen, und deren wesentliche Teile, Schalldämpfer und tragbare Gegenstände nach Anlage 1 Abschnitt 1 Unterabschnitt 1 Nr. 1.2.1 einem anderen, der seinen gewöhnlichen Aufenthalt in einem Mitgliedstaat des Übereinkommens vom 28. Juni 1978 über die Kontrolle des Erwerbs und Besitzes von Schusswaffen durch Einzelpersonen (BGBl. 1980 II S. 953) hat, überlässt, dorthin versendet oder ohne Wechsel des Besitzers endgültig dorthin verbringt, hat dies unverzüglich dem Bundesverwaltungsamt schriftlich anzuzeigen. Dies gilt nicht

1. für das Überlassen und Versenden der in Satz 1 bezeichneten Gegenstände an staatliche Stellen in einem dieser Staaten und in den Fällen, in denen Unternehmen Schusswaffen zur Durchführung von Kooperationsvereinbarungen zwischen Staaten oder staatlichen Stellen überlassen werden, sofern durch Vorlage einer Bescheinigung von Behörden des Empfangsstaates nachgewiesen wird, dass diesen Behörden der Erwerb bekannt ist, oder

2. soweit Anzeigepflichten nach Absatz 4 oder nach § 30 Satz 3 bestehen.

(6) Das Bundesministerium des Innern wird ermächtigt, durch Rechtsverordnung mit Zustimmung des Bundesrates zur Abwehr von Gefahren für Leben und Gesundheit von Menschen zu bestimmen, dass in den in den Absätzen 2, 4 und 5 bezeichneten Anzeigen weitere Angaben zu machen oder den Anzeigen weitere Unterlagen beizufügen sind.

§ 35 Werbung, Hinweispflichten, Handelsverbote

(1) Wer Waffen oder Munition zum Kauf oder Tausch in Anzeigen oder Werbeschriften anbietet, hat bei den nachstehenden Waffenarten auf das Erfordernis der Erwerbsberechtigung jeweils wie folgt hinzuweisen:

1. bei erlaubnispflichtigen Schusswaffen und erlaubnispflichtiger Munition: Abgabe nur an Inhaber einer Erwerbserlaubnis,

2. bei nicht erlaubnispflichtigen Schusswaffen und nicht erlaubnispflichtiger Munition sowie sonstigen Waffen: Abgabe nur an Personen mit vollendetem 18. Lebensjahr,

3. bei verbotenen Waffen: Abgabe nur an Inhaber einer Ausnahmegenehmigung,

sowie seinen Namen, seine Anschrift und gegebenenfalls seine eingetragene Marke bekannt zu geben. Anzeigen und Werbeschriften nach Satz 1 dürfen nur veröffentlicht werden, wenn sie den Namen und die Anschrift des Anbieters sowie die von ihm je nach Waffenart mitzuteilenden Hinweise enthalten. Satz 2 gilt nicht für die Bekanntgabe der Personalien des nicht gewerblichen Anbieters, wenn dieser der Bekanntgabe widerspricht. Derjenige, der die Anzeige oder Werbeschrift veröffentlicht, ist im Fall des Satzes 3 gegenüber der zuständigen Behörde verpflichtet, die Urkunden über den Geschäftsvorgang ein Jahr lang aufzubewahren und dieser auf Verlangen Einsicht zu gewähren.

(2) Dürfen Schusswaffen nur mit Erlaubnis geführt oder darf mit ihnen nur mit Erlaubnis geschossen werden, so hat der Inhaber einer Erlaubnis nach § 21 Abs. 1 bei ihrem Überlassen im Einzelhandel den Erwerber auf das Erfordernis des Waffenscheins oder der Schießerlaubnis hinzuweisen. Beim Überlassen von Schreckschuss-, Reizstoff oder Signalwaffen im Sinne des § 10 Abs. 4 Satz 4 hat der Inhaber einer Erlaubnis nach § 21 Abs. 1 überdies auf die Strafbarkeit des Führens ohne Erlaubnis (Kleiner Waffenschein) hinzuweisen und die Erfüllung dieser sowie der Hinweispflicht nach Satz 1 zu protokollieren.

(3) Der Vertrieb und das Überlassen von Schusswaffen, Munition, Hieb- oder Stoßwaffen ist verboten:

1. im Reisegewerbe, ausgenommen in den Fällen des § 55b Abs. 1 der Gewerbeordnung,

2. auf festgesetzten Veranstaltungen im Sinne des Titels IV der Gewerbeordnung (Messen, Ausstellungen, Märkte), ausgenommen die Entgegennahme von Bestellungen auf Messen und Ausstellungen,

3. auf Volksfesten, Schützenfesten, Märkten, Sammlertreffen oder ähnlichen öffentlichen Veranstaltungen, ausgenommen das Überlassen der benötigten Schusswaffen oder Munition in einer Schießstätte sowie von Munition, die Teil einer Sammlung (§ 17 Abs. 1) oder für eine solche bestimmt ist.

Die zuständige Behörde kann Ausnahmen von den Verboten für ihren Bezirk zulassen, wenn öffentliche Interessen nicht entgegenstehen.

§ 36 Aufbewahrung von Waffen oder Munition

(1) Wer Waffen oder Munition besitzt, hat die erforderlichen Vorkehrungen zu treffen, um zu verhindern, dass diese Gegenstände abhandenkommen oder Dritte sie unbefugt an sich nehmen.

(2) (aufgehoben)

(3) Wer erlaubnispflichtige Schusswaffen, Munition oder verbotene Waffen besitzt oder die Erteilung einer Erlaubnis zum Besitz beantragt hat, hat der zuständigen Behörde die zur sicheren Aufbewahrung getroffenen oder vorgesehenen Maßnahmen nachzuweisen. Besitzer von erlaubnispflichtigen Schusswaffen, Munition oder verbotenen Waffen haben außerdem der Behörde zur Überprüfung der Pflichten aus Absatz 1 in Verbindung mit einer Rechtsverordnung nach Absatz 5 Zutritt zu den Räumen zu gestatten, in denen die Waffen und die Munition aufbewahrt werden. Wohnräume dürfen gegen den Willen des Inhabers nur zur Verhütung dringender Gefahren für die öffentliche Sicherheit betreten werden; das Grundrecht der Unverletzlichkeit der Wohnung (Artikel 13 des Grundgesetzes) wird insoweit eingeschränkt.

(4) Die in einer Rechtsverordnung nach Absatz 5 festgelegten Anforderungen an die Aufbewahrung von Schusswaffen und Munition gelten nicht bei Aufrechterhaltung der bis zum 6. Juli 2017 erfolgten Nutzung von Sicherheitsbehältnissen, die den Anforderungen des § 36 Absatz 2 Satz 1 zweiter Halbsatz und Satz 2 in der Fassung des Gesetzes vom 11. Oktober 2002 (BGBl. I S. 3970, 4592; 2003 I S. 1957), das zuletzt durch Artikel 6 Absatz 34 des Gesetzes vom 13. April 2017 (BGBl. I S. 872) geändert worden ist, entsprechen oder die von der zuständigen Behörde als gleichwertig anerkannt wurden. Diese Sicherheitsbehältnisse können nach Maßgabe des § 36 Absatz 1 und 2 in der Fassung des Gesetzes vom 11. Oktober 2002 (BGBl. I S. 3970, 4592; 2003 I S. 1957), das zuletzt durch Artikel 6 Absatz 34 des Gesetzes vom 13. April 2017 (BGBl. I S. 872) geändert worden ist, sowie des § 13 der Allgemeinen Waffengesetz-Verordnung vom 27. Oktober 2003 (BGBl. I S. 2123), die zuletzt durch Artikel 108 des Gesetzes vom 29. März 2017 (BGBl. I S. 626) geändert worden ist,

1. vom bisherigen Besitzer weitergenutzt werden sowie

2. für die Dauer der gemeinschaftlichen Aufbewahrung auch von berechtigten Personen mitgenutzt werden, die mit dem bisherigen Besitzer nach Nummer 1 in häuslicher Gemeinschaft leben.

Die Berechtigung zur Nutzung nach Satz 2 Nummer 2 bleibt über den Tod des bisherigen Besitzers hinaus für eine berechtigte Person nach Satz 2 Nummer 2 bestehen, wenn sie infolge des Erbfalls Eigentümer des Sicherheitsbehältnisses wird; die berechtigte Person wird in diesem Fall nicht bisheriger Besitzer im Sinne des Satzes 2 Nummer 1. In den Fällen der Sätze 1 bis 3 finden § 53 Absatz 1 Nummer 19 und § 52a in der Fassung des Gesetzes vom 11. Oktober 2002 (BGBl. I S. 3970, 4592; 2003 I S. 1957), das zuletzt durch Artikel 6 Absatz 34 des Gesetzes vom 13. April 2017 (BGBl. I S. 872) geändert worden ist, und § 34 Nummer 12 der Allgemeinen Waffengesetz-Verordnung vom 27. Oktober 2003 (BGBl. I S. 2123), die zuletzt durch Artikel 108 des Gesetzes vom 29. März 2017 (BGBl. I S. 626) geändert worden ist, weiterhin Anwendung.

(5) Das Bundesministerium des Innern wird ermächtigt, nach Anhörung der beteiligten Kreise durch Rechtsverordnung mit Zustimmung des Bundesrates unter Berücksichtigung des Standes der Technik, der Art und Zahl der Waffen, der Munition oder der Örtlichkeit die Anforderungen an die Aufbewahrung oder an die Sicherung der Waffe festzulegen. Dabei können

1. Anforderungen an technische Sicherungssysteme zur Verhinderung einer unberechtigten Wegnahme oder Nutzung von Schusswaffen,

2. die Nachrüstung oder der Austausch vorhandener Sicherungssysteme,

3. die Ausstattung der Schusswaffe mit mechanischen, elektronischen oder biometrischen Sicherungssystemen

festgelegt werden.

(6) Ist im Einzelfall, insbesondere wegen der Art und Zahl der aufzubewahrenden Waffen oder Munition oder wegen des Ortes der Aufbewahrung, ein höherer Sicherheitsstandard erforderlich, hat die zuständige Behörde die notwendigen Ergänzungen anzuordnen und zu deren Umsetzung eine angemessene Frist zu setzen.

§ 37 Anzeigepflichten der gewerblichen Waffenhersteller und Waffenhändler

(1) Der Inhaber einer Waffenherstellungserlaubnis oder Waffenhandelserlaubnis nach § 21 Absatz 1 Satz 1 hat der zuständigen Behörde den folgenden Umgang mit fertiggestellten Schusswaffen, deren Erwerb oder Besitz der Erlaubnis bedarf, unverzüglich elektronisch anzuzeigen:

1. die Herstellung, jedoch erst nach Fertigstellung,

2. die Überlassung,

3. den Erwerb,

4. die Bearbeitung durch

a) Umbau oder

b) Austausch eines wesentlichen Teils.

Die Pflicht zur Anzeige besteht auch dann, wenn ein Blockiersystem eingebaut oder entsperrt wird.

(2) Für die elektronischen Anzeigen gilt § 9 des Waffenregistergesetzes.

§ 37a Anzeigepflichten der Inhaber einer Waffenbesitzkarte oder einer gleichgestellten anderen Erlaubnis zum Erwerb und Besitz und der Inhaber einer nichtgewerbsmäßigen Waffenherstellungserlaubnis

Der Inhaber einer Erlaubnis zum Erwerb und Besitz von Waffen nach § 10 Absatz 1 Satz 1 oder einer gleichgestellten anderen Erlaubnis zum Erwerb und Besitz sowie der Inhaber einer Erlaubnis zur nichtgewerbsmäßigen Herstellung, Bearbeitung oder Instandsetzung von Schusswaffen nach § 26 Absatz 1 Satz 1 hat der zuständigen Behörde den folgenden Umgang mit fertiggestellten Schusswaffen, deren Erwerb oder Besitz der Erlaubnis bedarf, binnen zwei Wochen schriftlich oder elektronisch anzuzeigen:

1. die Überlassung,

2. den Erwerb,

3. die Bearbeitung durch

a) Umbau oder

b) Austausch eines wesentlichen Teils.

Der Inhaber einer Erlaubnis zur nichtgewerbsmäßigen Herstellung, Bearbeitung oder Instandsetzung von Schusswaffen nach § 26 Absatz 1 Satz 1 hat auch die Herstellung, jedoch erst nach Fertigstellung, gemäß Satz 1 anzuzeigen. Die Pflicht zur Anzeige nach Satz 1 besteht auch dann, wenn ein Blockiersystem eingebaut oder entsperrt wird.

§ 37b Anzeige der Vernichtung, der Unbrauchbarmachung und des Abhandenkommens

(1) Der Besitzer einer Schusswaffe, deren Erwerb oder Besitz einer Erlaubnis bedarf, hat der zuständigen Behörde nach Satz 2 oder Satz 3 anzuzeigen, wenn

die Schusswaffe vernichtet wird. Inhaber einer Erlaubnis nach § 21 Absatz 1 Satz 1 haben die Anzeige unverzüglich vorzunehmen. Im Übrigen hat die Anzeige innerhalb von zwei Wochen zu erfolgen. Die zuständige Behörde kann einen Nachweis darüber verlangen, dass die Schusswaffe vernichtet wurde.

(2) Der Besitzer einer Schusswaffe, deren Erwerb oder Besitz einer Erlaubnis bedarf, hat der zuständigen Behörde nach Satz 2 oder Satz 3 anzuzeigen, wenn die Schusswaffe unbrauchbar gemacht wird. Inhaber einer Erlaubnis nach § 21 Absatz 1 Satz 1 haben die Anzeige unverzüglich vorzunehmen. Im Übrigen hat die Anzeige innerhalb von zwei Wochen zu erfolgen. Die zuständige Behörde kann einen Nachweis darüber verlangen, dass die Schusswaffe unbrauchbar gemacht wurde.

(3) Sind einer Person Waffen oder Munition, deren Erwerb oder Besitz der Erlaubnis bedarf, oder Erlaubnisurkunden abhandengekommen, so hat sie dies der zuständigen Behörde unverzüglich nach Feststellung des Abhandenkommens anzuzeigen.

(4) Hat der Besitzer einer Schusswaffe keine Waffenherstellungserlaubnis oder Waffenhandelserlaubnis nach § 21 Absatz 1 Satz 1, so hat die Anzeige nach den Absätzen 1 und 2 schriftlich oder elektronisch zu erfolgen. Hat der Besitzer eine Waffenherstellungserlaubnis oder Waffenhandelserlaubnis nach § 21 Absatz 1 Satz 1, so hat die Anzeige nach den Absätzen 1 bis 3 elektronisch zu erfolgen und es gilt hierfür § 9 des Waffenregistergesetzes.

(5) Ist bei der zuständigen Behörde eine Anzeige zum Abhandenkommen von Schusswaffen, von Munition oder Erlaubnisurkunden eingegangen, so unterrichtet sie die örtliche Polizeidienststelle über das Abhandenkommen.

§ 37c Anzeigepflichten bei Inbesitznahme

(1) Wer Waffen oder Munition, deren Erwerb der Erlaubnis bedarf, in Besitz nimmt

1. beim Tod eines Waffenbesitzers, als Finder oder in ähnlicher Weise,

2. als Insolvenzverwalter, Zwangsverwalter, Gerichtsvollzieher oder in ähnlicher Weise,

hat dies der zuständigen Behörde unverzüglich anzuzeigen.

(2) Die zuständige Behörde kann

1. die Waffen oder Munition sicherstellen oder

2. anordnen, dass die Waffen oder Munition innerhalb angemessener Frist

a) unbrauchbar gemacht werden oder

b) einem Berechtigten überlassen werden,

c) und dies der zuständigen Behörde nachgewiesen wird.

(3) Nach fruchtlosem Ablauf der Frist kann die zuständige Behörde die Waffen oder Munition einziehen. Ein Erlös aus der Verwertung steht dem nach bürgerlichem Recht bisher Berechtigten zu.

§ 37d Anzeige von unbrauchbar gemachten Schusswaffen

(1) Wer eine nach Anlage 1 Abschnitt 1 Unterabschnitt 1 Nummer 1.4 unbrauchbar gemachte Schusswaffe

1. überlässt,

2. erwirbt oder

3. vernichtet,

hat dies der zuständigen Behörde anzuzeigen.

(2) Der Besitzer einer unbrauchbar gemachten Schusswaffe hat der zuständigen Behörde unverzüglich nach Feststellung des Abhandenkommens anzuzeigen, wenn die Waffe abhandengekommen ist.

(3) Hat der Besitzer der unbrauchbar gemachten Schusswaffe keine Waffenherstellungserlaubnis oder Waffenhandelserlaubnis nach § 21 Absatz 1 Satz 1, hat die Anzeige nach Absatz 1 binnen zwei Wochen schriftlich oder elektronisch zu erfolgen. Hat der Besitzer eine Waffenherstellungserlaubnis oder Waffenhandelserlaubnis nach § 21 Absatz 1 Satz 1, so hat die Anzeige nach Absatz 1 unverzüglich elektronisch zu erfolgen und es gilt hierfür § 9 des Waffenregistergesetzes.

(4) Hat der Besitzer eine Waffenherstellungserlaubnis oder Waffenhandelserlaubnis nach § 21 Absatz 1 Satz 1, so hat die Anzeige nach Absatz 2 elektronisch zu erfolgen und es gilt hierfür § 9 des Waffenregistergesetzes.

(5) Ist bei der zuständigen Behörde eine Anzeige zum Abhandenkommen von unbrauchbar gemachten Schusswaffen eingegangen, so unterrichtet sie die örtliche Polizeidienststelle über das Abhandenkommen.

§ 37e Ausnahmen von der Anzeigepflicht

(1) Die Pflicht zur Anzeige einer Überlassung oder eines Erwerbs nach § 37 Absatz 1 Satz 1 Nummer 2 und 3 besteht nicht bei

1. Überlassung einzelner wesentlicher Teile zum Zweck der gewerbsmäßigen Ausführung von Verschönerungen oder ähnlichen Arbeiten an der Waffe, sofern eine Rücküberlassung an den Überlassenden erfolgen soll,

2. Überlassung im Rahmen eines Arbeits- oder Ausbildungsverhältnisses nach § 12 Absatz 1 Nummer 3 Buchstabe a,

3. vorübergehendem Überlassen zum Schießen auf einer Schießstätte nach § 12 Absatz 1 Nummer 5.

Satz 1 gilt im Fall der Überlassung und des Erwerbs einer unbrauchbar gemachten Schusswaffe im Sinne von § 37d Absatz 1 Satz 1 Nummer 1 und 2 durch den Inhaber einer Erlaubnis nach § 21 Absatz 1 Satz 1 entsprechend.

(2) Der Inhaber der Erlaubnis nach § 21 Absatz 1 Satz 1 kann von einer Anzeige des Erwerbs nach § 37 Absatz 1 Satz 1 Nummer 3 oder § 37d Absatz 1 Nummer 2 und bei der anschließenden Rücküberlassung an den Überlassenden von der Anzeige der Überlassung nach § 37 Absatz 1 Satz 1 Nummer 2 oder § 37d Absatz 1 Nummer 1 absehen, wenn der Inhaber der Erlaubnis nach § 21 Absatz 1 Satz 1 von einem Überlassenden erwirbt, der nicht Inhaber einer Erlaubnis nach § 21 Absatz 1 Satz 1 ist, und die Rücküberlassung innerhalb eines Monats nach dem Erwerb erfolgt. Erfolgt die Rücküberlassung im Fall des Satzes 1 nicht innerhalb eines Monats nach dem Erwerb, hat der Inhaber der Erlaubnis nach § 21 Absatz 1 Satz 1 die Anzeige des Erwerbs gemäß § 37 Absatz 1 Satz 1 Nummer 3 oder § 37d Absatz 1 Nummer 2 unverzüglich nachzuholen sowie die Rücküberlassung gemäß § 37 Absatz 1 Satz 1 Nummer 2 oder § 37d Absatz 1 Nummer 1 unverzüglich anzuzeigen. Im Fall des Satzes 1 sind Erwerb und Überlassung durch den Inhaber der Erlaubnis nach § 21 Absatz 1 Satz 1 schriftlich oder elektronisch zu dokumentieren (Ersatzdokumentation).

(2a) Von der Anzeige einer Überlassung oder eines Erwerbs nach § 37 Absatz 1 Satz 1 Nummer 2 und 3 kann abgesehen werden, wenn

1. sowohl der Überlassende als auch der Erwerbende Inhaber der Erlaubnis nach § 21 Absatz 1 Satz 1 ist, und

2. die Rücküberlassung und der Rückerwerb zwischen diesen beiden innerhalb von 14 Tagen nach dem Erwerb erfolgt.

Erfolgt die Rücküberlassung im Fall des Satzes 1 nicht innerhalb von 14 Tagen nach dem Erwerb, hat

1. der Erwerbende

a) die Anzeige des Erwerbs gemäß § 37 Absatz 1 Satz 1 Nummer 3 und

b) die Anzeige der Rücküberlassung gemäß § 37 Absatz 1 Satz 1 Nummer 2

sowie

2. der Überlassende

a) die Anzeige der Überlassung gemäß § 37 Absatz 1 Satz 1 Nummer 2 und

b) die Anzeige des Rückerwerbs gemäß § 37 Absatz 1 Satz 1 Nummer 3

jeweils unverzüglich nachzuholen. Im Fall des Satzes 1 sind Erwerb und Überlassung durch die Inhaber der Erlaubnis nach § 21 Absatz 1 Satz 1 in der Ersatzdokumentation festzuhalten. Über die Nutzung der Ersatzdokumentation muss zwischen überlassendem und erwerbendem Inhaber der Erlaubnis nach § 21 Absatz 1 Satz 1 im Vorwege Einigung erzielt werden.

(3) Die Pflicht zur Anzeige einer Überlassung gemäß § 37a Satz 1 Nummer 1 besteht nicht in den Fällen des § 12 Absatz 1 sowie beim Überlassen an einen Erlaubnisinhaber nach § 21 Absatz 1 Satz 1 zum Zweck

1. der Verwahrung,

2. der Instandsetzung oder Vornahme geringfügiger Änderungen oder

3. des Kommissionsverkaufs.

(4) Die Pflicht zur Anzeige eines Erwerbs gemäß § 37a Satz 1 Nummer 2 besteht nicht

1. in den Fällen des § 12 Absatz 1 Nummer 1 bis 3, 4 Buchstabe a oder Nummer 5, außer es handelt sich um den Wiedererwerb nach einer Instandsetzung, die zum Umbau oder Austausch eines wesentlichen Teils geführt hat, oder

2. für einen Waffensachverständigen, der die Waffe auf Grund eines Bedürfnisses nach § 18 Absatz 1 erwirbt und sie höchstens drei Monate lang besitzt.

(5) Die Absätze 3 und 4 gelten im Fall der Überlassung und des Erwerbs einer unbrauchbar gemachten Schusswaffe im Sinne von § 37d Absatz 1 Satz 1 Nummer 1 und 2 durch Personen, die nicht Inhaber einer Erlaubnis nach § 21 Absatz 1 Satz 1 sind, entsprechend.

§ 37f Inhalt der Anzeigen

(1) Für die Anzeige nach den §§ 37 bis 37d hat der Anzeigende folgende Daten anzugeben:

1. die Art des in den §§ 37 bis 37d bezeichneten Sachverhalts, der der Anzeigepflicht zugrunde liegt;

2. das Datum, an dem der Sachverhalt eingetreten ist, bei Abhandenkommen das Datum der Feststellung des Abhandenkommens;

3. die folgenden Daten des Anzeigenden:

a) Familienname,

b) früherer Name,

c) Geburtsname,

d) Vorname,

e) Doktorgrad,

f) Geburtstag,

g) Geburtsort,

h) Geschlecht,

i) jede Staatsangehörigkeit sowie

j) Straße, Hausnummer, Postleitzahl und Ort, bei einer ausländischen Adresse auch den betreffenden Staat (Anschrift);

4. die folgenden Daten zu einem Kaufmann, einer juristischen Person oder einer Personenvereinigung:

a) Namen oder Firma,

b) frühere Namen,

c) Anschrift und

d) bei Handelsgesellschaften und Vereinen den Gegenstand des Unternehmens oder des Vereins;

5. die folgenden Daten der Waffe, die Gegenstand der Anzeige ist:

a) Hersteller,

b) Modellbezeichnung,

c) Kaliber- oder Munitionsbezeichnung,

d) Seriennummer,

e) Jahr der Fertigstellung,

f) Verbringen in den Geltungsbereich dieses Gesetzes,

g) Kategorie nach Anlage 1 Abschnitt 3,

h) Art der Waffe;

6. die folgenden Daten des Magazins, das Gegenstand der Anzeige ist:

a) Kapazität des Magazins,

b) kleinste verwendbare Munition und

c) dauerhafte Beschriftung des Magazins, sofern vorhanden;

7. Art und Gültigkeit der Erlaubnis, die zur Art des anzuzeigenden Sachverhalts berechtigt oder verpflichtet;

8. die Nummer der Erlaubnisurkunde und

9. die zuständige Behörde, die die Erlaubnisurkunde ausgestellt hat.

(2) Bei Überlassung und Erwerb sind zusätzlich anzuzeigen

1. folgende Daten des Erwerbers:

a) Familienname,

b) Vorname,

c) Geburtsdatum,

d) Geburtsort,

e) Anschrift;

2. bei Nachweis der Erwerbs- und Besitzberechtigung durch eine Waffenbesitzkarte:

a) die Nummer der Waffenbesitzkarte und

b) die ausstellende Behörde;

3. folgende Daten des Überlassenden:

a) Familienname,

b) früherer Name,

c) Geburtsname,

d) Vorname,

e) Doktorgrad,

f) Geburtsdatum,

g) Geburtsort,

h) Geschlecht,

i) jede Staatsangehörigkeit sowie

j) Anschrift.

(3) Ist der Erwerber oder der Überlassende vom Anwendungsbereich dieses Gesetzes nicht erfasst, so sind ausschließlich sein Name und seine Anschrift anzuzeigen.

(4) Anzuzeigen sind Änderungen der Daten der Waffe, die sich auf Grund einer der in § 37 Absatz 1 bezeichneten Umgangshandlungen ergeben.

§ 37g Eintragungen in die Waffenbesitzkarte

(1) Der Inhaber einer Erlaubnis zum Erwerb und Besitz von Waffen nach § 10 Absatz 1 Satz 1 oder einer gleichgestellten anderen Erlaubnis zum Erwerb und Besitz hat gleichzeitig mit der Anzeige nach § 37a oder § 37b Absatz 1 die Waffenbesitzkarte und, sofern die betreffende Waffe in den Europäischen Feuerwaffenpass des Erlaubnisinhabers eingetragen ist, auch diesen zur Eintragung oder Berichtigung bei der zuständigen Behörde vorzulegen.

(2) Bei Austausch eines wesentlichen Teils entfällt die Vorlagepflicht nach Absatz 1.

(3) Die zuständige Behörde trägt Anlass und Inhalt der Anzeige in die Waffenbesitzkarte oder den Europäischen Feuerwaffenpass ein.

§ 37h Ausstellung einer Anzeigebescheinigung

(1) Über die Anzeige

1. der Unbrauchbarmachung nach § 37b Absatz 2 Satz 1,

2. des Umgangs mit einer unbrauchbar gemachten Schusswaffe nach § 37d Absatz 1 Nummer 1 und 2 sowie

3. des Besitzes eines Magazins oder Magazingehäuses nach § 58 Absatz 17 Satz 1

hat die zuständige Behörde dem Anzeigenden eine Anzeigebescheinigung auszustellen. Satz 1 gilt nicht, wenn der Anzeigende Inhaber einer Erlaubnis nach § 21 Absatz 1 Satz 1 ist.

(2) Die Anzeigebescheinigung enthält

1. vom Anzeigenden die Daten nach § 37f Absatz 1 Nummer 3,

2. den Anlass der Anzeige nach § 37b Absatz 2 Satz 1, § 37d Absatz 1 Nummer 1 oder 2 oder § 58 Absatz 17 Satz 1,

3. den Zeitpunkt, an dem der zuständigen Behörde die Anzeige zugegangen ist, sowie

4. die Angaben nach § 37f Absatz 1 Nummer 5 und 6.

§ 37i Mitteilungspflicht bei Umzug ins Ausland und bei Umzug im Ausland

Zieht der Inhaber einer waffenrechtlichen Erlaubnis oder Bescheinigung ins Ausland, so ist er verpflichtet, seine Anschrift im Ausland der Waffenbehörde mitzuteilen, die zuletzt für ihn zuständig gewesen ist. Zieht der im Ausland lebende Inhaber einer waffenrechtlichen Erlaubnis oder Bescheinigung im

Ausland um, so ist er verpflichtet, dem Bundesverwaltungsamt seine neue Anschrift im Ausland mitzuteilen.

§ 38 Ausweispflichten

(1) Wer eine Waffe führt, muss folgende Dokumente mit sich führen:

1. seinen Personalausweis oder Pass und

a) wenn es einer Erlaubnis zum Erwerb bedarf, die Waffenbesitzkarte oder, wenn es einer Erlaubnis zum Führen bedarf, den Waffenschein,

b) im Fall des Verbringens einer Waffe oder von Munition gemäß § 29 den Erlaubnisschein,

c) im Fall des Verbringens einer Waffe oder von Munition aus dem Geltungsbereich des Gesetzes gemäß § 30 den Erlaubnisschein oder eine Ablichtung hiervon sowie zusätzlich zum Erlaubnisschein oder der Ablichtung hiervon die Bestätigung der Anzeige durch das Bundesverwaltungsamt, bei elektronischer Anzeigebestätigung einen Ausdruck der Bestätigung des Bundesverwaltungsamts,

d) im Fall der Mitnahme einer Waffe oder von Munition aus einem Drittstaat gemäß § 32 Absatz 1 den Erlaubnisschein, im Fall der Mitnahme auf Grund einer Erlaubnis nach § 32 Absatz 4 auch den Beleg für den Grund der Mitnahme,

e) im Fall der Mitnahme einer Schusswaffe oder von Munition nach Anlage 1 Abschnitt 3 (Kategorien A 1.2 bis C)

aa) aus einem anderen Mitgliedstaat gemäß § 32 Absatz 1 und 2 den Erlaubnisschein und den Europäischen Feuerwaffenpass,

bb) aus dem Geltungsbereich dieses Gesetzes gemäß § 32 Absatz 1a den Erlaubnisschein,

cc) aus einem anderen Mitgliedstaat oder aus dem Geltungsbereich dieses Gesetzes gemäß § 32 Absatz 3 den Europäischen Feuerwaffenpass und einen Beleg für den Grund der Mitnahme,

f) im Fall der vorübergehenden Berechtigung zum Erwerb oder zum Führen auf Grund des § 12 Absatz 1 Nummer 1 und 2 oder § 28 Absatz 4 einen Beleg, aus dem der Name des Überlassers und des Besitzberechtigten sowie das Datum der Überlassung hervorgeht, oder

g) im Fall des Schießens mit einer Schießerlaubnis nach § 10 Absatz 5 diese und

2. in den Fällen des § 13 Absatz 6 den Jagdschein.

In den Fällen des § 13 Absatz 3 sowie im Fall des Führens einer Waffe, die auf Grund einer unbefristeten Erlaubnis gemäß § 14 Absatz 6 erworben wurde, genügt an Stelle der Waffenbesitzkarte ein schriftlicher Nachweis darüber, dass die Antragsfrist noch nicht verstrichen oder ein Antrag gestellt worden ist. Satz 1 gilt nicht in Fällen des § 12 Absatz 3 Nummer 1.

(2) Die nach Absatz 1 Satz 1 und 2 mitzuführenden Dokumente sind Polizeibeamten oder sonst zur Personenkontrolle Befugten auf Verlangen zur Prüfung auszuhändigen.

§ 39 Auskunfts- und Vorzeigepflicht, Nachschau

(1) Wer Waffenherstellung, Waffenhandel oder eine Schießstätte betreibt, eine Schießstätte benutzt oder in ihr die Aufsicht führt, ein Bewachungsunternehmen betreibt, Veranstaltungen zur Ausbildung im Verteidigungsschießen durchführt oder sonst den Besitz über Waffen oder Munition ausübt, hat der zuständigen Behörde auf Verlangen oder, sofern dieses Gesetz einen Zeitpunkt vorschreibt, zu diesem Zeitpunkt die für die Durchführung dieses Gesetzes erforderlichen Auskünfte zu erteilen; eine entsprechende Pflicht gilt ferner für Personen, gegenüber denen ein Verbot nach § 41 Abs. 1 oder 2 ausgesprochen wurde. Sie können die Auskunft auf solche Fragen verweigern, deren Beantwortung sie selbst oder einen der in § 383 Abs. 1 Nr. 1 bis 3 der Zivilprozessordnung bezeichneten Angehörigen der Gefahr strafrechtlicher Verfolgung oder eines Verfahrens nach dem Gesetz über Ordnungswidrigkeiten aussetzen würde. Darüber hinaus hat der Inhaber der Erlaubnis die Einhaltung von Auflagen nachzuweisen.

(2) Betreibt der Auskunftspflichtige Waffenherstellung, Waffenhandel, eine Schießstätte oder ein Bewachungsunternehmen, so sind die von der zuständigen Behörde mit der Überwachung des Betriebs beauftragten Personen berechtigt, Betriebsgrundstücke und Geschäftsräume während der Betriebs- und Arbeitszeit zu betreten, um dort Prüfungen und Besichtigungen vorzunehmen, Proben zu entnehmen und Einsicht in die geschäftlichen Unterlagen zu nehmen; zur Abwehr dringender Gefahren für die öffentliche Sicherheit oder Ordnung dürfen diese Arbeitsstätten auch außerhalb dieser Zeit sowie die Wohnräume des Auskunftspflichtigen gegen dessen Willen besichtigt werden. Das Grundrecht der Unverletzlichkeit der Wohnung (Artikel 13 des Grundgesetzes) wird insoweit eingeschränkt.

(3) Aus begründetem Anlass kann die zuständige Behörde anordnen, dass der Besitzer von

1. Waffen oder Munition, deren Erwerb der Erlaubnis bedarf, oder

2. in Anlage 2 Abschnitt 1 bezeichneten verbotenen Waffen

ihr diese sowie Erlaubnisscheine oder Ausnahmebescheinigungen binnen angemessener, von ihr zu bestimmender Frist zur Prüfung vorlegt.

§ 39a Verordnungsermächtigung für die Ersatzdokumentation

Das Bundesministerium des Innern, für Bau und Heimat wird ermächtigt, durch Rechtsverordnung mit Zustimmung des Bundesrates zur Durchführung des § 37e Absatz 2 Satz 3 und Absatz 2a Satz 3 Vorschriften über Inhalt, Führung, Aufbewahrung und Vorlage der Ersatzdokumentation zu erlassen.

§ 39b Erwerb, Besitz und Aufbewahrung von Salutwaffen

(1) Ein Bedürfnis für den Erwerb und Besitz von Salutwaffen nach Anlage 1 Abschnitt 1 Unterabschnitt 1 Nummer 1.5 ist insbesondere anzuerkennen, wenn der Antragsteller die Salutwaffen für

1. Theateraufführungen,

2. Foto-, Film- oder Fernsehaufnahmen oder

3. für die Teilnahme an kulturellen Veranstaltungen oder Veranstaltungen der Brauchtumspflege

benötigt.

(2) Ein **Nachweis der Sachkunde** nach § 7 ist für die Erteilung der Erlaubnis **nicht erforderlich**.

(3) **§ 36** Absatz 3, 4 und 6 ist auf Salutwaffen nicht anzuwenden. Sind Regelungen einer auf Grund von § 36 Absatz 5 erlassenen Rechtsverordnung anwendbar, sind **Salutwaffen wie von der Erlaubnispflicht freigestellte Waffen** zu behandeln.

§ 39c Unbrauchbarmachung von Schusswaffen und Umgang mit unbrauchbar gemachten Schusswaffen; Verordnungsermächtigung

(1) Das Bundesministerium des Innern, für Bau und Heimat wird ermächtigt, durch Rechtsverordnung, die nicht der Zustimmung des Bundesrates bedarf, nähere Regelungen zur Unbrauchbarmachung von Schusswaffen zu treffen; insbesondere kann es

1. auf die Unbrauchbarmachung bezogene Dokumentationen und Mitteilungen verlangen und

2. Regelungen in Bezug auf vor Inkrafttreten dieser Bestimmung unbrauchbar gemachte Schusswaffen treffen.

(2) Das Bundesministerium des Innern, für Bau und Heimat wird ermächtigt, durch Rechtsverordnung, die nicht der Zustimmung des Bundesrates bedarf,

die Anwendbarkeit von Vorschriften des Waffengesetzes auf unbrauchbar gemachte Schusswaffen zu regeln sowie den Umgang mit unbrauchbar gemachten Schusswaffen (Anlage 1 Abschnitt 1 Unterabschnitt 1 Nummer 1.4) zu verbieten oder zu beschränken oder mit bestimmten Verpflichtungen zu verbinden; insbesondere kann es

1. bestimmte Arten des Umgangs mit unbrauchbar gemachten Schusswaffen verbieten oder unter Genehmigungsvorbehalt stellen und

2. Anzeigen oder Begleitdokumente vorschreiben.

Durch die Verordnung können diejenigen Teile der Anlage 2 zu diesem Gesetz, die unbrauchbar gemachte Schusswaffen betreffen, aufgehoben werden.

§ 40 Verbotene Waffen

(1) Das Verbot des Umgangs umfasst auch das Verbot, zur Herstellung der in Anlage 2 Abschnitt 1 Nr. 1.3.4 bezeichneten Gegenstände anzuleiten oder aufzufordern.

(2) Das Verbot des Umgangs mit Waffen oder Munition ist nicht anzuwenden, soweit jemand auf Grund eines gerichtlichen oder behördlichen Auftrags tätig wird.

(3) **Inhaber einer jagdrechtlichen Erlaubnis** und **Angehörige von Leder oder Pelz verarbeitenden Berufen** dürfen abweichend von § 2 Abs. 3 **Umgang mit Faustmessern** nach Anlage 2 Abschnitt 1 Nr. 1.4.2 haben, sofern sie diese Messer zur Ausübung ihrer Tätigkeit benötigen. Inhaber sprengstoffrechtlicher Erlaubnisse (§§ 7 und 27 des Sprengstoffgesetzes) und Befähigungsscheine (§ 20 des Sprengstoffgesetzes) sowie Teilnehmer staatlicher oder staatlich anerkannter Lehrgänge dürfen abweichend von § 2 Absatz 3 Umgang mit explosionsgefährlichen Stoffen oder Gegenständen nach Anlage 2 Abschnitt 1 Nummer 1.3.4 haben, soweit die durch die Erlaubnis oder den Befähigungsschein gestattete Tätigkeit oder die Ausbildung hierfür dies erfordern. Dies gilt insbesondere für Sprengarbeiten sowie Tätigkeiten im Katastrophenschutz oder im Rahmen von Theatern, vergleichbaren Einrichtungen, Film- und Fernsehproduktionsstätten sowie die Ausbildung für derartige Tätigkeiten. **Inhaber eines gültigen Jagdscheins** im Sinne von § 15 Absatz 2 Satz 1 des Bundesjagdgesetzes dürfen abweichend von § 2 Absatz 3 für jagdliche Zwecke **Umgang mit Nachtsichtvorsätzen und Nachtsichtaufsätzen** nach Anlage 2 Abschnitt 1 Nummer 1.2.4.2 haben. Jagdrechtliche Verbote oder Beschränkungen der Nutzung von Nachtsichtvorsatzgeräten und Nachtsichtaufsätzen bleiben unberührt. Satz 4 **gilt entsprechend für Inhaber einer gültigen Erlaubnis nach § 21** Absatz 1 und 2.

(4) Das Bundeskriminalamt kann auf Antrag von den Verboten der Anlage 2 Abschnitt 1 allgemein oder für den Einzelfall Ausnahmen zulassen, wenn die Interessen des Antragstellers auf Grund besonderer Umstände das öffentliche Interesse an der Durchsetzung des Verbots überwiegen. Dies kann insbesondere angenommen werden, wenn die in der Anlage 2 Abschnitt 1 bezeichneten Waffen oder Munition zum Verbringen aus dem Geltungsbereich dieses Gesetzes, für wissenschaftliche oder Forschungszwecke oder zur Erweiterung einer kulturhistorisch bedeutsamen Sammlung bestimmt sind und eine erhebliche Gefahr für die öffentliche Sicherheit nicht zu befürchten ist.

(5) Wer eine in Anlage 2 Abschnitt 1 bezeichnete Waffe als Erbe, Finder oder in ähnlicher Weise in Besitz nimmt, hat dies der zuständigen Behörde unverzüglich anzuzeigen. Die zuständige Behörde kann die Waffen oder Munition sicherstellen oder anordnen, dass innerhalb einer angemessenen Frist die Waffen oder Munition unbrauchbar gemacht, von Verbotsmerkmalen befreit oder einem nach diesem Gesetz Berechtigten überlassen werden, oder dass der Erwerber einen Antrag nach Absatz 4 stellt. Das Verbot des Umgangs mit Waffen oder Munition wird nicht wirksam, solange die Frist läuft oder eine ablehnende Entscheidung nach Absatz 4 dem Antragsteller noch nicht bekannt gegeben worden ist.

§ 41 Waffenverbote für den Einzelfall

(1) Die zuständige Behörde kann jemandem den Besitz von Waffen oder Munition, deren Erwerb nicht der Erlaubnis bedarf, und den Erwerb solcher Waffen oder Munition untersagen,

1. soweit es zur Verhütung von Gefahren für die Sicherheit oder zur Kontrolle des Umgangs mit diesen Gegenständen geboten ist oder

2. wenn Tatsachen vorliegen, die die Annahme rechtfertigen, dass der rechtmäßige Besitzer oder Erwerbswillige abhängig von Alkohol oder anderen berauschenden Mitteln, psychisch krank oder debil ist oder sonst die erforderliche persönliche Eignung nicht besitzt oder ihm die für den Erwerb oder Besitz solcher Waffen oder Munition erforderliche Zuverlässigkeit fehlt.

Tatsachen für das Fehlen der erforderlichen Zuverlässigkeit nach Satz 1 Nummer 2 liegen außer in den Fällen des § 5 Absatz 1 Nummer 1 Buchstabe a oder c, Nummer 2 oder Absatz 2 Nummer 2 bis 4 insbesondere vor, wenn die betroffene Person

1. wegen einer vorsätzlichen Straftat gegen die körperliche Unversehrtheit oder einer vorsätzlichen Straftat, die mit Gewalt oder durch Drohung mit gegenwärtiger Gefahr für Leib oder Leben begangen wurde, zu einer Freiheitsstrafe, Jugendstrafe oder Geldstrafe von mindestens 90 Tagessätzen rechtskräftig verurteilt worden ist oder bei der die Verhängung von Jugendstrafe ausgesetzt

worden ist, wenn seit dem Eintritt der Rechtskraft der letzten Verurteilung fünf Jahre noch nicht verstrichen sind, oder

2. wegen einer vorsätzlichen Straftat nach dem Waffengesetz, dem Gesetz über die Kontrolle von Kriegswaffen, dem Sprengstoffgesetz oder dem Bundesjagdgesetz zu einer Freiheitsstrafe, Jugendstrafe oder Geldstrafe von mindestens 90 Tagessätzen rechtskräftig verurteilt worden ist oder bei der die Verhängung von Jugendstrafe ausgesetzt worden ist, wenn seit dem Eintritt der Rechtskraft der letzten Verurteilung fünf Jahre noch nicht verstrichen sind.

Im Fall des Satzes 1 Nummer 2 ist die betroffene Person darauf hinzuweisen, dass sie die Annahme mangelnder persönlicher Eignung im Wege der Beibringung eines amts- oder fachärztlichen oder fachpsychologischen Zeugnisses über die geistige oder körperliche Eignung ausräumen kann; § 6 Absatz 2 findet entsprechende Anwendung.

(2) Die zuständige Behörde kann jemandem den Besitz von Waffen oder Munition, deren Erwerb der Erlaubnis bedarf, untersagen, soweit es zur Verhütung von Gefahren für die Sicherheit oder Kontrolle des Umgangs mit diesen Gegenständen geboten ist.

(3) Die zuständige Behörde unterrichtet die örtliche Polizeidienststelle über den Erlass eines Waffenbesitzverbotes.

§ 42 Verbot des Führens von Waffen und Messern bei öffentlichen Veranstaltungen; Verordnungsermächtigungen für Verbotszonen

(1) Wer an öffentlichen Vergnügungen, Volksfesten, Sportveranstaltungen, Messen, Ausstellungen, Märkten oder ähnlichen öffentlichen Veranstaltungen teilnimmt, darf keine Waffen im Sinne des § 1 Abs. 2 führen. Dies gilt auch, wenn für die Teilnahme ein Eintrittsgeld zu entrichten ist, sowie für Theater-, Kino- und Diskothekenbesuche und für Tanzveranstaltungen.

(2) Die zuständige Behörde kann allgemein oder für den Einzelfall Ausnahmen von Absatz 1 zulassen, wenn

1. der Antragsteller die erforderliche Zuverlässigkeit (§ 5) und persönliche Eignung (§ 6) besitzt,

2. der Antragsteller nachgewiesen hat, dass er auf Waffen bei der öffentlichen Veranstaltung nicht verzichten kann, und

3. eine Gefahr für die öffentliche Sicherheit oder Ordnung nicht zu besorgen ist.

(3) Unbeschadet des § 38 muss der nach Absatz 2 Berechtigte auch den Ausnahmebescheid mit sich führen und auf Verlangen zur Prüfung aushändigen.

(4) Die Absätze 1 bis 3 sind nicht anzuwenden

1. auf die Mitwirkenden an Theateraufführungen und diesen gleich zu achtenden Vorführungen, wenn zu diesem Zweck ungeladene oder mit Kartuschenmunition geladene Schusswaffen oder Waffen im Sinne des § 1 Abs. 2 Nr. 2 geführt werden,

2. auf das Schießen in Schießstätten (§ 27),

3. soweit eine Schießerlaubnis nach § 10 Abs. 5 vorliegt,

4. auf das gewerbliche Ausstellen der in Absatz 1 genannten Waffen auf Messen und Ausstellungen.

(4a) Absatz 1 gilt entsprechend für das Führen von Messern. Ausgenommen vom Verbot des Führens von Messern sind:

1. Anlieferverkehr,

2. Gewerbetreibende und ihre Beschäftigten und von den Gewerbetreibenden Beauftragte, die Messer im Zusammenhang mit ihrer Berufsausübung führen,

3. Personen, die ein Messer nicht zugriffsbereit von einem Ort zum anderen befördern,

4. Personen, die ein Messer in oder auf bestimmten Gebäuden oder Flächen mit öffentlichem Verkehr sowie in Verkehrsmitteln und Einrichtungen des öffentlichen Personenverkehrs, in oder auf denen Menschenansammlungen auftreten können und die einem Hausrecht unterliegen mit Zustimmung des Hausrechtsbereichsinhabers führen, wenn das Führen dem Zweck des Aufenthaltes in dem Hausrechtsbereich dient oder im Zusammenhang damit steht,

5. das gewerbliche Ausstellen von Messern auf Messen, Märkten und Ausstellungen,

6. Rettungskräfte und Einsatzkräfte im Zivil- und Katastrophenschutz im Zusammenhang mit der Tätigkeit,

7. Mitwirkende an Foto-, Film- oder Fernsehaufnahmen, Theateraufführungen oder historischen Darstellungen, wenn zu diesem Zweck Messer geführt werden,

8. Personen, die Messer im Zusammenhang mit der Brauchtumspflege, der Jagd oder der Ausübung des Sports führen,

9. Inhaber gastronomischer Betriebe, ihre Beschäftigten und Beauftragten sowie deren Kundinnen und Kunden,

10. Personen, die Messer im Zusammenhang mit einem allgemein anerkannten Zweck führen.

(5) Die Landesregierungen können durch Rechtsverordnung das Führen von Waffen im Sinne des § 1 Absatz 2 und von Messern verbieten oder beschränken

1. auf bestimmten öffentlichen Straßen, Wegen oder Plätzen, soweit an dem jeweiligen Ort wiederholt begangen worden sind

a) Straftaten unter Einsatz von Waffen oder

b) Raubdelikte, Körperverletzungsdelikte, Bedrohungen, Nötigungen, Sexualdelikte, Freiheitsberaubungen oder Straftaten gegen das Leben,

2. auf bestimmten öffentlichen Straßen, Wegen oder Plätzen, auf denen Menschenansammlungen auftreten können,

3. in oder auf bestimmten Gebäuden oder Flächen mit öffentlichem Verkehr sowie in Verkehrsmitteln und Einrichtungen des öffentlichen Personenverkehrs, soweit diese nicht von § 42b Absatz 1 oder einer Rechtsverordnung nach § 42b Absatz 2 erfasst sind, in oder auf denen Menschenansammlungen auftreten können, und die einem Hausrecht unterliegen,

4. in bestimmten Jugend- und Bildungseinrichtungen sowie

5. auf bestimmten öffentlichen Straßen, Wegen oder Plätzen, die an die in den Nummern 3 und 4 genannten Orte oder Einrichtungen angrenzen,

wenn Tatsachen die Annahme rechtfertigen, dass im Fall der Nummer 1 auch künftig mit der Begehung solcher Straftaten zu rechnen ist oder im Fall der Nummern 2 bis 5 das Verbot oder die Beschränkung zur Abwehr von Gefahren für die öffentliche Sicherheit erforderlich ist. In der Rechtsverordnung nach Satz 1 ist eine Ausnahme vom Verbot oder von der Beschränkung für Fälle vorzusehen, in denen für das Führen der Waffe oder des Messers ein berechtigtes Interesse vorliegt. Ein berechtigtes Interesse liegt in der Regel vor

1. für das Führen von Waffen

a) für Inhaber waffenrechtlicher Erlaubnisse, mit Ausnahme einer Erlaubnis nach § 10 Absatz 4 Satz 4,

b) für Personen, die eine Waffe nicht zugriffsbereit von einem Ort zum anderen befördern,

c) in den Fällen des Satzes 1 Nummer 3 für Personen, die eine Waffe mit Zustimmung eines anderen in dessen Hausrechtsbereich nach Satz 1 Nummer 3 führen, wenn das Führen dem Zweck des Aufenthaltes in dem Hausrechtsbereich dient oder im Zusammenhang damit steht,

d) für Rettungskräfte und Einsatzkräfte im Zivil- und Katastrophenschutz im Zusammenhang mit der Tätigkeit;

2. für das Führen von Messern in den Fällen des Absatzes 4a Satz 2.

Die Landesregierungen können die Ermächtigung nach Satz 1 in Verbindung mit Satz 2 durch Rechtsverordnung auf die zuständige oberste Landesbehörde übertragen; diese kann die Ermächtigung durch Rechtsverordnung weiter übertragen.

§ 42a Verbot des Führens von Anscheinswaffen und bestimmten tragbaren Gegenständen

(1) Es ist verboten

1. **Anscheinswaffen**,

2. Hieb- und Stoßwaffen nach Anlage 1 Abschnitt 1 Unterabschnitt 2 Nr. 1.1 oder

3. Messer mit einhändig feststellbarer Klinge (**Einhandmesser**) oder **feststehende Messer mit einer Klingenlänge über 12 cm**

zu führen.

(2) Absatz 1 gilt nicht

1. für die Verwendung bei Foto-, Film- oder Fernsehaufnahmen oder Theateraufführungen,

2. für den Transport in einem **verschlossenen** Behältnis,

3. für das Führen der Gegenstände nach Absatz 1 Nr. 2 und 3, sofern ein **berechtigtes Interesse** vorliegt.

Weitergehende Regelungen bleiben unberührt.

(3) Ein **berechtigtes Interesse** nach Absatz 2 Satz 1 Nr. 3 liegt insbesondere vor, wenn das Führen der Gegenstände im Zusammenhang mit der **Berufsausübung** erfolgt, der Brauchtumspflege, dem Sport oder einem allgemein anerkannten Zweck dient.

§ 42b Verbot des Führens von Waffen und Messern im öffentlichen Personenfernverkehr; Verordnungsermächtigung für Verbotszonen

(1) Es ist verboten,

1. Waffen im Sinne des § 1 Absatz 2 oder

2. Messer

in Verkehrsmitteln des öffentlichen Personenfernverkehrs und in seitlich umschlossenen Einrichtungen des öffentlichen Personenfernverkehrs, insbesondere Gebäuden und Haltepunkten, zu führen, soweit nicht eine Rechtsverordnung nach Absatz 2 besteht. Satz 1 gilt nicht

1. für das Führen von Waffen in den Fällen des § 42 Absatz 5 Satz 3 Nummer 1 Buchstabe a, b und d,

2. für das Führen von Messern in den Fällen des § 42 Absatz 4a Satz 2,

3. für Personen, die eine Waffe oder ein Messer mit Zustimmung des Verkehrsunternehmens führen, wenn das Führen dem Zweck des Aufenthalts in dem Hausrechtsbereich dient oder im Zusammenhang damit steht.

(2) Für das Gebiet der Bahnanlagen der Eisenbahnen des Bundes wird das Bundesministerium des Innern und für Heimat ermächtigt, durch Rechtsverordnung ohne Zustimmung des Bundesrates das Führen von Waffen im Sinne des § 1 Absatz 2 und von Messern zu verbieten oder zu beschränken, wenn das Verbot oder die Beschränkung zur Abwehr von Gefahren für die öffentliche Sicherheit erforderlich ist. In der Rechtsverordnung nach Satz 1 sind Ausnahmen vom Verbot oder von der Beschränkung entsprechend Absatz 1 Satz 2 vorzusehen. Die Ermächtigung nach Satz 1 kann durch Rechtsverordnung auf das Bundespolizeipräsidium übertragen werden. Die Befugnis der Bundespolizeibehörden, das Mitführen von Waffen und gefährlichen Gegenständen durch Allgemeinverfügung zu regeln, bleibt unberührt.

§ 42c Kontrollbefugnis zum Verbot des Führens von Waffen und Messern bei öffentlichen Veranstaltungen, im öffentlichen Personenfernverkehr und in Verbotszonen

Die zuständige Behörde kann zur Durchsetzung gesetzlicher Waffen- und Messerverbote nach § 42 Absatz 1 Satz 1, Absatz 4a Satz 1 und § 42b Absatz 1 sowie von Waffen- und Messerverbotszonen nach § 42 Absatz 5 im räumlichen Geltungsbereich dieser gesetzlichen Waffen- und Messerverbote sowie im räumlichen Geltungsbereich der Waffen- und Messerverbotszonen Personen kurzzeitig anhalten, befragen, mitgeführte Sachen in Augenschein nehmen sowie die Person durchsuchen. Die Auswahl der nach Satz 1 kontrollierten Person anhand eines Merkmals im Sinne des Artikels 3 Absatz 3 des Grundgesetzes ohne sachlichen, durch den Zweck der Maßnahme gerechtfertigten Grund ist unzulässig.

§ 43 Erhebung und Übermittlung personenbezogener Daten

(1) Die für die Ausführung dieses Gesetzes zuständigen Behörden dürfen personenbezogene Daten auch ohne Mitwirkung der betroffenen Person in den Fällen des § 5 Abs. 5 und des § 6 Abs. 1 Satz 3 und 4 erheben. Sonstige Rechtsvorschriften des Bundes- oder Landesrechts, die eine Erhebung ohne Mitwirkung der betroffenen Person vorsehen oder zwingend voraussetzen, bleiben unberührt.

(2) Öffentliche Stellen im Geltungsbereich dieses Gesetzes sind auf Ersuchen der zuständigen Behörde verpflichtet, dieser im Rahmen datenschutzrechtlicher Übermittlungsbefugnisse personenbezogene Daten zu übermitteln, soweit die Daten nicht wegen überwiegender öffentlicher Interessen geheim gehalten werden müssen. § 30 der Abgabenordnung steht der Übermittlung nicht entgegen.

§ 43a (aufgehoben)

§ 44 Übermittlung an und von Meldebehörden

(1) Die zuständige Behörde teilt der Meldebehörde mit:

1. die erstmalige Erteilung einer waffenrechtlichen Erlaubnis,

2. den Verlust aller waffenrechtlichen Erlaubnisse einer Person,

3. den Erlass und den Wegfall eines Waffenbesitzverbotes.

(2) Die zuständige Behörde teilt der Jagdbehörde die Ergebnisse sowie tragenden Gründe der Prüfung nach den §§ 5 und 6 mit.

(3) Die Meldebehörden teilen den Waffenerlaubnisbehörden Namensänderungen, Zuzug, Änderungen der derzeitigen Anschrift im Zuständigkeitsbereich der Meldebehörde, Wegzug und Tod des Einwohners mit, für den das Vorliegen einer waffenrechtlichen Erlaubnis oder eines Waffenbesitzverbotes gespeichert ist. Die Waffenerlaubnisbehörden übermitteln diese Daten an die zuständigen Verfassungsschutzbehörden.

§ 44a Behördliche Aufbewahrungspflichten

Die für die Ausführung dieses Gesetzes zuständigen Behörden haben alle Unterlagen, die für die Feststellung der gegenwärtigen und früheren Besitzverhältnisse sowie die Rückverfolgung von Verkaufswegen erforderlich sind, einschließlich der Aufzeichnungen zu Verbringungen 30 Jahre aufzubewahren. Ferner haben die in Satz 1 genannten Behörden zehn Jahre alle Unterlagen aufzubewahren, aus denen sich die Versagung einer waffenrechtlichen Erlaubnis

1. wegen fehlender Zuverlässigkeit nach § 4 Absatz 1 Nummer 2 in Verbindung mit § 5 Absatz 1 Nummer 2 oder Absatz 2 Nummer 2, 3 oder Nummer 4 oder

2. wegen fehlender persönlicher Eignung nach § 4 Absatz 1 Nummer 2 in Verbindung mit § 6 Absatz 1 Satz 1 und 2,

einschließlich der Gründe hierfür, ergibt.

§ 45 Rücknahme und Widerruf

(1) Eine Erlaubnis nach diesem Gesetz ist zurückzunehmen, wenn nachträglich bekannt wird, dass die Erlaubnis hätte versagt werden müssen.

(2) Eine **Erlaubnis** nach diesem Gesetz **ist zu widerrufen**, wenn nachträglich Tatsachen eintreten, die zur Versagung hätten führen müssen. Eine Erlaubnis nach diesem Gesetz kann auch widerrufen werden, wenn inhaltliche Beschränkungen nicht beachtet werden.

(3) Bei einer **Erlaubnis kann** abweichend von Absatz 2 Satz 1 im Fall eines vorübergehenden Wegfalls des Bedürfnisses, aus besonderen Gründen auch in Fällen des endgültigen Wegfalls des Bedürfnisses, **von einem Widerruf abgesehen werden**. Satz 1 gilt nicht, sofern es sich um eine **Erlaubnis zum Führen** einer Waffe handelt.

(4) Verweigert eine betroffene Person im Fall der Überprüfung des weiteren Vorliegens von in diesem Gesetz oder in einer auf Grund dieses Gesetzes erlassenen Rechtsverordnung vorgeschriebenen Tatbestandsvoraussetzungen, bei deren Wegfall ein Grund zur Rücknahme oder zum Widerruf einer Erlaubnis oder Ausnahmebewilligung gegeben wäre, seine Mitwirkung, so kann die Behörde deren Wegfall vermuten. Die betroffene Person ist hierauf hinzuweisen.

(5) Widerspruch und Anfechtungsklage gegen Maßnahmen nach Absatz 1 und Absatz 2 Satz 1 haben keine aufschiebende Wirkung, sofern die Erlaubnis wegen des Nichtvorliegens oder Entfallens der Voraussetzungen nach § 4 Abs. 1 Nr. 2 zurückgenommen oder widerrufen wird.

§ 46 Weitere Maßnahmen

(1) Werden Erlaubnisse nach diesem Gesetz zurückgenommen oder widerrufen, so hat der Inhaber alle Ausfertigungen der Erlaubnisurkunde der zuständigen Behörde unverzüglich zurückzugeben. Das Gleiche gilt, wenn die Erlaubnis erloschen ist.

(2) Hat jemand auf Grund einer Erlaubnis, die zurückgenommen, widerrufen oder erloschen ist, Waffen oder Munition erworben oder befugt besessen und besitzt er sie noch, so ordnet die zuständige Behörde an, dass er binnen angemessener Frist die Waffen oder Munition dauerhaft unbrauchbar macht oder einem Berechtigten überlässt und den Nachweis darüber gegenüber der Behörde führt. Nach fruchtlosem Ablauf der Frist stellt die zuständige Behörde die Waffen oder Munition sicher.

(3) Besitzt jemand ohne die erforderliche Erlaubnis eine Waffe oder Munition, so ordnet die zuständige Behörde an, dass er binnen angemessener Frist

1. die Waffe oder Munition dauerhaft unbrauchbar macht oder einem Berechtigten überlässt oder

2. im Fall einer verbotenen Waffe oder Munition die Verbotsmerkmale beseitigt und

3. den Nachweis darüber gegenüber der Behörde führt.

Nach fruchtlosem Ablauf der Frist stellt die zuständige Behörde die Waffe oder Munition sicher.

(4) Die zuständige Behörde stellt Erlaubnisurkunden sowie die in den Absätzen 2 und 3 bezeichneten Waffen oder Munition sofort sicher

1. in Fällen eines vollziehbaren Verbots nach § 41 Absatz 1 oder 2,

2. soweit Tatsachen die Annahme rechtfertigen, dass die Waffen oder Munition missbräuchlich verwendet sollen oder

3. soweit Tatsachen vorliegen, die die Annahme rechtfertigen, dass die Waffen oder Munition von einem Nichtberechtigten erworben werden sollen.

Die zuständige Behörde kann darüber hinaus für die Dauer der Prüfung von Rücknahme oder Widerruf Erlaubnisurkunden sowie Waffen oder Munition für einen Zeitraum von sechs Monaten sofort vorläufig sicherstellen,

1. sofern Tatsachen vorliegen, die die Annahme rechtfertigen, dass Personen, denen eine Erlaubnis nach diesem Gesetz erteilt worden ist, nicht die erforderliche Zuverlässigkeit oder Eignung besitzen, und

2. soweit tatsächliche Anhaltspunkte vorliegen, dass durch den weiteren Umgang mit Waffen oder Munition eine Gefährdung bedeutender Rechtsgüter droht.

(5) Zum Zweck der sofortigen Sicherstellung nach Absatz 4 sind die Beauftragten der zuständigen Behörde berechtigt, die Wohnung der betroffenen Person zu betreten und diese Wohnung nach Urkunden, Waffen oder Munition zu durchsuchen; Durchsuchungen dürfen nur durch den Richter, bei Gefahr im Verzug auch durch die zuständige Behörde angeordnet werden; das Grundrecht der Unverletzlichkeit der Wohnung (Artikel 13 des Grundgesetzes) wird insoweit eingeschränkt.

(6) Widerspruch und Anfechtungsklage gegen Maßnahmen der Absätze 1 bis 5 haben keine aufschiebende Wirkung.

(7) „Sofern der bisherige Inhaber nicht innerhalb eines Monats nach einer Sicherstellung nach Absatz 2 Satz 2, Absatz 3 Satz 2 oder Absatz 4 Satz 1 einen empfangsbereiten Berechtigten benennt oder im Fall der Sicherstellung verbotener Waffen oder Munition nicht in dieser Frist eine Ausnahmezulassung nach

§ 40 Absatz 4 beantragt, kann die zuständige Behörde die sichergestellten Waffen oder die sichergestellte Munition einziehen und verwerten oder vernichten. Dieselben Befugnisse besitzt die zuständige Behörde im Fall der unanfechtbaren Versagung einer für verbotene Waffen oder Munition vor oder rechtzeitig nach der Sicherstellung beantragten Ausnahmezulassung nach § 40 Absatz 4. Der Erlös aus einer Verwertung der Waffen oder Munition steht nach Abzug der Kosten der Sicherstellung, Verwahrung und Verwertung dem nach bürgerlichem Recht bisher Berechtigten zu.

§ 47 Verordnungen zur Erfüllung internationaler Vereinbarungen oder zur Angleichung an Gemeinschaftsrecht

Das Bundesministerium des Innern wird ermächtigt, mit Zustimmung des Bundesrates zur Erfüllung von Verpflichtungen aus internationalen Vereinbarungen oder zur Erfüllung bindender Beschlüsse der Europäischen Union, die Sachbereiche dieses Gesetzes betreffen, Rechtsverordnungen zu erlassen, die insbesondere

1. Anforderungen an das Überlassen und Verbringen von Waffen oder Munition an Personen, die ihren gewöhnlichen Aufenthalt außerhalb des Geltungsbereichs des Gesetzes haben, festlegen und

2. das Verbringen und die vorübergehende Mitnahme von Waffen oder Munition in den Geltungsbereich des Gesetzes sowie

3. die zu den Nummern 1 und 2 erforderlichen Bescheinigungen, Mitteilungspflichten und behördlichen Maßnahmen

regeln.

§ 48 Sachliche Zuständigkeit

(1) Die Landesregierungen oder die von ihnen durch Rechtsverordnung bestimmten Stellen können durch Rechtsverordnung die für die Ausführung dieses Gesetzes zuständigen Behörden bestimmen, soweit nicht Bundesbehörden zuständig sind. Abweichend von Satz 1 ist für die Erteilung von Erlaubnissen an Bewachungsunternehmen für Bewachungsaufgaben nach § 28a Absatz 1 Satz 1 die für das Gebiet der Freien und Hansestadt Hamburg bestimmte Waffenbehörde zuständig.

(1a) Die Landesregierungen oder die von ihnen durch Rechtsverordnung bestimmten Stellen bestimmen durch Rechtsverordnung die nach Artikel 6 Absatz 5 Satz 2 der Verordnung (EU) Nr. 1214/2011 des Europäischen Parlaments und des Rates vom 16. November 2011 über den gewerbsmäßigen grenzüberschreitenden Straßentransport von Euro-Bargeld zwischen den Mitgliedstaaten des Euroraums (ABl. L 316 vom 29.11.2011, S. 1) zuständige Kontaktstelle.

(2) Das Bundesverwaltungsamt ist die zuständige Behörde für

1. ausländische Diplomaten, Konsularbeamte und gleichgestellte sonstige bevorrechtigte ausländische Personen,

2. ausländische Angehörige der in der Bundesrepublik Deutschland stationierten ausländischen Streitkräfte sowie deren Ehegatten und unterhaltsberechtigte Kinder,

3. Personen, die zum Schutze ausländischer Luftfahrzeuge und Seeschiffe eingesetzt sind,

4. Deutsche im Sinne des Artikels 116 des Grundgesetzes, die ihren gewöhnlichen Aufenthalt außerhalb des Geltungsbereichs dieses Gesetzes haben; dies gilt nicht für die in den §§ 21 und 28 genannten Personen, wenn sich der Sitz des Unternehmens im Geltungsbereich dieses Gesetzes befindet,

5. natürliche und juristische Personen, die im Geltungsbereich dieses Gesetzes im Sinne des § 21 Handel treiben, hier aber keinen Unternehmenssitz haben.

(3) Zuständig für die Entscheidungen nach § 2 Abs. 5 ist das Bundeskriminalamt.

(3a) Das Bundesamt für Wirtschaft und Ausfuhrkontrolle ist die zuständige Behörde zur Erteilung von Genehmigungen nach Artikel 4 der Verordnung (EU) Nr. 258/2012 des Europäischen Parlaments und des Rates vom 14. März 2012 zur Umsetzung des Artikels 10 des Protokolls der Vereinten Nationen gegen die unerlaubte Herstellung von Schusswaffen, dazugehörigen Teilen und Komponenten und Munition und gegen den unerlaubten Handel damit, in Ergänzung des Übereinkommens der Vereinten Nationen gegen die grenzüberschreitende organisierte Kriminalität (VN-Feuerwaffenprotokoll) und zur Einführung von Ausfuhrgenehmigungen für Feuerwaffen, deren Teile, Komponenten und Munition sowie von Maßnahmen betreffend deren Einfuhr und Durchfuhr (ABl. L 94 vom 30.3.2012, S. 1).

(4) Verwaltungsverfahren nach diesem Gesetz oder auf Grund dieses Gesetzes können über eine einheitliche Stelle nach den Vorschriften der Verwaltungsverfahrensgesetze abgewickelt werden.

§ 49 Örtliche Zuständigkeit

(1) Die Vorschriften der Verwaltungsverfahrensgesetze über die örtliche Zuständigkeit gelten mit der Maßgabe, dass örtlich zuständig ist

1. für einen Antragsteller oder Erlaubnisinhaber, der keinen gewöhnlichen Aufenthalt im Geltungsbereich dieses Gesetzes hat,

a) die Behörde, in deren Bezirk er sich aufhält oder aufhalten will, oder,

b) soweit sich ein solcher Aufenthaltswille nicht ermitteln lässt, die Behörde, in deren Bezirk der Grenzübertritt erfolgt,

2. für Antragsteller oder Inhaber einer Erlaubnis nach § 21 Abs. 1 sowie Bewachungsunternehmer die Behörde, in deren Bezirk sich die gewerbliche Hauptniederlassung befindet oder errichtet werden soll.

(2) Abweichend von Absatz 1 ist örtlich zuständig für

1. Schießerlaubnisse nach § 10 Abs. 5 die Behörde, in deren Bezirk geschossen werden soll, soweit nicht die Länder nach § 48 Abs. 1 eine abweichende Regelung getroffen haben,

2. Erlaubnisse nach § 27 Abs. 1 sowie für Maßnahmen auf Grund einer Rechtsverordnung nach § 27 Abs. 7 bei ortsfesten Schießstätten die Behörde, in deren Bezirk die ortsfeste Schießstätte betrieben wird oder betrieben oder geändert werden soll,

3.

a) Erlaubnisse nach § 27 Abs. 1 sowie für Maßnahmen auf Grund einer Rechtsverordnung nach § 27 Abs. 7 bei ortsveränderlichen Schießstätten die Behörde, in deren Bezirk der Betreiber seinen gewöhnlichen Aufenthalt hat,

b) Auflagen bei den in Buchstabe a genannten Schießstätten die Behörde, in deren Bezirk die Schießstätte aufgestellt werden soll,

4. Ausnahmebewilligungen nach § 35 Abs. 3 Satz 2 die Behörde, in deren Bezirk die Tätigkeit ausgeübt werden soll,

5. Ausnahmebewilligungen nach § 42 Abs. 2 die Behörde, in deren Bezirk die Veranstaltung stattfinden soll oder, soweit Ausnahmebewilligungen für mehrere Veranstaltungen in verschiedenen Bezirken erteilt werden, die Behörde, in deren Bezirk die erste Veranstaltung stattfinden soll,

6. die Sicherstellung nach § 46 Abs. 2 Satz 2, Abs. 3 Satz 2 und Abs. 4 Satz 1 auch die Behörde, in deren Bezirk sich der Gegenstand befindet.

§ 50 (aufgehoben)

§ 51 Strafvorschriften

(1) Mit Freiheitsstrafe von einem Jahr bis zu fünf Jahren wird bestraft, wer entgegen § 2 Absatz 3 in Verbindung mit Anlage 2 Abschnitt 1 Nummer 1.2.1.1 oder 1.2.1.2, eine dort genannte Schusswaffe zum Verschießen von Patronenmunition nach Anlage 1 Abschnitt 1 Unterabschnitt 3 Nr. 1.1 erwirbt, besitzt, überlässt, führt, verbringt, mitnimmt, herstellt, bearbeitet, instand setzt oder damit Handel treibt.

(2) In besonders schweren Fällen ist die Strafe Freiheitsstrafe von einem Jahr bis zu zehn Jahren. Ein besonders schwerer Fall liegt in der Regel vor, wenn der Täter gewerbsmäßig oder als Mitglied einer Bande, die sich zur fortgesetzten Begehung solcher Straftaten verbunden hat, unter Mitwirkung eines anderen Bandenmitgliedes handelt.

(3) In minder schweren Fällen ist die Strafe Freiheitsstrafe bis zu drei Jahren oder Geldstrafe.

(4) Handelt der Täter fahrlässig, so ist die Strafe Freiheitsstrafe bis zu zwei Jahren oder Geldstrafe.

§ 52 Strafvorschriften

(1) Mit Freiheitsstrafe von sechs Monaten bis zu fünf Jahren wird bestraft, wer

1. entgegen § 2 Absatz 3 in Verbindung mit Anlage 2 Abschnitt 1 Nr. 1.1 oder 1.3.4 eine dort genannte Schusswaffe oder einen dort genannten Gegenstand erwirbt, besitzt, überlässt, führt, verbringt, mitnimmt, herstellt, bearbeitet, instand setzt oder damit Handel treibt,

2. ohne Erlaubnis nach

a) § 2 Abs. 2 in Verbindung mit Anlage 2 Abschnitt 2 Unterabschnitt 1 Satz 1, eine Schusswaffe oder Munition erwirbt, um sie entgegen § 34 Abs. 1 Satz 1 einem Nichtberechtigten zu überlassen,

b) § 2 Abs. 2 in Verbindung mit Anlage 2 Abschnitt 2 Unterabschnitt 1 Satz 1, eine halbautomatische Kurzwaffe zum Verschießen von Patronenmunition nach Anlage 1 Abschnitt 1 Unterabschnitt 3 Nr. 1.1 erwirbt, besitzt oder führt,

c) § 2 Abs. 2 in Verbindung mit Anlage 2 Abschnitt 2 Unterabschnitt 1 Satz 1 in Verbindung mit § 21 Abs. 1 Satz 1 oder § 21a eine Schusswaffe oder Munition herstellt, bearbeitet, instand setzt oder damit Handel treibt,

d) § 2 Abs. 2 in Verbindung mit Anlage 2 Abschnitt 2 Unterabschnitt 1 Satz 1 in Verbindung mit § 29 Absatz 1 Satz 1 oder § 32 Absatz 1 Satz 1 eine Schusswaffe oder Munition in den oder durch den Geltungsbereich dieses Gesetzes verbringt oder mitnimmt,

3. entgegen § 35 Abs. 3 Satz 1 eine Schusswaffe, Munition oder eine Hieb- oder Stoßwaffe im Reisegewerbe oder auf einer dort genannten Veranstaltung vertreibt oder anderen überlässt oder

4. entgegen § 40 Abs. 1 zur Herstellung eines dort genannten Gegenstandes anleitet oder auffordert.

(2) Der Versuch ist strafbar.

(3) Mit Freiheitsstrafe bis zu drei Jahren oder mit Geldstrafe wird bestraft, wer

1. entgegen § 2 Absatz 3 in Verbindung mit Anlage 2 Abschnitt 1 Nummer 1.2.2 bis 1.2.4.2, 1.2.5, 1.3.1 bis 1.3.3, 1.3.5 bis 1.3.8, 1.4.1 Satz 1, Nr. 1.4.2 bis 1.4.4 oder 1.5.3 bis 1.5.7 einen dort genannten Gegenstand erwirbt, besitzt, überlässt, führt, verbringt, mitnimmt, herstellt, bearbeitet, instand setzt oder damit Handel treibt,

2. ohne Erlaubnis nach § 2 Abs. 2 in Verbindung mit Anlage 2 Abschnitt 2 Unterabschnitt 1 Satz 1

a) eine Schusswaffe erwirbt, besitzt, führt oder

b) Munition erwirbt oder besitzt,

wenn die Tat nicht in Absatz 1 Nr. 2 Buchstabe a oder b mit Strafe bedroht ist,

3. ohne Erlaubnis nach § 2 Abs. 2 in Verbindung mit Anlage 2 Abschnitt 2 Unterabschnitt 1 Satz 1 in Verbindung mit § 26 Abs. 1 Satz 1 eine Schusswaffe herstellt, bearbeitet oder instand setzt,

4. ohne Erlaubnis nach § 2 Absatz 2 in Verbindung mit Anlage 2 Abschnitt 2 Unterabschnitt 1 Satz 1 in Verbindung mit

a) § 29 Absatz 1 Satz 1 eine dort genannte Schusswaffe oder Munition aus dem Geltungsbereich dieses Gesetzes in einen anderen Mitgliedstaat verbringt oder

b) § 32 Absatz 1a Satz 1 eine dort genannte Schusswaffe oder Munition in einen anderen Mitgliedstaat mitnimmt,

5. entgegen § 28 Abs. 2 Satz 1 eine Schusswaffe führt,

6. entgegen § 28 Abs. 3 Satz 2 eine Schusswaffe oder Munition überlässt,

7. entgegen § 34 Abs. 1 Satz 1 eine erlaubnispflichtige Schusswaffe oder erlaubnispflichtige Munition einem Nichtberechtigten überlässt,

7a. entgegen § 36 Absatz 1 Satz 1 in Verbindung mit einer Rechtsverordnung nach § 36 Absatz 5 Satz 1 eine dort genannte Vorkehrung für eine Schusswaffe nicht, nicht richtig oder nicht rechtzeitig trifft und dadurch die Gefahr verursacht, dass eine Schusswaffe oder Munition abhandenkommt oder darauf unbefugt zugegriffen wird,

8. einer vollziehbaren Anordnung nach § 41 Abs. 1 Satz 1 oder Abs. 2 zuwiderhandelt,

9. entgegen § 42 Abs. 1 eine Waffe führt oder

10. entgegen § 57 Abs. 5 Satz 1 den Besitz über eine Schusswaffe oder Munition ausübt.

(4) Handelt der Täter in den Fällen des Absatzes 1 Nr. 1, 2 Buchstabe b, c oder d oder Nr. 3 oder des Absatzes 3 Nummer 1 bis 7, 8, 9 oder 10 fahrlässig, so ist die Strafe bei den bezeichneten Taten nach Absatz 1 Freiheitsstrafe bis zu zwei Jahren oder Geldstrafe, bei Taten nach Absatz 3 Freiheitsstrafe bis zu einem Jahr oder Geldstrafe.

(5) In besonders schweren Fällen des Absatzes 1 Nr. 1 ist die Strafe Freiheitsstrafe von einem Jahr bis zu zehn Jahren. Ein besonders schwerer Fall liegt in der Regel vor, wenn der Täter gewerbsmäßig oder als Mitglied einer Bande, die sich zur fortgesetzten Begehung solcher Straftaten verbunden hat, unter Mitwirkung eines anderen Bandenmitgliedes handelt.

(6) In minder schweren Fällen des Absatzes 1 ist die Strafe Freiheitsstrafe bis zu drei Jahren oder Geldstrafe.

§ 52a (weggefallen)

§ 53 Bußgeldvorschriften

(1) Ordnungswidrig handelt, wer vorsätzlich oder fahrlässig

1. entgegen § 2 Abs. 1 eine nicht erlaubnispflichtige Waffe oder nicht erlaubnispflichtige Munition erwirbt oder besitzt,

2. (weggefallen)

3. ohne Erlaubnis nach § 2 Abs. 2 in Verbindung mit Abs. 4, dieser in Verbindung mit Anlage 2 Abschnitt 2 Unterabschnitt 1 Satz 1, mit einer Schusswaffe schießt,

4. einer vollziehbaren Auflage nach § 9 Abs. 2 Satz 1, § 10 Abs. 2 Satz 3, § 17 Abs. 2 Satz 2, § 18 Absatz 2 Satz 2 oder § 28a Absatz 1 Satz 3 oder einer vollziehbaren Anordnung nach § 9 Abs. 3, § 36 Abs. 3 Satz 1 oder Abs. 6, § 37c Absatz 2 Nummer 2, § 39 Abs. 3, § 40 Abs. 5 Satz 2 oder § 46 Abs. 2 Satz 1 oder Abs. 3 Satz 1 zuwiderhandelt,

5. (weggefallen)

6. entgegen § 10 Absatz 2 Satz 4 oder § 37i eine Mitteilung nicht, nicht richtig, nicht vollständig oder nicht rechtzeitig macht,

7. entgegen § 13 Absatz 3 Satz 2 oder § 20 Absatz 1 die Ausstellung einer Waffenbesitzkarte oder die Eintragung in eine Waffenbesitzkarte nicht oder nicht rechtzeitig beantragt,

8. entgegen § 21 Absatz 6, § 24 Absatz 6, § 27 Absatz 1 Satz 6 oder Absatz 2 Satz 2, § 30 Satz 3, § 34 Absatz 4 oder 5 Satz 1, § 37 Absatz 1 Satz 1, auch in Verbindung mit Satz 2, entgegen § 37a Satz 1, auch in Verbindung mit Satz 3,

entgegen § 37a Satz 2, § 37b Absatz 1 Satz 1, Absatz 2 Satz 1 oder Absatz 3, § 37c Absatz 1, § 37d Absatz 1 oder 2, § 40 Absatz 5 Satz 1 oder § 58 Absatz 19 Satz 1 eine Anzeige nicht, nicht richtig, nicht vollständig, nicht in der vorgeschriebenen Weise oder nicht rechtzeitig erstattet,

9. entgegen § 24 Abs. 1, auch in Verbindung mit einer Rechtsverordnung nach § 25 Nummer 1 oder Nr. 2 Buchstabe a, oder § 24 Absatz 4 Satz 1 und 2, auch in Verbindung mit einer Rechtsverordnung nach § 25 Nummer 1, eine Angabe, ein Zeichen oder die Bezeichnung der Munition auf der Schusswaffe nicht, nicht richtig, nicht vollständig, nicht in der vorgeschriebenen Weise oder nicht rechtzeitig anbringt oder Munition nicht, nicht richtig, nicht vollständig, nicht in der vorgeschriebenen Weise oder nicht rechtzeitig mit einem besonderen Kennzeichen versieht,

10. entgegen § 24 Absatz 5 eine Schusswaffe oder Munition anderen gewerbsmäßig überlässt,

11. ohne Erlaubnis nach § 27 Abs. 1 Satz 1 eine Schießstätte betreibt oder ihre Beschaffenheit oder die Art ihrer Benutzung wesentlich ändert,

12. entgegen § 27 Abs. 3 Satz 1 Nr. 1 und 2 einem Kind oder Jugendlichen das Schießen gestattet oder entgegen § 27 Abs. 6 Satz 2 nicht sicherstellt, dass die Aufsichtsperson nur einen Schützen bedient,

13. entgegen § 27 Abs. 3 Satz 2 Unterlagen nicht aufbewahrt oder entgegen § 27 Abs. 3 Satz 3 diese nicht herausgibt,

14. entgegen § 27 Abs. 5 Satz 2 eine Bescheinigung nicht mitführt,

15. entgegen § 33 Abs. 1 Satz 1 eine Schusswaffe oder Munition nicht anmeldet oder nicht oder nicht rechtzeitig vorführt,

16. entgegen § 34 Abs. 1 Satz 1 eine nicht erlaubnispflichtige Waffe oder nicht erlaubnispflichtige Munition einem Nichtberechtigten überlässt,

17. entgegen § 35 Abs. 1 Satz 4 die Urkunden nicht aufbewahrt oder nicht, nicht vollständig oder nicht rechtzeitig Einsicht gewährt,

18. entgegen § 35 Abs. 2 einen Hinweis nicht, nicht richtig, nicht vollständig oder nicht rechtzeitig gibt oder die Erfüllung einer dort genannten Pflicht nicht, nicht richtig, nicht vollständig oder nicht rechtzeitig protokolliert,

19. entgegen § 37g Absatz 1 ein dort genanntes Dokument nicht oder nicht rechtzeitig vorlegt,

20. entgegen § 38 Absatz 1 Satz 1 oder Absatz 2 ein dort genanntes Dokument nicht mit sich führt oder nicht oder nicht rechtzeitig aushändigt,

21. entgegen § 39 Abs. 1 Satz 1 eine Auskunft nicht, nicht richtig, nicht vollständig oder nicht rechtzeitig erteilt,

21a. entgegen § 42 Absatz 4a Satz 1 in Verbindung mit Absatz 1 ein Messer führt,

21b. entgegen § 42a Abs. 1 eine Anscheinswaffe, eine dort genannte Hieb- oder Stoßwaffe oder ein dort genanntes Messer führt,

21c. entgegen § 42b Absatz 1 eine Waffe oder ein Messer führt,

22. entgegen § 46 Abs. 1 Satz 1, auch in Verbindung mit Satz 2, eine Ausfertigung der Erlaubnisurkunde nicht oder nicht rechtzeitig zurückgibt oder

23. einer Rechtsverordnung nach § 15a Absatz 4, § 27 Absatz 7 Satz 2, § 36 Absatz 5, den §§ 39a, 39c Absatz 1 oder 2 Satz 1, § 42 Absatz 5 Satz 1 oder § 42b Absatz 2 Satz 1 oder § 47 oder einer vollziehbaren Anordnung auf Grund einer solchen Rechtsverordnung zuwiderhandelt, soweit die Rechtsverordnung für einen bestimmten Tatbestand auf diese Bußgeldvorschrift verweist.

(1a) Ordnungswidrig handelt, wer vorsätzlich oder fahrlässig ohne Genehmigung nach Artikel 4 Absatz 1 Satz 1 der Verordnung (EU) Nr. 258/2012 des Europäischen Parlaments und des Rates vom 14. März 2012 zur Umsetzung des Artikels 10 des Protokolls der Vereinten Nationen gegen die unerlaubte Herstellung von Schusswaffen, dazugehörigen Teilen und Komponenten und Munition und gegen den unerlaubten Handel damit, in Ergänzung des Übereinkommens der Vereinten Nationen gegen die grenzüberschreitende organisierte Kriminalität (VN-Feuerwaffenprotokoll) und zur Einführung von Ausfuhrgenehmigungen für Feuerwaffen, deren Teile, Komponenten und Munition sowie von Maßnahmen betreffend deren Einfuhr und Durchfuhr (ABl. L 94 vom 30.3.2012, S. 1) einen dort genannten Gegenstand ausführt.

(2) Die Ordnungswidrigkeit kann mit einer Geldbuße bis zu zehntausend Euro geahndet werden.

(3) Verwaltungsbehörden im Sinne des § 36 Absatz 1 Nummer 1 des Gesetzes über Ordnungswidrigkeiten sind

1. in den Fällen des Absatzes 1, soweit dieses Gesetz von der Physikalisch-Technischen Bundesanstalt, dem Bundesverwaltungsamt oder dem Bundeskriminalamt ausgeführt wird, die für die Erteilung von Erlaubnissen nach § 21 Absatz 1 zuständigen Behörden,

2. in den Fällen des Absatzes 1a die Hauptzollämter.

§ 54 Einziehung

(1) Ist eine Straftat nach den §§ 51, 52 Abs. 1, 2 oder 3 Nr. 1, 2 oder 3 oder Abs. 5 begangen worden, so werden Gegenstände,

1. auf die sich diese Straftat bezieht oder

2. die durch sie hervorgebracht oder zu ihrer Begehung oder Vorbereitung gebraucht worden oder bestimmt gewesen sind,

eingezogen.

(2) Ist eine sonstige Straftat nach § 52 oder eine Ordnungswidrigkeit nach § 53 begangen worden, so können in Absatz 1 bezeichnete Gegenstände eingezogen werden.

(3) § 74a des Strafgesetzbuches und § 23 des Gesetzes über Ordnungswidrigkeiten sind anzuwenden.

(4) Als Maßnahme im Sinne des § 74f Absatz 1 Satz 3 des Strafgesetzbuches kommt auch die Anweisung in Betracht, binnen einer angemessenen Frist eine Entscheidung der zuständigen Behörde über die Erteilung einer Erlaubnis nach § 10 vorzulegen oder die Gegenstände einem Berechtigten zu überlassen.

§ 55 Ausnahmen für oberste Bundes- und Landesbehörden, Bundeswehr, Polizei und Zollverwaltung, erheblich gefährdete Hoheitsträger sowie Bedienstete anderer Staaten

(1) Dieses Gesetz ist, wenn es nicht ausdrücklich etwas anderes bestimmt, nicht anzuwenden auf

1. die obersten Bundes- und Landesbehörden und die Deutsche Bundesbank,

2. die Bundeswehr und die in der Bundesrepublik Deutschland stationierten ausländischen Streitkräfte,

3. die Polizeien des Bundes und der Länder,

4. die Zollverwaltung

und deren Bedienstete, soweit sie dienstlich tätig werden. Bei Polizeibediensteten und bei Bediensteten der Zollverwaltung mit Vollzugsaufgaben gilt dies, soweit sie durch Dienstvorschriften hierzu ermächtigt sind, auch für den Besitz über dienstlich zugelassene Waffen oder Munition und für das Führen dieser Waffen außerhalb des Dienstes.

(2) Personen, die wegen der von ihnen wahrzunehmenden hoheitlichen Aufgaben des Bundes oder eines Landes erheblich gefährdet sind, wird an Stelle einer Waffenbesitzkarte, eines Waffenscheins oder einer Ausnahmebewilligung nach § 42 Abs. 2 eine Bescheinigung über die Berechtigung zum Erwerb und Besitz

von Waffen oder Munition sowie eine Bescheinigung zum Führen dieser Waffen erteilt. Die Bescheinigung ist auf die voraussichtliche Dauer der Gefährdung zu befristen. Die Bescheinigung erteilt für Hoheitsträger des Bundes das Bundesministerium des Innern oder eine von ihm bestimmte Stelle.

(3) Dieses Gesetz ist nicht anzuwenden auf Bedienstete anderer Staaten, die dienstlich mit Waffen oder Munition ausgestattet sind, wenn die Bediensteten im Rahmen einer zwischenstaatlichen Vereinbarung oder auf Grund einer Anforderung oder einer allgemein oder für den Einzelfall erteilten Zustimmung einer zuständigen inländischen Behörde oder Dienststelle im Geltungsbereich dieses Gesetzes tätig werden und die zwischenstaatliche Vereinbarung, die Anforderung oder die Zustimmung nicht etwas anderes bestimmt.

(4) Auf Waffen oder Munition, die für die in Absatz 1 Satz 1 bezeichneten Stellen in den Geltungsbereich dieses Gesetzes verbracht oder hergestellt und ihnen überlassen werden, ist § 40 nicht anzuwenden.

(4a) (aufgehoben)

(5) Die Bundesregierung kann durch Rechtsverordnung, die nicht der Zustimmung des Bundesrates bedarf, eine dem Absatz 1 Satz 1 entsprechende Regelung für sonstige Behörden und Dienststellen des Bundes treffen. Die Bundesregierung kann die Befugnis nach Satz 1 durch Rechtsverordnung, die nicht der Zustimmung des Bundesrates bedarf, auf eine andere Bundesbehörde übertragen.

(6) Die Landesregierungen können durch Rechtsverordnung eine dem Absatz 5 Satz 1 entsprechende Regelung für sonstige Behörden und Dienststellen des Landes treffen. Die Landesregierungen können die Befugnis nach Satz 1 durch Rechtsverordnung auf andere Landesbehörden übertragen.

§ 56 Sondervorschriften für Staatsgäste und andere Besucher

Auf

1. Staatsgäste aus anderen Staaten,

2. sonstige erheblich gefährdete Personen des öffentlichen Lebens aus anderen Staaten, die sich besuchsweise im Geltungsbereich dieses Gesetzes aufhalten, und

3. Personen aus anderen Staaten, denen der Schutz der in den Nummern 1 und 2 genannten Personen obliegt,

sind § 10 und Abschnitt 2 Unterabschnitt 5 nicht anzuwenden, wenn ihnen das Bundesverwaltungsamt oder, soweit es sich nicht um Gäste des Bundes handelt, die nach § 48 Abs. 1 zuständige Behörde hierüber eine Bescheinigung erteilt hat. Die Bescheinigung, zu deren Wirksamkeit es der Bekanntgabe an die betroffene Person nicht bedarf, ist zu erteilen, wenn dies im öffentlichen Interesse, insbesondere zur Wahrung der zwischenstaatlichen Gepflogenheiten bei solchen Besuchen, geboten ist. Es muss gewährleistet sein, dass in den Geltungsbereich dieses Gesetzes verbrachte oder dort erworbene Schusswaffen oder Munition nach Beendigung des Besuches aus dem Geltungsbereich dieses Gesetzes verbracht oder einem Berechtigten überlassen werden. Sofern das Bundesverwaltungsamt in den Fällen des Satzes 1 nicht rechtzeitig tätig werden kann, entscheidet über die Erteilung der Bescheinigung die nach § 48 Abs. 1 zuständige Behörde. Das Bundesverwaltungsamt ist über die getroffene Entscheidung zu unterrichten.

§ 57 Kriegswaffen

(1) Dieses Gesetz gilt nicht für Kriegswaffen im Sinne des Gesetzes über die Kontrolle von Kriegswaffen. Auf tragbare Schusswaffen, für die eine Waffenbesitzkarte nach § 59 Abs. 4 Satz 2 des Waffengesetzes in der vor dem 1. Juli 1976 geltenden Fassung erteilt worden ist, sind unbeschadet der Vorschriften des Gesetzes über die Kontrolle von Kriegswaffen § 4 Abs. 3, § 45 Abs. 1 und 2 sowie § 36, die Vorschriften einer Rechtsverordnung nach § 36 Absatz 5 und § 52 Absatz 3 Nummer 7a anzuwenden. Auf Verstöße gegen § 59 Abs. 2 des Waffengesetzes in der vor dem 1. Juli 1976 geltenden Fassung und gegen § 58 Abs. 1 des Waffengesetzes in der vor dem 1. April 2003 geltenden Fassung ist § 52 Abs. 3 Nr. 1 anzuwenden. Zuständige Behörde für Maßnahmen nach Satz 2 ist das Bundesamt für Wirtschaft und Ausfuhrkontrolle.

(2) Wird die Anlage zu dem Gesetz über die Kontrolle von Kriegswaffen (Kriegswaffenliste) geändert und verlieren deshalb tragbare Schusswaffen ihre Eigenschaft als Kriegswaffen, so hat derjenige, der seine Befugnis zum Besitz solcher Waffen durch eine Genehmigung oder Bestätigung der zuständigen Behörde nachweisen kann, diese Genehmigung oder Bestätigung der nach § 48 Abs. 1 zuständigen Behörde vorzulegen; diese stellt eine Waffenbesitzkarte aus oder ändert eine bereits erteilte Waffenbesitzkarte, wenn kein Versagungsgrund im Sinne des Absatzes 4 vorliegt. Die übrigen Besitzer solcher Waffen können innerhalb einer Frist von sechs Monaten nach Inkrafttreten der Änderung der Kriegswaffenliste bei der nach § 48 Abs. 1 zuständigen Behörde die Ausstellung einer Waffenbesitzkarte beantragen, sofern nicht der Besitz der Waffen nach § 59 Abs. 2 des Waffengesetzes in der vor dem 1. Juli 1976 geltenden Fassung anzumelden oder ein Antrag nach § 58 Abs. 1 des Waffengesetzes in der vor dem 1. April 2003 geltenden Fassung zu stellen war und der Besitzer die Anmeldung oder den Antrag unterlassen hat.

(3) Wird die Anlage zu dem Gesetz über die Kontrolle von Kriegswaffen (Kriegswaffenliste) geändert und verliert deshalb Munition für tragbare Kriegswaffen ihre Eigenschaft als Kriegswaffe, so hat derjenige, der bei Inkrafttreten der

Änderung der Kriegswaffenliste den Besitz über sie ausübt, innerhalb einer Frist von sechs Monaten einen Antrag auf Erteilung einer Erlaubnis nach § 10 Abs. 3 bei der nach § 48 Abs. 1 zuständigen Behörde zu stellen, es sei denn, dass er bereits eine Berechtigung zum Besitz dieser Munition besitzt.

(4) Die Waffenbesitzkarte nach Absatz 2 und die Erlaubnis zum Munitionsbesitz nach Absatz 3 dürfen nur versagt werden, wenn Tatsachen die Annahme rechtfertigen, dass der Antragsteller nicht die erforderliche Zuverlässigkeit oder persönliche Eignung besitzt.

(5) Wird der Antrag nach Absatz 2 Satz 2 oder Absatz 3 nicht gestellt oder wird die Waffenbesitzkarte oder die Erlaubnis unanfechtbar versagt, so darf der Besitz über die Schusswaffen oder die Munition nach Ablauf der Antragsfrist oder nach der Versagung nicht mehr ausgeübt werden. § 46 Abs. 2 findet entsprechend Anwendung.

§ 58 Altbesitz

(1) Soweit nicht nachfolgend Abweichendes bestimmt wird, gelten Erlaubnisse im Sinne des Waffengesetzes in der Fassung der Bekanntmachung vom 8. März 1976 (BGBl. I S. 432), zuletzt geändert durch das Gesetz vom 21. November 1996 (BGBl. I S. 1779), fort. Erlaubnisse zum Erwerb von Munition berechtigen auch zu deren Besitz. Hat jemand berechtigt Munition vor dem Inkrafttreten dieses Gesetzes erworben, für die auf Grund dieses Gesetzes eine Erlaubnis erforderlich ist, und übt er über diese bei Inkrafttreten dieses Gesetzes noch den Besitz aus, so hat er diese Munition bis 31. August 2003 der zuständigen Behörde schriftlich anzumelden. Die Anmeldung muss die Personalien des Besitzers sowie die Munitionsarten enthalten. Die nachgewiesene fristgerechte Anmeldung gilt als Erlaubnis zum Besitz.

(2) Eine auf Grund des Waffengesetzes in der Fassung der Bekanntmachung vom 8. März 1976 (BGBl. I S. 432) erteilte waffenrechtliche Erlaubnis für Kriegsschusswaffen tritt am ersten Tag des sechsten auf das Inkrafttreten dieses Gesetzes folgenden Monats außer Kraft.

(3) Ist über einen vor Inkrafttreten dieses Gesetzes gestellten Antrag auf Erteilung einer Erlaubnis nach § 7 des Waffengesetzes in der Fassung der Bekanntmachung vom 8. März 1976 (BGBl. I S. 432) noch nicht entschieden worden, findet für die Entscheidung über den Antrag § 21 dieses Gesetzes Anwendung.

(4) Bescheinigungen nach § 6 Abs. 2 des Waffengesetzes in der Fassung der Bekanntmachung vom 8. März 1976 (BGBl. I S. 432) gelten im bisherigen Umfang als Bescheinigungen nach § 55 Abs. 2 dieses Gesetzes.

(5) Ausnahmebewilligungen nach § 37 Abs. 3 und § 57 Abs. 7 des Waffengesetzes in der Fassung der Bekanntmachung vom 8. März 1976 (BGBl. I S. 432)

gelten in dem bisherigen Umfang als Ausnahmebewilligungen nach § 40 Abs. 4 dieses Gesetzes.

(6) Die nach § 40 Abs. 1 des Waffengesetzes in der Fassung der Bekanntmachung vom 8. März 1976 (BGBl. I S. 432) ausgesprochenen Verbote gelten in dem bisherigen Umfang als Verbote nach § 41 dieses Gesetzes.

(7) Besitzt eine Person am 6. Juli 2017 ein Geschoss, das nicht dem bis zum 5. Juli 2017 geltenden Verbot der Anlage 2 Abschnitt 1 Nummer 1.5.4 unterfiel, so wird das Verbot nach Anlage 2 Abschnitt 1 Nummer 1.5.4 gegenüber dieser Person nicht wirksam, wenn

1. sie bis zum 1. Juli 2018 einen Antrag nach § 40 Absatz 4 stellt und

2. ihr daraufhin eine Erlaubnis nach § 40 Absatz 4 erteilt wird.

§ 46 Abs. 3 Satz 2 und Absatz 7 findet entsprechend Anwendung.

(8) Wer eine am 6. Juli 2017 unerlaubt besessene Waffe oder unerlaubt besessene Munition bis zum 1. Juli 2018 der zuständigen Behörde oder einer Polizeidienststelle übergibt, wird nicht wegen unerlaubten Erwerbs, unerlaubten Besitzes, unerlaubten Führens auf dem direkten Weg zur Übergabe an die zuständige Behörde oder Polizeidienststelle oder wegen unerlaubten Verbringens bestraft. Satz 1 gilt nicht, wenn

1. vor der Unbrauchbarmachung, Überlassung oder Übergabe dem bisherigen Besitzer der Waffe die Einleitung des Straf- oder Bußgeldverfahrens wegen der Tat bekannt gegeben worden ist oder

2. der Verstoß im Zeitpunkt der Unbrauchbarmachung, Überlassung oder Übergabe ganz oder zum Teil bereits entdeckt war und der bisherige Besitzer dies wusste oder bei verständiger Würdigung der Sachlage damit rechnen musste.

(9) Besitzt eine Person, die noch nicht das 25. Lebensjahr vollendet hat, am 1. April 2003 mit einer Erlaubnis auf Grund des Waffengesetzes in der Fassung der Bekanntmachung vom 8. März 1976 (BGBl. I S. 432) eine Schusswaffe, so hat sie binnen eines Jahres auf eigene Kosten der zuständigen Behörde ein amts- oder fachärztliches oder fachpsychologisches Zeugnis über die geistige Eignung nach § 6 Abs. 3 vorzulegen. Satz 1 gilt nicht für den Erwerb und Besitz von Schusswaffen im Sinne von § 14 Abs. 1 Satz 2 und in den Fällen des § 13 Abs. 2 Satz 1.

(10) Die Erlaubnispflicht für Schusswaffen im Sinne der Anlage 2 Abschnitt 2 Unterabschnitt 1 *Satz 3* gilt für Schusswaffen, die vor dem 1. April 2008 erworben wurden, erst ab dem 1. Oktober 2008.

(11) Hat jemand am 1. April 2008 eine bislang nicht nach Anlage 2 Abschnitt 1 Nr. 1.2.1.2 dieses Gesetzes verbotene Waffe besessen, so wird dieses Verbot nicht wirksam, wenn er bis zum 1. Oktober 2008 diese Waffe unbrauchbar macht, einem Berechtigten überlässt oder der zuständigen Behörde oder einer Polizeidienststelle überlässt oder einen Antrag nach § 40 Abs. 4 dieses Gesetzes stellt. § 46 Abs. 3 Satz 2 und Absatz 7 findet entsprechend Anwendung.

(12) Besitzt der Inhaber einer Waffenbesitzkarte am 1. April 2008 erlaubnisfrei erworbene Teile von Schusswaffen im Sinne der Anlage 2 Abschnitt 2 Unterabschnitt 2 Nr. 2, so sind diese Teile bis zum 1. Oktober 2008 in die Waffenbesitzkarte einzutragen.

(13) Hat jemand am 1. September 2020 ein erlaubnispflichtiges wesentliches Teil im Sinne von Anlage 1 Abschnitt 1 Unterabschnitt 1 Nummer 1.3.1.2 oder 1.3.1.6 besessen, das er vor diesem Tag erworben hat, so hat er spätestens am 1. September 2021 eine Erlaubnis nach § 10 Absatz 1 Satz 1 oder eine gleichgestellte andere Erlaubnis zum Besitz zu beantragen oder das wesentliche Teil einem Berechtigten, der zuständigen Behörde oder einer Polizeidienststelle zu überlassen. Für die Zeit bis zur Erteilung oder Versagung der Erlaubnis gilt der Besitz als erlaubt. § 46 Absatz 3 Satz 2 und Absatz 7 findet entsprechend Anwendung.

(14) Hat jemand am 1. September 2020 ein nach Anlage 2 Abschnitt 1 Nummer 1.1, 1.2.1.1, 1.2.1.2, 1.2.2, 1.2.3 oder 1.2.5 verbotenes wesentliches Teil im Sinne von Anlage 1 Abschnitt 1 Unterabschnitt 1 Nummer 1.3.1.2 oder 1.3.1.6 besessen, das er vor diesem Tag erworben hat, so wird das Verbot ihm gegenüber in Bezug auf dieses wesentliche Teil nicht wirksam, wenn er spätestens am 1. September 2021 das wesentliche Teil einem Berechtigten, der zuständigen Behörde oder einer Polizeidienststelle überlässt oder einen Antrag nach § 40 Absatz 4 stellt. § 46 Absatz 3 Satz 2 und Absatz 7 findet entsprechend Anwendung.

(15) Hat jemand am 1. September 2020 eine erlaubnispflichtige Salutwaffe im Sinne von Anlage 1 Abschnitt 1 Unterabschnitt 1 Nummer 1.5 besessen, die er vor diesem Tag erworben hat, so hat er spätestens am 1. September 2021 eine Erlaubnis nach § 10 Absatz 1 Satz 1 oder eine gleichgestellte andere Erlaubnis zum Besitz zu beantragen oder die Waffe einem Berechtigten, der zuständigen Behörde oder einer Polizeidienststelle zu überlassen. Für die Zeit bis zur Erteilung oder Versagung der Erlaubnis gilt der Besitz als erlaubt. § 46 Absatz 3 Satz 2 und Absatz 7 findet entsprechend Anwendung.

(16) Hat jemand am 1. September 2020 eine nach Anlage 2 Abschnitt 1 Nummer 1.2.8 verbotene Salutwaffe besessen, die er vor diesem Tag erworben hat, so wird das Verbot ihm gegenüber in Bezug auf diese Waffe nicht wirksam, wenn er bis zum 1. September 2021 die Waffe einem Berechtigten, der

zuständigen Behörde oder einer Polizeidienststelle überlässt oder einen Antrag nach § 40 Absatz 4 stellt. § 46 Absatz 3 Satz 2 und Absatz 7 findet entsprechend Anwendung.

(17) Hat jemand am 13. Juni 2017 ein nach Anlage 2 Abschnitt 1 Nummer 1.2.4.3 oder 1.2.4.4 verbotenes Magazin oder ein nach Nummer 1.2.4.5 verbotenes Magazingehäuse besessen, das er vor diesem Tag erworben hat, so wird das Verbot ihm gegenüber in Bezug auf dieses Magazin oder Magazingehäuse nicht wirksam, wenn er den Besitz spätestens am 1. September 2021 bei der zuständigen Behörde anzeigt oder das Magazin oder Magazingehäuse einem Berechtigten, der zuständigen Behörde oder einer Polizeidienststelle überlässt. Hat jemand am oder nach dem 13. Juni 2017, aber vor dem 1. September 2020 ein nach Anlage 2 Abschnitt 1 Nummer 1.2.4.3 oder 1.2.4.4 verbotenes Magazin oder ein nach Nummer 1.2.4.5 verbotenes Magazingehäuse besessen, das er am oder nach dem 13. Juni 2017 erworben hat, so wird das Verbot ihm gegenüber in Bezug auf dieses Magazin oder Magazingehäuse nicht wirksam, wenn er bis zum 1. September 2021 das Magazin oder Magazingehäuse einem Berechtigten, der zuständigen Behörde oder einer Polizeidienststelle überlässt oder einen Antrag nach § 40 Absatz 4 stellt. § 46 Absatz 3 Satz 2 und Absatz 7 findet in den Fällen der Sätze 1 und 2 entsprechend Anwendung.

(18) Hat jemand am 13. Juni 2017 auf Grund einer Erlaubnis nach § 10 Absatz 1 Satz 1 oder einer gleichgestellten anderen Erlaubnis zum Besitz eine nach Anlage 2 Abschnitt 1 Nummer 1.2.6 oder 1.2.7 verbotene Schusswaffe besessen, die er vor diesem Tag erworben hat, so wird das Verbot ihm gegenüber in Bezug auf diese Schusswaffe nicht wirksam. Hat jemand nach dem 13. Juni 2017, aber vor dem 1. September 2021 eine nach Anlage 2 Abschnitt 1 Nummer 1.2.6 oder 1.2.7 verbotene Schusswaffe besessen, die er am oder nach dem 13. Juni 2017 erworben hat, so wird das Verbot ihm gegenüber in Bezug auf diese Schusswaffe nicht wirksam, wenn er bis zum 1. September 2021 die Schusswaffe einem Berechtigten, der zuständigen Behörde oder einer Polizeidienststelle überlässt oder einen Antrag nach § 40 Absatz 4 stellt. Im Fall des Satzes 2 findet § 46 Absatz 3 Satz 2 und Absatz 7 entsprechend Anwendung.

(19) Der Inhaber einer Erlaubnis nach § 21 Absatz 1 Satz 1 hat in seinem Besitz befindliche fertiggestellte Schusswaffen, deren Erwerb oder Besitz der Erlaubnis bedarf und die er vor dem 1. September 2020 erworben hat, bis zum 1. März 2021 elektronisch gemäß § 37 Absatz 2 anzuzeigen. Die wesentlichen Teile dieser Schusswaffen unterfallen dieser Anzeigepflicht nicht.

(20) Hat jemand am 1. September 2020 ein nach Anlage 1 Abschnitt 1 Unterabschnitt 2 Nummer 1.2.3 den Schusswaffen gleichgestelltes Pfeilabschussgerät besessen, das er vor diesem Tag erworben hat, so hat er spätestens am 1. September 2021 eine Erlaubnis nach § 10 Absatz 1 Satz 1 oder eine gleichgestellte andere Erlaubnis zum Besitz zu beantragen oder das Pfeilabschussgerät

einem Berechtigten, der zuständigen Behörde oder einer Polizeidienststelle zu überlassen. Für die Zeit bis zur Erteilung oder Versagung der Erlaubnis gilt der Besitz als erlaubt. § 46 Absatz 3 Satz 2 und Absatz 7 findet entsprechende Anwendung.

(21) Bis zum Ablauf des 31. Dezember 2025 kann das Bedürfnis nach § 14 Absatz 4 Satz 1 auch durch eine Bescheinigung des dem Schießsportverband angehörenden Vereins glaubhaft gemacht werden.

(22) Besitzt jemand am 1. September 2020 auf Grund einer Erlaubnis nach § 14 Absatz 6 mehr als zehn Waffen, gilt die Erlaubnis abweichend von § 14 Absatz 6 Satz 1 für die eingetragene Anzahl, solange der Besitz besteht.

(23) Hat eine Landesregierung eine Rechtsverordnung nach § 27a Absatz 4 nicht erlassen, so gilt für das betreffende Land § 12 Absatz 4 bis 6 der Allgemeinen Waffengesetz-Verordnung in der am 19. Februar 2020 geltenden Fassung fort.

(24) Wer ein am 31. Oktober 2024 unerlaubt besessenes Springmesser bis zum 1. Oktober 2025 einem Berechtigten, der zuständigen Behörde oder einer Polizeidienststelle übergibt, wird nicht wegen unerlaubten Erwerbs, unerlaubten Besitzes, unerlaubten Führens auf dem direkten Weg zur Übergabe an den Berechtigten, die zuständige Behörde oder die Polizeidienststelle oder wegen unerlaubten Verbringens bestraft. Der vormalige unerlaubte Erwerb, der vormalige unerlaubte Besitz oder das vormalige unerlaubte Führen oder das unerlaubte Verbringen der Springmesser bleiben für die Personen, die die Gegenstände nach Satz 1 einem Berechtigten, einer zuständigen Behörde oder einer Polizeidienststelle übergeben haben, in Bezug auf ihre im Verwaltungsverfahren zu beurteilende waffenrechtliche Zuverlässigkeit sanktionslos.

§ 59 Verwaltungsvorschriften

Das Bundesministerium des Innern erlässt allgemeine Verwaltungsvorschriften über den Erwerb und das Führen von Schusswaffen durch Behörden und Bedienstete seines Geschäftsbereichs sowie über das Führen von Schusswaffen durch erheblich gefährdete Hoheitsträger im Sinne von § 55 Abs. 2; die anderen obersten Bundesbehörden und die Deutsche Bundesbank erlassen die Verwaltungsvorschriften für ihren Geschäftsbereich im Einvernehmen mit dem Bundesministerium des Innern.

§ 60 Übergangsvorschrift zur Kostenverordnung

Die Kostenverordnung zum Waffengesetz in der Fassung der Bekanntmachung vom 20. April 1990 (BGBl. I S. 780), die zuletzt durch Artikel 2 der Verordnung vom 10. Januar 2000 (BGBl. I S. 38) geändert worden ist, gilt in den Ländern bis zum 1. Oktober 2021 fort, solange die Länder keine anderweitigen

Regelungen getroffen haben; für die Erhebung von Auslagen ist insoweit § 10 des Verwaltungskostengesetzes vom 23. Juni 1970 in der bis zum 14. August 2013 geltenden Fassung weiter anzuwenden.

§ 60a Übergangsvorschrift zu den Waffenbüchern

(1) Die Pflicht zur Führung von Waffenbüchern nach § 23 Absatz 1 oder Absatz 2 in der bis zum 19. Februar 2020 geltenden Fassung besteht bis zum Ablauf des 31. Dezember 2021 fort. Nach Durchführung der letzten Eintragung sind die Waffenbücher mit Datum und Unterschrift der Person, die das Waffenbuch führen muss, so abzuschließen, dass nachträglich keine Eintragungen mehr vorgenommen werden können.

(2) Die Person, die das Waffenbuch führen muss, hat das Waffenbuch mit den Belegen im Betrieb oder in dem Betriebsteil, in dem die Schusswaffen hergestellt oder vertrieben werden, bis zum Ablauf von zehn Jahren ab dem Tage der letzten Eintragung an aufzubewahren. Will sie das Waffenbuch nach Ablauf der in Satz 1 genannten Frist nicht weiter aufbewahren, so hat sie es der zuständigen Behörde zur Aufbewahrung zu übergeben. Gibt die Person, die das Waffenbuch führen muss, das Gewerbe auf, so hat sie das Buch ihrem Nachfolger zu übergeben oder der zuständigen Behörde zur Aufbewahrung auszuhändigen.

(3) Soweit in den Absätzen 1 und 2 nichts anderes bestimmt ist, finden auf die Führung der Waffenbücher bis zum Ablauf des 31. Dezember 2021 die Vorschriften des Abschnitts 6 Unterabschnitt 2 und § 34 Nummer 14 bis 17 der Allgemeinen Waffengesetz-Verordnung in der bis zum 19. Februar 2020 geltenden Fassung Anwendung.

(4) Die für die Ausführung dieses Gesetzes zuständigen Behörden haben die nach Absatz 2 Satz 2 oder Satz 3 übernommenen Waffenbücher bis zum Ablauf von 30 Jahren nach dem Tage der Übernahme aufzubewahren. Anschließend haben sie die Waffenbücher zu vernichten.

Anlage 1 (zu § 1 Abs. 4)

Abschnitt 1: Waffen- und munitionstechnische Begriffe, Einstufung von Gegenständen

Unterabschnitt 1: Schusswaffen

1. Schusswaffen im Sinne des § 1 Abs. 2 Nr. 1

1.1 Schusswaffen

Schusswaffen sind Gegenstände, die zum Angriff oder zur Verteidigung, zur Signalgebung, zur Jagd, zur Distanzinjektion, zur Markierung, zum Sport oder zum Spiel **bestimmt** sind und bei denen **Geschosse durch einen Lauf getrieben** werden.

1.2 Gleichgestellte Gegenstände

Den Schusswaffen stehen gleich tragbare Gegenstände,

1.2.1 die zum **Abschießen von Munition** für die in Nummer 1.1 genannten Zwecke bestimmt sind,

1.2.2 die in Anhang IV Nummer 18 der Richtlinie 2006/42/EG des Europäischen Parlaments und des Rates vom 17. Mai 2006 über **Maschinen** und zur Änderung der Richtlinie 95/16/EG (Neufassung) (ABl. L 157 vom 9.6.2006, S. 24; L 76 vom 16.3.2007, S. 35), die zuletzt durch die Verordnung (EU) Nr. 167/2013 (ABl. L 60 vom 2.3.2013, S. 1) geändert worden ist, aufgeführt sind und **zum Abschießen von Munition für andere** als die in Nummer 1.1 genannten **Zwecke** (insbesondere **Schlachtzwecke**, technische und industrielle Zwecke) bestimmt sind (tragbare **Befestigungsgeräte** mit Treibladung und andere Schussgeräte), sofern

a) sie nicht die Anforderungen des § 7 des Beschussgesetzes erfüllen und zum Nachweis das Kennzeichen der in § 20 Absatz 3 Satz 1 des Beschussgesetzes bezeichneten Stelle oder ein anerkanntes Prüfzeichen eines Staates, mit dem die gegenseitige Anerkennung der Prüfzeichen vereinbart ist, tragen oder

b) bei ihnen nicht die Einhaltung der Anforderungen nach Anhang I Nummer 2.2.2.1 der Richtlinie 2006/42/EG durch Bescheinigung einer zuständigen Stelle eines Mitgliedstaates oder des Übereinkommens über den Europäischen Wirtschaftsraum nachgewiesen ist,

1.2.3 bei denen bestimmungsgemäß **feste Körper gezielt verschossen** werden, deren Antriebsenergie **durch Muskelkraft oder eine andere Energiequelle** eingebracht und **durch eine Sperrvorrichtung gespeichert oder gehalten** werden kann (zum Beispiel **Armbrüste**, **Pfeilabschussgeräte**). Dies gilt nicht für feste Körper, die mit elastischen Geschossspitzen (zum Beispiel Saugnapf aus

Gummi) versehen sind, bei denen eine maximale Bewegungsenergie der Geschossspitzen je Flächeneinheit von 0,16 J/cm2 nicht überschritten wird;

1.3 Wesentliche Teile von Schusswaffen, Schalldämpfer

Wesentliche Teile von Schusswaffen und **Schalldämpfer** stehen, soweit in diesem Gesetz nichts anderes bestimmt ist, den Schusswaffen gleich, für die sie bestimmt sind. Dies gilt auch dann, wenn sie mit anderen Gegenständen verbunden sind und die Gebrauchsfähigkeit als Waffenteil nicht beeinträchtigt ist oder mit allgemein gebräuchlichen Werkzeugen wiederhergestellt werden kann. Teile von Kriegswaffen im Sinne des Gesetzes über die Kontrolle von Kriegswaffen, die nicht vom Gesetz über die Kontrolle von Kriegswaffen erfasst und nachstehend als wesentliche Teile aufgeführt sind sowie Schalldämpfer zu derartigen Waffen werden von diesem Gesetz erfasst;

1.3.1 Wesentliche Teile sind

1.3.1.1 der Lauf oder Gaslauf; der **Lauf** ist ein aus einem ausreichend festen Werkstoff bestehender rohrförmiger Gegenstand, der Geschossen, die hindurchgetrieben werden, ein gewisses Maß an Führung gibt, wobei dies in der Regel als gegeben anzusehen ist, wenn die Länge des Laufteils, der die Führung des Geschosses bestimmt, mindestens das Zweifache des Kalibers beträgt; der **Gaslauf** ist ein Lauf, der ausschließlich der Ableitung der Verbrennungsgase dient;

1.3.1.2 der **Verschluss**; der Verschluss ist die **Baugruppe** einer Schusswaffe, welche das Patronen- oder Kartuschenlager nach hinten abschließt; bei **teilbaren Verschlüssen** sind **Verschlusskopf** und **Verschlussträger** jeweils wesentliche Teile; der **Verschlusskopf** ist das unmittelbar das Patronen- oder Kartuschenlager oder den Lauf abschließende Teil; der Verschlussträger ist das Bauteil, welches das Verriegeln und Entriegeln des Verschlusskopfs steuert;

1.3.1.3 das **Patronen- oder Kartuschenlager**, wenn dieses nicht bereits Bestandteil des Laufes ist; das Patronen- oder Kartuschenlager ist ein Hohlkörper aus einem hinreichend festen Material, dessen Abmaße für die Aufnahme von Patronenmunition, Kartuschenmunition oder Ladungen mit oder ohne Geschoss eingerichtet sind und in dem die Munition oder Ladung gezündet wird;

1.3.1.4 bei Schusswaffen, bei denen zum Antrieb ein entzündbares flüssiges oder gasförmiges Gemisch verwendet wird, die **Verbrennungskammer** und die **Einrichtung zur Erzeugung des Gemisches**;

1.3.1.5 bei Schusswaffen mit anderem Antrieb die **Antriebsvorrichtung**, sofern diese fest mit der Schusswaffe verbunden ist;

1.3.1.6 das **Gehäuse**; das Gehäuse ist das Bauteil, welches den **Lauf**, die **Abzugsmechanik** und den **Verschluss aufnimmt**; setzt sich das Gehäuse aus einem **Gehäuseober**- und einem **Gehäuseunterteil** zusammen, sind beide Teile wesentliche Teile; das Gehäuseoberteil nimmt den Lauf und den Verschluss auf; das Gehäuseunterteil nimmt die Abzugsmechanik auf; bei Kurzwaffen wird das Gehäuseunterteil als **Griffstück** bezeichnet;

1.3.1.7 **vorgearbeitete wesentliche Teile** von Schusswaffen sowie **Teile** und **Reststücke** von **Läufen** und **Laufrohlingen**, wenn sie mit allgemein gebräuchlichen Werkzeugen fertiggestellt werden können.

1.3.2 **Führendes wesentliches Teil** ist das Gehäuse; wenn dieses aus Gehäuseober- und Gehäuseunterteil zusammengesetzt ist, das Gehäuseunterteil (Griffstück bei Kurzwaffen); wenn kein Gehäuse vorhanden ist, ist der Verschluss führendes wesentliches Teil; wenn kein Verschluss vorhanden ist, ist der Lauf führendes wesentliches Teil.

1.3.3 **Schalldämpfer** sind Vorrichtungen, die der wesentlichen Dämpfung des Mündungsknalls dienen und für Schusswaffen bestimmt sind;

1.4 Unbrauchbar gemachte Schusswaffen (Dekorationswaffen)

Schusswaffen sind **unbrauchbar** gemacht, wenn die zuständige Behörde eines Mitgliedstaates der Europäischen Union für diese Schusswaffen eine Bescheinigung nach Artikel 3 Absatz 4 der Durchführungsverordnung (EU) 2015/2403 der Kommission vom 15. Dezember 2015 zur Festlegung gemeinsamer Leitlinien über Deaktivierungsstandards und -techniken, die gewährleisten, dass Feuerwaffen bei der Deaktivierung **endgültig unbrauchbar** gemacht werden (ABl. L 333 vom 19.12.2015, S. 62), die zuletzt durch die Durchführungsverordnung (EU) 2018/337 (ABl. L 65 vom 8.3.2018, S. 1) geändert worden ist, ausgestellt hat und die zuständige Behörde die Schusswaffen gemäß Artikel 5 der Durchführungsverordnung (EU) 2015/2403 gekennzeichnet hat.

1.5 Salutwaffen

Salutwaffen sind

1.5.1 veränderte **Langwaffen**, die unter anderem für Theateraufführungen, Foto-, Film- oder Fernsehaufnahmen bestimmt sind, wenn sie die nachstehenden Anforderungen erfüllen:

a) das **Patronenlager** muss dauerhaft so verändert sein, dass **keine** Patronen- oder pyrotechnische **Munition geladen werden kann**,

b) der **Lauf** muss in dem dem Patronenlager zugekehrten Drittel mindestens sechs kalibergroße, offene **Bohrungen** oder andere gleichwertige Laufveränderungen aufweisen und vor diesen in Richtung der Laufmündung mit einem kalibergroßen gehärteten **Stahlstift** dauerhaft **verschlossen** sein,

c) der **Lauf muss mit dem Gehäuse fest verbunden** sein, sofern es sich um Waffen handelt, bei denen der Lauf ohne Anwendung von Werkzeugen ausgetauscht werden kann,

d) die Änderungen müssen so vorgenommen sein, dass sie **nicht** mit allgemein gebräuchlichen Werkzeugen **rückgängig gemacht** und die Gegenstände nicht so geändert **werden können**, dass aus ihnen Geschosse, Patronen- oder pyrotechnische Munition verschossen werden können, und

e) der **Verschluss** muss ein **Kennzeichen** nach Abbildung 11 der Anlage II zur Beschussverordnung tragen;

1.5.2 Schusswaffen, die **vor dem 1. April 1976** entsprechend den Anforderungen des § 3 der Ersten Verordnung zum Waffengesetz vom 19. Dezember 1972 (BGBl. I S. 2522) **verändert** worden sind;

1.6 Anscheinswaffen

Anscheinswaffen sind

1.6.1 Schusswaffen, die ihrer äußeren Form nach im Gesamterscheinungsbild den **Anschein von Feuerwaffen** (Anlage 1 Abschnitt 1 Unterabschnitt 1 Nr. 2.1) hervorrufen und bei denen zum Antrieb der Geschosse **keine heißen Gase** verwendet werden,

1.6.2 Nachbildungen von Schusswaffen mit dem Aussehen von Schusswaffen nach Nummer 1.6.1 oder

1.6.3 unbrauchbar gemachte Schusswaffen mit dem Aussehen von Schusswaffen nach Nummer 1.6.1.

Ausgenommen sind solche Gegenstände, die **erkennbar** nach ihrem Gesamterscheinungsbild **zum Spiel oder für Brauchtumsveranstaltungen bestimmt** sind oder die Teil einer kulturhistorisch bedeutsamen Sammlung im Sinne des § 17 sind oder werden sollen oder Schusswaffen, für die gemäß § 10 Abs. 4 eine Erlaubnis zum Führen erforderlich ist. Erkennbar nach ihrem Gesamterscheinungsbild **zum Spiel bestimmt** sind insbesondere Gegenstände, deren **Größe** die einer entsprechenden Feuerwaffe **um 50 Prozent über- oder unterschreiten**, **neonfarbene Materialien** enthalten oder **keine Kennzeichnungen von Feuerwaffen** aufweisen.

2. Arten von Schusswaffen

2.1 Feuerwaffen; dies sind Schusswaffen nach Nummer 1.1, bei denen ein Geschoss mittels heißer Gase durch einen oder aus einem Lauf getrieben wird.

2.2 Automatische Schusswaffen; dies sind Schusswaffen, die nach Abgabe eines Schusses selbsttätig erneut schussbereit werden und bei denen aus demselben Lauf durch einmalige Betätigung des Abzuges oder einer anderen

Schussauslösevorrichtung mehrere Schüsse abgegeben werden können (**Vollautomaten**) oder durch einmalige Betätigung des Abzuges oder einer anderen Schussauslösevorrichtung jeweils nur ein Schuss abgegeben werden kann (**Halbautomaten**). Als automatische Schusswaffen gelten auch Schusswaffen, die mit allgemein gebräuchlichen Werkzeugen in automatische Schusswaffen geändert werden können. Als Vollautomaten gelten auch in Halbautomaten geänderte Vollautomaten, die mit den in Satz 2 genannten Hilfsmitteln wieder in Vollautomaten zurückgeändert werden können.

Double-Action-Revolver sind **keine halbautomatischen Schusswaffen**. Beim Double-Action-Revolver wird bei Betätigung des Abzuges durch den Schützen die Trommel weitergedreht, so dass das nächste Lager mit einer neuen Patrone vor den Lauf und den Schlagbolzen zu liegen kommt, und gleichzeitig die Feder gespannt. Beim weiteren Durchziehen des Abzuges schnellt der Hahn nach vorn und löst den Schuss aus.

2.3 Repetierwaffen; dies sind Schusswaffen, bei denen das Zuführen der Patrone aus einem Magazin, das Abfeuern und das Entfernen der Patrone oder Patronenhülse mit Hilfe eines nur von Hand zu betätigenden Mechanismus erfolgt.

2.4 Einzelladerwaffen; dies sind Schusswaffen ohne Magazin mit einem oder mehreren Läufen, die vor jedem Schuss aus demselben Lauf von Hand geladen werden.

2.5 Langwaffen; dies sind Schusswaffen, deren Lauf und Verschluss in geschlossener Stellung insgesamt länger als 30 cm sind **und** deren kürzeste **bestimmungsgemäß** verwendbare Gesamtlänge 60 cm überschreitet;

Kurzwaffen sind alle anderen Schusswaffen.

2.6 Schreckschusswaffen; dies sind Schusswaffen mit einem Kartuschenlager, die zum Abschießen von Kartuschenmunition bestimmt sind.

2.7 Reizstoffwaffen; dies sind Schusswaffen mit einem Patronen- oder Kartuschenlager, die zum Verschießen von Reiz- oder anderen Wirkstoffen bestimmt sind.

2.8 Signalwaffen; dies sind Schusswaffen mit einem Patronen- oder Kartuschenlager oder tragbare Gegenstände nach Nummer 1.2.1, die zum Verschießen pyrotechnischer Munition bestimmt sind.

2.9 Druckluft- und Federdruckwaffen und Waffen, bei denen zum Antrieb der Geschosse kalte Treibgase verwendet werden; Federdruckwaffen sind Schusswaffen, bei denen entweder Federkraft direkt ein Geschoss antreibt (auch als Federkraftwaffen bezeichnet) oder ein federbelasteter Kolben in einem Zylinder bewegt wird und ein vom Kolben erzeugtes Luftpolster das Geschoss antreibt.

Druckluftwaffen sind Schusswaffen, bei denen Luft in einen Druckbehälter vorkomprimiert und gespeichert sowie über ein Ventilsystem zum Geschossantrieb freigegeben wird. Waffen, bei denen zum Antrieb der Geschosse kalte Treibgase Verwendung finden, sind z. B. Druckgaswaffen.

3. Weitere Begriffe zu den wesentlichen Teilen

3.1 Austauschläufe sind Läufe für ein bestimmtes Waffenmodell oder -system, die ohne Nacharbeit ausgetauscht werden können.

3.2 Wechselläufe sind Läufe, die für eine bestimmte Waffe zum Austausch des vorhandenen Laufes vorgefertigt sind und die noch eingepasst werden müssen.

3.3 Einsteckläufe sind Läufe ohne eigenen Verschluss, die in die Läufe von Waffen größeren Kalibers eingesteckt werden können.

3.4 Wechseltrommeln sind Trommeln für ein bestimmtes Revolvermodell, die ohne Nacharbeit gewechselt werden können.

3.5 Wechselsysteme sind Austauschläufe einschließlich des für sie bestimmten Verschlusses sowie der für sie bestimmten Gehäuseteile, sofern diese Gehäuseteile technisch erforderlich sind und Austauschlauf, Verschluss und Gehäuseteile in ihrer Gesamtheit keine bestimmungsgemäß verwendbare Waffe ergeben.

3.6 Einstecksysteme sind Einsteckläufe einschließlich des für sie bestimmten Verschlusses sowie der für sie bestimmten Gehäuseteile, sofern diese Gehäuseteile technisch erforderlich sind und Einstecklauf, Verschluss und Gehäuseteile in ihrer Gesamtheit keine bestimmungsgemäß verwendbare Waffe ergeben.

3.7 Einsätze sind Teile, die den Innenmaßen des Patronenlagers der Schusswaffe angepasst und zum Verschießen von Munition kleinerer Abmessungen bestimmt sind.

4. Sonstige Vorrichtungen für Schusswaffen

4.1 Zielscheinwerfer sind für Schusswaffen bestimmte Vorrichtungen, die das Ziel beleuchten. Ein Ziel wird dann beleuchtet, wenn es mittels Lichtstrahlen bei ungünstigen Lichtverhältnissen oder Dunkelheit für den Schützen erkennbar dargestellt wird. Dabei ist es unerheblich, ob das Licht sichtbar oder unsichtbar (z. B. infrarot) ist und ob der Schütze weitere Hilfsmittel für die Zielerkennung benötigt.

4.2 Laser oder Zielpunktprojektoren sind für Schusswaffen bestimmte Vorrichtungen, die das Ziel markieren. Ein Ziel wird markiert, wenn auf diesem für den Schützen erkennbar ein Zielpunkt projiziert wird.

4.3 Nachtsichtgeräte oder Nachtzielgeräte sind für Schusswaffen bestimmte Vorrichtungen, die eine elektronische Verstärkung oder einen Bildwandler und eine Montageeinrichtung für Schusswaffen besitzen. Zu Nachtzielgeräten zählen auch Nachtsichtvorsätze und Nachtsichtaufsätze für Zielhilfsmittel (Zielfernrohre).

4.4 Magazine sind für die Verwendung in Schusswaffen bestimmte Munitionsbehältnisse, die der Aufbewahrung und Zuführung von Patronen im Rahmen des Ladevorgangs dienen.

4.4.1 Eingebaut sind Magazine, die während ihrer Befüllung bestimmungsgemäß mit der Schusswaffe verbunden bleiben.

4.4.2 Wechselmagazine sind Magazine, die während ihrer Befüllung bestimmungsgemäß von der Schusswaffe getrennt werden.

4.4.3 Magazingehäuse sind diejenigen Bestandteile von Wechselmagazinen, die dazu bestimmt sind, die Patronen aufzunehmen.

5. Reizstoffe sind Stoffe, die bei ihrer bestimmungsgemäßen Anwendung auf den Menschen eine belästigende Wirkung durch Haut- und Schleimhautreizung, insbesondere durch einen Augenreiz ausüben und resorptiv nicht giftig wirken.

6. Nachbildungen von Schusswaffen sind Gegenstände,

- die nicht als Schusswaffen hergestellt wurden,
- die die äußere Form einer Schusswaffe haben,
- aus denen nicht geschossen werden kann und
- die nicht mit allgemein gebräuchlichen Werkzeugen so umgebaut oder verändert werden können, dass aus ihnen Munition, Ladungen oder Geschosse verschossen werden können.

Unterabschnitt 2: Tragbare Gegenstände

1. Tragbare Gegenstände nach § 1 Abs. 2 Nr. 2 Buchstabe a sind insbesondere

1.1 Hieb- und Stoßwaffen (Gegenstände, die ihrem Wesen nach dazu bestimmt sind, unter unmittelbarer Ausnutzung der Muskelkraft durch Hieb, Stoß, Stich, Schlag oder Wurf Verletzungen beizubringen),

1.2 Gegenstände,

1.2.1 die unter Ausnutzung einer anderen als mechanischen Energie Verletzungen beibringen (z. B. **Elektroimpulsgeräte**),

1.2.2 aus denen Reizstoffe versprüht oder ausgestoßen werden, die eine Reichweite bis zu 2 m haben (**Reizstoffsprühgeräte**),

1.2.3 bei denen in einer Entfernung von mehr als 2 m bei Menschen

a) eine angriffsunfähig machende Wirkung durch ein gezieltes Versprühen oder Ausstoßen von Reiz- oder anderen Wirkstoffen oder

b) eine gesundheitsschädliche Wirkung durch eine andere als kinetische Energie, insbesondere durch ein gezieltes Ausstrahlen einer elektromagnetischen Strahlung,

hervorgerufen werden kann,

1.2.4 bei denen gasförmige, flüssige oder feste Stoffe den Gegenstand gezielt und brennend mit einer Flamme von mehr als 20 cm Länge verlassen,

1.2.5 bei denen leicht entflammbare Stoffe so verteilt und entzündet werden, dass schlagartig ein Brand entstehen kann, oder in denen unter Verwendung explosions-gefährlicher oder explosionsfähiger Stoffe eine Explosion ausgelöst werden kann,

1.2.6 die nach ihrer Beschaffenheit und Handhabung dazu bestimmt sind, durch Drosseln die Gesundheit zu schädigen,

1.3 Schleudern, die zur Erreichung einer höchstmöglichen Bewegungsenergie eine Armstütze oder eine vergleichbare Vorrichtung besitzen oder für eine solche Vorrichtung eingerichtet sind (Präzisionsschleudern), sowie Armstützen und vergleichbare Vorrichtungen für die vorbezeichneten Gegenstände.

2. Tragbare Gegenstände im Sinne des § 1 Abs. 2 Nr. 2 Buchstabe b sind

2.1 Messer,

2.1.1 deren Klingen auf Knopf- oder Hebeldruck hervorschnellen und hierdurch oder beim Loslassen der Sperrvorrichtung festgestellt werden können (Springmesser),

2.1.2 deren Klingen beim Lösen einer Sperrvorrichtung durch ihre Schwerkraft oder durch eine Schleuderbewegung aus dem Griff hervorschnellen und selbsttätig oder beim Loslassen der Sperrvorrichtung festgestellt werden (Fallmesser),

2.1.3 mit einem quer zur feststehenden oder feststellbaren Klinge verlaufenden Griff, die bestimmungsgemäß in der geschlossenen Faust geführt oder eingesetzt werden (Faustmesser),

2.1.4 Faltmesser mit zweigeteilten, schwenkbaren Griffen (Butterflymesser),

2.2 Gegenstände, die bestimmungsgemäß unter Ausnutzung einer anderen als mechanischen Energie Tieren Schmerzen beibringen (z. B.

Elektroimpulsgeräte), mit Ausnahme der ihrer Bestimmung entsprechend im Bereich der Tierhaltung oder bei der sachgerechten Hundeausbildung Verwendung findenden Gegenstände (z. B. Viehtreiber).

Unterabschnitt 3: Munition und Geschosse

1. **Munition** ist zum Verschießen aus Schusswaffen bestimmte

1.1 Patronenmunition (Hülsen mit Ladungen, die ein Geschoss enthalten, und Geschosse mit Eigenantrieb),

1.2 Kartuschenmunition (Hülsen mit Ladungen, die ein Geschoss nicht enthalten),

1.3 hülsenlose Munition (Ladung mit oder ohne Geschoss, wobei die Treibladung eine den Innenabmessungen einer Schusswaffe oder eines Gegenstandes nach Unterabschnitt 1 Nr. 1.2 angepasste Form hat),

1.4 pyrotechnische Munition (dies sind Gegenstände, die Geschosse mit explosionsgefährlichen Stoffen oder Stoffgemischen [pyrotechnische Sätze] enthalten, die Licht-, Schall-, Rauch-, Nebel-, Heiz-, Druck- oder Bewegungswirkungen erzeugen und keine zweckbestimmte Durchschlagskraft im Ziel entfalten); hierzu gehört

1.4.1 pyrotechnische Patronenmunition (Patronenmunition, bei der das Geschoss einen pyrotechnischen Satz enthält),

1.4.2 unpatronierte pyrotechnische Munition (Geschosse, die einen pyrotechnischen Satz enthalten),

1.4.3 mit der Antriebsvorrichtung fest verbundene pyrotechnische Munition.

2. Ladungen sind die Hauptenergieträger, die in loser Schüttung in Munition oder als vorgefertigte Ladung oder in loser Form in Waffen nach Unterabschnitt 1 Nr. 1.1 oder Gegenstände nach Unterabschnitt 1 Nr. 1.2.1 eingegeben werden und

- zum Antrieb von Geschossen oder Wirkstoffen oder

- zur Erzeugung von Schall- oder Lichtimpulsen

bestimmt sind, sowie Anzündsätze, die direkt zum Antrieb von Geschossen dienen.

3. Geschosse im Sinne dieses Gesetzes sind als Waffen oder für Schusswaffen bestimmte

3.1 feste Körper,

3.2 gasförmige, flüssige oder feste Stoffe in Umhüllungen.

Abschnitt 2: Waffenrechtliche Begriffe

Im Sinne dieses Gesetzes

1. **erwirbt** eine Waffe oder Munition, wer die tatsächliche Gewalt darüber erlangt,

2. **besitzt** eine Waffe oder Munition, wer die tatsächliche Gewalt darüber ausübt,

3. **überlässt** eine Waffe oder Munition, wer die tatsächliche Gewalt darüber einem anderen einräumt,

4. **führt** eine Waffe, wer die tatsächliche Gewalt darüber außerhalb der eigenen Wohnung, Geschäftsräume, des eigenen befriedeten Besitztums oder einer Schießstätte ausübt,

5. **verbringt** eine Waffe oder Munition, wer diese Waffe oder Munition über die Grenze zum dortigen Verbleib oder mit dem Ziel des Besitzwechsels in den, durch den oder aus dem Geltungsbereich des Gesetzes zu einer anderen Person oder zu sich selbst transportieren lässt oder selbst transportiert,

6. **nimmt** eine Waffe oder Munition **mit**, wer diese Waffe oder Munition vorübergehend auf einer Reise ohne Aufgabe des Besitzes zur Verwendung über die Grenze in den, durch den oder aus dem Geltungsbereich des Gesetzes bringt,

7. **schießt**, wer mit einer Schusswaffe Geschosse durch einen Lauf verschießt, Kartuschenmunition abschießt, mit Patronen- oder Kartuschenmunition Reiz- oder andere Wirkstoffe verschießt oder pyrotechnische Munition verschießt,

8.

8.1 werden Waffen oder Munition **hergestellt**, wenn aus Rohteilen oder Materialien ein Endprodukt oder wesentliche Teile eines Endproduktes erzeugt werden oder bei einer Waffe das führende wesentliche Teil durch ein Teil, das noch nicht in einer Waffe verbaut war, ersetzt wird; eine Schusswaffe ist hergestellt, wenn sie weißfertig im Sinne von § 2 Absatz 5 des Beschussgesetzes ist oder der Austausch des führenden wesentlichen Teils abgeschlossen ist; als Herstellen von Munition gilt auch das Wiederladen von Hülsen,

8.1a ist eine Waffe **fertiggestellt**, sobald sie mit dem amtlichen Beschusszeichen nach § 6 des Beschussgesetzes versehen wurde oder, sofern die Waffe nicht der amtlichen Beschussprüfung unterliegt, sobald sie zum Inverkehrbringen bereitgehalten wird,

8.2 wird eine Schusswaffe **bearbeitet**, wenn

8.2.1 sie verkürzt, in der Schussfolge verändert oder so geändert wird, dass andere Munition oder Geschosse anderer Kaliber aus ihr verschossen werden können (**Umbau**),

8.2.2 **wesentliche Teile**, zu deren Einpassung eine Nacharbeit erforderlich ist, **ausgetauscht** werden, sofern nicht Nummer 8.1 zutrifft,

8.2.3 Arbeiten an der Schusswaffe durchgeführt werden, die eine **Beschusspflicht** gemäß § 3 Absatz 2 des Beschussgesetzes auslösen, wenn nicht die Nummern 8.1, 8.2.1 oder 8.2.2 zutreffen (**Instandsetzung**); eine Schusswaffe wird nicht bearbeitet, wenn lediglich geringfügige Änderungen, insbesondere am Schaft oder an der Zieleinrichtung, vorgenommen werden,

8.3 wird eine Schusswaffe **unbrauchbar gemacht**, wenn an ihr die Maßnahmen des Anhangs I Tabelle II bis III der Durchführungsverordnung (EU) 2015/2403 durchgeführt werden,

9. treibt **Waffenhandel**, wer gewerbsmäßig oder selbstständig im Rahmen einer wirtschaftlichen Unternehmung Schusswaffen oder Munition ankauft, feilhält, Bestellungen entgegennimmt oder aufsucht, anderen überlässt oder den Erwerb, den Vertrieb oder das Überlassen vermittelt,

10. sind **Kinder** Personen, die noch nicht 14 Jahre alt sind,

11. sind **Jugendliche** Personen, die mindestens 14, aber noch nicht 18 Jahre alt sind;

12. ist eine Waffe **schussbereit**, wenn sie geladen ist, das heißt, dass Munition oder Geschosse in der Trommel, im in die Waffe eingefügten Magazin oder im Patronen- oder Geschosslager sind, auch wenn sie nicht gespannt ist;

13. ist eine **Schusswaffe** **zugriffsbereit**, wenn sie unmittelbar in Anschlag gebracht werden kann; sie ist **nicht zugriffsbereit**, wenn sie in einem verschlossenen Behältnis mitgeführt wird; ein **Messer** ist **nicht zugriffsbereit**, wenn es nur mit **mehr als drei Handgriffen erreicht** werden kann,

14. sind **Mitgliedsstaaten** die Mitgliedsstaaten der Europäischen Union und gelten als Mitgliedsstaaten auch die Vertragsstaaten des Schengener Übereinkommens.

Abschnitt 3: Einteilung der Schusswaffen oder Munition in die Kategorien A bis C nach der Richtlinie 91/477/EWG des Rates vom 18. Juni 1991 über die Kontrolle des Erwerbs und des Besitzes von Waffen (ABl. L 256 vom 13.9.1991, S. 51), die zuletzt durch die Richtlinie (EU) 2017/853 des Europäischen Parlaments und des Rates vom 17. Mai 2017 (ABl. L 137 vom 24.5.2017, S. 22) geändert worden ist

1. Kategorie A

1.1 Kriegsschusswaffen der Nummern 29 und 30 der Kriegswaffenliste (Anlage zu § 1 Abs. 1 des Gesetzes über die Kontrolle von Kriegswaffen),
1.2 vollautomatische Schusswaffen,

1.3 als anderer Gegenstand getarnte Schusswaffen,

1.4 Pistolen- und Revolvermunition mit Expansivgeschossen sowie Geschosse für diese Munition mit Ausnahme solcher für Jagd- und Sportwaffen von Personen, die zur Benutzung dieser Waffen befugt sind,

1.5 panzerbrechende Munition, Munition mit Spreng- und Brandsätzen und Munition mit Leuchtspursätzen sowie Geschosse für diese Munition, soweit die Munition oder die Geschosse nicht von dem Gesetz über die Kontrolle von Kriegswaffen erfasst sind,

1.6 automatische Feuerwaffen, die zu halbautomatischen Feuerwaffen umgebaut wurden, unbeschadet des Artikels 7 Absatz 4a der Richtlinie 91/477/EWG des Rates vom 18. Juni 1991 über die Kontrolle des Erwerbs und des Besitzes von Waffen (ABl. L 256 vom 13.9.1991, S. 51), die zuletzt durch die Richtlinie (EU) 2017/853 des Europäischen Parlaments und des Rates vom 17. Mai 2017 (ABl. L 137 vom 24.5.2017, S. 22) geändert worden ist,

1.7 jede der folgenden halbautomatischen Zentralfeuerwaffen:

1.7.1 Kurz-Feuerwaffen, mit denen ohne Nachladen mehr als 21 Schüsse abgegeben werden können, sofern eine Ladevorrichtung mit einer Kapazität von mehr als 20 Patronen in diese Feuerwaffe eingebaut ist oder eine abnehmbare Ladevorrichtung mit einer Kapazität von mehr als 20 Patronen eingesetzt wird,

1.7.2 Lang-Feuerwaffen, mit denen ohne Nachladen mehr als elf Schüsse abgegeben werden können, sofern eine Ladevorrichtung mit einer Kapazität von mehr als zehn Patronen in diese Feuerwaffe eingebaut ist oder eine abnehmbare Ladevorrichtung mit einer Kapazität von mehr als zehn Patronen eingesetzt wird,

1.8 halbautomatische Lang-Feuerwaffen, die ursprünglich als Schulterwaffen vorgesehen sind und die ohne Funktionseinbuße mithilfe eines Klapp- oder Teleskopschafts oder eines ohne Verwendung eines Werkzeugs abnehmbaren Schafts auf eine Länge unter 60 cm gekürzt werden können,

1.9 sämtliche Feuerwaffen dieser Kategorie, die für das Abfeuern von Platzpatronen, Reizstoffen, sonstigen aktiven Substanzen oder pyrotechnischer Munition oder in Salutwaffen oder akustische Waffen umgebaut wurden.

2. Kategorie B

2.1 kurze Repetierfeuerwaffen,

2.2 kurze Einzellader-Feuerwaffen für Munition mit Zentralfeuerzündung,

2.3 kurze Einzellader-Feuerwaffen für Munition mit Randfeuerzündung mit einer Gesamtlänge von weniger als 28 cm,

2.4 halbautomatische Lang-Feuerwaffen, deren Ladevorrichtung und Patronenlager zusammen bei Randfeuerwaffen mehr als drei Patronen und bei Zentralfeuerwaffen mehr als drei aber weniger als zwölf Patronen aufnehmen können,

2.5 halbautomatische Kurz-Feuerwaffen, die nicht unter Nummer 1.7.1 aufgeführt sind,

2.6 halbautomatische Lang-Feuerwaffen, die unter Nummer 1.7.2 aufgeführt sind, deren Ladevorrichtung und Patronenlager zusammen nicht mehr als drei Patronen aufnehmen können, deren Ladevorrichtung auswechselbar ist oder bei denen nicht sichergestellt ist, dass sie mit allgemein gebräuchlichen Werkzeugen nicht zu Waffen, deren Ladevorrichtung und Patronenlager zusammen mehr als drei Patronen aufnehmen können, umgebaut werden können,

2.7 lange Repetier- und halbautomatische Lang-Feuerwaffen, jeweils mit glattem Lauf, deren Lauf nicht länger als 60 cm ist,

2.8 sämtliche Feuerwaffen dieser Kategorie, die für das Abfeuern von Platzpatronen, Reizstoffen, sonstigen aktiven Substanzen oder pyrotechnischer Munition oder in Salutwaffen oder akustische Waffen umgebaut wurden,

2.9 halbautomatische Feuerwaffen für den zivilen Gebrauch, die wie vollautomatische Waffen aussehen und die nicht unter den Nummern 1.6, 1.7 oder 1.8 aufgeführt sind.

3. Kategorie C

3.1 andere lange Repetier-Feuerwaffen als die, die unter Nummer 2.7 aufgeführt sind,

3.2 lange Einzellader-Feuerwaffen mit gezogenem Lauf/gezogenen Läufen,

3.3 andere halbautomatische Lang-Feuerwaffen als die, die unter Nummer 1 oder Nummer 2 aufgeführt sind,

3.4 kurze Einzellader-Feuerwaffen für Munition mit Randfeuerzündung, ab einer Gesamtlänge von 28 cm,

3.5 sämtliche Feuerwaffen dieser Kategorie, die für das Abfeuern von Platzpatronen, Reizstoffen, sonstigen aktiven Substanzen oder pyrotechnischer Munition oder in Salutwaffen oder akustische Waffen umgebaut wurden,

3.6 Feuerwaffen der Kategorien A oder B oder dieser Kategorie, die gemäß der Durchführungsverordnung (EU) 2015/2403 deaktiviert worden sind,

3.7 lange Einzellader-Feuerwaffen mit glattem Lauf oder glatten Läufen, die am oder nach dem 14. September 2018 in Verkehr gebracht wurden.

Anlage 2 (zu § 2 Abs. 2 bis 4) Waffenliste

Abschnitt 1: Verbotene Waffen

Der Umgang mit Ausnahme der Unbrauchbarmachung mit folgenden Waffen und Munition ist verboten:

1.1 Waffen (§ 1 Abs. 2), mit Ausnahme halbautomatischer tragbarer Schusswaffen, die in der Anlage zum Gesetz über die Kontrolle von Kriegswaffen (Kriegswaffenliste) in der Fassung der Bekanntmachung vom 22. November 1990 (BGBl. I S. 2506) oder deren Änderungen aufgeführt sind, nach Verlust der Kriegswaffeneigenschaft;

1.2 Schusswaffen im Sinne des § 1 Abs. 2 Nr. 1 nach den Nummern 1.2.1 bis 1.2.3 und deren Zubehör nach Nummer 1.2.4, die

1.2.1

1.2.1.1 **Vollautomaten** im Sinne der Anlage 1 Abschnitt 1 Unterabschnitt 1 Nr. 2.2 sind oder

1.2.1.2 Vorderschaftrepetierflinten, bei denen **anstelle** des Hinterschaftes ein **Kurzwaffengriff** vorhanden ist oder die **Waffengesamtlänge** in der **kürzest möglichen Verwendungsform weniger als 95 cm** oder die **Lauflänge weniger als 45 cm** beträgt, sind;

1.2.2 ihrer Form nach geeignet sind, einen anderen Gegenstand vorzutäuschen oder die mit Gegenständen des täglichen Gebrauchs verkleidet sind (z. B. Koppelschlosspistolen, Schießkugelschreiber, Stockgewehre, Taschenlampenpistolen);

1.2.3 über den für Jagd- und Sportzwecke allgemein üblichen Umfang hinaus zusammengeklappt, zusammengeschoben, verkürzt oder schnell zerlegt werden können;

1.2.4 **für Schusswaffen bestimmte**

1.2.4.1 Vorrichtungen sind, die das Ziel **beleuchten** (z. B. Zielscheinwerfer) oder **markieren** (z.B. Laser oder Zielpunktprojektoren);

1.2.4.2 Nachtsichtgeräte und Nachtzielgeräte **mit Montagevorrichtung für Schusswaffen** sowie Nachtsichtvorsätze und Nachtsichtaufsätze für Zielhilfsmittel (z.B. Zielfernrohre) sind, sofern die Gegenstände einen Bildwandler oder eine elektronische Verstärkung besitzen;

1.2.4.3 **Wechselmagazine** für **Kurzwaffen** für **Zentralfeuermunition** sind, die **mehr als 20 Patronen** des kleinsten nach Herstellerangabe bestimmungsgemäß verwendbaren Kalibers aufnehmen können;

1.2.4.4 **Wechselmagazine** für **Langwaffen** für **Zentralfeuermunition** sind, die **mehr als zehn Patronen** des kleinsten nach Herstellerangabe bestimmungsgemäß verwendbaren Kalibers aufnehmen können; ein Wechselmagazin, das sowohl in Kurz- als auch in Langwaffen verwendbar ist, gilt als Magazin für Kurzwaffen, wenn nicht der Besitzer gleichzeitig über eine Erlaubnis zum Besitz einer Langwaffe verfügt, in der das Magazin verwendet werden kann;

1.2.4.5 **Magazingehäuse für Wechselmagazine** nach den Nummern 1.2.4.3 und 1.2.4.4 sind;

1.2.5 mehrschüssige Kurzwaffen sind, deren Baujahr nach dem 1. Januar 1970 liegt, für **Zentralfeuermunition in Kalibern unter 6,3 mm**, wenn der Antrieb der Geschosse nicht ausschließlich durch den Zündsatz erfolgt;

1.2.6 **halbautomatische Kurzwaffen für Zentralfeuermunition** sind, die über ein **eingebautes Magazin** mit einer Kapazität von **mehr als 20 Patronen** des kleinsten nach Herstellerangabe bestimmungsgemäß verwendbaren Kalibers verfügen;

1.2.7 **halbautomatische Langwaffen für Zentralfeuermunition** sind, die über ein **eingebautes Magazin** mit einer Kapazität von **mehr als zehn Patronen** des kleinsten nach Herstellerangabe bestimmungsgemäß verwendbaren Kalibers verfügen;

1.2.8 nach diesem Abschnitt **verbotene Schusswaffen** sind, die **zu Salutwaffen** im Sinne von Anlage 1 Abschnitt 1 Unterabschnitt 1 Nummer 1.5 **umgebaut** worden sind;

1.3 Tragbare Gegenstände im Sinne des § 1 Abs. 2 Nr. 2 Buchstabe a nach den Nummern 1.3.1 bis 1.3.8

1.3.1 Hieb- oder Stoßwaffen, die ihrer Form nach geeignet sind, einen anderen Gegenstand vorzutäuschen, oder die mit Gegenständen des täglichen Gebrauchs verkleidet sind;

1.3.2 Stahlruten, Totschläger oder Schlagringe;

1.3.3 sternförmige Scheiben, die nach ihrer Beschaffenheit und Handhabung zum Wurf auf ein Ziel bestimmt und geeignet sind, die Gesundheit zu beschädigen (Wurfsterne);

1.3.4 Gegenstände, bei denen leicht entflammbare Stoffe so verteilt und entzündet werden, dass schlagartig ein Brand entstehen kann; oder in denen unter Verwendung explosionsgefährlicher oder explosionsfähiger Stoffe eine Explosion ausgelöst werden kann;

1.3.5 Gegenstände mit Reiz- oder anderen Wirkstoffen, es sei denn, dass die Stoffe als gesundheitlich unbedenklich amtlich zugelassen sind und die Gegenstände

- in der Reichweite und Sprühdauer begrenzt sind und

- zum Nachweis der gesundheitlichen Unbedenklichkeit, der Reichweiten- und der Sprühdauerbegrenzung ein amtliches Prüfzeichen tragen;

1.3.6 Gegenstände, die unter Ausnutzung einer anderen als mechanischen Energie Verletzungen beibringen (z. B. Elektroimpulsgeräte), sofern sie nicht als gesundheitlich unbedenklich amtlich zugelassen sind und ein amtliches Prüfzeichen tragen zum Nachweis der gesundheitlichen Unbedenklichkeit; sowie Distanz-Elektroimpulsgeräte, die mit dem Abschuss- oder Auslösegerät durch einen leitungsfähigen Flüssigkeitsstrahl einen Elektroimpuls übertragen oder durch Leitung verbundene Elektroden zur Übertragung eines Elektroimpulses am Körper aufbringen

1.3.7 Präzisionsschleudern nach Anlage 1 Abschnitt 1 Unterabschnitt 2 Nr. 1.3 sowie Armstützen und vergleichbare Vorrichtungen für die vorbezeichneten Gegenstände;

1.3.8 Gegenstände, die nach ihrer Beschaffenheit und Handhabung dazu bestimmt sind, durch Drosseln die Gesundheit zu schädigen (z. B. Nunchakus);

1.4 Tragbare Gegenstände im Sinne des § 1 Abs. 2 Nr. 2 Buchstabe b nach den Nummern 1.4.1 bis 1.4.4

1.4.1 Spring- und Fallmesser nach Anlage 1 Abschnitt 1 Unterabschnitt 2 Nr. 2.1.1 und 2.1.2. Hiervon **ausgenommen** sind **Springmesser**, wenn die Klinge **seitlich aus dem Griff** herausspringt und der aus dem Griff herausragende **Teil der Klinge**

- **höchstens 8,5 cm lang** ist und

- **nicht zweiseitig geschliffen** ist,

soweit ein **berechtigtes Interesse** besteht, das eine einhändige Nutzung erforderlich macht, oder der Umgang im **Zusammenhang mit der Berufsausübung** erfolgt;

1.4.2 Faustmesser nach Anlage 1 Abschnitt 1 Unterabschnitt 2 Nr. 2.1.3,

1.4.3 Butterflymesser nach Anlage 1 Abschnitt 1 Unterabschnitt 2 Nr. 2.1.4,

1.4.4 Gegenstände, die unter Ausnutzung einer anderen als mechanischen Energie Tieren Verletzungen beibringen (z. B. Elektroimpulsgeräte), sofern sie nicht als gesundheitlich unbedenklich amtlich zugelassen sind und ein amtliches Prüfzeichen tragen zum Nachweis der gesundheitlichen Unbedenklichkeit oder bestimmungsgemäß in der Tierhaltung Verwendung finden.

1.5 Munition und Geschosse nach den Nummern 1.5.1 bis 1.5.7

1.5.1 Geschosse mit Betäubungsstoffen, die zu Angriffs- oder Verteidigungszwecken bestimmt sind;

1.5.2 Geschosse oder Kartuschenmunition mit Reizstoffen, die zu Angriffs- oder Verteidigungszwecken bestimmt sind ohne amtliches Prüfzeichen zum Nachweis der gesundheitlichen Unbedenklichkeit;

1.5.3 Patronenmunition für Schusswaffen mit gezogenen Läufen, deren Geschosse im Durchmesser kleiner sind als die Felddurchmesser der dazugehörigen Schusswaffen und die mit einer Treib- und Führungshülse umgeben sind, die sich nach Verlassen des Laufes vom Geschoss trennt;

1.5.4 Munition und Geschosse nach Anlage 1 Abschnitt 3 Nummer 1.5 sowie Munition mit Geschossen, die einen Hartkern (mindestens 400 HB 25 - Brinellhärte - bzw. 421 HV - Vickershärte -) enthalten, sowie entsprechende Geschosse, ausgenommen pyrotechnische Munition, die bestimmungsgemäß zur Signalgebung bei der Gefahrenabwehr dient;

1.5.5 Knallkartuschen, Reiz- und sonstige Wirkstoffmunition nach Tabelle 5 der Maßtafeln nach § 1 Abs. 3 Satz 3 der Dritten Verordnung zum Waffengesetz in der Fassung der Bekanntmachung vom 2. September 1991 (BGBl. I S. 1872), die zuletzt durch die Zweite Verordnung zur Änderung von waffenrechtlichen Verordnungen vom 24. Januar 2000 (BGBl. I S. 38) geändert wurde, in der jeweils geltenden Fassung (Maßtafeln), bei deren Verschießen in Entfernungen von mehr als 1,5 m vor der Mündung Verletzungen durch feste Bestandteile hervorgerufen werden können, ausgenommen Kartuschenmunition der Kaliber 16 und 12 mit einer Hülsenlänge von nicht mehr als 47 oder 49 mm;

1.5.6 Kleinschrotmunition, die in Lagern nach Tabelle 5 der Maßtafeln mit einem Durchmesser P(tief)1 bis 12,5 mm geladen werden kann;

1.5.7 Munition, die zur ausschließlichen Verwendung in Kriegswaffen oder durch die in § 55 Abs. 1 Satz 1 bezeichneten Stellen bestimmt ist, soweit die Munition nicht unter die Vorschriften des Gesetzes über die Kontrolle von Kriegswaffen oder des Sprengstoffgesetzes fällt.

Abschnitt 2: Erlaubnispflichtige Waffen

Unterabschnitt 1: Erlaubnispflicht

Der Umgang, ausgenommen das Überlassen, mit Waffen im Sinne des § 1 Absatz 2 Nummer 1 (Anlage 1 Abschnitt 1 Unterabschnitt 1 **Nummer 1 bis 4.3**) und der dafür bestimmten Munition bedarf der Erlaubnis, soweit solche

Waffen oder Munition nicht nach Unterabschnitt 2 für die dort bezeichneten Arten des Umgangs von der Erlaubnispflicht freigestellt sind. In Unterabschnitt 3 sind die Schusswaffen oder Munition aufgeführt, bei denen die Erlaubnis unter erleichterten Voraussetzungen erteilt wird. Ist eine erlaubnispflichtige Feuerwaffe in eine Waffe umgearbeitet worden, deren Erwerb und Besitz unter erleichterten und wegfallenden Erlaubnisvoraussetzungen möglich wäre, so richtet sich die Erlaubnispflicht nach derjenigen für die ursprüngliche Waffe, soweit nicht etwas anderes bestimmt ist.

Unterabschnitt 2: Erlaubnisfreie Arten des Umgangs

1. Erlaubnisfreier Erwerb und Besitz

1.1 **Druckluft-, Federdruckwaffen und Waffen**, bei denen zum Antrieb der Geschosse **kalte Treibgase** Verwendung finden, wenn den Geschossen eine Bewegungsenergie von **nicht mehr als 7,5 Joule** erteilt wird, und die das **Kennzeichen nach Anlage 1 Abbildung 1** zur Ersten Verordnung zum Waffengesetz vom 24. Mai 1976 (BGBl. I S. 1285) in der zum Zeitpunkt des Inkrafttretens dieses Gesetzes geltenden Fassung oder ein durch **Rechtsverordnung nach § 25 Nummer 1 bestimmtes Zeichen** tragen, sofern

a) diese nicht nach ihrer Beschaffenheit in Bezug auf Geschosse mit einer Länge von mehr als 30 mm mehrschüssig sind und

b) die Bestätigung zum Aufbringen des Kennzeichens nach § 11 Absatz 6 Satz 4 der Beschussverordnung oder das Aufbringen des Kennzeichens nach § 11 Absatz 6 Satz 5 der Beschussverordnung nicht vor dem 24. Juli 2025 erfolgt ist;

1.2 Druckluft-, Federdruckwaffen und Waffen, bei denen zum Antrieb der Geschosse kalte Treibgase Verwendung finden, die vor dem 1. Januar 1970 oder in dem in Artikel 3 des Einigungsvertrages genannten Gebiet vor dem 2. April 1991 hergestellt und entsprechend den zu diesem Zeitpunkt geltenden Bestimmungen in den Handel gebracht worden sind;

1.3 **Schreckschuss-, Reizstoff- und Signalwaffen**,

a) die der zugelassenen Bauart nach § 8 des Beschussgesetzes entsprechen und das **Zulassungszeichen** nach Anlage 1 Abbildung 2 zur Ersten Verordnung zum Waffengesetz vom 24. Mai 1976 (BGBl. I S. 1285) in der zum Zeitpunkt des Inkrafttretens dieses Gesetzes gelten- den Fassung oder ein durch Rechtsverordnung nach § 25 Nummer 1 bestimmtes Zeichen tragen oder

b) die den **Rechtsvorschriften eines anderen Mitgliedstaates** entsprechen, die dieser der Europäischen Kommission nach Artikel 4 Absatz 2 der Durchführungsrichtlinie (EU) 2019/69 der Kommission vom 16. Januar 2019 zur Festlegung technischer Spezifikationen für Schreckschuss- und Signalwaffen gemäß der Richtlinie 91/477/EWG des Rates über die Kontrolle des Erwerbs und des Besitzes von Waffen als Maßnahme zur Umsetzung dieser Durchführungsrichtlinie mitgeteilt hat;

1.4 Kartuschenmunition für die in Nummer 1.3 bezeichneten Schusswaffen;

1.5 **einläufige** Einzelladerwaffen mit Zündhütchenzündung (Perkussionswaffen), deren Modell vor dem 1. Januar 1871 entwickelt worden ist;

1.6 Schusswaffen mit Lunten- oder Funkenzündung, deren Modell vor dem 1. Januar 1871 entwickelt worden ist;

1.7 Schusswaffen mit Zündnadelzündung, deren Modell vor dem 1. Januar 1871 entwickelt worden ist;

1.8 Armbrüste;

1.9 Kartuschenmunition für die nach Anlage 1 Abschnitt 1 Unterabschnitt 1 Nummer 1.5 abgeänderten Schusswaffen sowie für Schussapparate nach § 7 des Beschussgesetzes;

1.10 pyrotechnische Munition, die das Zulassungszeichen nach Anlage II Abbildung 5 zur Dritten Verordnung zum Waffengesetz in der Fassung der Bekanntmachung vom 2. September 1991 (BGBl. I S. 1872) mit der Klassenbezeichnung PM I trägt.

2. Erlaubnisfreier Erwerb durch Inhaber einer Waffenbesitzkarte (unbeschadet der Anzeige- und Eintragungspflicht nach § 37a und 37g)

2.1 Wechsel- und Austauschläufe gleichen oder geringeren Kalibers einschließlich der für diese Läufe erforderlichen auswechselbaren Verschlüsse (Wechselsysteme);

2.2 Wechseltrommeln, aus denen nur Munition verschossen werden kann, bei der gegenüber der für die Waffe bestimmten Munition Geschossdurchmesser und höchstzulässiger Gebrauchsgasdruck gleich oder geringer sind;

für Schusswaffen, die bereits in der Waffenbesitzkarte des Inhabers einer Erlaubnis eingetragen sind.

2a. Erlaubnisfreier Erwerb und Besitz durch Inhaber einer Waffenbesitzkarte

Einsteckläufe und dazugehörige Verschlüsse (Einstecksysteme) sowie Einsätze, die dazu bestimmt sind, Munition mit kleinerer Abmessung zu verschießen, und die keine Einsteckläufe sind;

für Schusswaffen, die bereits in der Waffenbesitzkarte des Inhabers einer Erlaubnis eingetragen sind.

2b. Erlaubnisfreier Erwerb und Besitz und erlaubnisfreies Überlassen unbeschadet der Anzeigepflicht nach § 37d von unbrauchbar gemachten Schusswaffen

3. Erlaubnisfreies Führen

3.1 Schusswaffen mit Lunten- oder Funkenzündung, deren Modell vor dem 1. Januar 1871 entwickelt worden ist;

3.2 Armbrüste.

3.3 unbrauchbar gemachte Schusswaffen.

4. Erlaubnisfreier Handel und erlaubnisfreie Herstellung

4.1 Schusswaffen mit Lunten- oder Funkenzündung, deren Modell vor dem 1. Januar 1871 entwickelt worden ist;

4.2 Armbrüste.

5. Erlaubnisfreier Handel

5.1 Einläufige Einzelladerwaffen mit Zündhütchenzündung (Perkussionswaffen), deren Modell vor dem 1. Januar 1871 entwickelt worden ist;

5.2 Schusswaffen mit Zündnadelzündung, deren Modell vor dem 1. Januar 1871 entwickelt worden ist.

5.3 unbrauchbar gemachte Schusswaffen.

6. Erlaubnisfreie nichtgewerbsmäßige Herstellung

6.1 Munition.

7. Erlaubnisfreies Verbringen und erlaubnisfreie Mitnahme in den, durch den oder aus dem Geltungsbereich des Gesetzes

7.1 Druckluft-, Federdruckwaffen und Waffen, bei denen zum Antrieb der Geschosse kalte Treibgase Verwendung finden, sofern sie den Voraussetzungen der Nummer 1.1 oder 1.2 entsprechen;

7.2 Schreckschuss-, Reizstoff- und Signalwaffen,

a) die der zugelassenen Bauart nach § 8 des Beschussgesetzes entsprechen und das Zulassungszeichen nach Anlage 1 Abbildung 2 zur Ersten Verordnung zum Waffengesetz vom 24. Mai 1976 (BGBl. I S. 1285) in der zum Zeitpunkt des Inkrafttretens dieses Gesetzes geltenden Fassung oder ein durch Rechtsverordnung nach § 25 Nummer 1 bestimmtes Zeichen tragen oder

b) die den Rechtsvorschriften eines anderen Mitgliedstaates entsprechen, die dieser der Europäischen Kommission nach Artikel 4 Absatz 2 der

Durchführungsrichtlinie (EU) 2019/69 der Kommission vom 16. Januar 2019 zur Festlegung technischer Spezifikationen für Schreckschuss- und Signalwaffen gemäß der Richtlinie 91/477/EWG des Rates über die Kontrolle des Erwerbs und des Besitzes von Waffen als Maßnahme zur Umsetzung dieser Durchführungsrichtlinie mitgeteilt hat;

7.3 unbrauchbar gemachte Schusswaffen;

7.4 Munition für die in Nummer 7.2 bezeichneten Waffen;

7.5 einläufige Einzelladerwaffen mit Zündhütchenzündung (Perkussionswaffen), deren Modell vor dem 1. Januar 1871 entwickelt worden ist;

7.6 Schusswaffen mit Lunten- oder Funkenzündung oder mit Zündnadelzündung, deren Modell vor dem 1. Januar 1871 entwickelt worden ist;

7.7 Armbrüste;

7.8 pyrotechnische Munition, die das Zulassungszeichen nach Anlage II Abbildung 5 zur Dritten Verordnung zum Waffengesetz in der Fassung der Bekanntmachung vom 2. September 1991 (BGBl. I S. 1872) mit der Klassenbezeichnung PM I trägt;

7.9 Kartuschenmunition für Salutwaffen nach Anlage 1 Abschnitt 1 Unterabschnitt 1 Nummer 1.5.1 sowie für Schussapparate nach § 7 des Beschussgesetzes.

8. Erlaubnisfreies Verbringen und erlaubnisfreie Mitnahme aus dem Geltungsbereich dieses Gesetzes in einen Staat, der nicht Mitgliedstaat ist (Drittstaat)

8.1 Sämtliche Waffen im Sinne des § 1 Absatz 2 und die hierfür bestimmte Munition. Außenwirtschaftsrechtliche Genehmigungspflichten, insbesondere nach der in § 48 Absatz 3a genannten Verordnung (EU) Nr. 258/2012, bleiben hiervon unberührt.

9. Erlaubnisfreies Verbringen aus dem Geltungsbereich des Gesetzes in andere Mitgliedstaaten

Sämtliche Waffen im Sinne des § 1 Absatz 2 Nummer 1 und der dafür bestimmten Munition mit Ausnahme von Waffen oder Munition gemäß Anlage 1 Abschnitt 3.

10. Erlaubnisfreie Unbrauchbarmachung unbeschadet der Anzeigepflicht nach § 37b Absatz 2

Sämtliche Schusswaffen im Sinne des § 1 Absatz 2 Nummer 1.

Unterabschnitt 3: Entbehrlichkeit einzelner Erlaubnisvoraussetzungen

1. Erwerb und Besitz ohne Bedürfnisnachweis (§ 4 Abs. 1 Nr. 4)

1.1 Feuerwaffen, deren Geschossen eine Bewegungsenergie von nicht mehr als 7,5 Joule erteilt wird und die das Kennzeichen nach Anlage 1 Abbildung 1 der Ersten Verordnung zum Waffengesetz vom 24. Mai 1976 (BGBl. I S. 1285) in der zum Zeitpunkt des Inkrafttretens dieses Gesetzes geltenden Fassung oder ein durch Rechtsverordnung nach § 25 Abs. 1 Nr. 1 Buchstabe c bestimmtes Zeichen tragen;

1.2 für Waffen nach Nummer 1.1 bestimmte Munition.

2. Führen ohne Sachkunde-, Bedürfnis- und Haftpflichtversicherungsnachweis (§ 4 Abs. 1 Nr. 3 bis 5) - Kleiner Waffenschein

2.1 Schreckschuss-, Reizstoff- und Signalwaffen nach Unterabschnitt 2 Nr. 1.3.

Abschnitt 3: Vom Gesetz ganz oder teilweise ausgenommene Waffen

Unterabschnitt 1: Vom Gesetz mit Ausnahme von § 2 Abs. 1 (Mindestalter) und § 41 (Waffenverbot für den Einzelfall) ausgenommene Waffen

Unterwassersportgeräte, bei denen zum Antrieb der Geschosse keine Munition verwendet wird (**Harpunengeräte**),

Unterabschnitt 2: Vom Gesetz mit Ausnahme des § 42a ausgenommene Waffen

1. **Schusswaffen** (Anlage 1 Abschnitt 1 Unterabschnitt 1 Nr. 1.1, ausgenommen Blasrohre),

a) die **zum Spiel bestimmt** sind, wenn aus ihnen nur Geschosse verschossen werden können, denen eine Bewegungsenergie von nicht mehr als 0,5 Joule (J) erteilt wird, es sei denn, sie können mit allgemein gebräuchlichen Werkzeugen so geändert werden, dass die Bewegungsenergie der Geschosse über 0,5 Joule (J) steigt, **oder**

b) die **Spielzeuge** im Sinne von Artikel 2 Absatz 1 der Richtlinie 2009/48/EG des Europäischen Parlaments und des Rates vom 18. Juni 2009 über die Sicherheit von Spielzeug (ABl. L 170 vom 30.6.2009, S. 1) sind, wenn sie

aa) die Anforderungen nach Artikel 10 in Verbindung mit Anhang II Ab- schnitt I Nummer 8 der Richtlinie 2009/48/EG in der jeweils geltenden Fassung erfüllen und

bb) die nach Artikel 16 Absatz 1 der Richtlinie 2009/48/EG **erforderliche Kennzeichnung** aufweisen.

2. Schusswaffen (Anlage 1 Abschnitt 1 Unterabschnitt 1 Nr. 1.1), bei denen feste Körper **durch Muskelkraft ohne Möglichkeit der Speicherung** der so eingebrachten Antriebsenergie durch eine Sperrvorrichtung angetrieben werden (z. B. Blasrohre).

3. Gegenstände, die **zum Spiel bestimmt** sind, wenn mit ihnen nur Zündblättchen, -bänder, -ringe (Amorces) oder Knallkorken abgeschossen werden können, es sei denn, sie können mit **allgemein gebräuchlichen Werkzeugen** in eine Schusswaffe oder einen anderen einer Schusswaffe gleichstehenden Gegenstand umgearbeitet werden.

4. **Nachbildungen** von Schusswaffen nach Anlage 1 Abschnitt 1 Unterabschnitt 1 Nr. 6.

14.2 Allgemeine WaffG-Verordnung (AWaffV)

Ausfertigungsdatum: 27.10.2003

Inkrafttreten der letzten Änderungen: 01.09.2020

Eingangsformel

Auf Grund des § 6 Abs. 4, § 7 Abs. 2, § 15 Abs. 7 Satz 2, § 22 Abs. 2, § 25 Abs. 1, § 27 Abs. 7 Satz 2, § 34 Abs. 6, § 36 Abs. 5 und § 47 des Waffengesetzes vom 11. Oktober 2002 (BGBl. I S. 3970, 4592, 2003 I S. 1957), jeweils auch in Verbindung mit Artikel 17 des Gesetzes vom 11. Oktober 2002 (BGBl. I S. 3970, 4013), verordnet das Bundesministerium des Innern:

§ 1 Umfang der Sachkunde

(1) Die in der Prüfung nach § 7 Abs. 1 des Waffengesetzes nachzuweisende Sachkunde umfasst ausreichende Kenntnisse

1. über die beim Umgang mit Waffen und Munition zu beachtenden Rechtsvorschriften des Waffenrechts, des Beschussrechts sowie der Notwehr und des Notstands,

2. auf waffentechnischem Gebiet über Schusswaffen (Langwaffen, Kurzwaffen und Munition) hinsichtlich Funktionsweise, sowie Innen- und Außenballistik, Reichweite und Wirkungsweise des Geschosses, bei verbotenen Gegenständen, die keine Schusswaffen sind, über die Funktions- und Wirkungsweise sowie die Reichweite,

3. über die sichere Handhabung von Waffen oder Munition einschließlich ausreichender Fertigkeiten im Schießen mit Schusswaffen.

(2) Die nach Absatz 1 nachzuweisenden Kenntnisse über Waffen und Munition brauchen nur für die beantragte Waffen- und Munitionsart und nur für den mit dem Bedürfnis geltend gemachten und den damit im Zusammenhang stehenden Zweck nachgewiesen werden.

(3) Wird eine Erlaubnis nach § 26 des Waffengesetzes beantragt, so umfasst die nachzuweisende Sachkunde außer waffentechnischen Kenntnissen auch Werkstoff-, Fertigungs- und Ballistikkenntnisse.

§ 2 Prüfung

(1) Die zuständige Behörde bildet für die Abnahme der Prüfung Prüfungsausschüsse.

(2) Ein Prüfungsausschuss besteht aus dem Vorsitzenden und zwei Beisitzern. Die Mitglieder müssen sachkundig sein. Nicht mehr als ein Mitglied des Ausschusses darf in der Waffenherstellung oder im Waffenhandel tätig sein.

(3) Die Prüfung besteht aus einem theoretischen und einem praktischen Teil, der den Nachweis der ausreichenden Fertigkeiten nach § 1 Abs. 1 Nr. 3 einschließt. Über das Ergebnis und den wesentlichen Inhalt der Prüfung ist eine Niederschrift anzufertigen, die vom Vorsitzenden des Prüfungsausschusses zu unterzeichnen ist.

(4) Über das Prüfungsergebnis ist dem Bewerber ein Zeugnis zu erteilen, das Art und Umfang der erworbenen Sachkunde erkennen lassen muss und vom Vorsitzenden des Prüfungsausschusses zu unterzeichnen ist.

(5) Eine Prüfung kann bei Nichtbestehen auch mehrmals wiederholt werden. Der Prüfungsausschuss kann bestimmen, dass die Prüfung erst nach Ablauf einer bestimmten Frist wiederholt werden darf.

§ 3 Anderweitiger Nachweis der Sachkunde

(1) Die Sachkunde gilt insbesondere als nachgewiesen, wenn der Antragsteller

1.

a) die Jägerprüfung oder eine ihr gleichgestellte Prüfung bestanden hat oder durch eine Bescheinigung eines Ausbildungsleiters für das Schießwesen nachweist, dass er die erforderlichen Kenntnisse durch Teilnahme an einem Lehrgang für die Ablegung der Jägerprüfung erworben hat,

b) die Gesellenprüfung für das Büchsenmacherhandwerk bestanden hat oder

2.

a) seine Fachkunde nach § 22 Abs. 1 Satz 1 des Waffengesetzes nachgewiesen hat,

b) mindestens drei Jahre als Vollzeitkraft im Handel mit Schusswaffen und Munition tätig gewesen ist oder

c) die nach § 7 des Waffengesetzes nachzuweisenden Kenntnisse auf Grund einer anderweitigen, insbesondere behördlichen oder staatlich anerkannten Ausbildung oder als Sportschütze eines anerkannten Schießsportverbandes erworben und durch eine Bescheinigung der Behörde, des Ausbildungsträgers oder Schießsportverbandes nachgewiesen hat,

sofern die Tätigkeit nach Nummer 2 Buchstabe b oder Ausbildung nach Nummer 2 Buchstabe c ihrer Art nach geeignet war, die für den Umgang mit der beantragten Waffe oder Munition erforderliche Sachkunde zu vermitteln. Ausbildungen im Sinne der Nummer 2 Buchstabe c können auch durchgeführt werden im Rahmen von

1. Ausbildungen, die mit einer zum Führen eines Luft- oder Wasserfahrzeuges berechtigenden staatlichen Prüfung abschließen,

2. staatlich anerkannten Berufsausbildungen der Luft- und Seefahrt.

Der Nachweis der waffenrechtlichen Sachkunde wird durch eine von der Prüfungskommission erteilte Bescheinigung oder einen Eintrag im Prüfungszeugnis oder der Fahrerlaubnis geführt.

(2) Die staatliche Anerkennung von Lehrgängen zur Vermittlung der Sachkunde im Umgang mit Waffen und Munition erfolgt durch die zuständige Behörde; sie gilt für den gesamten Geltungsbereich des Waffengesetzes. Eine Anerkennung des waffenrechtlichen Teils einer zum Führen eines Luft- oder Wasserfahrzeuges berechtigenden staatlichen Prüfung soll erfolgen, wenn die theoretische Ausbildung auf der Grundlage anerkannter Grundsätze, insbesondere eines zwischen Bund, Ländern und Verbänden abgestimmten Fragenkatalogs, stattfindet und die praktische Unterweisung im Umgang mit Seenotsignalmitteln durch sachkundige Personen erfolgt.

(3) Lehrgänge dürfen nur anerkannt werden, wenn in einem theoretischen Teil die in § 1 Abs. 1 Nr. 1 und 2 bezeichneten Kenntnisse und in einem praktischen Teil ausreichende Fertigkeiten in der Handhabung von Waffen und im Schießen mit Schusswaffen im Sinne des § 1 Abs. 1 Nr. 3 vermittelt werden; § 1 Abs. 2 bleibt unberührt. Außerdem dürfen Lehrgänge nur anerkannt werden, wenn

1. der Antragsteller die erforderliche Zuverlässigkeit und persönliche Eignung für die Durchführung des Lehrgangs besitzt,

2. die fachliche Leitung des Lehrgangs und die von dem Lehrgangsträger beauftragten Lehrkräfte die ordnungsgemäße Durchführung der Ausbildung gewährleisten,

3. die Dauer des Lehrgangs eine ordnungsgemäße Vermittlung der erforderlichen Kenntnisse und Fertigkeiten gewährleistet und

4. der Antragsteller mit den erforderlichen Lehrmitteln ausgestattet ist und über einen geeigneten Unterrichtsraum verfügt.

(4) Der Lehrgang ist mit einer theoretischen und einer praktischen Prüfung abzuschließen. Sie ist vor einem Prüfungsausschuss abzulegen, der von dem Lehrgangsträger gebildet wird. Im Übrigen gilt § 2 entsprechend mit der Maßgabe, dass der Lehrgangsträger verpflichtet ist,

1. die Durchführung der Prüfung und die Namen der Prüfungsteilnehmer der für den Ort der Lehrgangsveranstaltung zuständigen Behörde zwei Wochen vor dem Tag der Prüfung anzuzeigen

und

2. einem Vertreter der Behörde die Teilnahme an der Prüfung zu gestatten. Im Falle seiner Teilnahme hat der Vertreter der Behörde die Stellung eines weiteren Beisitzers im Prüfungsausschuss; bei Stimmengleichheit gibt die Stimme des Vorsitzenden den Ausschlag.

(5) **Schießsportliche Vereine**, die einem nach § 15 Abs. 3 des Waffengesetzes **anerkannten Schießsportverband** angehören, können Sachkundeprüfungen für ihre **Mitglieder** abnehmen. Absatz 2, zweiter Halbsatz und die Absätze 3 und 4 finden hierfür entsprechende Anwendung. Zur Durchführung der Prüfung bilden die schießsportlichen Vereine **eigene Prüfungsausschüsse**.

§ 4 Gutachten über die persönliche Eignung

(1) Derjenige,

1. dem gegenüber die zuständige Behörde die Vorlage eines amts- oder fachärztlichen oder fachpsychologischen Gutachtens angeordnet hat, weil **begründete Zweifel** an von ihm beigebrachten Bescheinigungen oder durch Tatsachen begründete Bedenken bestehen, dass er

a) geschäftsunfähig oder in seiner Geschäftsfähigkeit beschränkt ist,

b) abhängig von Alkohol oder anderen berauschenden Mitteln, psychisch krank oder debil ist,

c) auf Grund in seiner Person liegender Umstände mit Waffen oder Munition nicht vorsichtig oder sachgemäß umgehen oder diese Gegenstände nicht sorgfältig verwahren kann oder dass die konkrete Gefahr einer Fremd- oder Selbstgefährdung besteht,

oder

2. der zur Vorlage eines Gutachtens über die geistige Eignung verpflichtet ist, weil er noch nicht das 25. Lebensjahr vollendet hat und eine erlaubnispflichtige

Schusswaffe, ausgenommen Schusswaffen der in § 14 Abs. 1 Satz 2 des Waffengesetzes genannten Art, erwerben und besitzen will,

hat auf eigene Kosten mit der Begutachtung einen sachkundigen Gutachter zu beauftragen.

(2) Die Begutachtung in den Fällen des Absatzes 1 soll von Gutachtern folgender Fachrichtungen durchgeführt werden:

1. Amtsärzten,

2. Fachärzten der Fachrichtungen Psychiatrie, Psychiatrie und Psychotherapie, Psychiatrie und Neurologie, Nervenheilkunde, Kinder- und Jugendpsychiatrie oder Kinder- und Jugendpsychiatrie und -psychotherapie,

3. Psychotherapeuten, die nach dem Psychotherapeutengesetz approbiert sind,

4. Fachärzten für Psychotherapeutische Medizin oder

5. Fachpsychologen der Fachrichtungen Rechtspsychologie, Verkehrspsychologie oder klinische Psychologie.

Das Vorliegen der Sachkunde auf dem betreffenden Gebiet beurteilt sich nach berufsständischen Regeln.

(3) In den Fällen des Absatzes 1 Nr. 1 teilt die Behörde dem Betroffenen unter Darlegung der Gründe für die Zweifel oder der die Bedenken begründenden Tatsachen hinsichtlich seiner persönlichen Eignung mit, dass er sich innerhalb einer von ihr festgelegten Frist auf seine Kosten der Untersuchung zu unterziehen und ein Gutachten beizubringen hat. Der Betroffene hat die Behörde darüber zu unterrichten, wen er mit der Untersuchung beauftragt hat. Die Behörde übersendet zur Durchführung der Untersuchung auf Verlangen des Gutachters bei Vorliegen der Einwilligung des Betroffenen die zur Begutachtung erforderlichen ihr vorliegenden Unterlagen. Der Gutachter ist verpflichtet, sich mit der Erstattung des Gutachtens von den Unterlagen zu entlasten, indem er sie der Behörde übergibt oder vernichtet.

(4) Zwischen dem **Gutachter** und dem **Betroffenen** darf in den letzten fünf Jahren **kein Behandlungsverhältnis** bestanden haben. Der Gutachter hat in dem Gutachten zu versichern, dass der Betroffene in dem vorgenannten Zeitraum nicht in einem derartigen Behandlungsverhältnis stand oder jetzt steht. Die Sätze 1 und 2 schließen eine Konsultation des in den genannten Zeiträumen behandelnden Haus- oder Facharztes durch den Gutachter nicht aus.

(5) Der Gutachter hat sich über den Betroffenen einen persönlichen Eindruck zu verschaffen. Das Gutachten muss darüber Auskunft geben, ob der Betroffene persönlich ungeeignet ist, mit Waffen oder Munition umzugehen; die bei der Erstellung des Gutachtens angewandte Methode muss angegeben werden. In

den Fällen des Absatzes 1 Nr. 2 ist in der Regel ausreichend ein Gutachten auf Grund anerkannter Testverfahren über die Frage, ob der Betroffene infolge fehlender Reife geistig ungeeignet ist für den Umgang mit den dort aufgeführten Schusswaffen. Kann allein auf Grund des Tests nicht ausgeschlossen werden, dass der Betroffene geistig ungeeignet ist, ist mit einer weitergehenden Untersuchung nach dem jeweiligen Stand der Wissenschaft vorzugehen.

(6) **Weigert** sich in den Fällen des Absatzes 1 Nr. 1 der **Betroffene**, sich **untersuchen** zu lassen, oder bringt er der zuständigen Behörde das von ihr geforderte Gutachten aus von ihm zu vertretenden Gründen nicht fristgerecht bei, darf die Behörde bei ihrer Entscheidung auf die **Nichteignung** des Betroffenen schließen. Der Betroffene ist hierauf bei der Anordnung nach Absatz 1 Nr. 1 in Verbindung mit Absatz 3 Satz 1 hinzuweisen.

(7) Dienstwaffenträger können an Stelle des in § 6 Abs. 3 des Waffengesetzes genannten Zeugnisses eine Bescheinigung ihrer Dienstbehörde vorlegen, dass eine Begutachtung ihrer geistigen Eignung durch einen sachkundigen Gutachter bereits stattgefunden hat und dass sie uneingeschränkt zum Umgang mit Dienstwaffen berechtigt sind.

§ 5 Schießsportordnungen

(1) Die Genehmigung einer Sportordnung für das Schießen mit Schusswaffen setzt insbesondere voraus, dass das **Schießen nur auf zugelassenen Schießstätten** veranstaltet wird und

1. jeder Schütze den Regeln der Sportordnung unterworfen ist,

2. ausreichende Sicherheitsbestimmungen für das Schießen festgelegt und dabei insbesondere Regelungen zu den erforderlichen **verantwortlichen Aufsichtspersonen** (§ 10) getroffen sind,

3. mit nicht vom Schießsport ausgeschlossenen Waffen (§ 6) durchgeführt wird,

4. nicht im Schießsport unzulässige Schießübungen (§ 7) durchgeführt werden,

5. jede einzelne Schießdisziplin beschrieben und die für sie zugelassenen Waffen nach Art, Kaliber, Lauflänge und Visierung bezeichnet sind, wobei bei einzelnen Schießdisziplinen auch ausdrücklich festgelegt werden kann, dass nur einzelne oder auch keine speziellen Vorgaben (freie Klassen) erfolgen, und

6. zur Ausübung der jeweiligen Schießdisziplinen **zugelassene Schießstätten** zur regelmäßigen Nutzung **verfügbar** sind.

(2) Dem Antrag auf Genehmigung einer Schießsportordnung sind die zur Prüfung des Vorliegens der Voraussetzungen wesentlichen Regelungen und Angaben, insbesondere auch die Beschreibung des Ablaufs der einzelnen Schießdisziplinen, beizufügen. Die Genehmigung von Änderungen der

Schießsportordnung, insbesondere von der Neuaufnahme von Schießdisziplinen, ist vor Aufnahme des jeweiligen Schießbetriebs nach den geänderten Regeln einzuholen. Der Wegfall oder der Ersatz der regelmäßigen Nutzungsmöglichkeit von nach Absatz 1 Nr. 6 angegebenen Schießstätten ist unverzüglich anzuzeigen.

(3) Im Einzelfall kann ein Verband oder ein ihm angegliederter Teilverband zur Erprobung neuer Schießübungen Abweichungen von den Schießdisziplinen der genehmigten Schießsportordnung zulassen. Zulassungen nach Satz 1 sind auf höchstens ein Jahr zu befristen und müssen die Art der Abweichung von der genehmigten Schießsportordnung bezeichnen; sie sind dem Bundesverwaltungsamt vor Beginn der Erprobungsphase anzuzeigen. Das Bundesverwaltungsamt kann zur Abwehr von Gefahren für die öffentliche Sicherheit oder Ordnung Zulassungen nach Satz 1 untersagen oder Anordnungen treffen.

(4) Für das sportliche Schießen im Training und im Einzelfall für Schießsportveranstaltungen können Schießsportordnungen Abweichungen von den in ihr festgelegten Schießdisziplinen zulassen.

§ 6 Vom Schießsport ausgeschlossene Schusswaffen

(1) Vom sportlichen Schießen sind ausgeschlossen:

1. **Kurzwaffen** mit einer Lauflänge von weniger als 7,62 Zentimeter (drei Zoll) Länge;

2. **halbautomatische Schusswaffen**, die ihrer **äußeren Form** nach den **Anschein einer vollautomatischen Kriegswaffe** hervorrufen, die Kriegswaffe im Sinne des Gesetzes über die Kontrolle von Kriegswaffen ist, **wenn**

a) die **Lauflänge** weniger als 40 Zentimeter beträgt,

b) das **Magazin** sich **hinter der Abzugseinheit** befindet (so genannte Bul-Pup-Waffen)

oder

c) die **Hülsenlänge** der verwendeten Munition **bei Langwaffen** weniger als 40 Millimeter beträgt;

3. **halbautomatische Langwaffen** mit einem **Magazin**, das eine **Kapazität von mehr als zehn Patronen** hat.

(2) Das Verbot des Schießsports mit Schusswaffen und Munition im Sinne der Anlage 2 Abschnitt 1 des Waffengesetzes bleibt unberührt.

(3) Das Bundesverwaltungsamt kann auf Antrag eines anerkannten Schießsportverbandes Ausnahmen von den Verboten des Absatzes 1 zulassen,

insbesondere wenn es sich um in national oder international bedeutenden Schießsportwettkämpfen verwendete Schusswaffen handelt.

(4) Zuständige Behörde für die Beurteilung der Schusswaffen nach Absatz 1 ist das Bundeskriminalamt.

§ 7 Unzulässige Schießübungen im Schießsport

(1) Im Schießsport sind die Durchführung von Schießübungen in der Verteidigung mit Schusswaffen (§ 22) und solche Schießübungen und Wettbewerbe verboten, bei denen

1. das Schießen aus Deckungen heraus erfolgt,

2. nach der Abgabe des ersten Schusses Hindernisse überwunden werden,

3. das Schießen im deutlich erkennbaren Laufen erfolgt,

4. das schnelle Reagieren auf plötzlich und überraschend auftauchende, sich bewegende Ziele gefordert wird,

a) ausgenommen das Schießen auf Wurf- und auf laufende Scheiben,

b) es sei denn, das Schießen erfolgt entsprechend einer vom Bundesverwaltungsamt genehmigten Sportordnung,

5. das Überkreuzziehen von mehr als einer Waffe (Cross Draw) gefordert wird,

6. Schüsse ohne genaues Anvisieren des Ziels (Deutschüsse) abgegeben werden, ausgenommen das Schießen auf Wurfscheiben, oder

7. der Ablauf der Schießübung dem Schützen vor ihrer Absolvierung nicht auf Grund zuvor festgelegter Regeln bekannt ist.

Die Veranstaltung der in Satz 1 genannten Schießübungen und die Teilnahme als Sportschütze an diesen sind verboten.

(2) Das Verbot von Schießübungen des kampfmäßigen Schießens (§ 15 Abs. 6 Satz 2 des Waffengesetzes) und mit verbotenen oder vom Schießsport ausgeschlossenen Schusswaffen oder Teilen von Schusswaffen (§ 6), soweit nicht eine Ausnahme nach § 6 Abs. 3 erteilt ist, bleibt unberührt.

(3) Die Ausbildung und das Training im jagdlichen Schießen einschließlich jagdlicher Schießwettkämpfe werden durch die vorstehenden Regelungen nicht beschränkt.

§ 8 Beirat für schießsportliche Fragen

(1) Beim Bundesministerium des Innern wird ein Beirat für schießsportliche Fragen (Fachbeirat) gebildet. Den Vorsitz führt ein Vertreter des

Bundesministeriums des Innern. An den Sitzungen des Fachbeirates nehmen Vertreter des Bundesverwaltungsamtes teil.

(2) Der Fachbeirat setzt sich aus dem Vorsitzenden und aus folgenden ständigen Mitgliedern zusammen:

1. je einem Vertreter jedes Landes,

2. einem Vertreter des Deutschen Olympischen Sportbundes,

3. je einem Vertreter der anerkannten Schießsportverbände,

4. einem Vertreter der Deutschen Versuchs- und Prüfanstalt für Jagd- und Sportwaffen e.V.

(3) Die Mitglieder des Fachbeirates sollen auf schießsportlichem Gebiet sachverständig und erfahren sein.

(4) Das Bundesministerium des Innern kann Vertreter weiterer Bundes- und Landesbehörden sowie weitere Sachverständige insbesondere auf schießsportlichem oder waffentechnischem Gebiet zur Beratung hinzuziehen. In den Fällen, in denen der Fachbeirat über die Genehmigung der Schießsportordnung eines nicht anerkannten Schießsportverbandes beraten soll, lädt das Bundesministerium des Innern auch einen Vertreter dieses Verbandes ein.

(5) Das Bundesministerium des Innern beruft

1. die Vertreter jedes Landes einschließlich deren Stellvertreter auf Vorschlag des Landes;

2. die Vertreter der in Absatz 2 Nr. 2, 3 und 4 bezeichneten Verbände und Organisationen nach Anhörung der Vorstände dieser Verbände.

(6) Die Mitglieder des Fachbeirates üben ihre Tätigkeit ehrenamtlich aus, sofern sie keine Behörde vertreten.

§ 9 Zulässige Schießübungen auf Schießstätten

(1) Auf einer Schießstätte ist **unter Beachtung des Verbots des kampfmäßigen Schießens** (§ 27 Abs. 7 Satz 1 des Waffengesetzes) das Schießen mit Schusswaffen und Munition auf der Grundlage der für die Schießstätte erteilten Erlaubnis (§ 27 Abs. 1 Satz 1 des Waffengesetzes) nur zulässig, wenn

1. die Person, die zu schießen beabsichtigt, die Berechtigung zum Erwerb und Besitz von Schusswaffen nachweisen kann und das Schießen mit Schusswaffen dieser Art innerhalb des der Berechtigung zugrunde liegenden Bedürfnisses erfolgt,

2. geschossen wird

a) auf der Grundlage einer genehmigten Schießsportordnung,

b) im Rahmen von Lehrgängen oder Schießübungen in der Verteidigung mit Schusswaffen (§ 22),

c) zur Erlangung der Sachkunde (§ 1 Abs. 1 Nr. 3) oder

d) in der jagdlichen Ausbildung,

oder

3. es sich nicht um Schusswaffen und Munition nach § 6 Abs. 1 handelt.

In den Fällen des Satzes 1 Nr. 1, Nr. 2 Buchstabe c und Nr. 3 gilt § 7 Abs. 1 und 3 entsprechend; beim Schießen nach Satz 1 Nr. 2 Buchstabe a bleibt § 7 unberührt. Der Betreiber der Schießstätte hat die Einhaltung der Voraussetzungen nach den Sätzen 1 und 2 zu überwachen.

(2) Die zuständige Behörde kann dem Betreiber einer Schießstätte oder im Einzelfall dem Benutzer Ausnahmen von den Beschränkungen des Absatzes 1 gestatten, soweit Belange der öffentlichen Sicherheit und Ordnung nicht entgegenstehen.

(3) Absatz 1 gilt nicht für Behörden oder Dienststellen und deren Bedienstete, die nach § 55 Abs. 1 des Waffengesetzes oder auf Grund einer nach § 55 Abs. 5 oder 6 des Waffengesetzes erlassenen Rechtsverordnung von der Anwendung des Waffengesetzes ausgenommen sind.

§ 10 Aufsichtspersonen; Obhut über das Schießen durch Kinder und Jugend

(1) Der Inhaber der Erlaubnis für die Schießstätte (Erlaubnisinhaber) hat unter Berücksichtigung der Erfordernisse eines sicheren Schießbetriebs eine oder mehrere verantwortliche Aufsichtspersonen für das Schießen zu bestellen, soweit er nicht selbst die Aufsicht wahrnimmt oder eine schießsportliche oder jagdliche Vereinigung oder ein Veranstalter im Sinne des § 22 durch eigene verantwortliche Aufsichtspersonen die Aufsicht übernimmt. Der Erlaubnisinhaber kann selbst die Aufsicht wahrnehmen, wenn er die **erforderliche Sachkunde** nachgewiesen hat und, sofern es die Obhut über das Schießen durch Kinder und Jugendliche betrifft, die **Eignung** zur Kinder- und Jugendarbeit besitzt. Aufsichtspersonen müssen das 18. Lebensjahr vollendet haben. Der Schießbetrieb darf nicht aufgenommen oder fortgesetzt werden, solange keine ausreichende Anzahl von verantwortlichen Aufsichtspersonen die Aufsicht wahrnimmt. Die zuständige Behörde kann gegenüber dem Erlaubnisinhaber die Zahl der nach Satz 1 erforderlichen Aufsichtspersonen festlegen.

(2) Der Erlaubnisinhaber hat der zuständigen Behörde die Personalien der verantwortlichen Aufsichtspersonen zwei Wochen vor der Übernahme der Aufsicht schriftlich oder elektronisch anzuzeigen; beauftragt eine schießsportliche

oder jagdliche Vereinigung die verantwortliche Aufsichtsperson, so obliegt diese Anzeige der Aufsichtsperson selbst. Der Anzeige sind Nachweise beizufügen, aus denen hervorgeht, dass die Aufsichtsperson die erforderliche Sachkunde und, sofern es die Obhut über das Schießen durch Kinder und Jugendliche betrifft, auch die Eignung zur Kinder- und Jugendarbeit besitzt. Der Erlaubnisinhaber hat das Ausscheiden der angezeigten Aufsichtsperson und die Bestellung einer neuen Aufsichtsperson der zuständigen Behörde unverzüglich anzuzeigen.

(3) Bei der Beauftragung der verantwortlichen Aufsichtsperson durch einen schießsportlichen Verein eines anerkannten Schießsportverbandes genügt an Stelle der Anzeige nach Absatz 2 Satz 1 eine Registrierung der Aufsichtsperson bei dem Verein. Dieser hat bei der Registrierung das Vorliegen der Voraussetzungen der erforderlichen Sachkunde und, sofern es die Obhut über das Schießen durch Kinder und Jugendliche betrifft, auch der Eignung zur Kinder- und Jugendarbeit zu überprüfen und zu vermerken. Der Aufsichtsperson ist durch den Verein hierüber ein Nachweisdokument auszustellen. Die Aufsichtsperson hat dieses Dokument während der Wahrnehmung der Aufsicht mitzuführen und zur Kontrolle Befugten auf Verlangen zur Prüfung auszuhändigen. Für eine Überprüfung nach Satz 4 hat der Verein auf Verlangen Einblick in die Registrierung der Aufsichtsperson zu gewähren. Die Sätze 1 bis 5 gelten entsprechend bei der von einer jagdlichen Vereinigung beauftragten verantwortlichen Aufsichtsperson mit der Maßgabe, dass während der Ausübung der Aufsicht ein gültiger Jagdschein nach § 15 Abs. 1 Satz 1 des Bundesjagdgesetzes mitzuführen ist.

(4) Ergeben sich Anhaltspunkte für die begründete Annahme, dass die verantwortliche Aufsichtsperson die erforderliche Zuverlässigkeit, persönliche Eignung oder Sachkunde oder, sofern es die Obhut über das Schießen durch Kinder und Jugendliche betrifft, die Eignung zur Kinder- und Jugendarbeit nicht besitzt, so hat die zuständige Behörde dem Erlaubnisinhaber gegenüber die Ausübung der Aufsicht durch die Aufsichtsperson zu untersagen.

(5) Die Obhut über das Schießen durch Kinder und Jugendliche ist durch eine hierfür qualifizierte und auf der Schießstätte anwesende Aufsichtsperson auszuüben, die

1. für die Schießausbildung der Kinder oder Jugendlichen leitend verantwortlich ist und

2. berechtigt ist, jederzeit der Aufsicht beim Schützen Weisungen zu erteilen oder die Aufsicht beim Schützen selbst zu übernehmen.

(6) Die Qualifizierung zur Aufsichtsperson oder zur Eignung zur Kinder- und Jugendarbeit kann durch die Jagdverbände oder die anerkannten

Schießsportverbände erfolgen; bei Schießsportverbänden sind die Qualifizierungsrichtlinien Bestandteil des Anerkennungsverfahrens nach § 15 des Waffengesetzes.

(7) Die Absätze 1 bis 6 gelten nicht für ortsveränderliche Schießstätten im Sinne von § 27 Abs. 6 des Waffengesetzes.

§ 11 Aufsicht

(1) Die verantwortlichen Aufsichtspersonen haben das Schießen in der Schießstätte ständig zu beaufsichtigen, insbesondere dafür zu sorgen, dass die in der Schießstätte Anwesenden durch ihr Verhalten keine vermeidbaren Gefahren verursachen, und zu beachten, dass die Bestimmungen des § 27 Abs. 3 oder 6 des Waffengesetzes eingehalten werden. Sie haben, wenn dies zur Verhütung oder Beseitigung von Gefahren erforderlich ist, das Schießen oder den Aufenthalt in der Schießstätte zu untersagen.

(2) Die Benutzer der Schießstätten haben die Anordnungen der verantwortlichen Aufsichtspersonen nach Absatz 1 zu befolgen.

(3) Eine zur Aufsichtsführung befähigte Person darf schießen, ohne selbst beaufsichtigt zu werden, wenn sichergestellt ist, dass sie sich allein auf dem Schießstand befindet.

§ 12 (aufgehoben)

§ 13 Aufbewahrung von Waffen oder Munition

(1) Schusswaffen, deren Erwerb und Besitz erlaubnispflichtig sind, verbotene Waffen und verbotene Munition sind ungeladen und in einem Behältnis aufzubewahren, das

1. mindestens der Norm DIN/EN 1143-1 (Stand Mai 1997, Oktober 2002, Februar 2006, Januar 2010, Juli 2012 oder Juli 2019) mit dem in Absatz 2 geregelten Widerstandsgrad und Gewicht entspricht und

2. zum Nachweis dessen über eine Zertifizierung durch eine akkreditierte Stelle gemäß Absatz 10 verfügt.

Der in Satz 1 Nummer 1 genannten Norm gleichgestellt sind Normen eines anderen Mitgliedstaates des Übereinkommens über den Europäischen Wirtschaftsraum, die das gleiche Schutzniveau aufweisen. Die zuständige Behörde kann eine andere gleichwertige Aufbewahrung der Waffen und Munition zulassen. Vergleichbar gesicherte Räume sind als gleichwertig anzusehen. Alternative Sicherungseinrichtungen, die keine Behältnisse oder Räume sind, sind zulässig, sofern sie

1. ein den jeweiligen Anforderungen mindestens gleichwertiges Schutzniveau aufweisen und

2. zum Nachweis dessen über eine Zertifizierung durch eine akkreditierte Stelle gemäß Absatz 10 verfügen.

(2) Wer Waffen oder Munition besitzt, hat diese **ungeladen** und unter Beachtung der folgenden Sicherheitsvorkehrungen und zahlenmäßigen Beschränkungen aufzubewahren:

1. mindestens in einem verschlossenen Behältnis: Waffen oder Munition, deren Erwerb von der Erlaubnispflicht freigestellt ist;

2. mindestens in einem Stahlblechbehältnis ohne Klassifizierung mit Schwenkriegelschloss oder einer gleichwertigen Verschlussvorrichtung oder in einem gleichwertigen Behältnis: Munition, deren Erwerb nicht von der Erlaubnispflicht freigestellt ist;

3. in einem Sicherheitsbehältnis, das mindestens der Norm DIN/EN 1143-1 Widerstandsgrad 0 (Stand Mai 1997, Oktober 2002, Februar 2006, Januar 2010, Juli 2012 oder Juli 2019) entspricht und bei dem das Gewicht des Behältnisses 200 Kilogramm unterschreitet:

a) eine unbegrenzte Anzahl von Langwaffen und insgesamt bis zu fünf nach Anlage 2 Abschnitt 1 Nummer 1.1 bis 1.2.3 und 1.2.5 des Waffengesetzes verbotene Waffen und Kurzwaffen (Anlage 1 Abschnitt 1 Unterabschnitt 1 Nummer 2.5 des Waffengesetzes), für deren Erwerb und Besitz es ihrer Art nach einer Erlaubnis bedarf, und

b) zusätzlich eine unbegrenzte Anzahl nach Anlage 2 Abschnitt 1 Nummer 1.2.4 bis 1.2.4.2 und 1.3 bis 1.4.4 des Waffengesetzes verbotener Waffen sowie

c) zusätzlich Munition;

4. in einem Sicherheitsbehältnis, das mindestens der Norm DIN/EN 1143-1 Widerstandsgrad 0 (Stand Mai 1997, Oktober 2002, Februar 2006, Januar 2010, Juli 2012 oder Juli 2019) entspricht und bei dem das Gewicht des Behältnisses mindestens 200 Kilogramm beträgt:

a) eine unbegrenzte Anzahl von Langwaffen und bis zu zehn nach Anlage 2 Abschnitt 1 Nummer 1.1 bis 1.2.3 und 1.2.5 des Waffengesetzes verbotene Waffen und Kurzwaffen (Anlage 1 Abschnitt 1 Unterabschnitt 1 Nummer 2.5 des Waffengesetzes), für deren Erwerb und Besitz es ihrer Art nach einer Erlaubnis bedarf, und

b) zusätzlich eine unbegrenzte Anzahl nach Anlage 2 Abschnitt 1 Nummer 1.2.4 bis 1.2.4.2 und 1.3 bis 1.4.4 des Waffengesetzes verbotener Waffen sowie

c) zusätzlich Munition;

5. in einem Sicherheitsbehältnis, das mindestens der Norm DIN/EN 1143-1 Widerstandsgrad I (Stand Mai 1997, Oktober 2002, Februar 2006, Januar 2010, Juli 2012 oder Juli 2019) entspricht:

a) eine unbegrenzte Anzahl von Lang- und Kurzwaffen (Anlage 1 Abschnitt 1 Unterabschnitt 1 Nummer 2.5 des Waffengesetzes), für deren Erwerb und Besitz es ihrer Art nach einer Erlaubnis bedarf,

b) eine unbegrenzte Anzahl nach Anlage 2 Abschnitt 1 Nummer 1.1 bis 1.4.4 des Waffengesetzes verbotener Waffen sowie

c) Munition.

(3) Bei der Bestimmung der Zahl der Waffen, die nach Absatz 2 in einem Sicherheitsbehältnis aufbewahrt werden dürfen, bleiben außer Betracht:

1. **wesentliche Teile von Schusswaffen und Schalldämpfer** nach Anlage 1 Abschnitt 1 Unterabschnitt 1 Nummer 1.3 bis 1.3.3 des Waffengesetzes,

2. **Vorrichtungen** nach Anlage 2 Abschnitt 1 Nummer 1.2.4.1 des Waffengesetzes, **die das Ziel beleuchten oder markieren**, und

3. **Nachtsichtgeräte, -vorsätze und -aufsätze sowie Nachtzielgeräte** nach Anlage 2 Abschnitt 1 Nummer 1.2.4.2 des Waffengesetzes.

Satz 1 Nummer 1 gilt nur, sofern die zusammen aufbewahrten wesentlichen Teile **nicht zu einer schussfähigen Waffe zusammengefügt** werden können.

(4) In einem **nicht dauernd bewohnten Gebäude** dürfen **nur bis zu drei Langwaffen**, zu deren Erwerb und Besitz es einer Erlaubnis bedarf, aufbewahrt werden. Die Aufbewahrung darf nur in einem mindestens der Norm DIN/EN 1143-1 Widerstandsgrad I entsprechenden Sicherheitsbehältnis erfolgen. Die zuständige Behörde kann Abweichungen in Bezug auf die Art oder Anzahl der aufbewahrten Waffen oder das Sicherheitsbehältnis auf Antrag zulassen.

(5) Die zuständige Behörde kann auf Antrag bei einer **Waffen- oder Munitionssammlung** unter Berücksichtigung der Art und der Anzahl der Waffen oder der Munition und ihrer Gefährlichkeit für die öffentliche Sicherheit und Ordnung von den Vorgaben der Absätze 1, 2 und 4 insbesondere unter dem Gesichtspunkt der Sichtbarkeit zu Ausstellungszwecken abweichen und dabei geringere oder höhere Anforderungen an die Aufbewahrung stellen; bei Sammlungen von Waffen, deren Modell vor dem 1. Januar 1871 entwickelt worden ist, und bei

Munitionssammlungen soll sie geringere Anforderungen stellen. Dem Antrag ist ein Aufbewahrungskonzept beizugeben.

(6) Die zuständige Behörde kann auf Antrag von Anforderungen an Sicherheitsbehältnisse, Waffenräume oder alternative Sicherungseinrichtungen nach den Absätzen 1 und 2 absehen, wenn ihre Einhaltung unter Berücksichtigung der Art und der Anzahl der Waffen und der Munition und ihrer Gefährlichkeit für die öffentliche Sicherheit und Ordnung **eine besondere Härte** darstellen würde. In diesem Fall hat sie die niedrigeren Anforderungen festzusetzen.

(7) Bestehen begründete Zweifel, dass Normen anderer EWR-Mitgliedstaaten im Schutzniveau den in den Absätzen 1 und 2 genannten Normen gleichwertig sind, kann die Behörde vom Verpflichteten die Vorlage einer Stellungnahme insbesondere des Deutschen Instituts für Normung verlangen.

(8) Die **gemeinschaftliche Aufbewahrung** von Waffen oder Munition durch berechtigte Personen, die in einer **häuslichen Gemeinschaft** leben, ist zulässig.

(9) Bei der **vorübergehenden Aufbewahrung** von Waffen im Sinne des Absatzes 1 Satz 1 oder des Absatzes 2 oder von Munition außerhalb der Wohnung, insbesondere im Zusammenhang mit der Jagd oder dem sportlichen Schießen, hat der Verpflichtete die Waffen oder Munition unter angemessener Aufsicht aufzubewahren oder durch sonstige erforderliche Vorkehrungen gegen Abhandenkommen oder unbefugte Ansichnahme zu sichern, wenn die Aufbewahrung gemäß den Anforderungen des Absatzes 1 und 2 nicht möglich ist.

(10) Die Konformitätsbewertung von Sicherheitsbehältnissen und Sicherungseinrichtungen nach den Absätzen 1 und 2 erfolgt durch akkreditierte Stellen. Akkreditierte Stellen sind Stellen, die

1. Konformitätsbewertungen auf dem Gebiet der Zertifizierung von Erzeugnissen des Geldschrank- und Tresorbaus einschließlich Schlössern zum Schutz gegen Einbruchdiebstahl vornehmen und

2. hierfür über eine Akkreditierung einer nationalen Akkreditierungsstelle nach Artikel 4 Absatz 1 der Verordnung (EG) Nr. 765/2008 des Europäischen Parlaments und des Rates vom 9. Juli 2008 über die Vorschriften für die Akkreditierung und Marktüberwachung im Zusammenhang mit der Vermarktung von Produkten und zur Aufhebung der Verordnung (EWG) Nr. 339/93 des Rates (ABl. L 218 vom 13.8.2008, S. 30) in der jeweils geltenden Fassung verfügen.

Als nationale Akkreditierungsstellen gelten

1. Stellen, die nach § 8 des Akkreditierungsstellengesetzes vom 31. Juli 2009 (BGBl. I S. 2625), das zuletzt durch Artikel 4 Absatz 79 des Gesetzes vom 18. Juli 2016 (BGBl. I S. 1666) geändert worden ist, in der jeweils geltenden Fassung beliehen oder errichtet sind, und

2. jede andere von einem Mitgliedstaat oder einem Staat des Europäischen Wirtschaftsraums nach Artikel 4 Absatz 1 der Verordnung (EG) Nr. 765/2008 als nationale Akkreditierungsstelle benannte Stelle.

§ 14 Aufbewahrung von Waffen oder Munition in Schützenhäusern, auf Schießstätten oder im gewerblichen Bereich

Die zuständige Behörde kann auf Antrag eines Betreibers eines Schützenhauses, einer Schießstätte oder eines Waffengewerbes Abweichungen von den Anforderungen des § 13 Absatz 1, 2 und 4 Satz 1 und 2 zulassen, wenn ihr ein geeignetes Aufbewahrungskonzept vorgelegt wird. Sie hat bei ihrer Entscheidung neben der für die Aufbewahrung vorgesehenen Art und der Anzahl der Waffen oder der Munition und des Grades der von ihnen ausgehenden Gefahr für die öffentliche Sicherheit und Ordnung die Belegenheit und Frequentiertheit der Aufbewahrungsstätte besonders zu berücksichtigen.

§ 15 Umfang der Fachkunde

(1) Die in der Prüfung nach § 22 Abs. 1 Satz 1 des Waffengesetzes nachzuweisende Fachkunde umfasst ausreichende Kenntnisse

1. der Vorschriften über den Handel mit Schusswaffen und Munition, den Erwerb und das Führen von Schusswaffen sowie der Grundzüge der sonstigen waffenrechtlichen und der beschussrechtlichen Vorschriften,

2. über Art, Konstruktion und Handhabung der gebräuchlichen Schusswaffen, wenn die Erlaubnis für den Handel mit Schusswaffen beantragt ist,

und

3. über die Behandlung der gebräuchlichen Munition und ihre Verwendung in der dazugehörigen Schusswaffe, wenn die Erlaubnis für den Handel mit Munition beantragt ist.

(2) Der Antragsteller hat in der Prüfung nach Absatz 1 Kenntnisse nachzuweisen über

1. Schusswaffen und Munition aller Art, wenn eine umfassende Waffenhandelserlaubnis beantragt ist,

2. die in der Anlage aufgeführten Waffen- oder Munitionsarten, für die Erlaubnis zum Handel beantragt ist.

§ 16 Prüfung

(1) Die zuständige Behörde bildet für die Abnahme der Prüfung staatliche Prüfungsausschüsse. Die Geschäftsführung kann auf die örtliche Industrie- und

Handelskammer übertragen werden. Es können gemeinsame Prüfungsausschüsse für die Bezirke mehrerer Behörden gebildet werden.

(2) Der Prüfungsausschuss besteht aus dem Vorsitzenden und zwei Beisitzern. Die Mitglieder des Prüfungsausschusses müssen in dem Prüfungsgebiet sachkundig sein. Der Vorsitzende darf nicht im Waffenhandel tätig sein. Als Beisitzer sollen ein selbstständiger Waffenhändler und ein Angestellter im Waffenhandel oder, wenn ein solcher nicht zur Verfügung steht, ein Angestellter in der Waffenherstellung bestellt werden.

(3) Die Prüfung ist mündlich abzulegen.

(4) Für die Erteilung eines Zeugnisses, die Anfertigung einer Niederschrift und die Wiederholung der Prüfung gilt § 2 Abs. 3 Satz 2 und Abs. 4 und 5 entsprechend.

§ 17 Grundsätze für das Führen der Ersatzdokumentation

(1) Die Ersatzdokumentation ist in gebundener Form oder in Karteiform oder mit Hilfe der elektronischen Datenverarbeitung im Betrieb oder in dem Betriebsteil, in dem die Schusswaffen aufbewahrt werden, zu führen und gegen Abhandenkommen, Datenverlust und unberechtigten Zugriff gesichert aufzubewahren.

(2) Alle Eintragungen im Rahmen der Ersatzdokumentation sind unverzüglich in dauerhafter Form und in deutscher Sprache vorzunehmen; § 239 Absatz 3 des Handelsgesetzbuches gilt entsprechend. Sofern eine Eintragung nicht gemacht werden kann, ist dies unter Angabe der Gründe zu vermerken.

(3) Die Ersatzdokumentation ist zum 31. Dezember jeden zweiten Jahres sowie beim Wechsel des Betriebsinhabers oder bei der Einstellung des Betriebs mit Datum und Unterschrift so abzuschließen, dass nachträglich Eintragungen nicht mehr vorgenommen werden können. Der beim Abschluss der Ersatzdokumentation verbliebene Bestand ist vorzutragen, bevor neue Eintragungen vorgenommen werden. Eine Ersatzdokumentation, die nicht mehr verwendet wird, ist unter Angabe des Datums abzuschließen.

§ 17a Vorlage und Aufbewahrung der Ersatzdokumentation

(1) Die Ersatzdokumentation ist auf Verlangen der zuständigen Behörde auch in deren Diensträumen oder den Beauftragten der Behörde vorzulegen.

(2) Der zur Anzeige nach § 37 Absatz 1 und § 37d Absatz 1 oder 2 des Waffengesetzes Verpflichtete hat die Ersatzdokumentation im Betrieb oder in dem Betriebsteil, in dem die Schusswaffen aufbewahrt werden, bis zum Ablauf von zehn Jahren, von dem Tage der letzten Eintragung an gerechnet, aufzubewahren. Will der Verpflichtete die Ersatzdokumentation nach Ablauf der in Satz 1

genannten Frist nicht weiter aufbewahren, so hat er sie der zuständigen Behörde zur Aufbewahrung zu übergeben. Gibt der Verpflichtete das Gewerbe auf, so hat er die Ersatzdokumentation seinem Nachfolger zu übergeben oder der zuständigen Behörde zur Aufbewahrung auszuhändigen. Der Verpflichtete oder sein Nachfolger hat die Ersatzdokumentation zu vernichten, wenn seit der letzten Eintragung 30 Jahre vergangen sind.

(3) Die zuständigen Behörden haben die nach Absatz 2 Satz 2 oder Satz 3 übernommenen Ersatzdokumentationen aufzubewahren. Sie haben die Ersatzdokumentation jeweils zu vernichten, wenn seit der letzten Eintragung 30 Jahre vergangen sind.

§ 18 Führung der Ersatzdokumentation in gebundener Form

(1) Wird die Ersatzdokumentation in gebundener Form geführt, so sind die Seiten laufend zu nummerieren; die Zahl der Seiten ist auf dem Titelblatt anzugeben.

(2) Die in gebundener Form geführte Ersatzdokumentation hat folgende Angaben zu enthalten:

1. laufende Nummer der Eintragung,

2. Datum des Eingangs,

3. Waffentyp,

4. Name, Firma oder Marke, die auf der Waffe angebracht sind,

5. Herstellungsnummer,

6. Name und Anschrift des Überlassers,

7. Datum des Abgangs oder der Kenntnis des Verlustes,

8. Name und Anschrift des Empfängers oder Art des Verlustes,

sofern die Schusswaffe nicht einem Erwerber nach § 21 Absatz 1 des Waffengesetzes überlassen wird, die Bezeichnung der Erwerbsberechtigung unter Angabe der ausstellenden Behörde und des Ausstellungsdatums, und

sofern die Schusswaffe einem Erwerber nach § 34 Absatz 5 Satz 1 des Waffengesetzes überlassen oder an ihn versandt wird, Bezeichnung und Datum der Bestätigung der Anzeige durch das Bundesverwaltungsamt.

Die Angaben zu den Nummern 1 bis 6 sind auf den linken Seiten, die Angaben zu den Nummern 7 bis 10 jeweils auf der rechten Seite der gebundenen Ersatzdokumentation gegenüber einzutragen.

(3) Die Eintragungen nach Absatz 2 sind für jede Waffe gesondert vorzunehmen.

§ 19 Führung der Ersatzdokumentation in Karteiform

(1) Wird die Ersatzdokumentation in Karteiform geführt, so können die Eintragungen für mehrere Waffen desselben Typs (Waffenposten) nach Absatz 2 zusammengefasst werden. Auf einer Karteikarte darf nur ein Waffenposten nach Absatz 2 Nummer 1 eingetragen werden. Neueingänge dürfen auf demselben Karteiblatt erst eingetragen werden, wenn der eingetragene Waffenposten vollständig abgebucht ist. Abgänge sind mit den Angaben nach Absatz 2 Nummer 2 gesondert einzutragen. Für jeden Waffentyp ist ein besonderes Blatt anzulegen, auf dem der Waffentyp und der Name, die Firma oder die Marke, die auf der Waffe angebracht sind, zu vermerken sind. Die Karteiblätter sind der zuständigen Behörde zur Abstempelung der Blätter und zur Bestätigung ihrer Gesamtzahl vorzulegen.

(2) Die Ersatzdokumentation in Karteiform hat folgende Angaben zu enthalten:

1. bei der Eintragung des Eingangs:

a) laufende Nummer der Eintragung,

b) Datum des Eingangs,

c) Stückzahl,

d) Herstellungsnummern sowie

e) Name und Anschrift des Überlassers,

2. bei der Eintragung von Abgängen:

a) laufende Nummer der Eintragung,

b) Datum des Abgangs oder der Kenntnis des Verlustes,

c) Stückzahl,

d) Herstellungsnummern,

e) Name und Anschrift des Empfängers oder Art des Verlustes,

f) die Bezeichnung der Erwerbsberechtigung unter Angabe der ausstellenden Behörde und des Ausstellungsdatums,

g) sofern die Schusswaffe einem Erwerber nach § 34 Absatz 5 Satz 1 des Waffengesetzes überlassen oder an ihn versandt wird, Bezeichnung und Datum der Bestätigung der Anzeige durch das Bundesverwaltungsamt.

§ 20 Führung der Ersatzdokumentation in elektronischer Form

(1) Wird die Ersatzdokumentation in elektronischer Form geführt, so müssen die gespeicherten Datensätze die nach § 19 Absatz 2 geforderten Angaben enthalten. Die Datensätze sind unverzüglich zu speichern; sie sind fortlaufend zu nummerieren.

(2) Die gespeicherten Datensätze sind nach Ablauf eines jeden Monats in Klarschrift auszudrucken. Der Ausdruck hat so zu erfolgen, dass die Angaben im Ausdruck den Angaben der Ersatzdokumentation in Karteiform nach § 19 Absatz 2 entsprechen. Der Name des Überlassers, des Erwerbers und die Erwerbsberechtigung können auch in verschlüsselter Form ausgedruckt werden. In diesem Fall ist dem Ausdruck ein Verzeichnis beizugeben, das eine unmittelbare Entschlüsselung der bezeichneten Daten ermöglicht. Die Bestände sind auf den nächsten Monat vorzutragen.

(3) Der Ausdruck der nach dem letzten Monatsabschluss gespeicherten Datensätze ist auf Verlangen der zuständigen Behörde auch in deren Diensträumen oder den Beauftragten der Behörde auch während des laufenden Monats jederzeit vorzulegen.

(4) Die zuständige Behörde kann Ausnahmen von Absatz 2 Satz 1 und 5 zulassen, wenn der Gesamtbestand an Waffen zu Beginn eines jeden Jahres und die Zu- und Abgänge monatlich in Klarschrift ausgedruckt werden und sichergestellt ist, dass die während des Jahres gespeicherten Daten auf Verlangen der zuständigen Behörde jederzeit in Klarschrift ausgedruckt werden können.

§ 21 Kennzeichnung von Schusswaffen

(1) Wer Schusswaffen im Geltungsbereich des Waffengesetzes herstellt oder in diesen verbringt, hat folgende in § 24 Absatz 1 bis 3 des Waffengesetzes genannte Angaben auf folgenden wesentlichen Teilen der Schusswaffen anzubringen:

1. die Angaben nach § 24 Absatz 1 Satz 1 Nummer 1, 2, 4 und 5 sowie Absatz 2 und 3 des Waffengesetzes auf dem führenden wesentlichen Teil der Schusswaffe;

2. die Angaben nach § 24 Absatz 1 Satz 1 Nummer 1 und 5 des Waffengesetzes auf den wesentlichen Teilen der Schusswaffe, die keine führenden wesentlichen Teile sind;

3. die Angabe nach § 24 Absatz 1 Satz 1 Nummer 3 des Waffengesetzes auf dem Lauf und auf dem Patronenlager.

Bei Schusswaffen, deren Bauart nach § 8 des Beschussgesetzes zugelassen ist, sind die nach § 24 Absatz 1 Satz 1 Nummer 1 und 3 in Verbindung mit Satz 2

Nummer 1 Buchstabe a des Waffengesetzes anzubringenden Angaben nur auf dem führenden wesentlichen Teil anzubringen. Auf Druckluft- und Federdruckwaffen nach Anlage 1 Abschnitt 1 Unterabschnitt 1 Nummer 2.9 des Waffengesetzes ist Satz 1 Nummer 2 nicht anzuwenden.

(2) Abweichend von Absatz 1 Satz 1 Nummer 2 und Satz 3 sind wesentliche Teile erlaubnispflichtiger Schusswaffen mit den Angaben nach § 24 Absatz 1 Satz 1 Nummer 1, 2, 4 und 5 des Waffengesetzes zu kennzeichnen, wenn sie einzeln gehandelt werden. Bei Wechsel- oder Einstecksystemen ist der Lauf gemäß Absatz 1 Satz 1 Nummer 1 und 3 und der Verschluss sowie zugehörige Gehäuseteile gemäß Absatz 1 Satz 1 Nummer 2 zu kennzeichnen.

(3) Wird eine Schusswaffe aus wesentlichen Teilen hergestellt, die bereits mindestens mit einer Seriennummer gekennzeichnet sind, so sind diese wesentlichen Teile abweichend von Absatz 1 Satz 1 Nummer 1 und 2 lediglich mit der Angabe nach § 24 Absatz 1 Satz 1 Nummer 1 des Waffengesetzes zu kennzeichnen. Es ist jedoch sicherzustellen, dass auf dem führenden wesentlichen Teil alle Angaben gemäß Absatz 1 Satz 1 Nummer 1 angebracht sind. Deuten Angaben auf der Schusswaffe auf einen anderen Hersteller hin, so sind diese durch zwei waagerecht dauerhaft eingebrachte Striche zu entwerten, wobei die Angaben weiterhin lesbar bleiben müssen. Angaben auf der Schusswaffe, die auf eine andere Munition oder auf ein anderes Laufkaliber hindeuten, sind zu entwerten.

(4) Wer ein wesentliches Teil einer Schusswaffe austauscht, hat das neu eingebaute wesentliche Teil wie in Absatz 1 bestimmt zu kennzeichnen. Absatz 3 gilt entsprechend.

(5) Wer eine Schusswaffe umbaut, hat auf allen wesentlichen Teilen, die beim Umbau verändert wurden, die Angaben nach § 24 Absatz 1 Satz 1 Nummer 1 des Waffengesetzes anzubringen. Bereits vorhandene Angaben müssen weiterhin lesbar bleiben. Hat der Umbau zur Folge, dass die Bewegungsenergie der Geschosse 7,5 Joule überschreitet, so sind alle wesentlichen Teile entsprechend Absatz 1 zu kennzeichnen. Das Kennzeichen nach § 24 Absatz 2 des Waffengesetzes ist zu entfernen. Auf dem führenden wesentlichen Teil ist der Buchstabe „U“ anzubringen.

(6) Bei Aussonderung von Schusswaffen aus staatlicher Verfügung und dauerhafter Überführung in zivile Verwendung sind die Angaben nach § 24 Absatz 3 des Waffengesetzes durch zwei waagerecht dauerhaft eingebrachte Striche zu entwerten. Dabei muss erkennbar bleiben, welche nach § 55 Absatz 1 Satz 1 des Waffengesetzes bezeichnete Stelle verfügungsberechtigt über die Schusswaffe war. Vor der dauerhaften Überführung in zivile Verwendung hat die überführende Stelle sicherzustellen, dass die Schusswaffe gemäß Absatz 1 gekennzeichnet ist.

(7) Die Kennzeichnung gemäß den Absätzen 1 bis 6 hat eine Schriftgröße von mindestens 1,6 Millimetern aufzuweisen. Von der Mindestgröße gemäß Satz 1 kann abgewichen werden, wenn dies aufgrund der geringen Größe des zu kennzeichnenden wesentlichen Teils erforderlich ist. Für die Kennzeichnung gemäß den Absätzen 1 bis 6 sind lateinische Buchstaben sowie das arabische und das römische Zahlensystem zulässig. Wird eine Schusswaffe in den Geltungsbereich des Waffengesetzes verbracht, werden auch Kennzeichnungen in griechischer oder kyrillischer Schrift als ordnungsgemäß anerkannt, sofern die übrigen Vorgaben erfüllt sind.

(8) Besteht das gemäß den Absätzen 1 bis 7 zu kennzeichnende Gehäuse einer Schusswaffe aus Kunststoff, kann die Kennzeichnung gemäß den Absätzen 1 bis 7 auf einer Metallplatte angebracht werden, die fest mit dem Material des Gehäuses verbunden ist, sodass bei ihrer Entfernung ein Teil des Gehäuses zerstört würde.

§ 22 Lehrgänge und Schießübungen

(1) In Lehrgängen zur Ausbildung in der Verteidigung mit Schusswaffen oder bei Schießübungen dieser Art sind unter Beachtung des Verbots des kampfmäßigen Schießens (§ 27 Abs. 7 Satz 1 des Waffengesetzes) Schießübungen und insbesondere die Verwendung solcher Hindernisse und Übungseinbauten nicht zulässig, die der Übung über den Zweck der Verteidigung der eigenen Person oder Dritter hinaus einen polizeieinsatzmäßigen oder militärischen Charakter verleihen. Die Verwendung von Zielen oder Scheiben, die Menschen darstellen oder symbolisieren, ist gestattet. Die Veranstaltung der in Satz 1 genannten Schießübungen und die Teilnahme als Schütze an diesen Schießübungen sind verboten.

(2) Wer Lehrgänge zur Ausbildung in der Verteidigung mit Schusswaffen oder Schießübungen dieser Art veranstalten will, hat die beabsichtigte Tätigkeit und den Ort, an dem die Veranstaltung stattfinden soll, zwei Wochen vorher der zuständigen Behörde schriftlich oder elektronisch anzuzeigen. Auf Verlangen der zuständigen Behörde ist ein Lehrgangsplan oder Übungsprogramm vorzulegen, aus dem die zu vermittelnden Kenntnisse und die Art der beabsichtigten Schießübungen erkennbar sind. Die Beendigung der Lehrgänge oder Schießübungen ist der zuständigen Behörde innerhalb von zwei Wochen ebenfalls anzuzeigen. Der Betreiber der Schießstätte darf die Durchführung von Veranstaltungen der genannten Art nur zulassen, wenn der Veranstalter ihm gegenüber schriftlich oder elektronisch erklärt hat, dass die nach Satz 1 erforderliche Anzeige erfolgt ist.

(3) In der Anzeige über die Aufnahme der Lehrgänge oder Schießübungen hat der Veranstalter die Personalien der volljährigen verantwortlichen Aufsichtsperson und der Ausbilder anzugeben. § 10 Abs. 2 Satz 2 ist entsprechend

anzuwenden. Die spätere Einstellung oder das Ausscheiden der genannten Personen hat der Veranstalter der zuständigen Behörde unverzüglich anzuzeigen.

(4) Auf die Verpflichtung des Veranstalters zur Bestellung einer verantwortlichen Aufsichtsperson und von Ausbildern ist § 10 Abs. 1 entsprechend anzuwenden.

§ 23 Zulassung zum Lehrgang

(1) Zur Teilnahme an den Lehrgängen oder Schießübungen im Sinne des § 22 dürfen nur Personen zugelassen werden,

1. die auf Grund eines Waffenscheins oder einer Bescheinigung nach § 55 Abs. 2 des Waffengesetzes zum Führen einer Schusswaffe berechtigt sind

oder

2. denen ein in § 55 Abs. 1 des Waffengesetzes bezeichneter Dienstherr die dienstlichen Gründe zum Führen einer Schusswaffe bescheinigt hat oder denen von der zuständigen Behörde eine Bescheinigung nach Absatz 2 erteilt worden ist.

Die verantwortliche Aufsichtsperson hat sich vor der Aufnahme des Schießbetriebs vom Vorliegen der in Satz 1 genannten Erfordernisse zu überzeugen.

(2) Die zuständige Behörde kann Inhabern einer für Kurzwaffen ausgestellten Waffenbesitzkarte und Inhabern eines Jagdscheins, die im Sinne des § 19 des Waffengesetzes persönlich gefährdet sind, die Teilnahme an Lehrgängen oder Schießübungen der in § 22 genannten Art gestatten.

§ 24 Verzeichnisse

(1) Der Veranstalter hat ein Verzeichnis der verantwortlichen Aufsichtspersonen, der Ausbilder und der Teilnehmer gemäß Absatz 2 zu führen.

(2) Aus dem Verzeichnis müssen folgende Angaben über die in Absatz 1 genannten Personen hervorgehen:

1. Vor- und Familiennamen, Geburtsdatum und -ort, Wohnort und Anschrift;

2. Nummer, Ausstellungsdatum und ausstellende Behörde des Waffenscheins, der Bescheinigung nach § 55 Abs. 2 des Waffengesetzes oder der Bescheinigung des Dienstherrn nach § 23 Abs. 1 Satz 1 Nr. 2 oder der Ausnahmeerlaubnis nach § 23 Abs. 2;

3. in welchem Zeitraum (Monat und Jahr) sie als Aufsichtsperson oder als Ausbilder tätig waren oder an einer Veranstaltung teilgenommen haben.

(3) Das Verzeichnis ist vom Veranstalter auf Verlangen der zuständigen Behörde auch in deren Diensträumen oder den Beauftragten der Behörde vorzulegen.

(4) Der Veranstalter hat das Verzeichnis bis zum Ablauf von fünf Jahren, vom Tage der letzten Eintragung an gerechnet, sicher aufzubewahren. Gibt der Veranstalter die Durchführung des Verteidigungsschießens auf, so hat er das Verzeichnis seinem Nachfolger zu übergeben oder der zuständigen Behörde zur Aufbewahrung auszuhändigen.

§ 25 Untersagung von Lehrgängen oder Lehrgangsteilen; Abberufung von Aufsichtspersonen oder Ausbildern

(1) Die zuständige Behörde kann Veranstaltungen im Sinne des § 22 untersagen, wenn Tatsachen die Annahme rechtfertigen, dass der Veranstalter, die verantwortliche Aufsichtsperson oder ein Ausbilder die erforderliche Zuverlässigkeit, persönliche Eignung oder Sachkunde nicht oder nicht mehr besitzt. Ergeben sich bei einer verantwortlichen Aufsichtsperson oder einem Ausbilder Anhaltspunkte für die begründete Annahme des Vorliegens von Tatsachen nach Satz 1, so hat die zuständige Behörde vom Veranstalter die Abberufung dieser Person zu verlangen.

(2) Der Veranstalter hat auf Verlangen der zuständigen Behörde die Durchführung einzelner Lehrgänge oder Schießübungen einstweilen einzustellen. Die Behörde kann die einstweilige Einstellung verlangen, solange der Veranstalter

1. eine verantwortliche Aufsichtsperson oder die unter Berücksichtigung der Erfordernisse eines sicheren Schießbetriebs erforderliche Anzahl von Ausbildern nicht bestellt hat oder

2. dem Verlangen der Behörde, eine verantwortliche Aufsichtsperson oder einen Ausbilder wegen fehlender Zuverlässigkeit, persönlicher Eignung oder Sachkunde von seiner Tätigkeit abzuberufen, nicht nachkommt.

§ 25a Besondere Bestimmungen in Bezug auf den Umgang mit unbrauchbar gemachten Schusswaffen

(1) Der Besitzer einer unbrauchbar gemachten Schusswaffe ist verpflichtet, die Deaktivierungsbescheinigung nach § 8a Absatz 2 Satz 3 des Beschussgesetzes aufzubewahren. Kommt ihm die Deaktivierungsbescheinigung abhanden, so hat er dies der gemäß § 48 Absatz 1 und 3 des Waffengesetzes zuständigen Behörde unverzüglich nach Feststellung des Abhandenkommens anzuzeigen. § 37b Absatz 5 des Waffengesetzes gilt entsprechend.

(2) Wer eine unbrauchbar gemachte Schusswaffe führt oder transportiert, ist verpflichtet, dabei die Deaktivierungsbescheinigung oder eine amtlich beglaubigte Abschrift hiervon mit sich zu führen.

(3) Das dauerhafte Überlassen im Geltungsbereich des Waffengesetzes sowie das Verbringen und die Mitnahme von unbrauchbar gemachten Schusswaffen

1. in den Geltungsbereich des Waffengesetzes,

2. durch den Geltungsbereich des Waffengesetzes oder

3. aus dem Geltungsbereich des Waffengesetzes in einen anderen Mitgliedstaat

ist nur zulässig gemeinsam mit der Deaktivierungsbescheinigung nach § 8a Absatz 2 Satz 3 des Beschussgesetzes oder gemeinsam mit einer entsprechenden Bescheinigung eines anderen Mitgliedstaates auf Grundlage des Anhangs III der Durchführungsverordnung (EU) 2015/2403 der Kommission vom 15. Dezember 2015 zur Festlegung gemeinsamer Leitlinien über Deaktivierungsstandards und -techniken, die gewährleisten, dass Feuerwaffen bei der Deaktivierung endgültig unbrauchbar gemacht werden (ABl. L 333 vom 19.12.2015, S. 62), die zuletzt durch die Durchführungsverordnung (EU) 2018/337 (ABl. L 65 vom 8.3.2018, S. 1) geändert worden ist.

§ 25b Vernichtung unbrauchbar gemachter Schusswaffen

Wer eine unbrauchbar gemachte Schusswaffe vernichtet, hat die Deaktivierungsbescheinigung und alle beglaubigten Abschriften, Abdrucke, Ablichtungen und dergleichen der Deaktivierungsbescheinigung unverzüglich bei der gemäß § 48 Absatz 1 und 3 des Waffengesetzes zuständigen Behörde abzugeben.

§ 25c Erwerb und Besitz von unbrauchbar gemachten Schusswaffen, die nicht den Vorgaben der Verordnung (EU) 2015/2403 entsprechen

(1) Für Schusswaffen, die

1. vor dem 1. April 2003 entsprechend den Anforderungen des § 7 der Ersten Verordnung zum Waffengesetz vom 24. Mai 1976 (BGBl. I S. 1285) in der bis zu diesem Zeitpunkt geltenden Fassung unbrauchbar gemacht worden sind,

2. vor dem 8. April 2016 entsprechend den Anforderungen der Anlage 1 Abschnitt 1 Unterabschnitt 1 Nummer 1.4 in der Fassung des Gesetzes vom 11. Oktober 2002 (BGBl. I S. 3970, 4592; 2003 I S. 1957) unbrauchbar gemacht worden sind und die ein Zulassungszeichen nach Anlage II Abbildung 11 der Beschussverordnung vom 13. Juli 2006 (BGBl. I S. 1474) in der bis zu diesem Zeitpunkt geltenden Fassung aufweisen oder

3. vor dem 28. Juni 2018 entsprechend den Anforderungen der Durchführungsverordnung (EU) 2015/2403 unbrauchbar gemacht worden sind,

besteht die Berechtigung zum Besitz fort, es sei denn, die Schusswaffen werden in einen anderen Mitgliedstaat verbracht. Im Übrigen gelten die in Satz 1 genannten Schusswaffen als Schusswaffen im Sinne von § 1 Absatz 2 Nummer 1 des Waffengesetzes.

(2) Wer gemäß Absatz 1 Satz 1 zum Besitz einer dort genannten Schusswaffe berechtigt ist, kann diese erlaubnisfrei überlassen. § 37a Satz 1 Nummer 1, § 37e Absatz 3, §§ 37f und 37h des Waffengesetzes gelten entsprechend.

(3) Für die Erteilung einer Erlaubnis zum Erwerb und Besitz von in Absatz 1 Satz 1 genannten Schusswaffen ist weder ein Nachweis der Sachkunde gemäß § 7 des Waffengesetzes noch ein Nachweis eines Bedürfnisses gemäß § 8 des Waffengesetzes erforderlich.

(4) § 39b Absatz 3 des Waffengesetzes gilt für die unter Absatz 1 Satz 1 genannten Schusswaffen entsprechend.

§ 26 Allgemeine Bestimmungen

(1) Auf Staatsangehörige eines Mitgliedstaates ist § 21 Abs. 4 Nr. 1 des Waffengesetzes nicht anzuwenden.

(2) Auf Staatsangehörige eines Mitgliedstaates, die in einem anderen Mitgliedstaat ihren gewöhnlichen Aufenthalt haben, ist § 21 Abs. 4 Nr. 2 des Waffengesetzes nicht anzuwenden, soweit die Erlaubnis darauf beschränkt wird,

1. Bestellungen auf Waffen oder Munition bei Inhabern einer Waffenherstellungs- oder Waffenhandelserlaubnis aufzusuchen und diesen den Erwerb, den Vertrieb oder das Überlassen solcher Gegenstände zu vermitteln und

2. den Besitz nur über solche Waffen oder Munition auszuüben, die als Muster, als Proben oder als Teile einer Sammlung mitgeführt werden.

(3) Absatz 2 ist entsprechend anzuwenden auf Gesellschaften, die nach den Rechtsvorschriften eines Mitgliedstaates gegründet sind und ihren satzungsmäßigen Sitz, ihre Hauptverwaltung oder ihre Hauptniederlassung innerhalb der Europäischen Union haben. Soweit diese Gesellschaften nur ihren satzungsmäßigen Sitz, jedoch weder ihre Hauptverwaltung noch ihre Hauptniederlassung innerhalb der Europäischen Union haben, gilt Satz 1 nur, wenn ihre Tätigkeit in tatsächlicher und dauerhafter Verbindung mit der Wirtschaft eines Mitgliedstaates steht.

(4) Die Vorschriften der Absätze 1 bis 3 zugunsten von Staatsangehörigen eines Mitgliedstaates sind nicht anzuwenden, soweit dies zur Beseitigung einer Störung der öffentlichen Sicherheit oder Ordnung oder zur Abwehr einer bevorstehenden Gefahr für die öffentliche Sicherheit oder Ordnung im Einzelfall erforderlich ist.

(5) Auf Staatsangehörige eines Mitgliedstaates ist § 4 Abs. 2 des Waffengesetzes nicht anzuwenden, soweit sie im Geltungsbereich des Waffengesetzes ihren gewöhnlichen Aufenthalt haben und eine selbstständige oder unselbstständige Tätigkeit ausüben, die den Erwerb, den Besitz oder das Führen einer Waffe oder von Munition erfordert.

§ 27 Besondere Bestimmungen zur Fachkunde

(1) Der Nachweis der Fachkunde für den Waffenhandel im Sinne des § 22 des Waffengesetzes ist für einen Staatsangehörigen eines Mitgliedstaates als erbracht anzusehen, wenn er in einem anderen Mitgliedstaat im Handel mit Waffen und Munition wie folgt tätig war:

1. drei Jahre ununterbrochen als Selbstständiger oder in leitender Stellung,

2. zwei Jahre ununterbrochen als Selbstständiger oder in leitender Stellung, wenn er für die betreffende Tätigkeit eine vorherige Ausbildung nachweisen kann, die durch ein staatlich anerkanntes Zeugnis bestätigt oder von einer zuständigen Berufsinstitution als vollwertig anerkannt ist,

3. zwei Jahre ununterbrochen als Selbstständiger oder in leitender Stellung sowie außerdem drei Jahre als Unselbstständiger

oder

4. drei Jahre ununterbrochen als Unselbstständiger, wenn er für den betreffenden Beruf eine vorherige Ausbildung nachweisen kann, die durch ein staatlich anerkanntes Zeugnis bestätigt oder von einer zuständigen Berufsinstitution als vollwertig anerkannt ist.

(2) In den in Absatz 1 Nr. 1 und 3 genannten Fällen darf die Tätigkeit als Selbstständiger oder in leitender Stellung höchstens zehn Jahre vor dem Zeitpunkt der Antragstellung beendet worden sein.

(3) Als ausreichender Nachweis ist auch anzusehen, wenn der Antragsteller die dreijährige Tätigkeit nach Absatz 1 Nr. 1 nicht ununterbrochen ausgeübt hat, die Ausübung jedoch nicht mehr als zwei Jahre vor dem Zeitpunkt der Antragstellung beendet worden ist.

(4) Eine Tätigkeit in leitender Stellung im Sinne des Absatzes 1 übt aus, wer in einem industriellen oder kaufmännischen Betrieb des entsprechenden Berufszweigs tätig war

1. als Leiter des Unternehmens oder einer Zweigniederlassung,

2. als Stellvertreter des Unternehmers oder des Leiters des Unternehmens, wenn mit dieser Stellung eine Verantwortung verbunden ist, die der des vertretenen Unternehmers oder Leiters entspricht,

oder

3. in leitender Stellung mit kaufmännischen Aufgaben und mit der Verantwortung für mindestens eine Abteilung des Unternehmens.

(5) Der Nachweis, dass die Voraussetzungen der Absätze 1 bis 4 erfüllt sind, ist vom Antragsteller durch eine Bescheinigung der zuständigen Stelle des Herkunftslandes zu erbringen.

§ 28 Erlaubnisse für den Erwerb von Waffen und Munition in einem anderen Mitgliedstaat

Eine Erlaubnis nach § 11 Abs. 2 des Waffengesetzes wird als Zustimmung durch einen Erlaubnisschein der zuständigen Behörde erteilt. Für die Erteilung hat der Antragsteller folgende Angaben zu machen:

1. über seine Person: Vor- und Familienname, Geburtsdatum und -ort, Anschriften sowie Nummer, Ausstellungsdatum und ausstellende Behörde des Passes oder des Personalausweises;

2. über die Waffe: bei Schusswaffen Anzahl, Art, Kaliber und Kategorie nach Anlage 1 Abschnitt 3 zum Waffengesetz und gegebenenfalls CIP-Beschusszeichen; bei sonstigen Waffen Anzahl und Art der Waffen;

3. über die Munition: Anzahl, Art, Kaliber und gegebenenfalls CIP-Prüfzeichen.

§ 29 Erlaubnisse zum Verbringen von Waffen und Munition

(1) Eine Erlaubnis nach § 29 oder § 30 des Waffengesetzes wird durch einen Erlaubnisschein der zuständigen Behörde erteilt.

(2) Für die Erteilung einer Erlaubnis nach § 29 Absatz 1 und 2 des Waffengesetzes hat der Antragsteller folgende Angaben zu machen:

1. über den Versender- und den Empfängermitgliedstaat: jeweils die Bezeichnung des Mitgliedstaates;

2. über die Person des Überlassers und des Erwerbers oder desjenigen, der die Waffen oder Munition ohne Besitzwechsel in einen anderen Mitgliedstaat verbringt:

a) Vor- und Familienname,

b) Geburtsdatum und -ort,

c) Anschrift,

d) bei Unternehmen auch Telefon- oder Telefaxnummer und

e) die Angabe, ob es sich um einen Waffenhändler oder um eine Privatperson handelt;

3. über die Waffen: Anzahl und Art der Waffen;

4. über Schusswaffen zusätzlich zu den Angaben nach Nummer 3 die folgenden weiteren Angaben:

a) Kategorie nach der Anlage 1 Abschnitt 3 des Waffengesetzes,

b) Name, Firma oder eingetragenes Markenzeichen des Herstellers,

c) Modellbezeichnung,

d) Kaliber,

e) Herstellungsnummer und

f) sofern vorhanden, CIP-Beschusszeichen;

5. über die Munition:

a) Anzahl und Art der Munition,

b) Firma oder eingetragenes Markenzeichen des Herstellers, Kaliber und

c) sofern vorhanden, CIP-Munitionsprüfzeichen;

6. über die Lieferanschrift: Anschrift, an die die Waffen oder die Munition versandt oder transportiert werden;

7. über die Art und Weise der Verbringung im Fall des Verbringens aus dem Geltungsbereich des Waffengesetzes in einen anderen Mitgliedstaat:

a) das Beförderungsmittel,

b) den Tag der Absendung,

c) den voraussichtlichen Ankunftstag und

d) die Durchgangsländer.

Wird eine Erlaubnis zum Verbringen in oder durch den Geltungsbereich des Waffengesetzes zwischen gewerbsmäßigen Waffenherstellern oder Waffenhändlern beantragt, kann auf die Angabe des Kalibers und der Herstellungsnummer verzichtet werden, wenn besondere Gründe hierfür glaubhaft gemacht werden. Im Fall des Satzes 2 müssen die genannten Angaben den nach § 33 Absatz 3 des Waffengesetzes zuständigen Überwachungsbehörden beim Verbringen mitgeteilt werden, wenn das Verbringen aus einem Drittstaat erfolgt.

(3) Für die Erteilung einer Erlaubnis nach § 30 des Waffengesetzes hat der Antragsteller Angaben über Name und Anschrift der Firma, Telefon- oder Telefaxnummer, Vor- und Familienname, Geburtsort und -datum des Inhabers der

Erlaubnis nach § 21 Abs. 1 des Waffengesetzes, Empfängermitgliedstaat und Art der Waffen und Munition zu machen.

§ 30 Erlaubnisse für die Mitnahme von Waffen und Munition nach, durch oder aus Deutschland

(1) Eine Erlaubnis nach § 32 Absatz 1 Satz 1 oder Absatz 1a Satz 1 des Waffengesetzes wird durch einen Erlaubnisschein der zuständigen Behörde erteilt. Für die Erteilung der Erlaubnis nach Satz 1 hat der Antragsteller folgende Angaben zu machen:

1. über seine Person:

Vor- und Familienname, Geburtsdatum und -ort, Wohnort und Anschrift, bei Firmen auch Telefon- oder Telefaxnummer, sowie Nummer, Ausstellungsdatum und ausstellende Behörde des Passes oder des Personalausweises;

2. über die Waffen:

bei Schusswaffen Anzahl und Art der Waffen, Kategorie nach der Anlage 1 Abschnitt 3 zum Waffengesetz, Firma oder eingetragenes Markenzeichen des Herstellers, Modellbezeichnung, Kaliber, Herstellungsnummer und gegebenenfalls CIP-Beschusszeichen; bei sonstigen Waffen Anzahl und Art der Waffen;

3. über die Munition:

Anzahl und Art der Munition, Kategorie nach der Richtlinie 93/15/EWG des Rates vom 5. April 1993 zur Harmonisierung der Bestimmungen über das Inverkehrbringen und die Kontrolle von Explosivstoffen für zivile Zwecke (ABl. EG Nr. L 121 S. 20), Firma oder eingetragenes Markenzeichen des Herstellers, Kaliber und gegebenenfalls CIP-Munitionsprüfzeichen;

4. über den Grund der Mitnahme:

genaue Angabe des Ortes, zu dem die Waffen oder die Munition mitgenommen werden sollen, und der Zweck der Mitnahme.

Der Erlaubnisschein für die Mitnahme von Waffen oder Munition aus einem Drittstaat muss alle in Satz 2 genannten Angaben enthalten.

(2) Bei der Erteilung einer Erlaubnis nach § 32 Abs. 1 Satz 1 des Waffengesetzes kann die Sachkunde auch als nachgewiesen angesehen werden, wenn eine ausreichende Kenntnis der geforderten Inhalte durch einen Beleg des Staates, in dem die Person ihren gewöhnlichen Aufenthalt hat, glaubhaft gemacht wird.

(3) Bei der Erteilung einer Erlaubnis nach § 32 Abs. 4 des Waffengesetzes kann die zuständige Behörde auf einzelne der in Absatz 1 Satz 2 Nr. 2 und 3 aufgeführten Angaben verzichten, wenn diese nicht rechtzeitig gemacht werden können. Die Angaben sind der zuständigen Behörde unverzüglich nachzureichen

und bei der Einreise den nach § 33 Abs. 3 des Waffengesetzes zuständigen Überwachungsbehörden mitzuteilen.

(4) Die zuständige Behörde kann in besonderen Fällen gestatten, dass Antragstellungen für die Erteilung einer Erlaubnis nach § 32 Abs. 4 des Waffengesetzes durch mehrere Personen gemeinsam auf dem hierfür vorgesehenen amtlichen Vordruck erfolgen. Im Falle des Satzes 1 sind für die Antragsteller jeweils die Angaben nach Absatz 1 Satz 2 Nr. 1 und 4 vollständig zu machen, die Angaben nach Absatz 1 Satz 2 Nr. 2 und 3, soweit die Behörde hierauf nicht verzichtet hat.

§ 31 Anzeigen

(1) Eine Anzeige nach § 30 Satz 3 des Waffengesetzes an das Bundesverwaltungsamt muss folgende Angaben enthalten:

1. über die Beförderung:

a) die Bezeichnung des Versender- und des Empfängermitgliedstaates,

b) die Bezeichnung der Durchgangsländer,

c) die Beförderungsart und

d) den Beförderer;

2. zu dem Versender, dem Erklärungspflichtigen und dem Empfänger jeweils:

a) den Namen oder bei Unternehmen, sofern vorhanden, die Firma,

b) Anschrift und

c) Telefon- oder Telefaxnummer;

3. zu der Erlaubnis nach § 30 des Waffengesetzes:

a) Ausstellungsdatum,

b) Ausstellungsnummer,

c) ausstellende Behörde,

d) Geltungsdauer;

4. zu der Erlaubnis oder der Freistellung von der Erlaubnis des anderen Mitgliedstaates:

a) Ausstellungsdatum,

b) ausstellende Behörde,

c) Geltungsdauer,

d) Angaben zu den von der Erlaubnis umfassten Waffen;

5. über die Waffen:

Anzahl und Art der Waffen;

6. über Schusswaffen zusätzlich zu den Angaben nach Nummer 5 die folgenden weiteren Angaben:

b) c) d) e) f)

a) die Kategorie nach Anlage 1 Abschnitt 3 des Waffengesetzes,

b) den Namen, die Firma oder das eingetragene Markenzeichen des Herstellers,

c) die Modellbezeichnung,

d) das Kaliber,

e) die Herstellungsnummer und

f) das CIP-Beschusszeichen, sofern vorhanden;

7. zu der Munition:

a) Art und Anzahl,

b) Name, Firma, oder eingetragenes Markenzeichen des Herstellers,

c) Kaliber,

d) CIP-Munitionsprüfzeichen, falls vorhanden,

e) Anschrift, an die die Waffen oder die Munition versandt oder transportiert werden.

Im Fall des Satzes 1 Nummer 4 ist der Anzeige eine Ablichtung der Erlaubnis oder Freistellung beizufügen.

(2) Die Anzeige gemäß § 30 Satz 3 des Waffengesetzes an das Bundesverwaltungsamt hat unter Verwendung des hierfür vorgesehenen amtlichen Vordrucks oder elektronisch zu erfolgen. Für die elektronische Anzeige kann das Bundesverwaltungsamt Abweichungen von der Form, nicht aber vom Inhalt des amtlichen Vordrucks, zulassen. Das Bundesverwaltungsamt kann verlangen, dass der Anzeigende seine Identität auf geeignete Weise nachweist.

(3) Im Fall der Verwendung des amtlichen Vordrucks bestätigt das Bundesverwaltungsamt den Eingang der vollständigen Anzeige auf dem Anzeigevordruck oder elektronisch. Im Fall der elektronischen Anzeige bestätigt das Bundesverwaltungsamt den Eingang der vollständigen Anzeige elektronisch.

(4) Eine Anzeige nach § 34 Abs. 4, erster Halbsatz des Waffengesetzes an das Bundesverwaltungsamt ist mit dem hierfür vorgesehenen amtlichen Vordruck zu erstatten und muss folgende Angaben enthalten:

1. über die Person des Überlassers:

Vor- und Familiennamen oder Firma, Wohnort oder Firmenanschrift, bei Firmen auch Telefon- oder Telefaxnummer, Datum der Überlassung;

2. über die Person des Erwerbers:

Vor- und Familiennamen, Geburtsdatum und -ort, Anschriften in Mitgliedstaaten sowie Nummer, Ausstellungsdatum und ausstellende Behörde des Passes oder des Personalausweises;

3. über die Waffen oder die Munition:

die Angaben nach § 29 Abs. 2 Satz 1 Nr. 2 und 3.

(5) Eine Anzeige nach § 34 Abs. 5 Satz 1 des Waffengesetzes an das Bundesverwaltungsamt ist mit dem hierfür vorgesehenen amtlichen Vordruck in zweifacher Ausfertigung zu erstatten und muss folgende Angaben enthalten:

1. über die Person des Erwerbers oder denjenigen, der eine Schusswaffe zum dortigen Verbleib in einen anderen Mitgliedstaat verbringt:

Vor- und Familiennamen, Geburtsdatum und -ort, Wohnort und Anschrift, Beruf sowie Nummer, Ausstellungsdatum und ausstellende Behörde des Passes oder des Personalausweises, ferner Nummer, Ausstellungsdatum und ausstellende Behörde der Waffenerwerbsberechtigung;

2. über die Schusswaffe:

Art der Waffe, Name, Firma oder eingetragene Marke des Herstellers, Modellbezeichnung, Kaliber und Herstellungsnummer;

3. über den Versender:

Name und Anschrift des auf dem Versandstück angegebenen Versenders.

Beim Erwerb durch gewerbliche Unternehmen sind die Angaben nach Satz 1 Nr. 1 über den Inhaber des Unternehmens, bei juristischen Personen über eine zur Vertretung des Unternehmens befugte Person mitzuteilen und deren Pass oder Personalausweis vorzulegen. Bei laufenden Geschäftsbeziehungen entfällt die wiederholte Vorlage des Passes oder des Personalausweises, es sei denn, dass der Inhaber des Unternehmens gewechselt hat oder bei juristischen Personen zur Vertretung des Unternehmens eine andere Person bestellt worden ist. Wird die Schusswaffe oder die Munition einer Person überlassen, die sie außerhalb des Geltungsbereichs des Waffengesetzes, insbesondere im Versandwege erwerben will, so ist die Angabe der Erwerbsberechtigung nach Satz 1

Nr. 1 nicht erforderlich, ferner genügt an Stelle des Passes oder des Personalausweises eine amtliche Beglaubigung dieser Urkunden. Das Bundesverwaltungsamt bestätigt dem Anzeigenden den Eingang auf dem Doppel der Anzeige.

§ 32 Mitteilungen der Behörden

(1) Die zuständige Behörde teilt dem Bundesverwaltungsamt alle ihr vorliegenden erteilten Erlaubnisse zum Verbringen von Waffen oder Munition aus einem anderen Mitgliedstaat in den Geltungsbereich des Waffengesetzes und aus dem Geltungsbereich des Waffengesetzes in einen anderen Mitgliedstaat nach § 29 des Waffengesetzes unter Angabe des Datums der Erlaubniserteilung und des Ablaufdatums der Erlaubnis elektronisch mit. Die Mitteilung muss unverzüglich, im Fall des Verbringens aus dem Geltungsbereich des Waffengesetzes in einen anderen Mitgliedstaat spätestens bis zum nach § 29 Absatz 2 Satz 1 Nummer 6 mitgeteilten Tag der Absendung, erfolgen. Die Mitteilung muss alle gemäß § 29 Absatz 2 erforderlichen Angaben enthalten. Eine Ablichtung des Erlaubnisscheins ist der Mitteilung beizufügen.

(2) Das Bundesverwaltungsamt

1. übermittelt dem anderen Mitgliedstaat die Angaben nach § 31 Absatz 1 und die nach Absatz 1 erhaltenen Angaben nach Maßgabe der Delegierten Verordnung (EU) 2019/686 der Kommission vom 16. Januar 2019 zur Festlegung detaillierter Vorkehrungen gemäß Richtlinie 91/477/EWG des Rates für den systematischen elektronischen Austausch von Informationen im Zusammenhang mit der Verbringung von Feuerwaffen innerhalb der Union (ABl. L 116 vom 3.5.2019, S. 1);

2. übermittelt dem anderen Mitgliedstaat die Angaben nach § 31 Absatz 4;

3. übermittelt an die zuständige Behörde

a) die von anderen Mitgliedstaaten in den Fällen des § 29 Absatz 1 und 2 des Waffengesetzes erhaltenen Angaben,

b) die von anderen Mitgliedstaaten erhaltenen Angaben über die Erteilung von Erlaubnissen zum Verbringen von Schusswaffen oder Munition in das Hoheitsgebiet des anderen Mitgliedstaates aus dem Geltungsbereich des Waffengesetzes, es sei denn, es besteht für diese Verbringung eine Erlaubnis nach § 30 des Waffengesetzes, und

c) die von anderen Mitgliedstaaten erhaltenen Angaben über das Überlassen von Waffen nach Anlage 1 Abschnitt 3 Nummer 1 bis 3 (Kategorien A 1.2 bis C) des Waffengesetzes oder von Munition an Personen und den Besitz von solchen Waffen oder Munition durch

Personen, die jeweils ihren gewöhnlichen Aufenthalt im Geltungsbereich des Waffengesetzes haben;

4. übermittelt die von anderen Vertragsstaaten des Übereinkommens vom 28. Juni 1978 über die Kontrolle des Erwerbs und Besitzes von Schusswaffen durch Einzelpersonen (BGBl. 1980 II S. 953) erhaltenen Mitteilungen über das Verbringen oder das Überlassen der in § 34 Absatz 5 Satz 1 des Waffengesetzes genannten Schusswaffen erhaltenen Angaben an die zuständige Behörde;

5. soll den Erwerb von Schusswaffen und Munition durch die in § 34 Absatz 5 Satz 1 des Waffengesetzes genannten Personen der zuständigen zentralen Behörde des Heimat- oder Herkunftsstaates des Erwerbers mitteilen, sofern Gegenseitigkeit gewährleistet ist; die Mitteilung soll die Angaben nach § 31 Absatz 5 Satz 1 Nummer 1 und 2 enthalten.

(3) Die nach § 33 Abs. 3 des Waffengesetzes zuständigen Überwachungsbehörden übermitteln den zuständigen Behörden die nach § 29 Absatz 2 Satz 3 und nach § 30 Abs. 3 Satz 2 mitgeteilten Angaben.

§ 33 Europäischer Feuerwaffenpass

(1) Die Geltungsdauer des Europäischen Feuerwaffenpasses nach § 32 Abs. 6 des Waffengesetzes beträgt fünf Jahre; soweit bei Jägern oder Sportschützen in ihm nur Einzellader-Langwaffen mit glattem Lauf oder mit glatten Läufen eingetragen sind, beträgt sie zehn Jahre. Die Geltungsdauer kann zweimal um jeweils fünf Jahre verlängert werden. § 9 Abs. 1 und 2 und § 37 Abs. 2 des Waffengesetzes gelten entsprechend.

(2) Der Antragsteller hat die Angaben nach § 30 Abs. 1 Satz 2 Nr. 1 bis 3 zu machen. Er hat ein Lichtbild aus neuerer Zeit in der Größe von mindestens 45 Millimeter x 35 Millimeter im Hochformat ohne Rand abzugeben. Das Lichtbild muss das Gesicht im Ausmaß von mindestens 20 Millimeter darstellen und den Antragsteller zweifelsfrei erkennen lassen. Der Hintergrund muss heller sein als die Gesichtspartie.

§ 34 Ordnungswidrigkeiten

Ordnungswidrig im Sinne des § 53 Abs. 1 Nr. 23 des Waffengesetzes handelt, wer vorsätzlich oder fahrlässig

1. entgegen § 7 Abs. 1 Satz 2 oder § 22 Abs. 1 Satz 3 eine Schießübung veranstaltet oder an ihr teilnimmt,

2. entgegen § 9 Abs. 1 Satz 1 auf einer Schießstätte schießt,

3. entgegen § 9 Abs. 1 Satz 3 die Einhaltung der dort genannten Voraussetzungen nicht überwacht,

4. entgegen § 10 Abs. 1 Satz 4 den Schießbetrieb aufnimmt oder fortsetzt,

5. entgegen § 10 Abs. 2 Satz 1 oder 3, § 22 Abs. 2 Satz 1 oder 3 oder Abs. 3 Satz 3 oder § 25a Absatz 1 Satz 2 eine Anzeige nicht, nicht richtig, nicht vollständig, nicht in der vorgeschriebenen Weise oder nicht rechtzeitig erstattet,

6. entgegen § 10 Abs. 3 Satz 4 oder § 25a Absatz 2 ein dort genanntes Dokument nicht mitführt oder nicht oder nicht rechtzeitig aushändigt,

7. entgegen § 10 Abs. 3 Satz 5 Einblick nicht oder nicht rechtzeitig gewährt,

8. entgegen § 11 Abs. 1 Satz 1 das Schießen nicht beaufsichtigt,

9. entgegen § 11 Abs. 1 Satz 2 das Schießen oder den Aufenthalt in der Schießstätte nicht untersagt,

10. entgegen § 11 Abs. 2 eine Anordnung nicht befolgt,

11. entgegen § 12 Abs. 2 Satz 2 eine Schießstätte betreibt oder benutzt,

12. entgegen § 13 Absatz 2 eine Waffe oder Munition nicht richtig aufbewahrt,

13. entgegen § 13 Absatz 4 Satz 1 oder 2 eine Waffe oder Munition aufbewahrt,

14. entgegen § 17a Absatz 1 oder § 24 Absatz 3 eine dort genannte Ersatzdokumentation oder ein dort genanntes Verzeichnis nicht oder nicht rechtzeitig vorlegt,

15 entgegen § 17a Absatz 2 Satz 1 eine dort genannte Ersatzdokumentation nicht oder nicht mindestens zehn Jahre aufbewahrt,

16. entgegen § 17a Absatz 2 Satz 2 eine dort genannte Ersatzdokumentation nicht oder nicht rechtzeitig übergibt,

17. entgegen § 17a Absatz 2 Satz 3 eine dort genannte Ersatzdokumentation nicht oder nicht rechtzeitig übergibt und nicht oder nicht rechtzeitig aushändigt,

18. entgegen § 22 Abs. 2 Satz 2 den Lehrgangsplan oder das Übungsprogramm nicht oder nicht rechtzeitig vorlegt,

19. entgegen § 22 Abs. 2 Satz 4 die Durchführung einer Veranstaltung zulässt,

20. entgegen § 23 Abs. 1 Satz 2 sich vom Vorliegen der dort genannten Erfordernisse nicht oder nicht rechtzeitig überzeugt,

21. entgegen § 24 Abs. 1 ein Verzeichnis nicht, nicht richtig, nicht vollständig oder nicht in der vorgeschriebenen Weise führt,

22. entgegen § 24 Abs. 4 Satz 1 das Verzeichnis nicht oder nicht mindestens fünf Jahre aufbewahrt,

23. entgegen § 25 Abs. 2 Satz 1 die Durchführung eines Lehrgangs oder einer Schießübung nicht oder nicht rechtzeitig einstellt,

24. entgegen § 25a Absatz 3 eine unbrauchbar gemachte Schusswaffe dauerhaft überlässt, verbringt oder mitnimmt oder

25. entgegen § 25b ein dort genanntes Dokument nicht oder nicht rechtzeitig abgibt.

§ 35 (weggefallen)

§ 36 Inkrafttreten, Außerkrafttreten

Diese Verordnung tritt am 1. Dezember 2003 in Kraft. Gleichzeitig treten die Erste Verordnung zum Waffengesetz in der Fassung der Bekanntmachung vom 10. März 1987 (BGBl. I S. 777), zuletzt geändert durch Artikel 10 des Gesetzes vom 11. Oktober 2002 (BGBl. I S. 3970) sowie die Zweite Verordnung zum Waffengesetz vom 13. Dezember 1976 (BGBl. I S. 3387) außer Kraft.

Anlage (zu § 15 Abs. 2 Nr. 2) Waffen- und Munitionsarten

1. Schusswaffen und ihnen gleichstehende Geräte

1.1 Büchsen und Flinten einschließlich Flobertwaffen und Zimmerstutzen

1.2 Pistolen und Revolver zum Verschießen von Patronenmunition; Schalldämpfer

1.3 Schreckschuss-, Reizstoff- und Signalwaffen gemäß Anlage 1 Abschnitt 1 Unterabschnitt 1 Nr. 2.7 bis 2.9 des Waffengesetzes

1.4 Signalwaffen mit einem Patronen- oder Kartuschenlager von mehr als 12,5 mm Durchmesser

1.5 Druckluft-, Federdruck- und Druckgaswaffen

1.6 Schusswaffen, die vor dem 1. Januar 1871 hergestellt worden sind

1.7 Schusswaffen und ihnen gleichstehende Geräte, die nicht unter 1.1 bis 1.5 fallen.

2. Munition

2.1 Munition zum Verschießen aus Büchsen und Flinten (1.1)

2.2 Munition zum Verschießen aus Pistolen und Revolvern (1.2)

2.3 Munition zum Verschießen aus Schreckschuss-, Reizstoff- und Signalwaffen (1.3)

2.4 Munition zum Verschießen aus Signalwaffen mit einem Kartuschenlager von mehr als 12,5 mm Durchmesser (1.4)

2.5 Munition zum Verschießen aus Schusswaffen, die vor dem 1. Januar 1871 hergestellt worden sind, und aus sonstigen ihnen gleichstehenden Geräten (1.6 und 1.7).

14.3 Bundesjagdgesetz (BJagdG) – Auszug

§ 19 Sachliche Verbote

(1) **Verboten** ist

1. mit Schrot, Posten, gehacktem Blei, Bolzen oder Pfeilen, auch als Fangschuss, auf Schalenwild und Seehunde zu schießen;

2.

a) auf Rehwild und Seehunde mit Büchsenpatronen zu schießen, deren Auftreffenergie auf 100 m (E 100) weniger als 1.000 Joule beträgt;

b) auf alles übrige Schalenwild mit Büchsenpatronen unter einem Kaliber von 6,5 mm zu schießen; im Kaliber 6,5 mm und darüber müssen die Büchsenpatronen eine Auftreffenergie auf 100 m (E 100) von mindestens 2.000 Joule haben;

c) mit **halbautomatischen Langwaffen**, die mit insgesamt **mehr als drei Patronen geladen** sind, sowie mit automatischen Waffen auf Wild zu schießen;

d) auf **Wild mit Pistolen oder Revolvern** zu schießen, ausgenommen im Falle der Bau- und Fallenjagd sowie zur Abgabe von **Fangschüssen**, wenn die **Mündungsenergie** der Geschosse **mindestens 200 Joule** beträgt;

...

5.

a) künstliche Lichtquellen, Spiegel, Vorrichtungen zum Anstrahlen oder Beleuchten des Zieles, Nachtzielgeräte, die einen Bildwandler oder eine elektronische Verstärkung besitzen und für Schusswaffen bestimmt sind, Tonbandgeräte oder elektrische Schläge erteilende Geräte beim Fang oder Erlegen von Wild aller Art zu verwenden oder zu nutzen sowie zur Nachtzeit an Leuchttürmen oder Leuchtfeuern Federwild zu fangen;

14.4 BewachV - Auszug

§ 17 Dienstanweisung

(1) Der Gewerbetreibende hat den Wachdienst durch eine Dienstanweisung nach Maßgabe der Sätze 2 und 3 zu regeln. Die Dienstanweisung muss den Hinweis enthalten, dass die Wachperson nicht die Eigenschaft und die Befugnisse eines Polizeivollzugsbeamten, oder eines sonstigen Bediensteten einer Behörde besitzt. Die Dienstanweisung muss ferner bestimmen, dass die Wachperson während des Dienstes nur mit Zustimmung des Gewerbetreibenden eine Schusswaffe, Hieb- und Stoßwaffen sowie Reizstoffsprühgeräte führen darf und jeden Gebrauch dieser Waffen unverzüglich der zuständigen Polizeidienststelle und dem Gewerbetreibenden anzuzeigen hat.

§ 20 Behandlung der Waffen und Anzeigepflicht nach Waffengebrauch

(1) Der Gewerbetreibende ist für die sichere Aufbewahrung der Waffen und der Munition verantwortlich. Er hat die ordnungsgemäße Rückgabe der Waffen und der Munition nach Beendigung des Wachdienstes sicherzustellen.

(2) Hat der Gewerbetreibende oder eine Wachperson im Wachdienst von Waffen Gebrauch gemacht, so hat der Gewerbetreibende dies unverzüglich der für den Vollzug des § 34a der Gewerbeordnung zuständigen Behörde und, soweit noch keine Anzeige nach § 17 Absatz 1 Satz 3 erfolgt ist, der zuständigen Polizeidienststelle anzuzeigen.

14.5 DGUV Vorschrift 23 - Auszug

§ 18 Ausrüstung mit Schusswaffen

(1) Der Unternehmer hat unter Beachtung der waffenrechtlichen Bestimmungen sicherzustellen, dass eine Ausrüstung des Wach- und Sicherungspersonals mit Schusswaffen nur dann erfolgt, wenn er dies ausdrücklich anordnet. Es dürfen nur Versicherte mit Schusswaffen ausgerüstet werden, die nach dem Waffenrecht zuverlässig, geeignet und sachkundig sowie an den Waffen ausgebildet sind.

(2) Der Unternehmer hat sicherzustellen, dass Versicherte, die Träger von Schusswaffen nach Absatz 1 sind, regelmäßig an Schießübungen teilnehmen und ihre Schießfertigkeit sowie Sachkunde nach dem Waffenrecht ihm oder einem Sachkundigen nachweisen.

(3) Schießübungen nach Absatz 2 müssen unter der Aufsicht eines nach Waffenrecht Verantwortlichen auf Schießstandanlagen durchgeführt werden, die

den behördlich festgelegten sicherheitstechnischen Anforderungen entsprechen.

(4) Der Unternehmer hat sicherzustellen, dass über die Schießübungen, die Schießfertigkeit und den Sachkundestand Aufzeichnungen geführt werden.

(5) Der Unternehmer hat sicherzustellen, dass der Entzug von Schusswaffen nach Absatz 1 unverzüglich erfolgt, wenn die Voraussetzungen der Absätze 1 und 2 bei den Versicherten nicht mehr gegeben sind.

§ 19 Schusswaffen

(1) Es dürfen nur Schusswaffen bereitgehalten und geführt werden, die amtlich geprüft sind und ein in der Bundesrepublik Deutschland anerkanntes Beschusszeichen tragen.

(2) Der Unternehmer hat dafür zu sorgen, dass Schusswaffen bei Verdacht auf Mängel, mindestens jedoch einmal jährlich durch Sachkundige hinsichtlich ihrer Handhabungssicherheit geprüft werden.

(3) Der Unternehmer hat dafür zu sorgen, dass die Instandsetzung von Schusswaffen nur durch Inhaber einer Erlaubnis nach § 7 oder § 41 Waffengesetz (WaffG) erfolgt.[116]

(4) Das Bereithalten und Führen von Schreck- oder Gas-Schusswaffen ist bei der Durchführung von Wach- und Sicherungsaufgaben unzulässig.

§ 20 Führen von Schusswaffen und Mitführen von Munition

(1) Schusswaffen müssen in geeigneten Trageeinrichtungen geführt werden. Das Abgleiten oder Herausfallen der Waffe muss durch eine Sicherung verhindert sein.

(2) Munition darf nicht lose mitgeführt werden.

(3) Außer bei drohender Gefahr darf sich keine Patrone vor dem Lauf befinden. Dies gilt nicht, wenn durch konstruktive Maßnahmen sichergestellt ist, dass sich bei entspanntem Hahn kein Schuss lösen kann.

(4) Geführte Schusswaffen mit einer äußeren Sicherungseinrichtung sind, ausgenommen bei ihrem Einsatz, zu sichern.

(5) Von den Bestimmungen der Absätze 3 und 4 darf für Bereiche abgewichen werden, in denen entsprechende behördliche oder militärische Sonderregelungen bestehen.

§ 21 Übergabe von Schusswaffen, Kugelfangeinrichtungen

(1) Schusswaffen dürfen nur in entladenem Zustand übergeben werden.

(2) Der Übernehmende hat sich sofort vom Ladezustand der Waffe zu überzeugen und diese auf augenfällige Mängel zu kontrollieren.

(3) Bei Feststellung von Mängeln darf die Waffe nicht geführt werden. Vor einer Wiederverwendung ist sie einer sachkundigen Instandsetzung zuzuleiten.

(4) Beim Laden und Entladen von Schusswaffen müssen diese an sicherem Ort auf eine geeignete Kugelfangeinrichtung gerichtet sein. Jegliches Hantieren mit der Waffe hat hierbei so zu erfolgen, dass keine Versicherten durch einen sich lösenden Schuss verletzt werden können.

§ 22 Aufbewahrung von Schusswaffen und Munition

(1) Der Unternehmer hat dafür zu sorgen, dass für die Aufbewahrung von Schusswaffen und Munition zumindest Stahlblechschränke mit Sicherheitsschloss oder entsprechend sichere Einrichtungen vorhanden sind, die eine getrennte Unterbringung von Waffen und Munition ermöglichen und Schutz gegen Abhandenkommen oder unbefugten Zugriff gewährleisten.

(2) Die Aufbewahrung von Schusswaffen und Munition muss in verschlossenen Einrichtungen nach Absatz 1 erfolgen. Schusswaffen dürfen nur im entladenen Zustand aufbewahrt werden.

14.6 Das Strafgesetzbuch (StGB) - Auszug

§ 32 Notwehr

(1) Wer eine Tat begeht, die durch Notwehr geboten ist, handelt nicht rechtswidrig.

(2) Notwehr ist die Verteidigung, die erforderlich ist, um einen gegenwärtigen rechtswidrigen Angriff von sich oder einem anderen abzuwenden.

§ 33 Überschreitung der Notwehr

Überschreitet der Täter die Grenzen der Notwehr aus Verwirrung, Furcht oder Schrecken, so wird er nicht bestraft.

§ 34 Rechtfertigender Notstand

Wer in einer gegenwärtigen, nicht anders abwendbaren Gefahr für Leben, Leib, Freiheit, Ehre, Eigentum oder ein anderes Rechtsgut eine Tat begeht, um die Gefahr von sich oder einem anderen abzuwenden, handelt nicht rechtswidrig, wenn bei Abwägung der widerstreitenden Interessen, namentlich der betroffenen Rechtsgüter und des Grades der ihnen drohenden Gefahren, das geschützte Interesse das beeinträchtigte wesentlich überwiegt. Dies gilt jedoch nur, soweit die Tat ein angemessenes Mittel ist, die Gefahr abzuwenden.

§ 35 Entschuldigender Notstand

(1) Wer in einer gegenwärtigen, nicht anders abwendbaren Gefahr für Leben, Leib oder Freiheit eine rechtswidrige Tat begeht, um die Gefahr von sich, einem Angehörigen oder einer anderen ihm nahestehenden Person abzuwenden, handelt ohne Schuld. Dies gilt nicht, soweit dem Täter nach den Umständen, namentlich weil er die Gefahr selbst verursacht hat oder weil er in einem besonderen Rechtsverhältnis stand, zugemutet werden konnte, die Gefahr hinzunehmen; jedoch kann die Strafe nach § 49 Abs. 1 gemildert werden, wenn der Täter nicht mit Rücksicht auf ein besonderes Rechtsverhältnis die Gefahr hinzunehmen hatte.

14.7 Die Strafprozessordnung (StPO) - Auszug

§ 127 Vorläufige Festnahme

(1) Wird jemand auf frischer Tat betroffen oder verfolgt, so ist, wenn er der Flucht verdächtig ist oder seine Identität nicht sofort festgestellt werden kann, jedermann befugt, ihn auch ohne richterliche Anordnung vorläufig festzunehmen. (...)

14.8 Das Bürgerliche Gesetzbuch (BGB) – Auszug

§ 227 Notwehr

(1) Eine durch Notwehr gebotene Handlung ist nicht widerrechtlich.

(2) Notwehr ist diejenige Verteidigung, welche erforderlich ist, um einen gegenwärtigen rechtswidrigen Angriff von sich oder einem anderen abzuwenden.

§ 228 Notstand

Wer eine fremde Sache beschädigt oder zerstört, um eine durch sie drohende Gefahr von sich oder einem anderen abzuwenden, handelt nicht widerrechtlich, wenn die Beschädigung oder die Zerstörung zur Abwendung der Gefahr erforderlich ist und der Schaden nicht außer Verhältnis zu der Gefahr steht. Hat der Handelnde die Gefahr verschuldet, so ist er zum Schadensersatz verpflichtet.

§ 229 Selbsthilfe

Wer zum Zwecke der Selbsthilfe eine Sache wegnimmt, zerstört oder beschädigt oder wer zum Zwecke der Selbsthilfe einen Verpflichteten, welcher der Flucht verdächtig ist, festnimmt oder den Widerstand des Verpflichteten gegen eine Handlung, die dieser zu dulden verpflichtet ist, beseitigt, handelt nicht widerrechtlich, wenn obrigkeitliche Hilfe nicht rechtzeitig zu erlangen ist und ohne sofortiges Eingreifen die Gefahr besteht, dass die Verwirklichung des Anspruchs vereitelt oder wesentlich erschwert werde.

§ 230 Grenzen der Selbsthilfe

(1) Die Selbsthilfe darf nicht weiter gehen, als zur Abwendung der Gefahr erforderlich ist.

(2) Im Falle der Wegnahme von Sachen ist, sofern nicht Zwangsvollstreckung erwirkt wird, der dingliche Arrest zu beantragen.

(3) Im Falle der Festnahme des Verpflichteten ist, sofern er nicht wieder in Freiheit gesetzt wird, der persönliche Sicherheitsarrest bei dem Amtsgericht zu beantragen, in dessen Bezirk die Festnahme erfolgt ist; der Verpflichtete ist unverzüglich dem Gericht vorzuführen.

(4) Wird der Arrestantrag verzögert oder abgelehnt, so hat die Rückgabe der weggenommenen Sachen und die Freilassung des Festgenommenen unverzüglich zu erfolgen.

§ 231 Irrtümliche Selbsthilfe

Wer eine der im § 229 bezeichneten Handlungen in der irrigen Annahme vornimmt, dass die für den Ausschluss der Widerrechtlichkeit erforderlichen Voraussetzungen vorhanden seien, ist dem anderen Teil zum Schadensersatz verpflichtet, auch wenn der Irrtum nicht auf Fahrlässigkeit beruht.

§ 904 Notstand

Der Eigentümer einer Sache ist nicht berechtigt, die Einwirkung eines anderen auf die Sache zu verbieten, wenn die Einwirkung zur Abwendung einer gegenwärtigen Gefahr notwendig und der drohende Schaden gegenüber dem aus der Einwirkung dem Eigentümer entstehenden Schaden unverhältnismäßig groß ist. Der Eigentümer kann Ersatz des ihm entstehenden Schadens verlangen.

Sach- und Stichwortverzeichnis

Abkürzungsverzeichnis

A	-	*Abschnitt*
AWaffV	-	*Allgemeine Waffengesetz-Verordnung*
BeschG	-	*Beschussgesetz*
BeschussV	-	*Beschussverordnung*
BR-Drs.	-	*Bundesrats-Drucksache*
BT-Drs.	-	*Bundestags-Drucksache*
idR	-	*in der Regel*
iVm	-	*in Verbindung mit*
UA	-	*Unterabschnitt*
VG, OVG	-	*Verwaltungsgericht, Oberverwaltungsgericht*
WaffG	-	*Waffengesetz*
WaffVwV	-	*Verwaltungsvorschrift zum Waffengesetz*
zB	-	*zum Beispiel*

Endnoten

[1] *so in BVerwG 1 C 5/99, Urteil vom 13. Juli 1999*

[2] *„tragbar" im Sinne von: Von einer Person aus der Hand bedienbar*

[3] *Anlage 1 A1 UA1 Nr. 2.1 WaffG*

[4] *§ 2 Abs. 1 BeschG*

[5] *somit keine Schusswaffe, nur Waffe; Anlage 1 A1 UA1 Nr. 1.2.1 WaffG*

[6] *§ 12 Abs. 4 Nr. 1 Buchstabe a WaffG*

[7] *BayVGH München 21 B 98.2184, Urteil vom 27. Juni 2000*

[8] *OVG Lüneburg 1 LC 244/07, Urteil vom 18.02.2010 (entgegen BayVGH München 21 B 98.2184)*

[9] *Rechtsprechung zum Begriff des „gewerblichen Händlers" auf Internet-Auktionsplattform in: BGH I ZR 3/06, Urteil vom 04. Dezember 2008*

[10] *Anlage 1 A1 UA1 Nr. 1.2.3 WaffG; keine Schusswaffe, lediglich Waffe.*

[11] *BVerwG 6 C 30.08, Urteil vom 01. September 2009*

[12] *§ 5 Abs. 1 Nr. 2 Buchstabe b WaffG*

[13] *OVG Lüneburg 11 LA 389/09, Beschluss vom 19. April 2010*

[14] *BayVGH Mün. 21 CS 10.164, 21 C 10.731, Urteil vom 24. März 2010*

[15] *OVG Rh.-Pfalz 7 A 10410/10.OVG, Beschluss vom 29. April 2010*

[16] BayVGH München 21 CS 10.392, Urteil vom 30. März 2010

[17] VG Oldenburg 11 B 4175/06, Beschluss vom 26. Sept. 2006

[18] Zu beachten ist, dass im Falle einer Erbschaft zugunsten der Person, die bislang mit dem Erblasser Waffen gemeinschaftlich aufbewahrt hat, das Behältnis durch diesen Erben weiterhin verwendet werden darf, im Falle des Ablebens der Erben eine erneute Berufung auf die Besitzstandsregelung mit einer weiteren Vererbung aber nicht mehr möglich ist.

[19] § 34 Abs. 1 WaffG sowie Anlage 2 A2 UA1 WaffG

[20] Ein unmittelbar auf den Leihzeitraum folgendes erneutes Leihen ist gesetzlich untersagt und unerlaubter Waffenbesitz; siehe zur Unzulässigkeit der „Kettenleihe" BayVGH 24 ZB 25.1424, Beschluss 18. Dez. 2025

[21] § 38 Abs. 1 Buchstabe g WaffG

[22] siehe Fischer „Strafgesetzbuch und Nebengesetze", 63. Auflage 2016, Rn. 6 zu § 123 StGB, Rn. 14 zu § 243 StGB

[23] AG Kiel 597 Js-OWi 27781/09, Urteil vom 07. August 2009

[24] OVG Berlin-Brandenburg 11 N 1.06, Beschluss vom 27. April 2006

[25] VG Darmstadt 5 E 1211/06, Urteil vom 1. Oktober 2007

[26] § 38 WaffG; zu beachten ist Nr. 1 Buchstabe g, der die Fälle der Leihe, der Verwahrung und des Führens durch Bewachungskräfte regelt

[27] § 12 Abs. 3 Nr. 2 WaffG (Empfehlung: Koffer mit Zahlenschloss)

[28] § 12 Abs. 4 WaffG, weiterführende Informationen auf Seite 52

[29] Anlage 1 A2 WaffG

[30] § 6 AWaffV

[31] § 9 AWaffV

[32] Kriegswaffen unterliegen ausschließlich dem Kriegswaffenkontrollgesetz; nur durch Streichung der Waffengattung aus der Kriegswaffenliste verlieren sie die Kriegswaffeneigenschaft im Sinne der Anlage 2; der Verlust der Kriegswaffeneigenschaft durch Unbrauchbarmachung ist hier nicht erfasst.

[33] Ausgenommen von dem Verbot für Nachtsichtvorsatz- und -aufsatzgeräte sind Jäger und Inhaber einer Handels- oder Herstellungserlaubnis.

[34] Zu den Ausnahmen siehe Bildtafel; bei Federdefekt liegt die verbotsbegründende Eigenschaft nicht vor, somit kein Verbot (BGH 1 StR 35/17)

[35] Berechtigte Altbesitzer und Inhaber von Ausnahmegenehmigungen dürfen diese Magazine verwenden, das Verbot wird gegen sie nicht wirksam.

[36] § 42 Abs. 1 Satz 2 WaffG

[37] BT-Drs. 20/12805, S. 37, zur Begründung des § 42b WaffG

[38] HINWEIS: Vor Änderung der AWaffV 2020 Mindestlauflänge 42 cm.

[39] Vor Änderung WaffG 2020: nur Griffstücke von Kurzwaffen wesentliche Teile und der Schusswaffe gleichgestellt, für die sie bestimmt sind.

[40] Vor Änderung WaffG 2020: nur das Bauelement, das unmittelbar das Patronenlager abschloss, wesentliches Teil, bei teilbaren Verschlüssen also nur der Verschlusskopf, nicht aber der Verschlussträger.

[41] Zur Definition siehe Anlage 1 A1 UA1 Nr. 1.3.1 WaffG

[42] BVerwG 6 C 21/08, Urteil vom 24. Juni 2013

[43] BKA-Feststellungsbescheid SO11 – 5164.01-Z-382

[44] Die abweichenden Definitionen von „Feuerwaffe" in Anl. 1 WaffG und § 2 BeschG nebst den unterschiedlichen Bestimmungen für den Begriff „Munition" in diesen Gesetzen sind zu beachten; Bolzensetzgeräte sind zwar als Feuerwaffen nach BeschG der Bauartprüfung unterworfen, aber keine Schusswaffen nach WaffG. So unterfallen Bolzensetzgeräte dem Begriff des Schussapparates nach Anlage 2 A2 UA2 Nr. 1.11 WaffG, der auf § 7 BeschG Bezug nimmt; eine Erweiterung des Munitionsbegriffs nach WaffG, der eine Erlaubnispflicht gemäß § 21 WaffG begründen würde, ist dadurch aber nicht abzuleiten.

[45] § 10 Abs. 3 Satz 1 WaffG

[46] Ausnahme: Beantragung von cal. .22 lfB bzw. cal. 12 oder kleiner

[47] Bis Ende 2025 darf die Bescheinigung für das Bedürfnis zum Besitz auch durch den Verein ausgestellt werden, dem der Erlaubnisinhaber angehört.

[48] Zum Begriff siehe Abschnitt 5.10

[49] § 13 Abs. 2 S. 2 WaffG

[50] § 13 Abs. 3 WaffG

[51] § 13 Abs. 4 WaffG

[52] Die vor Änderung des Bundesjagdgesetzes am 10. November 2016 intensive Diskussion zur Auslegung der Verbotsnorm in § 19 BJagdG fand ihren Höhepunkt in dem Urteil 6 C 59.14 des BVerwG vom März 2016, das nicht nur das Einführen eines Magazins mit mehr als zwei Schuss Kapazität in eine halbautomatische Langwaffe als Verstoß gegen das WaffG ansah (was ebenfalls nicht unumstritten war), sondern schon die bloße Möglichkeit dazu bei Waffen mit Wechselmagazin als Verbotsmerkmal auslegte, wodurch über Monate Jägern das Führen von solchen Waffen in ihrem Bestand zur Jagd unmöglich war, ebenso der Erwerb dieser Waffen.

[53] *Zu beachten ist, dass im Falle einer Kontrolle des Waidmanns im Revier eine Waffe, die mit mehr als drei Patronen geladen ist, leicht zu einem Ermittlungsverfahren führen kann, wenn unterstellt wird, dass aus dieser Waffe in diesem Ladezustand ein Schuss auf Wild abgegeben worden ist.*

[54] *OVG Lüneburg 13 L 1856/95, Urteil vom 19. Februar 1997*

[55] *VG Darmstadt 5 E 1211/06, Urteil vom 1. Oktober 2007*

[56] *§ 17 Abs. 3 WaffG*

[57] *§ 20 Abs. 2 WaffG*

[58] *Die gesetzliche Regelung, die ab 01. September 2020 gilt, spricht zwar von Erwerb, es geht aber in der Praxis um den Besitz. Besitzt der Inhaber der „WBK für Sportschützen" zehn oder mehr Waffen aufgrund der zugrundeliegenden Erlaubnis, sind vor einem weiteren Erwerb zunächst so viele Waffen auszutragen (oder auch umzutragen auf eine andere Erlaubnisart, etwa eine Standard-WBK „grün"), damit in der „WBK für Sportschützen" zum Zeitpunkt des Erwerbs nicht mehr als neun Waffen eingetragen sind; nicht die Zahl der Erwerbsvorgänge soll eingeschränkt werden, sondern die Zahl der Waffen, die ein Sportschütze im Rahmen der erleichterten Voraussetzungen, insbesondere ohne Nachweis des Bedürfnisses für eine Disziplin in seinem eigenen Verband, besitzen darf.*

[59] *BVerwG 6 C 9.02, Urteil vom 10. Oktober 2002*

[60] *BVerwG 6 C 9.02, Urteil vom 10. Oktober 2002*

[61] *OLG Koblenz 2 Ss 190/00, Beschluss vom 25. August 2000*

[62] *BVerwG 6 C 9.02, Urteil vom 10. Oktober 2002*

[63] *§ 10 Abs. 4 WaffG*

[64] *Anlage 1 A2 Nr. 4 WaffG*

[65] *nach § 12 Abs. 3 WaffG*

[66] *§ 28 Abs. 1 WaffG*

[67] *VG Arnsberg 14 K 50/06, Urteil vom 5. November 2007*

[68] *VG Darmstadt 5 K 147/08.DA, Urteil vom 30. April 2009*

[69] *Potrykus/Steindorf, Waffenrecht[5]: § 32 WaffG aF, zu Nr. 3, Nr. 6*

[70] *Potrykus/Steindorf, Waffenrecht[5]: § 32 WaffG aF, zu Nr. 3, Nr. 6*

[71] *VG Oldenburg 11 A 3043/09, Urteil vom 08. Dezember 2010*

[72] *§ 4 Abs. 1 Nr. 5 WaffG*

[73] *§ 13 Abs. 1 Satz 1 WaffG*

[74] *Zu beachten ist die der Leihe (und Verwahrung) nach § 12 Abs. 1 Nr. 1 WaffG durch Inhaber einer WBK, die neben Leihe und Verwahrung von Langwaffen auch Leihe und Verwahrung von Kurzwaffen umfasst.*

[75] *Die nachfolgenden Kategorien beziehen sich auf Anlage 1 A3 WaffG.*

[76] *WBK nach § 11 WaffG erforderlich, da ohne befugten Besitz, dokumentiert durch die WBK, kein Bedürfniszusammenhang besteht*

[77] *§ 4 Abs. 2 BeschG*

[78] *§ 6 Abs. 2 in Verbindung mit § 4 Abs. 1 Nr. 3 Buchst. d BeschG*

[79] *zu CIP siehe Abschnitt 6.8*

[80] *§ 2 Abs. 5 BeschG*

[81] *§ 3 BeschussV*

[82] *§ 7 Abs. 1 BeschG*

[83] *Gasböller sind Geräte zur Erzeugung des Schussknalls. Das Dosiergerät, das die Zuführung und Dosierung der Gase regelt, bedarf der Zulassung durch die PTB. Nach Anlage I Nr. 2.3 BeschussV muss der Gasböller bei einem Beschussamt zur Prüfung vorgestellt werden. Es wird dort die Übereinstimmung des Gerätes mit der Zulassung überprüft und eine Funktionsprüfung durchgeführt; Wiederholungsprüfung nach Ablauf von 5 Jahren.*

[84] *§ 4 Abs. 1 Nr. 3 b BeschG*

[85] *§ 4 Abs. 1 Nr. 2 BeschG*

[86] *§ 1 Abs. 2 BeschG*

[87] *§ 11 Abs. 6 BeschussV*

[88] *Gilt ab 09/2020 nach Änderung von WaffG und § 21 AWaffV*

[89] *zur Begrifflichkeit siehe Anlage 1 A1 UA1 Nr. 1.3.2 WaffG; vor dem 1. September 2020 galt, dass bei Kurzwaffen die Seriennummer des Griffstücks und bei Langwaffen die Seriennummer des Laufes einzutragen war.*

[90] *§ 24 Abs. 3 WaffG*

[91] *§ 12 Abs. 1 Satz 1 BeschG*

[92] *§ 12 Abs. 1 Satz 2 BeschG, § 10 Abs. 2 BeschussV*

[93] *§ 2 Abs. 1 Nr. 2 BeschG; Prüfungsumfang s. Anlage 1 BeschussV*

[94] *§ 4 Abs. 1 Nr. 2 BeschG*

[95] *§ 9 Abs. 1 BeschussV*

[96] *§ 3 Abs. 1 Satz 3 BeschG*

[97] *§ 9 Abs. 5 BeschussV*

[98] *Der Umfang der erforderlichen Arbeiten an den betroffenen Teilen der jeweiligen Waffe unterscheidet sich nach Waffenarten.*

[99] *§ 17 Abs. 2 Satz 1 BeschussV*

[100] *§ 28 Abs. 2 BeschussV*

[101] *§ 11 Abs. 2 Nr. 2 BeschG, § 37 Abs. 1 Nr. 4 BeschussV*

[102] *§ 37 Abs. 1 BeschussV*

[103] *§ 29 iVm § 37 Abs. 2 BeschussV*

[104] *Nach „Bekanntmachung, betreffend die Ausführung des Gesetzes über die Prüfung der Läufe und Verschlüsse der Handfeuerwaffen vom 19. Mai 1891", veröffentlicht am 29. Juni 1892*

[105] *HINWEIS: Vor Änderung der AWaffV 2020 Mindestlauflänge 42 cm.*

[106] *Zum Begriff siehe Ausführungen zum Verschluss auf Seite 191*

[107] *Die vereinfachte Bezeichnung „Zündhütchen" ist technisch wie sprengstoffrechtlich fehlerhaft und sollte nicht verwendet werden*

[108] *Die erleichternden Regelungen für Jäger für den Umgang mit Schalldämpfern nach § 13 Abs. 9 WaffG gelten nur für Zentralfeuer-Langwaffen.*

[109] *Siehe auch Seite 252; nach $m=2*E/v^2$ wäre für eine E_{100} von 2.000 J bei einer v_0 von 320 m/s und v_{100} von 288 m/s (10% Geschwindigkeitsverlust auf 100 m) eine Masse m von 48 Gramm erforderlich, schwere Jagdgeschosse erreichen meist weniger als die Hälfte dieses Gewichts.*

[110] *Anlage 1 A2 UA3 WaffG*

[111] *Siehe dazu auch Ausführungen ab Seite 187*

[112] *OVG Berlin-Brandenburg 11 B 26.08, Urteil vom 28. September 2010*

[113] *BR-Drs. 596/01, S. 114 Abs. 4 zu § 12 Abs. 1 Nr. 3 c) WaffG*

[114] *Anlage 1 A1 UA3 Nr. 1.4 WaffG*

[115] *Anlage 2 A2 UA2 Nr. 1.12 WaffG, erlaubnisfreier Erwerb und Besitz*

[116] *Redaktioneller Hinweis: Die Paragraphenangaben beziehen sich auf das WaffG 1976 und entsprechen den §§ 21, 26 WaffG (2003)*